Annales

corrigées et commentées

Concours 2015 / 2016 / 2017

MP PC PSi PT

Informatique

Concours commun Mines-Ponts
Centrale-Supélec
CCP
Banque PT
ENS-Polytechnique

Sylvie Jauvert
Professeur Agrégée de Sciences Industrielles de l'Ingénieur,
professeur d'Informatique en classe préparatoire aux grandes écoles
Laurent Jospin
Professeur Agrégé de Mathématiques,
professeur d'Informatique en classe préparatoire aux grandes écoles

ellipses

Collection

Annales

corrigées et commentées

- **Maths et informatique. PC. Annales corrigées et commentées,**
  Olivier Bertrand, Éric Billault, Antoine Coutant, Stéphane Kirsch
- **Maths et informatique. MP. Annales corrigées et commentées,**
  Abdellah Bechata
- **Maths et informatique. PSI. Annales corrigées et commentées,**
  Olivier Bertrand, Stéphane Kirsch
- **Maths. BCPST. Annales corrigées et commentées,**
  Maxime Bailleul, Vincent Devinck
- **Informatique. MP, PC, PSI, PT. Annales corrigées et commentées,**
  Sylvie Jauvert, Laurent Jospin
- **Physique-Chimie. PSI. Annales corrigées et commentées,**
  Thibaut Balois, Geoffroy Burgunder, Julien Gérard
- **Physique-Chimie. BCPST. Annales corrigées et commentées,**
  Pierre-Adrien Payard, Aymeric Siard
- **Chimie. PC. Annales corrigées et commentées,**
  Thomas Fontecave, Eric Milin
- **Maths. ECS. Annales corrigées et commentées,**
  Matthias Fegyveres, Stéphane Préteseille

ISBN 9782340-019980

32, rue Bargue 75740 Paris cedex 15

www.editions-ellipses.fr

Avant-propos

Cet ouvrage vous propose un corrigé détaillé et commenté des principales épreuves d'informatique des concours des voies MP, PC, PSI et PT des classes préparatoires aux grandes écoles.

Pour chaque question, une réponse-type est proposée. Nous nous sommes efforcés d'anticiper les interrogations des préparationnaires afin d'éclaircir les corrigés par des commentaires sur les erreurs à éviter, des conseils généraux ou encore par des réponses alternatives possibles. Nous y avons également intégré des éléments des rapports de jury afin de donner toutes les clés aux préparationnaires pour comprendre les attendus et préparer au mieux les épreuves.

Quelques copies authentiques d'élèves préparationnaires, accompagnées des commentaires de correction, ont été intégrées afin d'éclairer les candidats sur une copie concrète.

L'ouvrage est également ponctué de points méthodologiques permettant de revenir sur les méthodes essentielles et spécifiques de la discipline Informatique.

L'ouvrage n'est évidemment pas fait pour être lu linéairement. Cependant les commentaires étant répartis sur l'intégralité des sujets, il y a des répétitions, des commentaires qui renvoient vers d'autres commentaires mais aussi d'autres commentaires qui ne sont pas répétés dans chaque sujet. Tout particulièrement, les préparationnaires sont invités à consulter l'ensemble des points méthodologiques. En outre, la majorité des épreuves constituent un exercice pertinent pour tous les préparationnaires indépendamment de leur filière et du concours préparé.

Banque PT – Informatique et Modélisation 2015

PT - Durée : 4 heures

SUJET

Epreuve d'Informatique et Modélisation

Durée 4 h

Si, au cours de l'épreuve, un candidat repère ce qui lui semble être une erreur d'énoncé, d'une part il le signale au chef de salle, d'autre part il le signale sur sa copie et poursuit sa composition en indiquant les raisons des initiatives qu'il est amené à prendre.

L'usage de calculatrices est interdit.

AVERTISSEMENT

La **présentation**, la lisibilité, l'orthographe, la qualité de la **rédaction, la clarté et la précision** des raisonnements entreront pour une **part importante** dans **l'appréciation des copies**. En particulier, les résultats non justifiés ne seront pas pris en compte. Les candidats sont invités à encadrer les résultats de leurs calculs.

L'épreuve comporte deux parties qui peuvent être traitées indépendamment l'une de l'autre. Une première partie modélisation (durée conseillée 1H30) et une seconde informatique (durée conseillée 2 H30)

Remarques préliminaires importantes : il est rappelé aux candidat(e)s que

Les explications des phénomènes étudiés interviennent dans la notation au même titre que les développements analytiques et les applications numériques ; les résultats exprimés sans unité ne seront pas comptabilisés.

Tout au long de l'énoncé, les paragraphes en italiques ont pour objet d'aider à la compréhension du problème.

Tout résultat fourni dans l'énoncé peut être admis et utilisé par la suite, même s'il n'a pas été démontré par le (la) candidat(e).

Les applications numériques, effectuées sans calculatrice, pourront supporter des arrondis ou simplifications judicieux.

Ce problème traite de systèmes d'identification par radio fréquence (RFID). Il est constitué de deux parties totalement indépendantes : ***l'étude d'un système de type navigo*** *pour la* 1ère *partie. Aucune connaissance particulière sur les antennes n'est demandée.*

En 1948, Harry Stockman décrivit dans un article un moyen de communiquer grâce à la réflexion des ondes, annonçant ainsi les futurs systèmes autonomes communiquant par ondes électromagnétiques. Leur but est, par exemple, d'identifier des objets à distance, d'où le nom d'identification radio-fréquence (RFID : Radio Frequency Identification). Quelques années plus tard, les premiers systèmes d'identification utilisant des ondes réfléchies étaient développés.
Les progrès réalisés dans le domaine de l'électronique ont permis son développement et son intégration dans de nombreux domaines. Aujourd'hui, la RFID (du fait de son prix et de la taille des étiquettes) prend une place de plus en plus importante dans la vie courante, et d'un simple fonctionnement en mode tout-ou-rien, au stockage et au traitement d'informations les applications couvrent des domaines allant de la télédétection (identification d'animaux, antivols, localisation...) aux transactions de la vie courante : par exemple dans les systèmes de contrôle d'accès aux transports en commun, type passe Navigo de la RATP pour le métro parisien. Les puces RFID tentent aujourd'hui de supplanter les codes à barres en jouant de leurs avantages, à savoir qu'il est possible d'écrire, d'effacer et de réécrire les données stockées dans une puce un grand nombre de fois, que leur portée peut être supérieure aux lecteurs optiques utilisés pour les codes à barres, et que la communication peut se faire à travers certains obstacles contrairement aux systèmes à lecture optique.

Un système RFID passif est composé de deux entités qui communiquent entre elles (Fig.1) :

- *Un TAG passif (dénommé TAG par la suite) ou étiquette intelligente (aussi appelé transpondeur), associé à l'élément à identifier. Il est capable de répondre à une demande venant d'un lecteur. Le TAG n'a pas d'alimentation de type batterie ou pile mais est autoalimenté par l'onde électromagnétique reçue.*
- *Une station de base ou lecteur RFID qui a pour mission d'identifier le TAG. Le lecteur envoie une onde électromagnétique en direction de l'élément à identifier, cette onde alimente le TAG qui peut alors communiquer avec le lecteur grâce à sa puce électronique interne. En retour, le lecteur reçoit l'information renvoyée par le TAG.*

La figure 1, page suivante, présente le fonctionnement général d'un système RFID. Le lecteur relié à une antenne émettrice agit en maître par rapport au TAG : si le TAG est dans la zone de lecture du lecteur, ce dernier l'active en lui envoyant une onde électromagnétique et entame la communication. Le TAG est quant à lui, constitué d'une antenne et d'une puce électronique qui module l'onde réémise vers le lecteur. En démodulant le signal reçu, le lecteur relié à une application interne récupère l'information pour la traiter, il est chargé de l'interface et de la gestion de l'identification des TAGs qui se présentent à lui.
Il existe plusieurs familles de systèmes RFID dont le principal critère de différentiation est la fréquence de fonctionnement. Les système RFID utilisent des bandes de fréquence à 125 kHz (bande BF), 13,56 MHz (bande HF), 860-960 MHz (bande UHF) et 2,45 GHz. On précise que

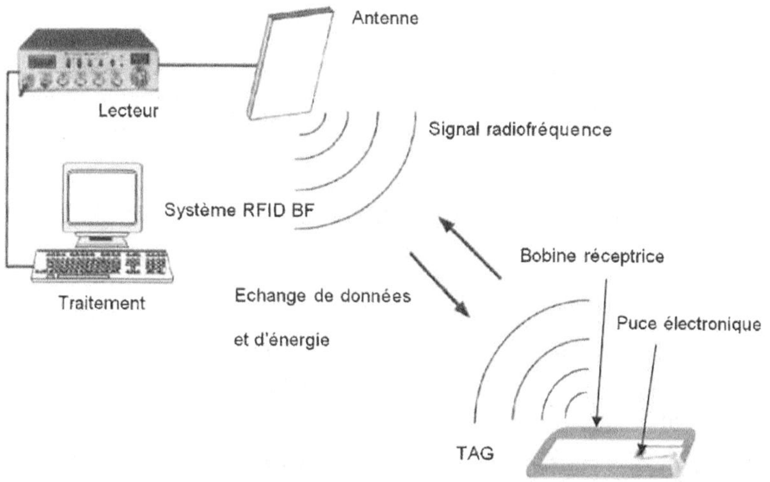

Figure 1

la puissance rayonnée par l'antenne d'émission est une fonction croissante de la fréquence est varie en $\frac{1}{\lambda^4}$.

Bande	*Fréquence*	*Portée*	*Pouvoir de Pénétration dans un conducteur*
BF	*125 kHz*	+	++++
HF	*13.56 MHz*	++	+++
UHF	*860-960 MHz*	+++	++
UHF	*2,45 GHz*	++	+

+ : faible , ++ : Assez bon , + + + : Bon, + + ++ : Excellent

En fonction des différentes fréquences, les principes physiques mis en œuvre ne sont pas les mêmes et le problème aborde certains aspects de la communication.

Première partie : Système RFID à 13.56 MHz en couplage magnétique

La première partie n'est pas reprise ici. Elle ne concerne pas le programme d'informatique.

Deuxième partie : Informatique. Modélisation d'un système de titres de transport sans contact

La première partie a permis de montrer comment la puce RFID peut être alimentée à distance par le lecteur, et comment un signal peut être transmis de l'une à l'autre. L'objectif des parties suivantes est de mettre en place quelques algorithmes visant à :

- simuler la récupération d'un message binaire à partir de la tension captée par le lecteur (Partie 1) ;
- contrôler l'intégrité du message récupéré et corriger les erreurs éventuelles (Partie 2),
- déterminer si un voyageur est autorisé ou non à franchir un point de contrôle (Partie 3),
- traiter les informations recueillies par le système afin d'améliorer le service (Partie 4).

Ces quatre parties sont indépendantes.

Les algorithmes demandés seront réalisés, au choix, dans le langage Python ou le langage Scilab. **Le candidat doit précsier en tête de partie le langage choisi et s'y tenir.**On supposera que tout module nécessaire à l'utilisation des fonctions usuelles (pi, sin...) a été importé.

Simulation numérique de la démodulation d'amplitude par le lecteur

La première partie a montré que la puce et le lecteur peuvent tous deux recevoir des messages contenus dans des tensions alternatives d'amplitudes variables. Nous allons maintenant modéliser une telle tension puis simuler numériquement le comportement d'un dispositif permettant d'en extraire une information binaire.

La tension $e(t)$ reçue par le lecteur peut être modélisée par une sinusoïde de fréquence $f = 13{,}56$ MHz dont l'amplitude E_0 est modulée par le signal binaire $b(t)$ transmis par la puce :

$$e(t) = E_0(t)\sin(2\pi f t) \text{ avec } \begin{cases} E_0(t) = E_{\text{min}} = 1{,}3 \text{ V lorsque } b(t) = 0 \\ E_0(t) = E_{\text{max}} = 1{,}5 \text{ V lorsque } b(t) = 1 \end{cases}$$

La puce transmet un nouveau bit toutes les 16 périodes de la porteuse. A titre d'illustration, la Figure 1 (ci dessous) représente la tension $e(t)$ correspondant à la séquence de bits (0, 1, 0). La tension est en volts et le temps en secondes.

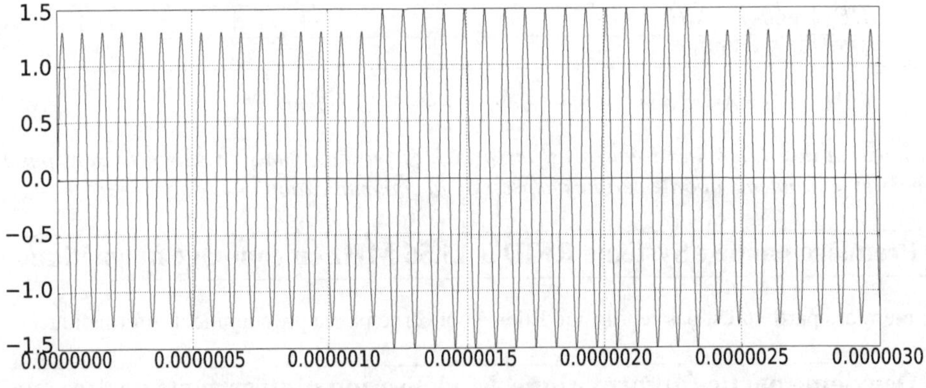

FIGURE 1 – tension d'entrée du démodulateur (sinusoïde modulée en amplitude par un signal binaire)

La simulation porte sur un intervalle de temps $[0, T_{\text{max}}]$. Le temps sera représenté numériquement par une liste de N instants régulièrement espacés que l'on écrira, compte tenu des conventions de numérotation propres à chaque langage, $T = [t_0 = 0, \ldots, t_{N-1} = T_{\text{max}}]$ sous Python ou $T = [t_1 = 0, \ldots t_N = T_{\text{max}}]$ sous Scilab.

Q 1. Écrire une fonction `init_T(Tmax,dt)` prenant pour arguments la durée `Tmax` de la simulation et le pas de temps `dt` et retournant la liste `T`. Si `Tmax` n'est pas multiple de `dt`, on arrondira la durée de la simulation au multiple entier de dt immédiatement supérieur.

La tension d'entrée $e(t)$ sera de même représentée par une liste `E` telle que `E[i]`$=e(t_i)$.

Q 2. Écrire une fonction `init_E(T,f)` prenant pour arguments la liste `T` des instants de la simulation et la fréquence `f` de la porteuse et retournant la liste des valeurs $e(t_i)$ de la tension e aux instants `T[i]`, d'après la définition de $e(t)$ et pour le message binaire (0,1,0) (on considèrera que la simulation ne se poursuit pas au-delà).

Pour récupérer l'information binaire contenue dans une telle tension, il faut en extraire l'amplitude. On utilise pour cela le dispositif de la Figure 2, appelé **détecteur d'enveloppe**.

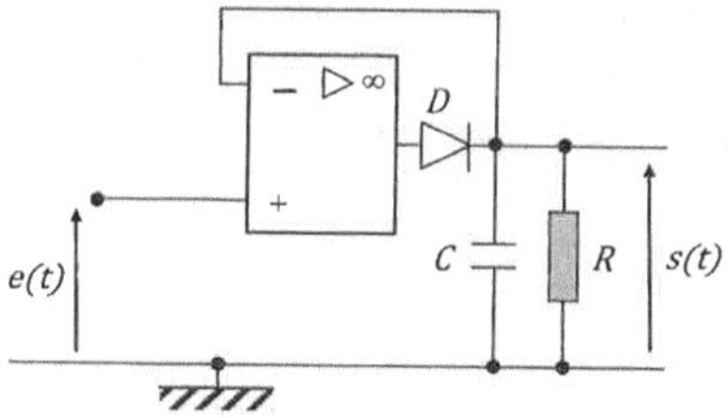

FIGURE 2 – Détecteur d'enveloppe

La modélisation du comportement de ce montage permet d'exprimer la tension de sortie $s(t)$ en fonction de la tension d'entrée $e(t)$ de la façon suivante (τ est la constante de temps du circuit RC) :

1. Si la diode est *bloquée*, alors $\dfrac{ds}{dt}(t) + \dfrac{1}{\tau}s(t) = 0$ et il faut vérifier que $s(t) > e(t)$
2. Si la diode est *passante*, alors $s(t) = e(t)$ et il faut vérifier que $\dfrac{ds}{dt}(t) + \dfrac{1}{\tau}s(t) > 0$

Autrement dit, la diode peut prendre deux états (bloquée ou passante), chacun soumis à une condition (inégalité) et muni d'une équation d'évolution (égalité) ; lorsque la condition cesse d'être vérifiée, la diode change d'état. Nous allons utiliser ces équations pour simuler numériquement l'évolution de la tension $s(t)$. Pour cela, on propose d'utiliser une variable (par exemple booléenne) indiquant l'état de la diode et, à chaque pas de temps t_i :

- de calculer $s(t_{i+1})$ en utilisant l'équation correspondant à la valeur de la variable à l'instant t_i,
- *puis* de tester la condition correspondante à partir de la valeur de $s(t_{i+1})$ et, si elle n'est plus vérifiée de mettre à jour la variable.

Le résultat est stocké dans une liste `S` avec `S[i]`$= s(t_i)$.

Q 3. Donner une approximation de $\dfrac{ds}{dt}(t_i)$ en fonction de $s(t_i)$, $s(t_{i+1})$ et $\Delta t = t_{i+1} - t_i$ en utilisant la formule d'Euler explicite. En déduire, dans le cas où la diode est *bloquée* à l'instant t_i, la relation de récurrence donnant $s(t_{i+1})$ en fonction de $s(t_i)$, τ et Δt.

Dans le cas où la diode est *passante* à l'instant t_i, on ne peut pas utiliser cette formule pour tester l'état de la diode à t_{i+1}. On utilise donc l'approximation *d'Euler arrière* ou *Euler implicite*, qui consiste à utiliser la même formule mais pour approcher $\dfrac{ds}{dt}(t_{i+1})$ au lieu de $\dfrac{ds}{dt}(t_i)$.

Q 4. Pourquoi ne peut-on pas utiliser la formule d'Euler explicite pour effectuer le test ici ? Donner, en utilisant la démarche proposée, une condition portant sur $s(t_{i+1})$, $s(t_i)$, τ et Δt permettant de déterminer si la diode se bloque ou non à l'instant t_{i+1}.

Q 5. Écrire alors une fonction `solve(T,E,tau)` prenant pour arguments la liste `T` des instants de la simulation, la liste `E` des tensions d'entrée et la constante de temps `tau` et retournant la liste `S` des tensions de sortie. Les conditions initiales seront prises nulles et, si nécessaire, l'état initial de la diode sera supposé passant.

Les Figures 3, 4 et 5 donnent les résultats (entrées et sorties numériques) obtenus pour trois pas de temps différents choisis parmi 1 ns, 10 ns et 100 ns. Sur ces trois graphes, la tension d'entrée *avant discrétisation* est celle de la Figure 1 et la constante de temps du circuit est $\tau = 1\mu$s. Seul le pas de temps change d'une simulation à l'autre.

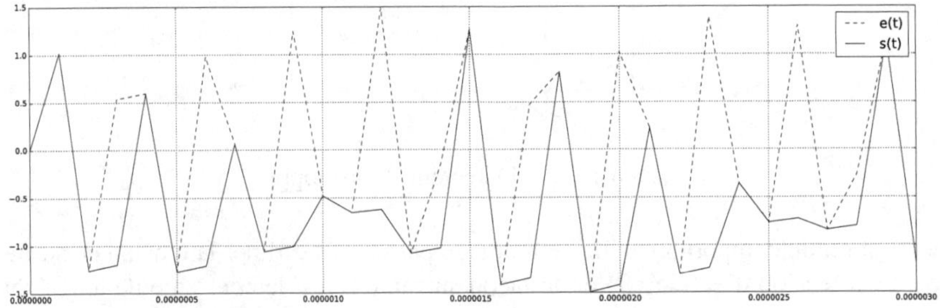

FIGURE 3 – résultats de la simulation pour le pas de temps Δt_1

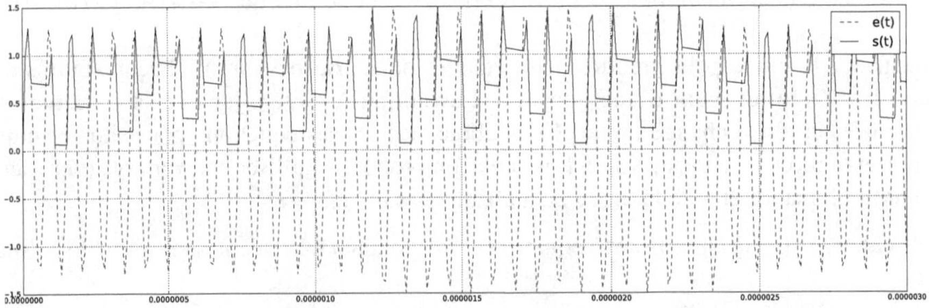

FIGURE 4 – résultats de la simulation pour le pas de temps Δt_2 (avec zoom à l'origine disponible)

Q 6. Indiquer la valeur du pas de temps (1, 10 ou 100 ns) correspondant à chacune de ces trois simulations, en justifiant vos réponses.

Q 7. Expliquer en quelques phrases les causes des différences obtenues entre les trois résultats $s(t)$. Repérer en particulier les instants auxquels la diode change d'état. Que constatez-vous ?

Pour distinguer l'état "haut" de l'état "bas" de la tension $s(t)$ et ainsi extraire les 0 et les 1 du message binaire transmis par modulation, il est nécessaire de déterminer un seuil séparant les deux niveaux.

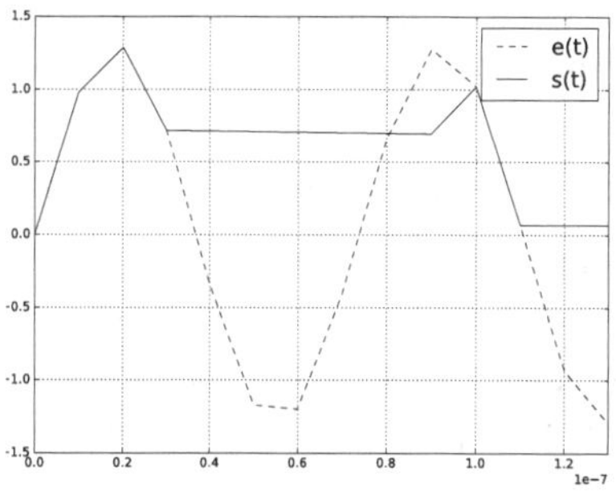

(a) zoom de la figure 4 à l'origine

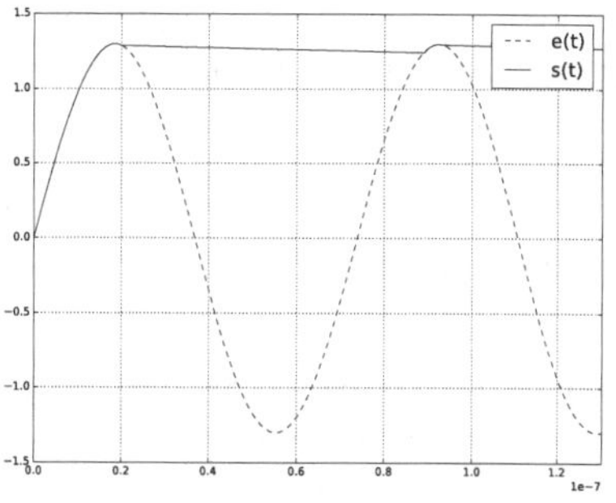

(b) zoom de la figure 5 à l'origine

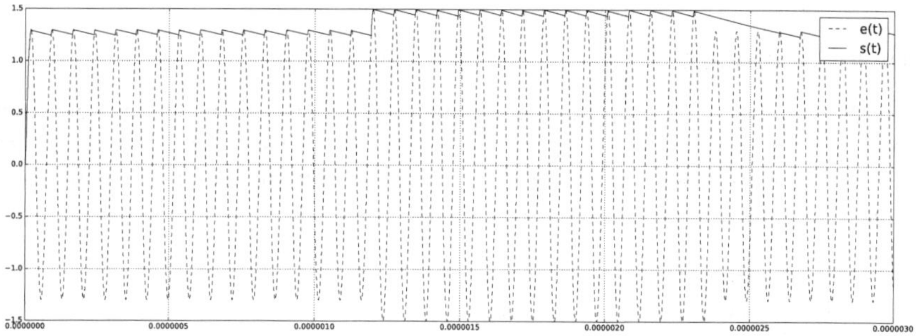

FIGURE 5 – résultats de la simulation pour le pas de temps Δt_3 (avec zoom à l'origine disponible)

Q 8. Indiquer, pour chacun des trois résultats, s'il est possible d'identifier un tel seuil, et donc si la récupération du message binaire semble réalisable *si l'on se base uniquement sur ce résultat.* Conclure sur le critère que doit respecter le pas de temps d'une simulation temporelle pour que les résultats de celle-ci aient une chance d'être pertinents.

Vérification de l'intégrité des données et correction des erreurs

Le signal transmis par une liaison RFID 13,56 MHz peut être perturbé par toutes sortes de facteurs pouvant provoquer des erreurs dans les données : autres signaux électromagnétiques, masses métalliques, imperfections du matériel électronique... En pratique, il est donc indispensable de pouvoir détecter ces erreurs et, dans la mesure du possible, les corriger sans que cela ne nécessite une nouvelle transmission ; l'objet de cette partie est de mettre en place quelques algorithmes dans ce but.

2.1 Bit de parité

Une technique simple et très répandue pour s'assurer qu'une donnée binaire sera lue correctement par son récepteur est de lui adjoindre un **bit de parité**, égal par définition à :

- 0 si la donnée contient un nombre pair de 1 (et, donc, si ses bits sont de somme paire),
- 1 si la donnée contient un nombre impair de 1 (et, donc, si ses bits sont de somme impaire).

Après réception de la donnée, le récepteur recalcule le bit de parité et le compare à celui que l'émetteur lui a adressé. Si la donnée n'a pas été altérée lors de la transmission, alors les deux bits de parité sont forcément identiques.

Q 9. Donner les bits de parité associés aux représentations binaires des entiers 5, 16 et 37.

Q 10. Écrire une fonction `parite(bits)` prenant pour argument une liste `bits` constituée d'entiers valant 0 ou 1 et retournant l'entier 0 ou 1 correspondant à son bit de parité.

Les techniques de vérification les plus simples consistent à découper la donnée en blocs et à joindre un bit de parité à chaque bloc. Par exemple, certains protocoles transmettent sept bits de données pour un bit de parité.

Q 11. Donner un exemple d'erreur n'étant pas détectable par cette technique. Si une erreur a été détectée, est-il possible de la corriger sans retransmettre la donnée ?

2.2 Code de Hamming

Le code de Hamming est un exemple d'utilisation des bits de parité pour détecter et corriger des erreurs. Nous nous intéressons ici au code dit (7,4), ainsi appelé car il consiste à joindre trois bits de parité à quatre bits de données, ce qui donne un message d'une longueur totale de sept bits. Ces trois bits de parité sont définis ainsi : si la donnée s'écrit (d_1,d_2,d_3,d_4) avec $d_i = 0$ ou 1, alors :

- p_1 est le bit de parité du triplet (d_1,d_2,d_4),
- p_2 est le bit de parité du triplet (d_1,d_3,d_4),
- p_3 est le bit de parité du triplet (d_2,d_3,d_4).

Le message encodé, que l'on transmet, s'écrit alors comme suit : $(p_1,p_2,d_1,p_3,d_2,d_3,d_4)$.

Q 12. Écrire une fonction `encode_hamming(donnee)` prenant pour argument une liste `donnee` de quatre bits (représentés par des entiers valant 0 ou 1) et retournant une liste de bits contenant le message encodé. On pourra appeler la fonction `parite(bits)` précédemment définie.

Le contrôle après réception d'un message ainsi encodé est relativement simple. On pourrait naturellement recalculer les trois bits de parité de la donnée et les comparer aux valeurs transmises, mais la technique proposée par Hamming est de calculer les trois bits de contrôle suivants, notés (c_1, c_2, c_3), à partir du *message complet* (données et bits supplémentaires), noté $(m_1,..., m_7)$:

- c_1 est le bit de parité de l'ensemble (m_4, m_5, m_6, m_7),
- c_2 est le bit de parité de l'ensemble (m_2, m_3, m_6, m_7),
- c_3 est le bit de parité de l'ensemble (m_1, m_3, m_5, m_7).

On montre que si le message a bien été encodé selon les règles précédentes et n'a pas été altéré, alors les trois bits de contrôle doivent être à 0. Si ce n'est pas le cas, alors il y a eu une erreur ; l'intérêt de la technique de Hamming est que *dans le cas particulier où l'erreur est unique, le mot de contrôle donne la représentation binaire de la position de cette erreur en numérotant à partir de 1*. Par exemple, si $(c_1, c_2, c_3) = (0,1,1)$, alors l'erreur porte sur le troisième bit du message. Il suffit ainsi d'inverser ce bit (le mettre à 1 s'il est à 0, et inversement) pour corriger l'erreur.

La donnée décodée est alors constituée des quatre bits (d_1,d_2,d_3,d_4) qui se trouvent respectivement en positions 3, 5, 6 et 7 (toujours en numérotant à partir de 1) conformément à la description de l'encodage donnée ci-dessus.

Q 13. Écrire une fonction `decode_hamming(message)` prenant pour argument une liste de sept bits et retournant une liste de quatre bits contenant la donnée décodée. En cas d'erreur, on affichera à l'écran un avertissement indiquant la position du bit affecté et on effectuera la correction. On supposera dans cette question que s'il y a une erreur, alors elle est unique.

Q 14. Déterminer le codage de Hamming de la donnée `1011`, puis la donnée décodée par l'algorithme dans l'hypothèse où les deux premiers bits du message codé ont été incorrectement transmis. Quel a été l'effet de la "correction" sur la donnée dans ce cas ?

Q 15. Sans coder, proposer un moyen simple de différencier une double erreur d'une erreur unique au moyen d'un bit de parité supplémentaire et expliquer comment cela permet d'éviter le problème mis en évidence à la question précédente. On s'appuiera sur les techniques introduites dans cette partie. On ne demande pas d'essayer de corriger la double erreur.

Utilisation des données de la puce pour autoriser ou non le passage

Lorsqu'un utilisateur présente son titre de transport face au lecteur d'un point de contrôle, la puce et le lecteur s'identifient mutuellement, puis le lecteur récupère les données de la puce permettant de déterminer si le passage est autorisé ou non. A l'issue de cette récupération, l'ordinateur auquel est relié le lecteur dispose d'un fichier texte `0001.txt` semblable à l'exemple ci-dessous :

`49987654`	*(identifiant du titre de transport)*
`1, 3, 2015-08-31`	*(première et dernière zone de validité, date de fin de validité)*
`2014-10-29, 08:34:15, 4568`	*(dates, heures et identifiants des lieux des trois derniers passages)*
`2014-10-28, 20:21:48, 365`	
`2014-10-28, 18:47:54, 987`	

En d'autres termes, ce fichier possède toujours *exactement* la structure suivante :

- la première ligne contient un entier servant à identifier le titre de transport,
- le réseau de transport est divisé en plusieurs zones numérotées, et le titre n'est valide que dans un ensemble de zones contigües ; la seconde ligne contient les bornes de l'intervalle dans lequel le titre est valide (*ici, il s'agit des zones 1 à 3 incluses*) ainsi que la date de fin de validité du titre au format *aaaa-mm-jj* (*ici, il s'agit du 31 août 2015*),
- les trois lignes suivantes contiennent des données relatives aux trois derniers passages effectués à l'aide du titre : date, heure (au format *hh :mm :ss* sur 24 heures) et identifiant entier du point de passage (gare, arrêt...).

On donne le bloc d'instructions utilisé pour lire les deux premières lignes de ce fichier. On précise qu'il n'est pas nécessaire de connaître toutes les syntaxes relatives à la manipulation des chaînes pour traiter les questions suivantes.

sous Python

```python
fichier = open('0001.txt')
lignes = fichier.readlines()
fichier.close()

# Ligne 1: recuperation de l'identifiant du titre
```

```
id_titre = int(lignes[0])

# Ligne 2 : recuperation des donnees du titre de transport
donnees_titre = lignes[1].rstrip('\n') .split(',')
zones = [ int(donnees_titre[0]), int(donnees_titre[1]) ]
ch_date_fin = donnees_titre[2].split('-')
date_fin = [int(ch_date_fin[0]),int(ch_date_fin[1]),int(ch_date_fin[2])]
```

sous Scilab

```
fichier = mopen('0001.txt')
lignes = mgetl(fichier)
mclose(fichier)

// Ligne 1: recuperation de l'identifiant du titre
id_titre = strtod(lignes(1))

// Ligne 2 : recuperation des donnees du titre de transport
donnees_titre = strsplit(lignes(2),',')
zones = [ strtod(donnees_titre(1)),strtod(donnees_titre(2)) ]
ch_date_fin = strsplit(donnees_titre(3),'-')
date_fin = [ strtod(ch_date_fin(1)), strtod(ch_date_fin(2)), strtod(ch_date_fin(3)) ]
```

Q 16. Donner les types et les valeurs des variables `id_titre`, `zones` et `date_fin` à l'issue de ces instructions pour le fichier `0001.txt` donné ci-dessus.

On souhaite placer le contenu des trois dernières lignes dans un tableau d'entiers nommé `passages`, dont chaque ligne corresponde à un passage (dans l'ordre dans lequel ils apparaissent dans le fichier) et dont les colonnes soient définies comme suit (le premier chiffre donné est l'indice sous Python, le deuxième est l'indice sous Scilab) :

Indice	0/1	1/2	2/3	3/4	4/5	5/6	6/7
Contenu	Année	Mois	Jour	Heures	Minutes	Secondes	Point de passage

Q 17. Écrire le bloc d'instructions à exécuter à la suite des opérations précédentes pour construire le tableau `passages` à partir des lignes 3, 4 et 5 contenues dans la liste `lignes`.

Les données relatives au lecteur sont décrites par les variables suivantes (*on utilise une initiale majuscule pour bien différencier les données du lecteur de celles du titre ; le type est indiqué entre parenthèses*) :

- `Zone` (entier) : indique la zone dans laquelle se trouve le lecteur,
- `Id_Point` (entier) : indique l'identifiant du point de passage où se trouve le lecteur,
- `Liste_Noire` (liste d'entiers) : contient les identifiants des titres ayant été déclarés perdus, volés ou détériorés par leurs propriétaires, et devant donc être refusés,

- `Maintenant` (liste de six entiers) : contient la date et l'heure au forme ci dessus [année, mois, jour, heures, minutes, secondes].

Le passage doit être autorisé si les conditions suivantes sont toutes vérifiées :
- l'identifiant du titre n'est pas dans la liste noire du lecteur,
- la zone du lecteur appartient à l'intervalle de validité du titre,
- la date du jour est antérieure à la date de fin de validité du titre,
- si l'une des trois dernières validations a été effectuée au même point de passage que celui où est installé le lecteur, elle doit avoir été effectuée il y a plus de 450 secondes (ceci afin de décourager l'utilisation frauduleuse d'un même titre par plusieurs voyageurs).

Enfin, lorsqu'un passage est refusé, un message apparaît sur un afficheur LCD pour donner la raison du refus. Cet afficheur possède une seule ligne et il faut donc définir des priorités au cas où plusieurs des conditions ci-dessus ne seraient pas remplies. L'ordre de priorité et les messages correspondants sont donnés ci-dessous :

1. `"Titre refusé"` si l'identifiant est dans la liste noire,
2. `"Non valide dans cette zone"` si le lecteur est hors des zones de validité du titre,
3. `"Titre expiré"` si la date de fin de validité du titre est dépassée,
4. `"Titre déjà validé"` si le titre a déjà été validé dans le même lieu il y a moins de 450 secondes.

Q 18. Écrire une fonction `estAvant(date1,date2]` prenant pour arguments deux dates au format `[année, mois, jour]` (donc sous forme de listes de trois entiers chacune) et retournant `True` si `date1` est antérieure ou égale à `date2`, et `False` sinon.

Q 19. Écrire une fonction `nbSecondesEntre(heure1,heure2)` prenant pour arguments deux horaires au format `[heures, minutes, secondes]` (donc sous forme de listes de trois entiers chacun) et retournant le nombre de secondes séparant les deux instants. Le résultat devra être positif si heure1 est *postérieure* à heure2.

Q 20. Écrire alors une fonction `testPassage`, dont les arguments sont à préciser, retournant la valeur `True` si le passage est autorisé et la valeur `False` sinon et, dans ce dernier cas, affichant à l'écran le message correspondant aux règles de priorité ci-dessus. On pourra utiliser toutes les variables définies dans cette partie et appeler les fonctions définies dans les deux questions précédentes.

Exploitation des données enregistrées par le système

A chaque fois qu'un point de contrôle est franchi, le système collecte des données relatives au passage : lieu, date, heure... Ces données sont ensuite enregistrées dans la base de données du transporteur, qui comporte trois tables :

- la table `passages` dédiée aux passages des voyageurs, constituée des champs :
  - **`date`** qui contient la date du passage au format *aaaa-mm-jj*,
  - `heure` qui contient l'heure du passage au format *hh :mm :ss*,
  - `id_point` qui est l'identifiant (entier) du point de passage,
  - `id_titre` qui est l'identifiant (entier) du titre de transport utilisé ;

- la table `points` dédiée aux points de passage, constituée des champs (entiers) :
  - `id` qui est l'identifiant du point de passage (clé primaire),

  - `zone` qui est le numéro de la zone où se trouve le point de passage,
  - `ligne` qui est le numéro de la ligne sur laquelle se trouve le point de passage ;
- et la table `titres` dédiée aux titres de transport, constituée des champs (entiers) :
  - `id` qui est l'identifiant du titre de transport (clé primaire),
  - `zone_min` qui est la plus petite zone couverte par le titre,
  - `zone_max` qui est la plus grande zone couverte par le titre.

Ces informations sont utilisées par le transporteur pour effectuer des études statistiques sur la fréquentation de ses lignes, en vue d'améliorer le service.
Par exemple, certaines lignes desservant majoritairement des zones d'activités ou des établissements d'enseignement connaissent une forte baisse de leur fréquentation en été, ce qui permet d'alléger le service ; pour choisir la période concernée, il faut connaître précisément l'évolution de la fréquentation au cours de l'été, ainsi que sa répartition au cours de la journée.

Q 21. Donner la requête SQL permettant de récupérer les dates et les heures de tous les passages ayant eu lieu sur la ligne numérotée 1 entre le 1er juillet et le 31 août 2014 (inclus).

Un autre exemple de problématique est celui de l'efficacité des dézonages : à certaines périodes de l'année, les voyageurs sont autorisés à emprunter l'ensemble du réseau de transport quelles que soient les zones de validité de leur abonnement. Pour évaluer l'efficacité d'une telle mesure, il faut connaître le nombre de trajets en ayant bénéficié.

Q 22. Donner la requête SQL permettant de compter le nombre de passages dézonés, c'est-à-dire ayant eu lieu hors de l'intervalle de validité du titre utilisé, effectués le 31 décembre 2014.

CORRIGÉ COMMENTÉ

Commentaire

Le contenu de la première partie ne relève pas du programme d'informatique et n'est pas utile pour la suite du problème.

Simulation numérique de la démodulation d'amplitude par le lecteur

Q 1.

```python
def init_T(Tmax,dt):
    T = [0]
    while T[-1] < Tmax:
        T.append(T[-1]+dt)
    return T
```

Commentaire

Question assez classique qui propose de créer une liste `T` connaissant le pas `dt` et la dernière valeur `Tmax` qui doit être incluse.
Comme la valeur finale `Tmax` n'est pas forcément un multiple de `dt`, l'utilisation d'une boucle conditionnelle est plus simple à réaliser, car il n'est pas utile de connaître le nombre de valeurs de la liste. Il faut ajouter des valeurs tant que la dernière ajoutée ne dépasse pas `Tmax`.
Une solution avec une boucle inconditionnelle est évidemment possible. Il suffit de créer une variable représentant le nombre de valeur (exemple `nb`). Cette variable peut prendre deux valeurs différentes : `int(Tmax/dt)+1` ou `int(Tmax/dt)+2` suivant que `Tmax` est un multiple de `dt` ou non. On rappelle que la fonction **`range`** ne peut prendre que des valeurs entières en argument.
Une solution plus simple consiste à utiliser la fonction `arange` de `numpy` de la façon suivante `T = arange(0,Tmax+dt,dt)`, de façon à inclure la valeur `Tmax`. On rappelle que la fonction `arange` prend en argument la valeur initiale, la valeur finale (exclue !) et le pas.

Q 2.

```
1  def init_E(T,f):
2      def Eo(t,b):
3          if b:
4              return 1.5
5          return 1.3
6
7      mesbin = [0,1,0]
8      periode = 16
9      E = []
10     for t in T:
11         nbper = int(t*f)
12         b = mesbin[nbper//periode]
13         E.append(Eo(t,b)*sin(2*pi*f*t))
14     return E
```

Commentaire

La fonction proposée définit une fonction imbriquée `Eo` qui permet de ne pas avoir à faire de test avant le calcul. Ici, comme la fonction est très simple, il aurait été possible de créer une variable `e0` que l'on aurait modifiée directement à la place de `b`.
La liste `E` est créée vide (ligne 9) puis à chaque itération, un élément est lui ajouté à la fin (l 13). Il est aussi possible de créer la liste `E` directement avec des éléments et changer les valeurs ensuite. Attention, la boucle est alors à modifier car il faut connaître les indices de remplacement.

Point Méthodologique

Le parcours d'une liste, ainsi que d'autres objets de Python, peut se faire directement par valeur :

```
for valeur in liste
```

par comparaison au parcours par indice :

```
for i in range(len(liste))
```

Dans le cas du parcours par valeur, la variable utilisée dans l'itération reçoit les valeurs de la liste et non les indices. Ainsi lorsque l'indice n'est pas utile durant le parcours, le parcours par valeur clarifie généralement le programme. Dans ce cas, on évitera d'utiliser les noms de variables usuellement donnés aux indices et on privilégiera un nom de variable explicite.

Q 3. En utilisant la formule d'Euler, on peut écrire que (avec $\Delta t = t_{i+1} - t_i$ petit) :

$$\frac{\mathrm{d}s}{\mathrm{d}t}(t_i) \approx \frac{s(t_{i+1}) - s(t_i)}{\Delta t}$$

Dans le cas où la diode est *bloquée* à l'instant t_i, on peut écrire l'équation différentielle au temps t_i. On utilise alors la formule d'Euler pour remplacer le terme dérivé :

$$\frac{\mathrm{d}s}{\mathrm{d}t}(t_i) + \frac{1}{\tau}s(t_i) \approx \frac{s(t_{i+1}) - s(t_i)}{\Delta t} + \frac{1}{\tau}s(t_i) \approx 0$$

$$s(t_{i+1}) \approx s(t_i) - \frac{\Delta t}{\tau}s(t_i)$$

Cette dernière ligne est bien une équation de récurrence, liant $s(t_{i+1})$ à $s(t_i)$, en considérant toujours la valeur de Δt petite.

Commentaire

La formule d'Euler demandée ici est explicitement au programme et doit être connue.

Q 4. Si on souhaite utiliser la formule d'Euler explicite dans le cas de la diode passante, il faut tester l'inégalité au temps t_{i+1}, c'est-à-dire connaître $\frac{\mathrm{d}s}{\mathrm{d}t}(t_{i+1})$ et $s(t_{i+1})$. Pour le premier terme, il faut alors connaître $s(t_{i+2})$, ce qui n'est pas le cas. Avec cette méthode, on ne peut pas prévoir dans quel état sera la diode au temps suivant.
Utilisons l'approximation d'Euler implicite (avec Δt petit) :

$$\frac{\mathrm{d}s}{\mathrm{d}t}(t_{i+1}) \approx \frac{s(t_{i+1}) - s(t_i)}{\Delta t}$$

Pour que la diode se *bloque* au temps t_{i+1}, il faut vérifier :

$$\frac{\mathrm{d}s}{\mathrm{d}t}(t_{i+1}) + \frac{1}{\tau}s(t_{i+1}) \approx \frac{s(t_{i+1}) - s(t_i)}{\Delta t} + \frac{1}{\tau}s(t_{i+1}) \leqslant 0$$

En considérant τ et Δt positifs, la diode se bloque si :

$$s(t_{i+1}) \leqslant \frac{\tau}{\tau + \Delta t} s(t_i)$$

Sinon la diode reste passante.

Commentaire

La méthode d'Euler implicite n'est pas au programme, c'est pourquoi la différence avec la méthode d'Euler explicite est donnée.

Q 5.

```python
def solve(T,E,tau):
    S = [E[0]]        # CI : diode passante
    etat = 2          # Définition de l'état
    for i in range(len(T)-1): # 1 élément dans la liste
        dt = T[i+1] - T[i]        # Pas de temps
        if etat == 2:
            si = E[i+1]
            S.append(si)
            if si <= tau/(tau+dt)*S[-2]: # changement
                etat = 1
        else:
            si = S[-1]*(1-dt/tau)
            S.append(si)
            if si <= E[i+1]:      # changement
                etat = 2
    return S
```

Commentaire

On crée la liste `S` avec la valeur initiale de `E` (diode passante). Comme `S` doit contenir le même nombre d'éléments que les deux listes mises en argument de la fonction, la boucle doit effectuer une étape de moins que la longueur de la liste `T`.
A chaque itération, une variable `si` est définie. C'est la valeur à insérer dans la liste. Elle permet de vérifier s'il faut changer d'état. Les deux états sont 1 : diode bloquée et 2 : diode passante.
Le pas de temps, `dt`, est recalculé à chaque itération. S'il est constant, il serait plus judicieux de ne le calculer qu'une seule fois.
Un test aurait pu être inséré au début pour vérifier que les deux listes en argument aient la même longueur mais on évitera de surcharger les réponses par des tests non demandés.

Q 6. La figure 3 correspond au pas de temps le plus grand. En effet, c'est la courbe qui possède le moins de valeurs. Pour les figures 4 et 5, en observant les zooms, on peut remarquer que la figure 5 possède dix fois plus de points que la figure 4 (donc un pas de temps dix fois plus petit, ce qui permet une discrétisation plus fine).

Au final, le pas de temps $\Delta_t = 1$ ns correspond à la figure 5 ; $\Delta_t = 10$ ns correspond à la figure 4 et $\Delta_t = 100$ ns correspond à la figure 3.

Q 7. Le pas de temps de la figure 3 est trop grand pour observer les changements d'état. La variable d'entrée, elle même, n'est pas bien reproduite.

Pour la figure 4, le pas de temps, bien que dix fois inférieur à celui de la figure 3, est encore trop grand pour voir apparaitre clairement les changements d'état. On peut observer une tendance avec des valeurs maximales tantôt vers 1,3 V, tantôt 1,5 V, mais rien de précis. Cette modélisation ne peut pas être utilisée.

Pour la figure 5, la discrétisation en temps est très fine et $s(t)$ suit correctement la variable $e(t)$. Les temps de changement d'état correspondent bien aux temps observés sur la figure 1.

> **Commentaire**
>
> Il est important dans cette question de faire le lien avec l'objectif de la simulation : « déterminer si le dispositif est capable ou non de retrouver les deux niveaux d'amplitude d'une sinusoïde modulée ».

Q 8. Pour les figures 3 et 4, aucun seuil ne peut être trouvé. La question précédente a montré que ces deux résultats n'étaient pas utiles pour représenter correctement le phénomène.

Avec la figure 5, on peut identifier un seuil séparant les deux niveaux et la récupération du message binaire semble réalisable.

Avec cet unique résultat, il semble qu'il faille choisir un pas de temps 1000 fois inférieur à la constante de temps du circuit ($\tau = 1$ μs et $\Delta_t = 1$ ns).

> **Commentaire**
>
> Ce genre de questions (Q6 - Q7 - Q8) est assez classique en analyse numérique. Les candidats doivent être capables de trouver le pas de temps à partir de courbes fournies.
> Citons le rapport de l'épreuve : « *Rappelons aux futurs candidats qu'en tant qu'ingénieurs, ils auront à interpréter des simulations numériques, et qu'ils devront donc s'assurer que celles-ci utilisent des données d'entrée suffisamment réalistes compte tenu de l'objectif visé.* »

Vérification de l'intégrité des données et correction des erreurs

Q 9.

Entiers	Représentation binaire	Bit de parité
5	101	0
16	10000	1
37	100101	1

> **Commentaire**
>
> Il faut penser à bien différencier la notation décimale de la notation en binaire. Classiquement on utilise la notation $\overline{101}^2$ pour 5 par exemple.

Q 10.

```
def parite(bits):
    nombreDeUns = 0
    for b in bits:
```

```
        nombreDeUns += b
    return nombreDeUns%2
```

Commentaire

La fonction parcourt la liste mise en argument et somme les éléments de cette liste. La liste n'étant composée que de `0` et `1`, cela représente bien le nombre de 1. La fonction renvoie alors le reste de la division euclidienne de ce nombre par 2. Ainsi, si le nombre est pair, 0 est renvoyé, et 1 si le nombre est impair.

Q 11. Exemple d'erreur non détectable : si deux bits de valeurs différentes ont été échangés de place. Exemple : on voulait envoyer la valeur $17 = \overline{10001}^{2}$ de bit de parité `0`, mais c'est la valeur $18 = \overline{10010}^{2}$ qui a été reçue. Ayant le même nombre de bits et le même bit de parité, l'erreur ne sera pas détectée.

Si une erreur est détectée, il faut retransmettre la donnée, car il n'y a aucun moyen de savoir quel est le bit qui pose problème (le test ne donne pas la position de l'erreur).

Commentaire

Il est assez facile de trouver deux valeurs différentes avec le même bit de parité (en fait un nombre pair d'erreurs est suffisant).
On peut conclure que cette méthode, vraiment basique, semble peu fiable.

Q 12.

```
def encode_hamming(donnee):
    [d1,d2,d3,d4] = donnee
    p1 = parite([d1,d2,d4])
    p2 = parite([d1,d3,d4])
    p3 = parite([d2,d3,d4])
    return [p1,p2,d1,p3,d2,d3,d4]
```

Commentaire

Les variables locales d_i sont définies pour clarifier l'écriture de la fonction.

Q 13.

```
def decode_hamming(message):
    m = message[:]              # Copie de message dans m
    [m1,m2,m3,m4,m5,m6,m7] = m
    c1 = parite([m4,m5,m6,m7])
    c2 = parite([m2,m3,m6,m7])
    c3 = parite([m1,m3,m5,m7])
    indicateur = c1*2**2 + c2*2 + c3 # Position de l'erreur
    if indicateur != 0:                # Présence d'une erreur
        print("Erreur au bit "+str(indicateur)) # Affichage
        m[indicateur-1] = 1 - m[indicateur-1]  # Correction
    return [m[2],m[4],[5],m[6]]
```

Commentaire

On ne souhaite pas travailler directement sur l'argument `message` pour éviter les effets de bords non souhaités. Pour cela, on définit la liste `m`, copie de `message`. Ainsi, en corrigeant l'erreur sur la copie, l'argument ne sera pas modifié.
Pour la correction de l'erreur, la première idée qui vient consiste à utiliser un test sur la valeur de `m[indicateur-1]` et d'en modifier la valeur (structure **`if`** - **`else`** classique). Ici on soustrait directement l'ancienne valeur à 1, permettant de regrouper les deux cas. L'utilisation de la fonction **`print`** est demandée par le sujet. On aurait pu aussi écrire : `print("Erreur au bit ", indicateur)`.

Q 14. Le codage de Hamming de la donnée `1011` donne comme bit de parité : $p_1 = 0$, $p_2 = 1$ et $p_3 = 0$, soit comme codage : [0,1,1,0,0,1,1].

Avec l'erreur du sujet, le code reçu est : $[1, 0, 1, 0, 0, 1, 1]$. Décodons ce code. On cherche les bits de parité du message : $c_1 = 0$, $c_2 = 1$ et $c_3 = 1$. Si on suppose l'erreur unique, on trouve que l'erreur provient de la troisième valeur du message (indice 2 en Python). Modifions cette valeur. On obtient alors la donnée décodée : [0,0,1,1].

La "correction" est erronée, car l'hypothèse d'une erreur unique n'est pas vérifiée. La correction n'est valable que si une seule erreur s'est produite lors de la transmission.

Q 15. Le sujet propose d'ajouter un bit de parité. On peut utiliser ce bit pour tester la parité des 7 bits transmis. Cela permettrait de savoir s'il y a eu une erreur après codage de Hamming. Il faut donc transmettre 8 bits pour 4 bits de données (c'est-à-dire le double).

Utilisation des données de la puce pour autoriser ou non le passage

Q 16.

Variable	Type	Valeur
`id_titre`	Entier (**`int`**)	49981654
`zones`	Liste (**`list`**)	[1,3]
`date_fin`	Liste (**`list`**)	[2015, 08, 31]

Commentaire

Les instructions données sont assez classiques lorsqu'on utilise des fichiers. Il faut comprendre que la variable `lignes` contient toutes les lignes du fichier.

Q 17.

```
passages = []
for i in range(2,len(lignes)):
    donnees_passage = lignes[i].rstrip('\n').split(',')
    date = donnees_passage[0].split('-')
    heure = donnees_passage[1].split(':')
    passage = date + heure + [donnees_passage[2]]
    passages.append([int(chaine) for chaine in passage])
```

Commentaire

La difficulté est d'**isoler les variables** puis d'en **transformer le type**. Il faut s'aider des instructions fournies dans le sujet.

Q 18.

```
def estAvant(date1,date2):
    [a1,m1,j1] = date1
    [a2,m2,j2] = date2
    return a1<a2 or a1==a2 and (m1<m2 or m1==m2 and j1<=j2)
```

Commentaire

Le résultat renvoyé est un booléen. Une structure utilisant `if` - `elif` - `else` aurait pu être utilisée, mais il faut bien faire attention à l'ordre des conditions. Tous les cas doivent renvoyer un booléen.
On a utilisé ici la priorité des opérations pour éviter les parenthésages inutiles, le `or` ayant la priorité analogue à l'addition, et le `and` celle de la multiplication. Il vaut évidemment mieux parenthéser davantage en cas de doute.
On rappelle que Python utilise l'évaluation paresseuse des booléens, ainsi si l'année `a1` est inférieure à `a2`, la suite de la condition n'est pas testée.

Q 19.

```
def nbSecondesEntre(heure1,heure2):
    [h1,m1,s1] = heure1
    [h2,m2,s2] = heure2
    return (s1 + 60*m1 + 3600*h1) - (s2 + 60*m2 + 3600*h2)
```

Commentaire

Pour chaque heure, il suffit de calculer le nombre de secondes écoulées depuis le début de la journée, on peut ensuite en faire la différence, qui est renvoyée.

Q 20.

```
def testPassage(id_titre, zones, date_fin, passages):
    if id_titre in Liste_Noire :
        print("Titre refusé")
        return False
    if Zone not in zones:
        print("Non valide dans cette zone")
        return False
    date = Maintenant[0:3]
    if estAvant(date_fin,jours):
        print("Titre expiré")
        return False
    for i in range(3):
```

```python
        if passages[i][0:3] == date and passages[i][6] ==
            Id_Point :
            heure = Maintenant[3:6]
            dernier = passages[i][3:6]
            if nbSecondesEntre(heure,dernier) < 450:
                print("Titre déjà validé")
                return False
    return True
```

Commentaire

Les variables `Liste_Noire`, `Zone`, `Maintenant` et `Id_Point` sont sous-entendu être des variables globales dans le sujet. Il n'est donc pas utile de les faire apparaître comme paramètre de la fonction.
Il faut respecter l'ordre des conditions comme le sujet le demande. Les trois premières sont immédiates. La quatrième demande d'être étudiée plus longuement. Ici, nous avons délibérément laissé de côté le cas où les deux passages seraient espacés de moins de 450 s mais se situeraient l'un avant et l'autre après minuit. Ce cas ne peut pas être traité en un temps raisonnable.

Exploitation des données enregistrées par le système

Q 21.

```sql
SELECT date, heure
FROM passages JOIN points ON id_point = id
WHERE ligne = 1 AND date >= "2014-07-01" AND date <=
    "2014-08-31"
```

Commentaire

Nous choisissons de ne pas remettre le nom de la table devant le nom du champ s'il n'y a pas d'ambiguïté. Ici, il n'y a aucun champ ambigu, car nous n'utilisons que les deux tables `passages` et `points`.
Le choix d'utiliser **`date`** comme nom de champ d'une table n'est pas judicieux, car c'est aussi un mot clé du langage.

Q 22.

```sql
SELECT COUNT(*)
FROM passages JOIN points ON id_point = point.id
    JOIN titres ON id_titre = titres.id
WHERE date = "2014-12-31" AND (zone < zone_min OR zone >
    zone_max)
```

Commentaire

Parce que les jointures sur plusieurs tables sont parfois un peu lourdes, l'utilisation d'un produit cartésien et d'une restriction adéquate permettant d'obtenir le même résultat est parfois privilégiée. Ici on écrirait :

```
SELECT COUNT(*)
FROM passages, points, titres
WHERE id_point = points.id AND id_titre = titres.id
    AND date = "2014-12-31" AND (zone < zone_min OR
    zone > zone_max)
```

Les parenthèses dans les conditions sont ici obligatoires vu la priorité relative des opérateurs **AND** et **OR**

CCP – Modélisation de systèmes physiques ou chimiques 2015

PC - Durée : 4 heures

SUJET

EPREUVE SPECIFIQUE - FILIERE PC

MODÉLISATION DE SYSTÈMES PHYSIQUES OU CHIMIQUES

Durée : 4 heures

N.B. : le candidat attachera la plus grande importance à la clarté, à la précision et à la concision de la rédaction. Si un candidat est amené à repérer ce qui peut lui sembler être une erreur d'énoncé, il le signalera sur sa copie et devra poursuivre sa composition en expliquant les raisons des initiatives qu'il a été amené à prendre.

Les calculatrices sont interdites

Le sujet comporte deux parties indépendantes. Le candidat précisera au début de sa copie le langage de programmation (Python ou Scilab) qu'il a choisi et toutes les questions seront traitées dans le même langage. Un bonus sera accordé aux copies soignées avec des programmes bien commentés. Plusieurs fonctions du langage Scilab sont rappelées en annexe A. Les candidats choisissant le langage Python pourront utiliser les bibliothèques numpy et matplotlib.pyplot. Une documentation simplifiée de plusieurs fonctions de ces bibliothèques est présente en annexes B et C.

SIMULATION NUMERIQUE DU TRANSFERT THERMIQUE DANS UN MUR EN REGIME TRANSITOIRE

On étudie les transferts thermiques dans le mur d'une maison, figure 1(a). La température à l'intérieur de la maison est constante dans le temps et égale à $T_{int} = 20°C$. Aux temps négatifs ($t < 0$), la température extérieure est égale à $T_{ext1} = 10°C$. A $t = 0$, elle chute brusquement à $T_{ext2} = -10°C$ et elle reste égale à cette valeur aux temps positifs ($t > 0$), figure 1(b). On souhaite étudier l'évolution du profil de température dans le mur au cours du temps.

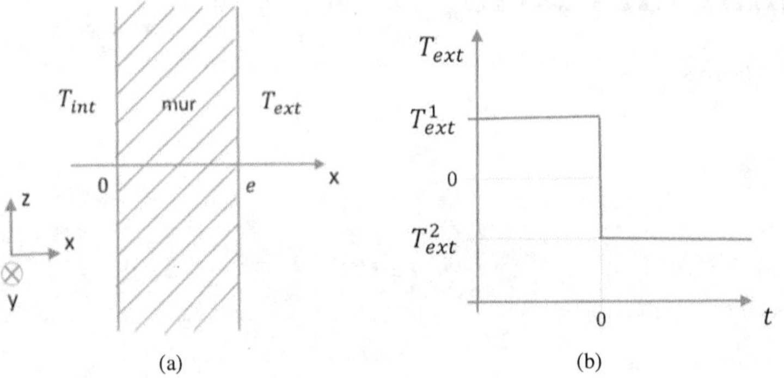

FIGURE 1 – (a) - Schéma du mur étudié. (b) - Evolution de la température extérieure au cours du temps.

Le mur a une épaisseur $e = 40$ cm. Les propriétés physiques du mur sont constantes : conductivité thermique $\lambda = 1{,}65$ W.m^{-1}.K^{-1}, capacité thermique massique $c_p = 1000$ J.kg^{-1}.K^{-1}, masse volumique $\rho = 2150$ kg.m^{-3}.

PARTIE I : ETUDE PRELIMINAIRE

Dans cette partie, on établit l'équation gouvernant les variations de la température et on la résout en régime permanent.

I.A. Equation gouvernant la température

On suppose que la température dans le mur T ne dépend que du temps t et de la coordonnée x.

I.A.1. A quelle condition peut-on supposer que la température ne dépend pas des coordonnées y et z ?

I.A.2. Donner l'équation générale qui décrit le transport de chaleur dans un solide en l'absence de source d'énergie. Comment cette équation se simplifie-t-elle sous les hypothèses de la question I.A.1 ?

I.B. Conditions aux limites

On envisage plusieurs types de conditions aux limites.

(i) La température est imposée aux limites du système.

(ii) La paroi extérieure est isolée par un matériau de très faible conductivité.

I.B.1. Traduire chacune de ces conditions aux limites sur la fonction $T(x,t)$ et/ou sa dérivée. **Dans toute la suite, on adoptera des conditions aux limites de type température imposée.**

I.C. Solutions en régime permanent

I.C.1. Résoudre l'équation obtenue à la question I.A.2. en régime permanent, avec les conditions aux limites de type températures imposées (question I.B.(i)) :

- pour un instant particulier négatif $t_1 < 0$,
- pour un instant particulier positif $t_2 > 0$, très longtemps après la variation de température extérieure, quand le régime permanent est de nouveau établi dans le mur.

I.C.2. Quelle est la nature des profils $T(x)$ obtenus (en régime permanent) à ces deux instants ? Tracer à la main les deux profils sur un même graphique sur la copie.

I.C.3. Sur le même graphique, tracer à la main qualitativement les profils intermédiaires à différents instants entre la variation brutale de la température extérieure ($t = 0$) et l'instant t_2 où le régime est de nouveau permanent.

PARTIE II : RESOLUTION NUMERIQUE

II.A. Equation à résoudre

On cherche à résoudre numériquement l'équation aux dérivées partielles :

$$\alpha \frac{\partial T}{\partial t} = \frac{\partial^2 T}{\partial x^2} \quad (1)$$

où α est une constante. A l'équation (1) sont associées les conditions :

$$\begin{array}{lll} T(0,t) = T_{int} & \text{pour tout} & t > 0 \\ T(e,t) = T_{ext2} & \text{pour tout} & t > 0 \\ T(x,0) = ax + b & \text{pour tout} & x \in [0, e] \end{array}$$

II.A.1. Quelle est l'expression de α en fonction des paramètres physiques du mur ?

II.A.2. Exprimer a et b en fonction de T_{int}, T_{ext1} et e.
Pour effectuer la résolution de l'équation (1), nous utiliserons la méthode des différences finies présentée dans la partie II.B.

II.B. Méthode des différences finies

II.B.1. Discrétisation dans l'espace et dans le temps

On divise l'intervalle $[0,e]$, représentant l'épaisseur du mur, en $N + 2$ points, numérotés de 0 à $N + 1$, régulièrement espacés de Δx (figure 2). Cette division est appelée « discrétisation ». La distance Δx est appelée le « pas d'espace ». A l'intérieur du mur (frontières intérieure et extérieure exclues) se trouvent donc N points. On cherche à obtenir la température en ces points particuliers à chaque instant.

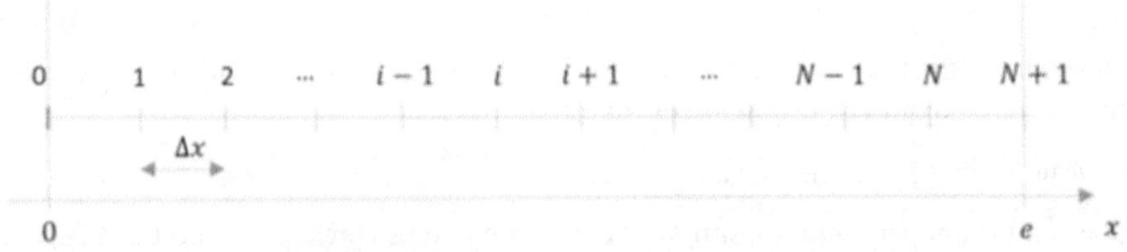

FIGURE 2 – Discrétisation spatiale dans la direction x.

II.B.1.a. Donner l'expression de Δx en fonction de N et de l'épaisseur du mur e.

II.B.1.b. Donner l'abscisse x_i du i^e point en fonction de i et Δx, sachant que $x_0 = 0$ et $x_{N+1} = e$. Le temps est discrétisé en $ItMax$ intervalles de durée Δt et on ne s'intéresse au profil de température qu'aux instants particuliers $t_k = k.\Delta t$. L'intervalle élémentaire de temps Δt est appelé le « pas de temps ».

Pour résoudre l'équation (1), deux méthodes sont proposées :

- méthode utilisant un schéma explicite,
- méthode utilisant un schéma implicite.

II.B.2. Méthode utilisant un schéma explicite

II.B.2.a. A l'aide d'un développement limité de la fonction $x \mapsto T(x,t)$, donner une expression de $T(x + \Delta x)$ à l'ordre 3 ($o(\Delta x^3)$) en fonction de T et de ses dérivées partielles par rapport à x évaluées en (x,t). De même, donner une expression de $T(x - \Delta x, t)$ à l'ordre 3.

II.B.2.b. En déduire une expression approchée à l'ordre 1 ($o(\Delta x)$) de $\left.\dfrac{\partial^2 T}{\partial x^2}\right|_{x,t}$ (dérivée partielle spatiale seconde de T évaluée au point x à l'instant t) en fonction de $T(x + \Delta x,t)$, $T(x - \Delta x,t)$ et $T(x,t)$ et Δx.

On note T_i^k la température $T(x_i,t_k)$, évaluée au point d'abscisse x_i à l'instant t_k. De même, on note $T_{i+1}^k = T(x_i + \Delta x, t_k)$ et $T_{i-1}^k = T(x_i - \Delta x, t_k)$.

II.B.2.c. Déduire de la question précédente une expression approchée de $\left.\dfrac{\partial^2 T}{\partial x^2}\right|_{x_i,t_k}$ (dérivée partielle spatiale seconde de T évaluée en x_i à l'instant t_k) en fonction de T_i^k, T_{i+1}^k et T_{i-1}^k et Δx.

La dérivée partielle temporelle de l'équation 1 est maintenant approchée grâce à un développement limité.

II.B.2.d. A l'aide d'un développement limité de la fonction $t \mapsto T(x,t)$, donner une expression de $T(x,t+\Delta t)$ à l'ordre 1 ($o(\Delta t)$) en fonction de T et de sa dérivée partielle par rapport à t évaluées en (x,t).

II.B.2.e. En déduire une valeur approchée de $\left.\dfrac{\partial T}{\partial t}\right|_{x,t}$ (dérivée partielle par rapport au temps de T évaluée au point x à l'instant t) à l'ordre 0 ($o(1)$) en fonction de $T(x,t+\Delta t)$, $T(x,t)$ et Δt.

II.B.2.f. Donner une expression de $\left.\dfrac{\partial T}{\partial t}\right|_{x_i,t_k}$ (dérivée partielle par rapport au temps de T évaluée en x_i à l'instant t_k) en fonction de Δt, T_i^k et T_i^{k+1}, avec $T_i^{k+1} = T(x_i,t_k+\Delta t)$.

L'équation 1 est valable en chaque point d'abscisse x_i et à chaque instant t_k.

II.B.2.g. Ecrire la forme approchée de cette équation au point i à l'instant k en approchant $\left.\dfrac{\partial T}{\partial t}\right|_{x,t}$ avec la formule obtenue à la question II.B.2.f.

II.B.2.h. Montrer que l'équation obtenue à la question II.B.2.g. peut s'écrire sous la forme :

$$T_i^{k+1} = rT_{i-1}^k + (1-2r)T_i^k + rT_{i+1}^k \qquad (2)$$

en précisant la valeur du paramètre r en fonction de Δx, Δt et α.

L'équation 2 est appelée schéma numérique explicite. Si on connaît la température en tous les points $x_1, x_2, \dots, x_{N-1}, x_N$ à l'instant t_k, on peut calculer grâce à elle la température en tous les points à l'instant ultérieur t_{k+1}.

II.B.2.i. L'équation 2 est-elle valable dans tout le domaine, c'est-à-dire pour toute valeur de i, $0 \leq i \leq N+1$? Que valent T_0^k et T_{n+1}^k ?

II.B.2.j. Dans cette question, on élabore une fonction `schema_explicite` permettant de calculer la température en chaque point au cours du temps selon la formule 2. Parmi les variables d'entrée se trouvera un vecteur `T0` de dimension N, défini en dehors de la fonction, contenant les valeurs de la température aux points de discrétisation à l'instant initial. Au sein de la fonction, un algorithme calculera itérativement la température avec un nombre maximal d'itérations `ItMax`. En sortie de la fonction, on récupérera le nombre d'itérations réellement effectuées, `nbIter` et une matrice `T_tous_k`, de dimensions $N \times ItMax$. Chaque colonne de cette matrice contient le vecteur $\mathbf{T_k}$ dont les éléments sont les valeurs de la température aux N points $x_1, \dots, x_N$ (points à l'intérieur du mur) à l'instant k :

$$\mathbf{T_k} = \begin{pmatrix} T_1^k \\ T_2^k \\ \dots \\ T_{N-1}^k \\ T_N^k \end{pmatrix} \text{ et } \texttt{T\_tous\_k} = \begin{pmatrix} T_1^1 & T_1^2 & \dots & T_1^k & \dots & T_1^{k-1} & T_1^k \\ T_2^1 & T_2^2 & \dots & T_2^k & \dots & T_2^{k-1} & T_2^k \\ \dots & \dots & \dots & \dots & \dots & \dots & \dots \\ T_{N-1}^1 & T_{N-1}^2 & \dots & T_{N-1}^k & \dots & T_{N-1}^{k-1} & T_{N-1}^k \\ T_N^1 & T_N^2 & \dots & T_N^k & \dots & T_N^{k-1} & T_N^k \end{pmatrix}$$

On souhaite arrêter le calcul lorsque la température ne varie presque plus dans le temps. Dans ce but, on évaluera la norme 2 de $\mathbf{T^k} - \mathbf{T^{k-1}}$ à chaque itération. La définition de la norme 2 est rappelée à la question II.B.2.j.*(vi)*.

II.B.2.j.*(i)* Ecrire l'en-tête de la fonction en précisant bien les paramètres d'entrée et de sortie.

II.B.2.j.*(ii)* Le schéma numérique 2 permet d'approcher avec succès la solution à la condition $r < 1/2$. Programmer un text qui avertit l'utilisateur si cette condition n'est pas respectée.

II.B.2.j.*(iii)* Affecter la valeur 2000 à `ItMax`. Créer la matrice `T_tous_k` de dimensions $N \times ItMax$ en la remplissant de zéros.

II.B.2.j.*(iv)* Remplacer la première colonne de `T_tous_k` par le vecteur des valeurs initiales `T0`.

II.B.2.j.*(v)* Calculer le profil de température à l'instant $k = 1$ ($t = \Delta t$), en distinguant le cas $i = 1$, le cas $2 \leq i \leq N - 1$ et le cas $i = N$. Affecter ces valeurs à la deuxième colonne de `T_tous_k`.

II.B.2.j.*(vi)* Ecrire une fonction `calc_norme` qui calcule la norme 2 d'un vecteur. On rappelle que la norme 2 d'un vecteur $\mathbf{V}$ s'écrit :

$$||\mathbf{V}||_2 = \sqrt{\sum_{i=1}^{N} V_i^2} \text{ avec } \mathbf{V} = \begin{pmatrix} V_1 \\ \vdots \\ V_i \\ \vdots \\ V_N \end{pmatrix}.$$

II.B.2.j.*(vii)* Elaborer une boucle permettant de calculer itérativement le profil de température aux instants $t_k = k.\Delta t$ avec $k \geq 2$. Cette boucle sera interrompue lorsque la norme 2 du vecteur $\mathbf{T^k} - \mathbf{T_{k-1}}$ deviendra inférieure à 10^{-2} ou lorsque le nombre d'itérations atteindra la valeur $ItMax$ (prévoir les deux cas). Utiliser, pour cela, la fonction `calc_norme` définie à la question II.B.2.j.*(vi)*.

II.B.2.j.*(viii)* Ecrire la fin de la fonction afin de renvoyer tous les arguments de sortie définis au début de la question II.B.2.j.

II.B.3. Méthode utilisant un schéma explicite

Le schéma explicite 2 ne converge que si le pas de temps Δt est suffisamment faible par rapport au pas d'espace Δx. Si l'on souhaite effectuer un calcul pour un temps physique long, beaucopu d'itérations seront nécessaires et le temps de calcul sera très long. C'est pourquoi on préfère d'autres types de schémas appelés schémas implicites.

Dans cette partie, la dérivée partielle seconde par rapport à x de la température apparaissant dans l'équation 1 est évaluée au point d'abscisse x_i et à l'instant $k + 1$:

$$\left.\frac{\partial^2 T}{\partial x^2}\right|_{x,t} \approx \left.\frac{\partial^2 T}{\partial x^2}\right|_{x_i,t_{k+1}}$$

et la dérivée partielle par rapport à t est évaluée au point d'abscisse x_i et à l'instant k :

$$\left.\frac{\partial T}{\partial t}\right|_{x,t} = \left.\frac{\partial T}{\partial t}\right|_{x_i,t_k}.$$

II.B.3.a. Donner la nouvelle expression approchée de l'équation 1.

II.B.3.b. Montrer que l'équation obtenue à la question II.B.3.a. peut être mise sous la forme

$$T_i^k = -rT_{i-1}^{k+1} + (1+2r)T_i^{k+1} - rT_{i+1}^{k+1}. \tag{3}$$

L'équation 3 est appelée schéma implicite car la température à l'instant t_k est exprimée en fonction de la température à l'instant ultérieur t_{k+1}.

Le système d'équations ainsi obtenu peut être écrit sous la forme :

$$M\mathbf{T}^{k+1} = \mathbf{T}^k + rv \tag{4}$$

où M est une matrice carrée $N \times N$ et $\mathbf{T}^k$ et $\mathbf{T}^{k+1}$ sont les vecteurs de dimensions N définis par :

$$\mathbf{T}^k = \begin{pmatrix} T_1^k \\ T_2^k \\ \dots \\ T_{N-1}^k \\ T_N^k \end{pmatrix} \text{ et } \mathbf{T^{k+1}} = \begin{pmatrix} T_1^{k+1} \\ T_2^{k+1} \\ \dots \\ T_{N-1}^{k+1} \\ T_N^{k+1} \end{pmatrix}$$

et v est un vecteur de taille N faisant intervenir les conditions initiales aux limites.

II.B.3.c. Préciser l'expression de la matrice M et l'expression du vecteur v.
1em A chaque pas de temps, il faut inverser le système matriciel :

$$M\mathbf{T}^{k+1} = \mathbf{T}^k + rv$$

pour obtenir $\mathbf{T}^{k+1}$ à partir de $\mathbf{T}^k$.

II.B.3.d. Le but de cette question est d'écrire une fonction `CalcTkp1` qui permet de résoudre un système matriciel tridiagonal en utilisant l'algorithme de Thomas présenté ci-dessous.

Algorithme de Thomas :
On cherche à résoudre un système matriciel tridiagonal de la forme :

$$M\mathbf{u} = \mathbf{d} \tag{5}$$

où M est une matrice de dimensions $N \times N$ tridiagonale, c'est-à-dire une matrice dont tous les éléments sont nuls, sauf sur la diagonale principale, la diagonale supérieure et la diagonale inférieure

$$\begin{pmatrix} b_1 & c_1 & & & & & \\ a_2 & b_2 & c_2 & & & 0 & \\ & a_3 & b_3 & c_3 & & & \\ & & \ddots & \ddots & \ddots & & \\ & & & \ddots & \ddots & \ddots & \\ & 0 & & & a_{N-1} & b_{N-1} & c_{N-1} \\ & & & & & a_N & b_N \end{pmatrix}$$

et où les vecteurs **u** et **d**, de dimension N, s'écrivent :

$$\mathbf{u} = \begin{pmatrix} u_1 \\ u_2 \\ u_3 \\ \vdots \\ u_{N-1} \\ u_N \end{pmatrix} \text{ et } \mathbf{d} = \begin{pmatrix} d_1 \\ d_2 \\ d_3 \\ \vdots \\ d_{N-1} \\ d_N \end{pmatrix}$$

Dans cet algorithme, on calcule d'abord les coefficients suivants :

$$\begin{aligned} c'_1 &= \frac{c_1}{b_1} \\ c'_i &= \frac{c_i}{b_i - a_i c'_{i-1}} \text{ pour } i = 2, 3, \ldots, N-1 \end{aligned}$$

et

$$\begin{aligned} d'_1 &= \frac{d_1}{b_1} \\ d'_i &= \frac{d_i - a_i d'_{i-1}}{b_i - a_i c'_{i-1}} \text{ pour } i = 2, 3, \ldots, N. \end{aligned}$$

Les inconnues $u_1, u_2, \ldots, u_N$ sont alors obtenues par les formules :

$$\begin{aligned} u_N &= d'_N \\ u_i &= d'_i - c'_i u_{i+1} \text{ pour } i = N-1, N-2, \ldots, 2, 1. \end{aligned}$$

II.B.3.d.*(i)* En utilisant l'algorithme de Thomas, écrire une fonction `CalcTkp1` qui permet de calculer le vecteur **u**, solution du système matriciel 5, à partir de la matrice M et du vecteur **d**.

II.B.3.e. Dans cette question, une fonction `schema_implicite` est élaborée avec les mêmes arguments d'entrée et de sortie que la fonction `schema_explicite` (définis à la question II.B.2.j.) et qui utilise les mêmes critères d'arrêt (définis à la question II.B.2.j.*(vii)*).

II.B.3.e.*(i)* Ecrire l'en-tête de la fonction en précisant les paramètres d'entrée et de sortie.

II.B.3.e.*(ii)* Affecter la valeur 2000 à `ItMax`. Créer la matrice `T_tous_k` dont les dimensions sont $N \times ItMax$ en la remplissant de zéros.

II.B.3.e.*(iii)* Remplacer la 1re colonne de `T_tous_k` par le vecteur des valeurs `T_tous_k` par le vecteur des valeurs initiales `T0`.

II.B.3.e.*(iv)* Définir la matrice `M` et le vecteurv qui interviennent dans l'équation 4.

II.B.3.e.*(v)* Calculer le profil de température à l'instant $k = 1$ ($t = \Delta t$). Affecter ces valeurs à la deuxième colonne de `T_tous_k`.

II.B.3.e.*(vi)* Ecrire une boucle permettant de calculer itérativement le profil de température aux instants ultérieurs $t_k = k \times \Delta t$ avec $k \geq 2$, en prévoyant un arrêt lorsque la norme 2 du vecteur $\mathbf{T^k} - \mathbf{T^{k-1}}$ devient inférieure à 10^{-2} ou lorsque le nombre d'itérations atteint la valeur `ItMax` (prévoir les deux cas). Utiliser pour cela la fonction `calc_norme` définie à la question II.B.2.j.*(vi)*.

II.B.3.e.*(vii)* Ecrire la fin de la fontion afin de renvoyer tous les arguments de sortie définis au début de la question II.B.2.j.

II.C. Programme principal

II.C.1. Début du programme

II.C.1.a. Définir les variables `epais` (épaisseur du mur), `conduc` (conductivité thermique), `rho` (masse volumique), `Cp` (capacité thermique massique), `Tint` (température intérieure), `Text1` (température extérieure pour les instants $t < 0$), `Text2` (température extérieure pour les instants $t > 0$), `N` (nombre de points de calcul **à l'intérieur du mur**) et `Dt` (intervalle de temps élémentaire) et leur affecter les valeurs correspondant au problème physique défini au début de l'énoncé. On prendra un nombre de points de discrétisation $N = 60$ et un pas de temps Δt de 25 secondes.

II.C.1.b. Calculer els coefficients `a` et `b` avec la formule trouvée à la question II.A.2.

II.C.1.c. Créer un vecteur `x` dont les éléments $x_1, x_2, \ldots, x_N$ sont définis à la question II.B.1.b.

II.C.1.d. Calculer le vecteur des températures initiales `T0` ?

II.C.1.e. Calculer `alpha` selon la formule trouvée à la question II.A.1. Calculer `r` en utilisant la formule calculée à la question II.B.2.h.

II.C.2. Calcul des températures

II.C.2.a. Ecrire un morceau de programme qui demande à l'utilisateur quel schéma (explicite ou implicite) il souhaite utiliser et qui appelle la fonction correspondante.

II.C.3. Analyse du résultat

II.C.3.a. Ecrire un morceau de programme permettant de tracer sur un même graphique le profil de température en fonction de `x` tous les 100 pas de temps.

II.C.3.b. Faire afficher le temps en heures au bout duquel le régime permanent est établi.

ANNEXE A : COMMANDES ET FONCTIONS USUELLES DE SCILAB

A=[a b c d ;e f g h ;i j k l]

Description : commande permettant de créer une matrice dont la première ligne contient les éléments a, b, c, d, la seconde ligne contient les éléments e, f, g, h et la troisième, les éléments i, j, k, l.

Exemple : A = [1 2 3 4 5 ;3 10 11 12 20 ;0 1 0 0 2]

⇨ 1. 2. 3. 4. 5.
3. 10. 11. 12. 20.
0. 1. 0. 0. 2.

A(i,j)

Arguments d'entrée : les coordonnées de l'élément dans le tableau A.

Argument de sortie : l'élément (i,j) de la matrice A.

Description : fonction qui retourne l'élément (i,j) de la matrice A. Pour obtenir toute la colonne j de la matrice A, on utilise la syntaxe $A(: ,j)$. De même, pour accéder à l'intégralité de la ligne i de la matrice A, on écrit $A(i, :)$.

Exemple : A = [1 2 3 4 5 ;3 10 11 12 20 ;0 1 0 0 2]

A(2,4)
⇨ 12
A(:,3)
⇨ 3.
11.
0.
A(2, :)
⇨ 3. 10. 11. 12. 20.

x=[x1:Dx:x2]

Description : commande permettant de créer un vecteur dont les éléments sont espacés de Dx et dont le premier élément est x_1 et le dernier élément est le plus grand multiple de Dx inférieur ou égal à x_2.

ATTENTION : le vecteur ainsi créé est un vecteur ligne. Pour convertir un vecteur ligne en un vecteur colonne, on le transpose en utilisant l'aspostrophe « ' » : x_trans=x'.

Exemple : x=[2:0.5:6.3]

⇨ 2. 2.5 3. 3.5 4. 4.5 5. 5.5 6.
x_trans=x'
⇨ 2.
2.5
3.
3.5
4.
4.5
5.
5.5
6.

zeros(n,m)

Arguments d'entrée : deux entiers n et m correspondant aux dimensions de la matrice à créer.

Argument de sortie : un tableau (matrice) d'éléments nuls.

Description : fonction créant une matrice (tableau) de dimensions $n \times m$ dont tous les éléments sont nuls.

Exemple : zeros(3,4)

⇨ 0. 0. 0. 0.
0. 0. 0. 0.
0. 0. 0. 0.

plot(x,y)

Arguments d'entrée : un vecteur d'abscisses x (tableau de dimension n) et un vecteur d'ordonnées y (tableau de dimension n).

Description : fonction permettant de tracer sur un graphique de n points dont les abscisses sont contenues dans le vecteur x et les ordonnées dans le vecteur y.

Exemple : x=[3:0.1:5]
y=sin(x)
plot(x,y)

ANNEXE B : BIBLIOTHEQUE NUMPY DE PYTHON

Dans les exemples ci-dessous, la bibliothèque numpy a préalablement été importée à l'aide de la commande : **import numpy as np**

On peut alors utiliser les fonctions de la bibliothèque, dont voici quelques exemples :

np.array(liste)

Argument d'entrée : une liste définissant un tableau à 1 dimension (vecteur) ou 2 dimensions (matrice).

Argument de sortie : un tableau (matrice).

Description : fonction permettant de créer une matrice (de type tableau) à partir d'une liste.

Exemple : np.array([4,3,2])
⇨ [4 3 2]
np.array([[5],[7],[1]])
⇨ [[5]
[7]
[1]]
np.array([[3,4,10],[1,8,7]])
⇨ [[3 4 10]
[1 8 7]]

A[i,j]

Argument d'entrée : un tuple contenant les coordonnées de l'élément dans le tableau A.

Argument de sortie : l'élément $(i+1, j+1)$ de la matrice A.

Description : fonction qui retourne l'élément $(i+1, j+1)$ de la matrice A. Pour obtenir toute la colonne $j+1$ de la matrice A, on utilise la syntaxe $A[:\ ,j]$. De même, pour accéder à l'intégralité de la ligne $i+1$ de la matrice A, on écrit $A[i,\ :]$.

ATTENTION : en langage Python, les lignes d'un A de dimension $n \times m$ sont numérotées de 0 à $n-1$ et les colonnes sont numérotées de 0 à $m-1$

Exemple : A=np.array([[3,4,10],[1,8,7]])
A[0,2]
⇨ 10
A[:,2]
⇨ [10, 7]
A[1, :]
⇨ [1, 8, 7]

np.zeros((n,m))

Argument d'entrée : un tuple de deux entiers correspondant aux dimensions de la matrice à créer.

Argument de sortie : un tableau (matrice) d'éléments nuls.

Description : fonction créant une matrice (tableau) de dimensions $n \times m$ dont tous les éléments sont nuls.

Exemple : np.zeros((3,4))
⇨ [[0 0 0 0]
[0 0 0 0]
[0 0 0 0]]

np.linspace(Min,Max,nbElements)

Argument d'entrée : un tuple de 3 entiers.

Argument de sortie : un tableau (vecteur).

Description : fonction créant un vecteur (tableau) de $nbElements$ nombres espacés régulièrement entre Min et Max. Le 1er élément est égal à Min, le dernier est égal à MAx et les éléments sont espacés de $(Max - Min)/(nbElements - 1)$:

Exemple : np.linspace(3,25,5)
⇨ [3 8.5 14 19.5 25]

ANNEXE C : BIBLIOTHEQUE MATPLOTLIB.PYPLOT DE PYTHON

Cette bibliothèque permet de tracer des graphiques. Dans les exemples ci-dessous, la bibliothèque matplotlib.pyplot a préalablement été importée à l'aide de la commande :
import matplotlib.pyplot as plt

On peut alors utiliser les fonctions de la bibliothèque, dont voici quelques exemples :

plt.plot(x,y)

Argument d'entrée : un vecteur d'abscisses x (tableau de dimension n) et un vecteur d'ordonnées y (tableau de dimension n).

Description : fonction permettant de tracer sur un graphique de n points dont les abscisses sont contenues dans le vecteur x et les ordonnées dans le vecteur y. Cette fonction doit être suivie de la fonction `plt.show()` pour que le graphique soit affiché.

Exemple :
```
x= np.linspace(3,25,5)
y=sin(x)
plt.plot(x,y)
plt.xlabel('x')
plt.ylabel('y')
plt.show()
```

plt.xlabel(nom)

Argument d'entrée : une chaîne de caractères.

Description : fonction permettant d'afficher le contenu de nom en abscisse d'un graphique.

plt.ylabel(nom)

Argument d'entrée : une chaîne de caractères.

Description : fonction permettant d'afficher le contenu de nom en ordonnée d'un graphique.

plt.show()

Description : fonction réalisant l'affichage d'un graphe préalablement créé par la commande `plt.plot(x,y)`. Elle doit être appelée après la fonction plt.plot et après les fonctions plt.xlabel et plt.ylabel.

CORRIGÉ COMMENTÉ

Commentaire

Le sujet contient des incohérences typographiques, et utilise du vocabulaire inhabituel en particulier dans les annexes où il est mention d'*argument de sortie* au lieu de *valeur de retour*, *commande* au lieu d'*instruction* ou encore de *retourner* au lieu de *renvoyer*. A la question II.B.2.j., les deux derniers termes de chaque ligne sont mal indicés.

PARTIE I : ETUDE PRELIMINAIRE

Commentaire

Le contenu de cette partie ne relève pas du programme d'informatique et n'est pas utile pour la suite du problème.

PARTIE II : RESOLUTION NUMERIQUE

Commentaire

Les questions suivantes jusqu'à **II.B.2.i** inclus ne concernent pas directement le programme d'informatique, elles sont corrigées mais non commentées.

II.A.1.

$$\alpha = \frac{\rho c_p}{\lambda}$$

II.A.2. $T(0,0) = T_{int}$ et $T(e,0) = T_{ext1}$. D'où $a = \frac{T_{ext1} - T_{int}}{e}$ et $b = T_{int}$

II.B.1.a. $e = (N+1)\Delta x$ donc $\Delta x = \frac{e}{N+1}$

II.B.1.b. $x_i = i\Delta x = \frac{ie}{N+1}$

II.B.2.a

$$T(x+\Delta x,t) = T(x,t) + \left.\frac{\partial T}{\partial x}\right|_{x,t}\Delta x + \frac{1}{2}\left.\frac{\partial^2 T}{\partial x^2}\right|_{x,t}\Delta x^2 + \frac{1}{6}\left.\frac{\partial^3 T}{\partial x^3}\right|_{x,t}\Delta x^3 + o(\Delta x^3)$$

$$T(x-\Delta x,t) = T(x,t) - \left.\frac{\partial T}{\partial x}\right|_{x,t}\Delta x + \frac{1}{2}\left.\frac{\partial^2 T}{\partial x^2}\right|_{x,t}\Delta x^2 - \frac{1}{6}\left.\frac{\partial^3 T}{\partial x^3}\right|_{x,t}\Delta x^3 + o(\Delta x^3)$$

II.B.2.b En sommant les deux développements limités, on obtient :

$$T(x+\Delta x) + T(x-\Delta x) = 2T(x,t) + \left.\frac{\partial^2 T}{\partial x^2}\right|_{x,t}\Delta x^2 + o(\Delta x^3)$$

D'où :

$$\left.\frac{\partial^2 T}{\partial x^2}\right|_{x,t} = \frac{T(x+\Delta x) + T(x-\Delta x) - 2T(x,t)}{\Delta x^2} + o(\Delta x)$$

II.B.2.c

$$\left.\frac{\partial^2 T}{\partial x^2}\right|_{x_i,t_k} \approx \frac{T_{i-1}^k + T_{i+1}^k - 2T_i^k}{\Delta x^2}$$

II.B.2.d.

$$T(x,t+\Delta t) = T(x,t) + \left.\frac{\partial T}{\partial t}\right|_{x,t}\Delta t + o(\Delta t)$$

II.B.2.e.

$$\left.\frac{\partial T}{\partial t}\right|_{x,t} = \frac{T(x,t+\Delta t) - T(x,t)}{\Delta t} + o(1)$$

II.B.2.f.

$$\left.\frac{\partial T}{\partial t}\right|_{x_i,t_k} \approx \frac{T_i^{k+1} - T_i^k}{\Delta t}$$

II.B.2.g.

$$\alpha\frac{T_i^{k+1} - T_i^k}{\Delta t} = \frac{T_{i-1}^k + T_{i+1}^k - 2T_i^k}{\Delta x^2}$$

II.B.2.h.

$$T_i^{k+1} = T_i^k + \frac{\Delta t}{\alpha}\frac{T_{i-1}^k + T_{i+1}^k - 2T_i^k}{\Delta x^2}$$

D'où le résultat en posant $r = \dfrac{\Delta t}{\alpha \Delta x^2}$.

II.B.2.i. L'équation n'est valable que pour $1 \leqslant i \leqslant N$ (sinon T_{i-1}^k ou T_{i+1}^k ne sont pas définies). $T_0^k = T_{int}$ et $T_{N+1}^k = T_{ext2}$ pour $k > 0$ et $T_{N+1}^0 = T_{ext1}$.

II.B.2.j

II.B.2.j.(i)

```
def schema_explicite(T0, Tint, Text2, r):
    """
    entrée :
        T0 : températures à l'instant initial aux points de discrétisation
        Tint : température intérieure
        Text2 : température extérieure après l'instant initial
        r : constante de la l'équation différentielle
    sortie :
        nbIter : nombre d'itér. effectivement réalisées
        T_tous_k : matrice des températures en chaque point de discrétisation et en chaque instant
    """
```

II.B.2.j.(ii)

```
    if r >= 1/2 :
        print("Attention : Le schéma numérique peut ne pas approcher avec succès la solution avec ces paramètres d'entrée")
```

II.B.2.j.(iii)

```
    ItMax = 2000
    T_tous_k =  np.zeros((T0.shape[0], ItMax))
```

II.B.2.j.(iv)

```
    T_tous_k[:,0] = T0
```

II.B.2.j.(v)

```
    T_tous_k[0,1] = r * (Tint + T_tous_k[2,0]) + (1 - 2 * r) * T_tous_k[0,0]
```

```
T_tous_k[1:-1,1] = r * (T_tous_k[0:-2,0] + T_tous_k[2:,0]) + (1 - 2 * r) * T_tous_k[1:-1,0]
T_tous_k[-1,1] = r * (T_tous_k[-2,0] + Text2) + (1 - 2 * r) * T_tous_k[-1,0]
```

II.B.2.j.(vi)

```
def calc_norme(vect):
    return (np.sum(vect**2))**0.5
```

II.B.2.j.(vii)

```
k = 2
while k < ItMax and calc_norme(T_tous_k[:,k-1], T_tous_k[:,k-2]) < 0.01:
    T_tous_k[0,k] = r * (Tint + T_tous_k[2,k-1]) + (1 - 2 * r) * T_tous_k[0,k-1]
    T_tous_k[1:-1,k] = r * (T_tous_k[0:-2,k-1] + T_tous_k[2:,k-1]) + (1 - 2 * r) * T_tous_k[1:-1,k-1]
    T_tous_k[-1,k] = r * (T_tous_k[-2,k-1] + Text2) + (1 - 2 * r) * T_tous_k[-1,k-1]
    k+=1
```

II.B.2.j.(viii)

```
nbIter = k
return nbIter, T_tous_k
```

> **Commentaire**
>
> Dans cette solution, on utilise avantageusement les opérations arithmétiques sur les tableaux de numpy plutôt que d'expliciter les boucles, autrement le programme serait nettement plus fastidieux. Nous vous conseillons vivement de le faire lorsque c'est possible pour gagner du temps et de la lisibilité.

II.B.3.a.

$$\alpha \frac{T_i^{k+1} - T_i^k}{\Delta t} = \frac{T_{i-1}^{k+1} + T_{i+1}^{k+1} - 2T_i^{k+1}}{\Delta x^2}$$

II.B.3.b.

$$T_i^k = T_i^{k+1} - \frac{\Delta t}{\alpha} \frac{T_{i-1}^{k+1} + T_{i+1}^{k+1} - 2T_i^{k+1}}{\Delta x^2}$$

D'où le résultat avec $r = \dfrac{\Delta t}{\alpha \Delta x^2}$.

II.B.3.c.

$$M = \begin{pmatrix} 1+2r & -r & & & 0 \\ -r & \ddots & \ddots & & \\ & \ddots & \ddots & \ddots & \\ & & \ddots & \ddots & -r \\ 0 & & & -r & 1+2r \end{pmatrix} \text{ et } v = \begin{pmatrix} T_{int} \\ 0 \\ \vdots \\ \vdots \\ 0 \\ T_{ext2} \end{pmatrix}$$

II.B.3.d.(i)

```
def CalcTkp1(M,d):
    N = d.shape[0]
    cprime = np.array([0 for i in range(N-1)])
    dprime = np.array([0 for i in range(N)])
    u = np.array([0 for i in range(N)])
    cprime[0] = M[0,1] / M[0,0]
    for i in range(1,N-1):
        cprime[i] = M[i,i+1] / (M[i,i] - M[i,i-1] * cprime[
            i-1])
    dprime[0] = d[0] / M[0,0]
    for i in range(1,N):
        dprime[i] = (d[i] - M[i,i-1] * dprime[i-1]) / (M[i,
            i] - M[i,i-1] * cprime[i-1])
    u[-1] = dprime[-1]
    for i in range(N-2, -1, -1):
        u[i] = dprime[i] - cprime[i] * u[i+1]
    return u
```

Commentaire

Dans cette question, il faut faire très attention aux indices qui ne correspondent pas entre le texte et les indices de Python, tout en se rappelant bien que `range(x)` génère les entiers `0, ..., x-1`.
Dans la dernière boucle, il faut calculer les valeurs de `u` par ordre décroissant d'où l'utilisation de `range` avec un pas négatif.

II.B.3.e

II.B.3.e.(i)

```
def schema_implicite(T0, Tint, Text2, r):
    """
    entrée :
        T0 : températures à l'instant initial aux points de
            discrétisation
        Tint : température intérieure
        Text2 : température extérieure après l'instant
            initial
```

```
        r : constante de la l'équation différentielle
    sortie :
        nbIter : nombre d'itérations effectivement réalisées
        T_tous_k : matrice des températures en chaque point de discrétisation et en chaque instant
    """
```

II.B.3.e.(ii)

```
    ItMax = 2000
    T_tous_k =  np.zeros((N, ItMax))
```

II.B.2.e.(iii)

```
    T_tous_k[:,0] = T0
```

II.B.3.e.(iv)

```
    N = T0.shape[0]
    M = np.zeros((N,N))
    for i in range(N):
        M[i,i] = 1 + 2 * r
        if i>0: M[i,i-1] = -r
        if i<N-1: M[i,i+1] = -r
```

II.B.3.e.(v)

```
    nu = np.array([0 for i in range(N)])
    nu[0] = Tint
    nu[-1] = Text2
    T_tous_k[:,1] =  CalcTkp1(M,T_tous_k[:,0] + r * nu)
```

II.B.3.e.(vi)

```
    k = 2
    while k < ItMax and calc_norme(T_tous_k[:,k-1], T_tous_k[:,k-2]) < 0.01:
        T_tous_k[:,k] =  CalcTkp1(M,T_tous_k[:,k-1] + r * nu)
        k += 1
```

II.B.3.e.(vii)

```
    nbIter = k
    return nbIter, T_tous_k
```

Commentaire

Certaines sous-questions de cette question sont totalement identiques à celles de la question **II.B.2.j**, elles sont cependant répétées pour produire une fonction complète et donc fonctionnelle.

II.C.1.a.

```
epais = 0.4
conduc = 1.65
rho = 2150
Cp = 1000
Tint = 20
Text1 = 10
Text2 = -10
N = 60
Dt = 25
```

Commentaire

La seule erreur possible ici est, sans doute, de ne pas faire attention à utiliser des unités cohérentes, en l'occurrence à exprimer l'épaisseur en mètre.

II.C.1.b.

```
a = (Text1 - Tint) / epais
b = Tint
```

II.C.1.c.

```
Dx = epais / (N +1)
x = np.array([i * Dx for i in range(1, N+1)])
```

II.C.1.d.

```
T0  = a * x + b
```

Commentaire

On utilise à nouveau avantageusement les opérations arithmétiques directement sur les tableaux de `numpy`.

II.C.1.e.

```
alpha = rho / (Cp * conduc)
r = Dt / (alpha * Dx**2)
```

II.C.2.a.

```
valide = False
while not valide:
    reponse = input("Utiliser un schéma implicite ou explicite?")
    valide = True
    if reponse == "implicite":
        schema = schema_implicite
    elif reponse == "explicite":
        schema = schema_explicite
    else:
        valide = False

nbIter,T_tous_k = schema(T0, Tint, Text2, r)
```

Commentaire

Dans cette solution, nous reposons la question indéfiniment à l'utilisateur tant que celui-ci ne répond pas l'une des deux réponses valides. Lorsque la boucle s'arrête, la variable `schema` contient l'une des deux fonctions et est ainsi utilisée directement en tant que telle.

II.C.3.a.

```
for i in range(0, nbIter, 100):
    plt.plot(x, T_tous_k[:,i])
plt.xlabel("x")
plt.ylabel("temperature")
plt.show()
```

II.C.3.b.

```
if nbIter < 2000:
    temps = nbIter * Dt / 3600
    print("Le régime permanent est atteint au bout de ", temps, "h")
else:
    print("Le régime permanent n'a pas été atteint pendant la simulation")
```

Commentaire

Le régime permanent est atteint lorsque les variations sont négligeables, c'est le cas lorsque la condition d'arrêt du **while** portant sur la norme ($||T^k - T^{k-1}|| < 0{,}01$°C) est vérifiée, il suffit alors de multiplier le nombre d'itérations par le temps correspondant à une itération `Dt` puis de convertir en heure : attention à toujours bien faire les conversions nécessaires pour répondre précisément à l'énoncé.

COPIE AUTHENTIQUE D'ÉLÈVE

I A.2)

$T(x,0) = ax + b \quad \forall x \in [0,e]$

$T(0,t) = T_{int} \quad \forall t > 0$

$T(e,t) = T_{ext2} \quad \forall t > 0$

$T(0,0) = b = T_{ext1}$

$T(e,0) = ae + b = T_{int} \Rightarrow a = \dfrac{T_{int} - b}{e} = \dfrac{T_{int} - T_{ext1}}{e}$

II B 1.a)

Il y a N+1 intervalles Δx sur le mur d'épaisseur e

d'où $e = (N+1)\Delta x \Leftrightarrow \Delta x = \dfrac{e}{(N+1)}$

II B 2b) $\dfrac{\partial^2 T}{\partial x^2}\Big|_{x,t} \simeq \dfrac{2T(x,t) - T(x+\Delta x,t) - T(x-\Delta x,t)}{(\Delta x)^2} + O(\Delta x)$

en faisant (A)+(B)

II B c) $\dfrac{\partial^2 T}{\partial x^2}\Big|_{x_i,t_k} \simeq \dfrac{2T_i^k - T_{i+1}^k - T_{i-1}^k}{(\Delta x)^2}$ d'après la question précédente,

on remplace t par t_k et x par x_i

II B 2 d) $T(x,t+\Delta t) = T(x,t) + \Delta t \dfrac{\partial T}{\partial t}\Big|_{x,t} + O(\Delta t)$

car $T(x,t) = T(x,t+\Delta t) - \Delta t \dfrac{\partial T}{\partial t}\Big|_{x,t} + O(\Delta t)$

II B 2e) $\dfrac{\partial T}{\partial t}\Big|_{x,t} = \dfrac{T(x,t+\Delta t) - T(x,t)}{\Delta t} + O(1)$

IB2f) : De même ici, on remplace t par t_k et x par x_i dans l'expression trouvée à la question précédente

$$\left.\frac{\partial T}{\partial t}\right|_{x_i, t_k} = \frac{T(x_i, t_k+\Delta t) - T(x_i, t_k)}{\Delta t} = \frac{T_i^{k+1} - T_i^k}{\Delta t}$$

IB2g) (1) : $\alpha \frac{\partial T}{\partial t} = \frac{\partial^2 T}{\partial x^2}$

or en x_i à t_k : (1) : $\alpha \left.\frac{\partial T}{\partial t}\right|_{x_i, t_k} = \left.\frac{\partial^2 T}{\partial x^2}\right|_{x_i, t_k}$

d'après les questions IB2f) et IB2c) on trouve donc

(1) : $\alpha \left(\frac{T_i^{k+1} - T_i^k}{\Delta t}\right) = \frac{(2T_i^k - T_{i+1}^k - T_{i-1}^k)}{(\Delta x)^2}$

d'où (1) $\Leftrightarrow$ $\alpha \frac{(T_i^{k+1} - T_i^k)}{\Delta t} = \frac{(2T_i^k - T_{i+1}^k - T_{i-1}^k)}{\Delta x^2}$ (1)'

(1)' $\Leftrightarrow$ $\frac{\alpha \Delta x^2}{\Delta t}(T_i^{k+1} - T_i^k) = (2T_i^k - T_{i+1}^k - T_{i-1}^k)$

$\Leftrightarrow$ $T_i^{k+1} = T_i^k\left(\frac{2\Delta t}{\alpha \Delta x^2} + 1\right) + (T_{i+1}^k + T_{i-1}^k)\left(\frac{-\Delta t}{\alpha \Delta x^2}\right)$

d'où $R = \frac{-\Delta t}{\alpha \Delta x^2}$ et on obtient bien l'expression (2)

IB2i) Cette expression est valable pour tous les $i \in [\![1 ; N]\!]$, mais pas pour $i = 0$ car on a pas de valeur de T_{-1}^k, ni pour $i = N+1$ car on n'a pas non plus T_{N+2}^k.

T_0^k et T_{N+1}^k sont définies par les conditions aux limites, c'est-à-dire la température extérieure à $t = t_k$ et celle intérieure à $t = t_k$.

D'où $T_0^k = T_{int}$ et $T_{N+1}^k = T_{ext_k}$

II B 2 j (i)

Pour calculer T_tous_k, on a besoin de x et de définir Δx et Δt donc il nous faut b le pas de temps (b = Δt) choisi par l'utilisateur ; N le nombre de subdivisions, e l'épaisseur du mur ; ItMax le nombre d'itérations max, T0 le vecteur de l'état initial, Tint la valeur de la température dans la pièce et Text_2 la valeur de la température à l'extérieur : ce sont tous des paramètres d'entrée.

```
def schema_explicite(x, T0, ItMax, N, e, b, Tint, Text_2):
                     alpha
```

En sortie on récupère T_tous_k la matrice des valeurs de la température aux points N à l'instant k et nbIter le nombre d'itérations effectuées : ce sont les paramètres de sortie.

II B 2 j (ii)

```
def Test(r):     inadéquat
    return (r <= (1/2))    # le test renvoie True ou False
```

II B 2 j (iii) (on a importé au préalable numpy : import numpy as np)

```
ItMax = 2000
T_tous_k = np.zeros((N, ItMax))
```

II B 2 j (iv)

```
for i in range(N):
    T_tous_k[i][0] = T0[i]
```

II B2 f (v) R = (-b) / (alpha * (e/(N+1))**2)

```
for
if i >= 1 and i <= N-2 :
    T_tous_k [i] [1] = T_tous_k [i] [0] * (1 - 2*R)
                     + R * (T_tous_k [i+1] [0] + T_tous_k [i-1] [0])
elif i == 0 :
    T_tous_k [i] [1] = T_tous_k [i] [0] * (1 - 2*R)
                     + R * (T_tous_k [i+1] [0] + Tint)
else :
    T_tous_k [i] [1] = T_tous_k [i] [0] * (1 - 2*R)
                     + R * (Tent_2 + T_tous_k [i-1] [0])
```

II B2 f (vi) : Si V = [V1, V2, ..., VN] déjà sous forme de liste

```
def calc_norme (V) :
    s = 0
    for i in range (len (V)) :
        s += V[i] ** 2
    return sqrt (s)
```

(on suppose sqrt déjà importée)

II B2 f (vii) On suppose qu'on a déjà les 2 premières colonnes de T_tous_k (trouvées dans les questions précédentes)

```
k = 2
nb_Iter = 2
while nbIter <= Itmax and calc_norme (T[k] - T[k-1]) >= 0,01 :
    R = (-b) / (alpha * (e / (N+1)) **2)
    for i ...
    if i >= 1 and i <= N-2
        T_tous_k [i] [k] = T_tous_k [i] [k-1] * (1 - 2*R)
                         + R * (T_tous_k [i+1] [k-1] + T_tous_k [i-1] [k-1])
    elif i == 0 :
        T_tous_k [i] [k] = T_tous_k [i] [k-1] * (1 - 2*R)
                         + R * (T_tous_k [i+1] [k-1] + Tint)
    else :
        T_tous_k [i] [k] = T_tous_k [i] [k-1] * (1 - 2*R)
                         + R * (Tent_2 + T_tous_k [i-1] [k-1])
    k += 1
    nbIter += 1
```

II B 2 j (viii)

```
return (nbIter, T_tous_k)
```

II B 3 a)

(1) : $\alpha \frac{\partial T}{\partial t} = \frac{\partial^2 T}{\partial x^2}$ d'où $\alpha \left.\frac{\partial T}{\partial t}\right|_{x_i,t_k} = \left.\frac{\partial^2 T}{\partial x^2}\right|_{x_i,t_{k+1}}$

II B 3 b) d'après la question précédente et les expressions de $\left.\frac{\partial T}{\partial t}\right|_{x_i,t_k}$ et $\left.\frac{\partial T}{\partial x^2}\right|_{x_i,t_{k+1}}$ trouvées aux Q° II B 2 c) et II B 2 f)

$$\alpha \left.\frac{\partial T}{\partial x}\right|_{x_i,t_k} \sim \alpha \frac{T_i^{k+1} - T_i^k}{\Delta t}$$

$$\left.\frac{\partial^2}{\partial x^2}\right|_{x_i,t_{k+1}} \sim \frac{2T_i^{k+1} - T_{i+1}^{k+1} - T_{i-1}^{k+1}}{(\Delta x)^2}$$

$$\alpha \frac{T_i^{k+1} - T_i^k}{\Delta t} = \frac{2T_i^{k+1} - T_{i+1}^{k+1} - T_{i-1}^{k+1}}{(\Delta x)^2}$$

$$(T_i^{k+1} - T_i^k) = \left(\frac{\Delta t}{\alpha \Delta x^2}\right)\left(2T_i^{k+1} - T_{i+1}^{k+1} - T_{i-1}^{k+1}\right)$$

$$\Leftrightarrow T_i^k = T_i^{k+1}\left(1 - 2\frac{\Delta t}{\alpha \Delta x^2}\right) + \frac{\Delta t}{\alpha \Delta x^2}\left(T_{i+1}^{k+1} + T_{i-1}^{k+1}\right)$$

En posant $r = \frac{-\Delta t}{\alpha \Delta x^2}$ on a l'expression souhaitée (3)

II B 3 c) (i)

paramètres d'entrée

```
def schema_implicite(alpha, T0, ItMax, N, e, L, Tint, Text, r):
```

II B 3 c) (ii)

```
ItMax = 2000
T_tous_k = np.zeros((N, ItMax))
```

II B 3 c) (iii)

```
for i in range(N):
    T_tous_k[i][0] = T0[i]
```

II B 3 e (iv)

```
R = (-b) /(alpha * (e/(N+1))**2)
v = N*[0]
v[0] = Tint
v[N-1] = Text 2
M = np.zeros((N,N))
for i in range(1,N-1):
    M[i][i] = 1+2*R
    M[i][i+1] = -R
    M[i+1][i] = -R
M[0][0] = 1+2*R
M[N-1][N-1] = 1+2*R
M[0][1] = -R
M[1][0] = -R
```

suite

II B 3 e (v) v vecteur de la question précédente
M matrice définie ds la question précédente

```
D = [0]*N
for i in range(N):
    D[i] = T_tous_k[i][0] + R*v[i]
l = Calc_Tkp1 (M,D)
for i in range(N):
    T_tous_k[i][1] = l[i]
```

II B 3 e (vi)

```
k=2
nbIt = 2
while nbIt < Itmax and Calc_norme(T[k]-T[k-1])>=0.01
                                  T non défini
    D_k = [0]*N
    for i in range(N):
        D_k[i] = T_tous_k[i][k-1] + R*v[i]
    l_k = (Calc_Tkp1 (M,D_k))
    for i in range(N)
        T_tous_k[i][1] = l_k[i]
    k += 1
    nbIt += 1
```

II B 3 e (vii)

```
return (T_tous_k, nbIter)
```

```
I C 1 a)
  epais = 40 * 0.01
  conduc = 1.65
  rho = 2150 * 100
  Tint = 20+273
  Text1 = 10+273
  Text2 = -10 + 273
```

```
  N=60
  Dt = 25
```

```
II C 1 b)  a = (Tint - Text1)/ epais
           b = Text1
```

```
II C 1 c)  x = N*[0]
           for i in range(N):
              | x[i] = (i+1) * ((epais)/(N+1))
```

```
I C 1 d)
      To = N * [0]
      for i in range(N):
        | To[i] = a * x[i] + b
```

```
I C 1 e)
   alpha déjà défini
   r = (- Dt)/((alpha * (epais /(N+1))**2)
```

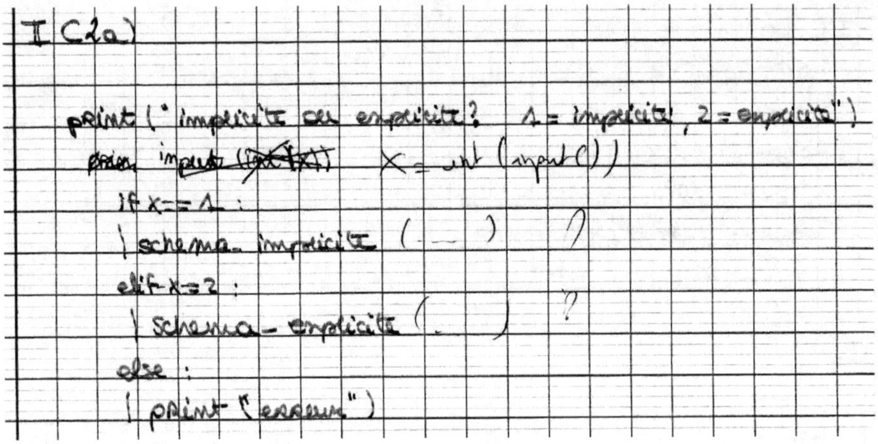

I C2a)

```
print ("implicite ou explicite ?   1 = implicite, 2 = explicite")
        x = int (input())
    if x == 1 :
    | schema_implicite ( _ )      ?
    elif x = 2 :
    | schema_explicite ( _ )      ?
    else :
    | print ("erreur")
```

CCP – Informatique 2015

PSI - Durée : 3 heures

SUJET

EPREUVE SPECIFIQUE - FILIERE PSI

INFORMATIQUE

Durée : 3 heures

N.B. : le candidat attachera la plus grande importance à la clarté, à la précision et à la concision de la rédaction. Si un candidat est amené à repérer ce qui peut lui sembler être une erreur d'énoncé, il le signalera sur sa copie et devra poursuivre sa composition en expliquant les raisons des initiatives qu'il a été amené à prendre.

Les calculatrices sont interdites

Le sujet comporte 13 pages dont :

- 9 pages de texte de présentation et énoncé du sujet ;
- 4 pages d'annexe.

Toute documentation autre que celle fournie est interdite.

REMARQUES PRELIMINAIRES

L'épreuve peut être traitée en langage **Python** ou langage **Scilab**. Il est demandé au candidat de bien préciser sur sa copie le choix du langage et de rédiger l'ensemble de ses réponses dans ce langage. Les syntaxes Python et Scilab sont rappelées en annexe V.1.

Les différents algorithmes doivent être rendus dans leur forme définitive sur la copie en respectant les éléments de syntaxe du langage choisi (les brouillons ne seront pas acceptés).

Il est demandé au candidat de bien vouloir rédiger ses réponses **en précisant bien le numéro de la question traitée et, si possible, dans l'ordre des questions**. La réponse ne doit pas se cantonner à la rédaction de l'algorithme sans explication, les programmes doivent être expliqués et commentés.

ROBOT EVOLAP - SUIVI D'INSTRUMENT CHIRURGICAL

I. Présentation

La laparoscopie est une technique chirurgicale mini-invasive de diagnostic et d'intervention abdominale. Une ou plusieurs petites incisions sont réalisées dans la paroi abdominale pour y insérer, au travers de canules appelées trocarts, de longs instruments chirurgicaux et un endoscope rigide - appelé laparoscope - surmonté d'une caméra. Ce laparoscope est également connecté à une source de lumière froide pour éclairer la cavité abdominale. Le robot EVOLAP est un robot d'assistance à la chirurgie laparoscopique développé par l'Université Catholique de Louvain (UCL). Il permet d'éviter à l'assistant chirurgical de porter le laparoscope pendant les opérations et améliore le bon déroulement de celles-ci.

Objectif
L'objectif de l'étude proposée est de réaliser le programme de suivi de l'instrument chirurgical par le robot EVOLAP, ce qui permet au chirurgien une vision optimale de la zone d'intervention.

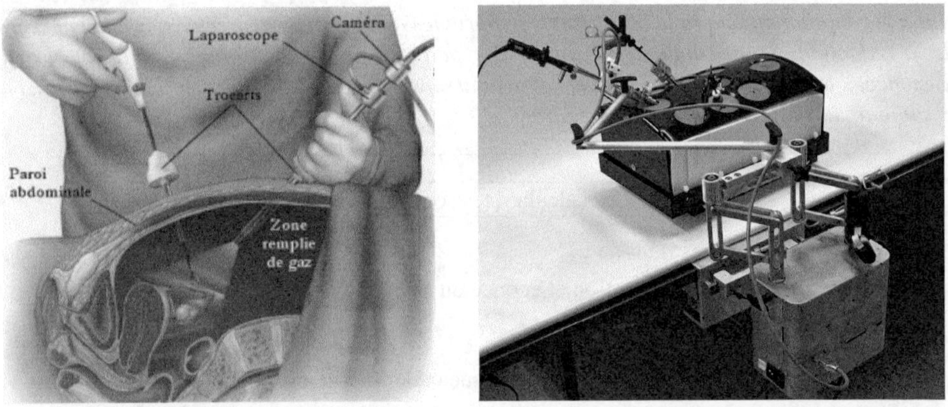

(a) Principe de la laparoscopie (b) Robot Evolap avec simulateur abdominal.

FIGURE 1 – Laparoscope manuel et robotisé.

Le robot possède deux moteurs qui permettent d'orienter le laparoscope selon deux angles indépendants autour du point de passage de l'appareil.

Le programme de suivi d'un instrument chirurgical à partir de l'analyse d'image de la zone de travail est constitué de plusieurs parties fondamentales :

- définition du motif à suivre dans l'image,
- acquisition d'une nouvelle image (issue du flux vidéo de la caméra),

– recherche du motif dans la nouvelle image,
– pilotage des moteurs pour aligner la caméra sur le motif détecté.

Dans tout le sujet, il sera supposé que les modules et bibliothèques sont déjà importés dans le programme.

II. Définition du motif à suivre dans l'image

A partir du flux vidéo, un module permet d'extraire une image en couleur (RGB) à chaque instant de l'analyse. On notera `image` cette image. On définit sa largeur par la variable `image_width` et sa hauteur par la variable `image_height` définies en pixels (ou points) de 800×600. Le point supérieur gauche de l'image a pour coordonnées [0,0], le point inférieur droit [799,599] en Python et respectivement (1,1) et (800,600) en Scilab.

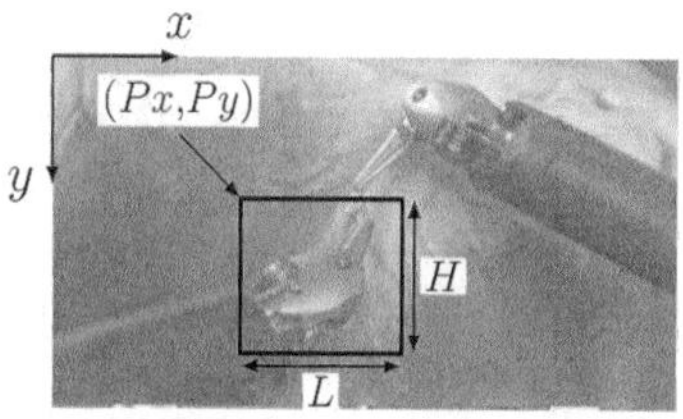

Pour définir le motif à suivre dans l'image, l'utilisateur doit spécifier les coordonnées (en pixels) du point supérieur gauche (Px,Py) d'une fenêtre ainsi que sa largeur L et sa hauteur H.

La fonction `demande_valeur(text)` est utilisée pour récupérer **une** valeur entière demandée à l'utilisateur. La vérification du type de donnée renvoyée par cette fonction est implantée dans celle-ci. L'argument `text` est le message affiché à l'écran pour demander la valeur à l'utilisateur.

Q 1. Définir une fonction `demande_fenetre()` qui utilise la fonction `demande_valeur(text)` pour demander à l'utilisateur de définir la zone d'intérêt et qui renvoie une variable sous forme de tableau contenant les 4 informations recueillies `[Px,Py,L,H]`. Dans le programme principal, le retour de cette fonction sera nommé `fenetre`.

Q 2. Définir une fonction `verification_fenetre(image_width,image_height,fenetre)` qui vérifie que la fenêtre soit bien à l'intérieur de l'image et qui renvoie un booléen `True` si la fenêtre est définie correctement et `False` sinon.

Plutôt que de spécifier manuellement la zone à suivre, l'utilisateur peut choisir un motif correspondant à un instrument chirurgical donné à partir d'une base de données, qui permet de connaître les vues d'un instrument particulier quelle que soit son orientation, sa taille...

Cette base de données est constituée de deux tables.
La table INSTRUMENTS contient les différents types d'instruments avec les attributs :

– id : identifiant de type entier, clé primaire,
– name : nom de l'instrument de type texte,
– serialnumber : numéro de série du produit,
– purshasedate : date d'achat de l'instrument,
– autres attributs non détaillés...

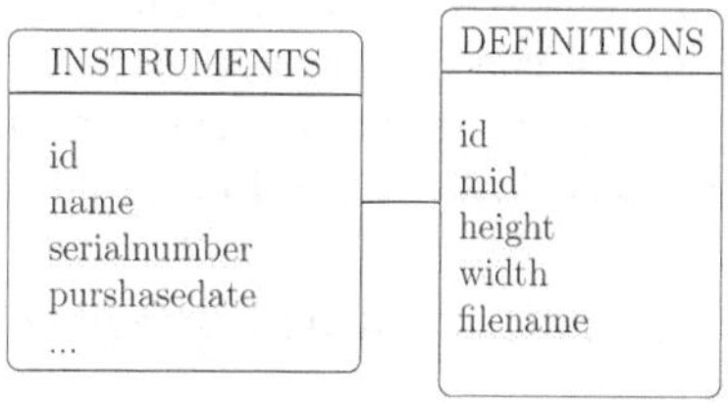

La table DEFINITIONS contient des entités qui correspondent à la définition d'un instrument pour une configuration donnée (nommée motif). Elle contient les attributs :

– id : identifiant de type entier, clé primaire,

- mid : identifiant de l'instrument correspondant à la définition de type entier,
- height : hauteur en pixels du motif de type entier,
- width : largeur en pixels du motif de type entier,
- filename : nom du fichier image de type texte (stocké sur réseau) correspondant à ce motif.

A un instrument peut correspondre une ou plusieurs définitions.

Q 3. Ecrire une requête SQL permettant de récupérer les noms de toutes les images qui correspondent à l'instrument dont le nom est "`pince`".

III. Pilotage des moteurs pour déplacer la caméra

La caméra envoie à chaque instant t une image en couleur. L'image à l'instant $t + dt$ est appelée image courante tandis que l'image à l'instant t est appelée image précédente.

La partie suivante va permettre de comprendre comment extraire de l'image courante une nouvelle fenêtre homothétique de la fenêtre définie dans l'image précédente.

La nouvelle fenêtre étant déterminée, on cherche ensuite à recentrer la caméra sur l'image, c'est-à-dire que la fenêtre doit se trouver au centre de l'image. On suppose que, sur la première image, la fenêtre autour de l'instrument est bien centrée.

Q 4. Ecrire une fonction `centre(fenetre)` permettant de calculer le centre de la fenêtre définie par `fenetre=[Px,Py,L,H]`.

Cela permet de calculer la loi de mouvement à imposer aux moteurs du robot qui porte le laparoscope afin de suivre la fenêtre d'étude.

IV. Recherche d'un motif dans une image

La difficulté de l'algorithme est de déterminer la fenêtre dans la nouvelle image à partir de l'analyse du mouvement des pixels de la fenêtre entre l'ancienne image et la nouvelle.

Après un traitement de l'image courante (conversion en niveaux de gris), connaissant la fenêtre dans l'image précédente (figure 2(a)), on extrait tout d'abord de la fenêtre d'étude quelques pixels d'intérêt répartis régulièrement (figure 2(b)). On recherche ensuite le déplacement moyen de chacun de ces pixels d'une image à l'autre. Il est alors nécessaire de procéder à une élimination des pixels pour lesquels le déplacement obtenu est incohérent. Plusieurs vérifications sont donc mises en place pour décider de l'élimination de ces pixels aberrants. Une fois le motif identifié dans l'image courante, on estime le grossissement possible de ce motif et on renvoie la nouvelle fenêtre d'étude qui englobe ces pixels (figure 2(c)).

Les parties suivantes vont permettre de spécifier les algorithmes et fonctions nécessaires à la recherche du motif dans l'image courante.

IV.1 Traitement de l'image courante

L'image acquise par la caméra est une image en couleur constituée de trois couches (RGB). Les données de l'image sont stockées dans un tableau à trois dimensions : la première dimension correspond à la couleur (rouge, vert ou bleu, indice 0, 1 ou 2), la seconde correspond à la coordonnée selon $\vec{x}$ et la troisième à la coordonnée selon $\vec{y}$. Ainsi, les dimensions du tableau sont : $3 \times m \times n$ où $m = 800$ et $n = 600$.

La valeur associée à chaque pixel est un entier compris entre 0 et 255.

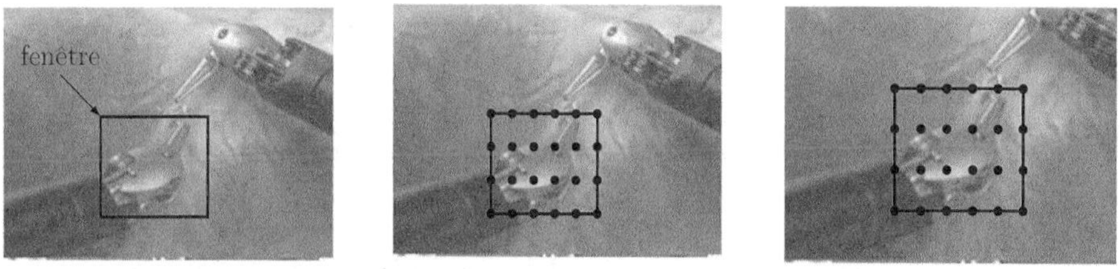

(a) Image instant t et fenêtre entourant le motif

(b) Image instant t et fenêtre avec les pixels d'intérêt

(c) Image instant $t + dt$ et fenêtre avec les pixels d'intérêt

FIGURE 2 – Illustrations de la recherche de la fenêtre définie dans une image dans une nouvelle image.

Q 5. Donner la quantité de mémoire nécessaire en octets pour stocker le tableau représentant l'image émise par la caméra en justifiant le codage retenu pour un pixel d'une couche.

La première étape de l'algorithme de suivi d'image est de convertir l'image en couleur en niveaux de gris. La méthode consiste à rechercher le maximum et le minimum pour chaque pixel sur les trois couches, puis à faire la moyenne de ces maxima et minima et ainsi obtenir la valeur du nouveau pixel en niveaux de gris.

On note `imagecolor` le tableau représentant une image en couleur.

Q 6. Ecrire une fonction `grayscale(imagecolor)` qui renvoie une image en niveaux de gris (qui sera notée `image` dans l'algorithme principal), sous forme de tableau à deux dimensions de taille $m \times n$ contenant des valeurs entières comprises entre 0 et 255, en suivant l'algorithme décrit ci-dessus. Remarque : il est possible d'utiliser les fonctions `min` et `max` internes au langage choisi.

IV.2 Extraction des pixels d'intérêt de la fenêtre d'étude

Pour déterminer le déplacement du motif, il est nécessaire d'extraire les pixels de la fenêtre définie initialement. Pour améliorer l'efficacité de la stratégie, on ne sélectionne pas tous les pixels mais uniquement un petit nombre, nommés pixels d'intérêt, de cette fenêtre (figure 2(b)).

`numM` > 1 est le nombre de points souhaités horizontalement.

`numN` > 1 est le nombre de points souhaités verticalement.

Les points doivent être équirépartis sur la zone décrite par la fenêtre.

Un point est défini par ses coordonnées x et y, respectivement l'indice de la colonne et l'indice de la ligne, en prenant comme origine le coin supérieur gauche de l'image, bord inclus.

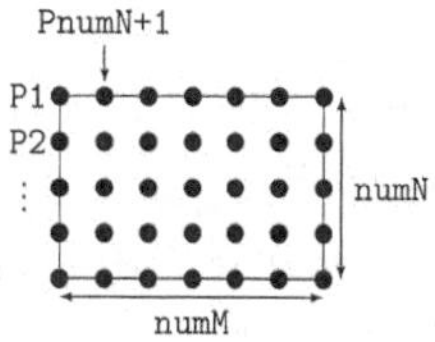

Q 7. Ecrire une fonction `construction_coordonnees_pts(fenetre,numM,numN)` qui renvoie un tableau de points noté `pts=[P1x,P1y,P2x,P2y,...]` dans l'algorithme principal (le parcours des points se fait de haut en bas puis de la gauche vers la droite). On ne traitera pas les cas pour lesquels `numN` ou `numM` sont égaux à 1. On rappelle que `fenetre=[Px,Py,L,H]`.

IV.3 Recherche des pixels d'intérêt dans l'image courante

On note `imgJ` le tableau à deux dimensions permettant d'accéder aux valeurs des pixels en niveau de gris de l'image courante (au temps $t + dt$) et `imgI` celui pour l'image précédente (temps t).

On utilise la méthode de Lucas-Kanade pour trouver les pixels d'intérêt de l'image précédente dans l'image courante.

Cette méthode suppose que le déplacement d'un point de l'image entre deux instants consécutifs est petit et se fait à vitesse constante. Pour estimer ce déplacement, on considère une zone de quelques pixels centrée autour du pixel d'intérêt étudié et on suppose que le déplacement est le même pour tous les pixels de cette zone. La résolution de ce problème se fait par la méthode des moindres carrés explicitée dans la suite du sujet.

IV.3.1 Définition de l'algorithme

Pour mettre en place la méthode de Lucas-Kanade, il est nécessaire de partir d'une définition continue de l'image et de l'algorithme.

On note $I(t)$ l'image en niveaux de gris à l'instant t et $I(t + dt)$ l'image en niveaux de gris obtenue à un instant $t + dt$. Pour repérer un point de l'image, on utilise la notation $I(t)[P]$ qui désigne la valeur en niveaux de gris de l'image à l'instant t au point P de coordonnées $[x,y]$.

Soit u un point de coordonnées $[ux,uy]$ sur l'image $I(t)$.

L'algorithme permet de trouver les coordonnées de ce point dans l'image $I(t + dt)$ (notées $v = [vx,vy] = u + d$) en supposant que la valeur du pixel ne change pas, c'est-à-dire : $I(t)[u] = I(t + dt)[v]$ (on parle de stationnarité de la fonctionnelle $I(x,y,t)$).

Le vecteur $d = [dx = V_x dt, dy = V_y dt]$ représente le déplacement du pixel à la vitesse constante $V = [V_x,V_y]$. Les variations dx, dy autour d'un point sont exprimées en pixels. En pratique, le déplacement n'est que de quelques pixels.

Ainsi, étudier la stationnarité du pixel revient à résoudre le problème suivant :

$$Ix\,dx + Iy\,dy = -It\,dt$$

où $Ix = \dfrac{\partial I(t)[u]}{\partial x}$ et $Iy = \dfrac{\partial I(t)[u]}{\partial y}$ sont les dérivées spatiales (dérivées en un point de coordonnées u suivant les directions x ou y de l'image $I(t)$) et $It = \dfrac{\partial I(t)[u]}{\partial t}$ est la dérivée temporelle de l'image (dérivée en un point de coordonnée u entre l'image $I(t)$ et $I(t + dt)$).

Q 8. Proposer des approximations pour définir numériquement les termes Ix, Iy et It en fonction de `imgI`, `imgJ`, `ux`, `uy` et `dt`. On ne traitera pas les cas où le point u est sur le bord de l'image. Pour définir une dérivée numérique spatiale, on prendra des variations dx, dy égales à $\pm$ 1 pixel.

On note $It\,dt$ le produit It par le pas de temps dt défini par le rafraîchissement des images de la caméra. On définit la fonction `calc_LK_terms(pixP, imgI, imgJ)` qui permet de calculer et de retourner les termes de l'équation de stationnarité, `Ix, Iy, Itdt`, définie précédemment pour un pixel `pixP` donné :

$$Ix\,dx + Iy\,dy = -It\,dt.$$

On suppose cette fonction connue ce qui permet de répondre à la suite du problème indépendamment de la spécification de la question précédente.

IV.3.2 Implantation et résolution

L'algorithme indique que la relation précédente est écrite pour quelques pixels dans un voisinage proche d'un pixel d'intérêt P appartenant au motif étudié (question Q7). Il est donc nécessaire de définir ce voisinage autour du point P que l'on appellera `patch`. Ce voisinage contiendra 5 × 5 points contigus dont le point central sera le point P. On fait l'hypothèse que le point P n'est pas près du bord et qu'il y a toujours suffisamment de pixels disponibles autour du point P pour définir le patch.

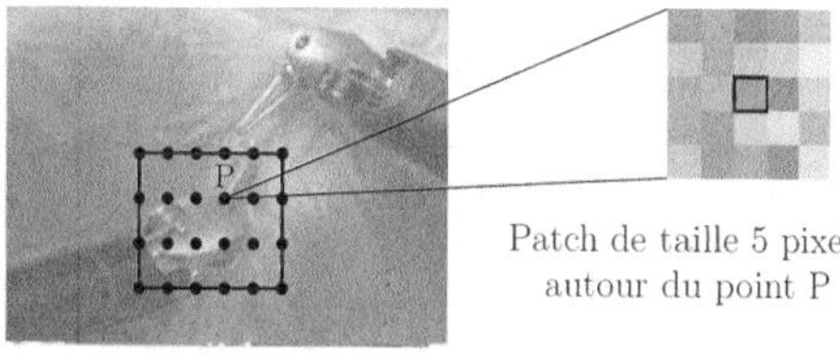

Patch de taille 5 pixels autour du point P

Q 9. Ecrire une fonction `creation_patch(P,patch_size)` où `P=[Px,Py]` est le pixel étudié et `patch_size=5` est le nombre de points choisis horizontalement et verticalement dans le voisinage du point P. Cette fonction renverra un tableau de coordonnées `patch=[P1x,P1y ,P2x,P2y...]` classé du haut vers le bas et de gauche à droite comme à la question Q7. On supposera que la variable `patch_size` est impaire.

En écrivant l'équation de stationnarité pour tous les pixels du patch et en supposant que le déplacement est le même que celui du point P, on obtient un système composé de (`patch_size`× `patch_size`) équations à 2 inconnues ($d = [dx,dy]$). On doit ainsi résoudre un système qui s'écrit sous la forme $A.d = b$.

Q 10. Ecrire une fonction `calc_Ab(imgI,imgJ,patch)`, utilisant la fonction `calc_LK-_terms`, qui renvoie un tableau de taille (`patch_size` × `patch_size`) × 2 (noté `A` dans la suite) et un vecteur (noté `b`) de taille (`patch_size` × `patch_size`) × 1.

Le système $A.d = b$ n'a pas de solution. On cherche cependant un déplacement d qui minimise au sens des moindres carrés la norme quadratique de $Ad - b$. Ceci revient à résoudre le système matriciel 2 × 2 : $A^T A.d = A^T.b$ où A^T représente la transposée de A.

Q 11. Ecrire une fonction `resoud_LK(A,b)` qui renvoie les deux composantes dx et dy de d. On supposera que la matrice $A^T A$ est inversible et on ne fera donc aucune vérification concernant son inversibilité. Détailler la résolution sans utiliser de solveur interne au langage choisi en séparant et en commentant correctement chaque partie de l'algorithme.

IV.3.3 Synthèse : algorithme de recherche de pixels déplacés

Les sous-fonctions définies dans les parties précédentes permettent de déterminer le déplacement des pixels d'intérêt de la fenêtre de l'image précédente `imgI` et ainsi de retrouver ces pixels dans l'image courante `imgJ`.

On définit alors le tableau des pixels trouvés noté `fpts` dans l'image courante `imgJ` et stocké de la même manière que le tableau `pts` défini à la question Q7.

Q 12. Définir une fonction `recherche_points(imgI,imgJ,pts)` qui utilise les fonctions précédentes et qui renvoie un tableau de points qui correspondent aux pixels déplacés. La résolution du système pouvant donner des valeurs non entières de pixels, on approchera les solutions obtenues par leur partie entière. On supposera de plus que cette résolution fournit toujours une solution.

Q 13. Expliquer, en quelques phrases, les limites de l'algorithme proposé en discutant des cas qui pourraient ne pas fournir de solution.

IV.4 Vérification des points obtenus

Les points obtenus par résolution du système ne correspondent pas forcément à chaque pixel déplacé. C'est pourquoi il est nécessaire de mettre en place une ou plusieurs vérifications pour éliminer les points qui ne conviennent pas.

La première vérification consiste à s'assurer qu'il est possible de retrouver les points initiaux de `imgI` en partant des points obtenus dans l'image courante `imgJ` par la même méthode. Par exemple, `P1` dans `imgI` donne `P1n` dans `imgJ`, qui donne `P1nn` dans `imgI`. Si `P1nn` est différent de `P1`, alors il est éliminé, sinon il est conservé.

Q 14. Ecrire la partie du programme principal qui permet d'obtenir un tableau de booléen (noté `statut` dans le programme principal) de la taille du nombre de points représentant le motif. Chaque case contient `True` si le point a été retrouvé et `False` sinon. On utilisera les variables définies tout au long du sujet et la fonction `recherche_points`.

La deuxième vérification fait appel à la fonction suivante qui utilise les pixels sélectionnés (points1) de l'image précédente et les pixels trouvés (points2) de l'image courante.

Définition Python

```
def calcul1(points1, points2):
    return sqrt((points1[0::2]-points2[0::2])**2 + (points1[1::2]-
        points2[1::2])**2)
```

Définition Scilab

```
function calcul1(points1,points2)
    return sqrt((points1(1:2:$)-points2(1:2:$))^2+(points1(2:2:$)-
        points2(2:2:$))^2)
endfunction
```

Q 15. Indiquer quelle opération mathématique est réalisée par cette fonction `calcul1` et préciser le type et la dimension de ce que renvoie la fonction.

Pour éliminer des points, on calcule la médiane des valeurs obtenues et on supprime les points dont la valeur est trop éloignée de la médiane.

Q 16. Ecrire une fonction `mediane(a)`, basée sur un algorithme de tri de votre choix, qui renvoie la valeur médiane du tableau de valeurs `a`. On suppose que les valeurs de `a` sont strictement positives et que la longueur de `a` est impaire.

Q 17. Nommer l'algorithme de tri utilisé et donner sa complexité dans le meilleur et le pire des cas.

Q 18. Ecrire une fonction `verification_pts(pts,fpts,statut)` qui renvoie un nouveau tableau de points (noté `nouveaux_pts` dans le programme principal) pour lesquels le premier critère est vérifié et la valeur obtenue par le deuxième critère est inférieure ou égale à la médiane.

Il est possible d'ajouter un troisième critère pour plus de précision concernant cette détection. On peut par exemple calculer une corrélation croisée (CCORR) entre les images `imgI` et `imgJ` sur des patchs autour de chaque point de la fenêtre d'étude. Des librairies permettent de réaliser cette corrélation croisée normée. La documentation de la fonction correspondante est détaillée dans l'annexe V.2.

Q 19. En utilisant cette documentation, expliquer quelles commandes taper pour calculer cette corrélation croisée normée pour chaque point. Préciser ce que renvoie la fonction. On utilisera à nouveau la fonction `creation_patch(P,patch_size)`.

IV.5 Définition de la nouvelle fenêtre

Le tableau des points trouvés dans l'image courante peut être inclus dans une nouvelle fenêtre image de la fenêtre définie initialement. Celle-ci a subi une homothétie appelée facteur de grossissement.

On donne en annexe V.3 la fonction `determine_fenetre` permettant de renvoyer la nouvelle fenêtre dans l'image `imgJ` et le facteur de grossissement à partir des points valides trouvés dans la nouvelle image. Cette fonction a été développée par une autre personne. Le développeur a utilisé sa propre spécification des variables : c'est-à-dire que la façon de stocker les grandeurs d'entrées et de sorties est différente de celle définie dans le programme principal et adoptée depuis le début du sujet. On sait que `bb0` correspond à la fenêtre dans l'image précédente, `pt0` aux points dans l'image précédente et `pt1` aux points dans l'image courante.

Q 20. Préciser les variables qui ont été définies différemment et indiquer ce qui doit être modifié afin que la fonction puisse être utilisée dans le programme principal. Il n'est pas demandé de réécrire cette fonction.

Q 21. Indiquer sur votre copie ce que font les parties de programmes entre les zones de commentaires en précisant le numéro du commentaire (`com1` à `com6`). Des commentaires d'une à deux lignes maximum sont attendus.

Fin de l'énoncé

V Annexes

V.1 Rappels des syntaxes en Python et Scilab

Remarque : sous Python, l'import du module numpy permet de réaliser des opérations pratiques sur les tableaux : from numpy import *. Les indices de ces tableaux commencent à 0.

Remarque : sous Scilab, les indices des tableaux commencent à 1.

	Python	Scilab
tableau à une dimension	L=[1,2,3] (liste) v=array([1,2,3]) (vecteur)	v=[1,2,3] ou [1 2 3]
accéder à un élément	v[0] renvoie 1	v(1) renvoie 1
ajouter un élément	L.append(5) uniquement sur les listes	v($+1)= 5
tableau à deux dimensions (matrice) :	M=array(([1,2,3],[3,4,5]))	M=[1,2,3;3,4,5]
accéder à un élément	M[1,2] ou M[1][2] donne 5	M(2,3) donne 5
extraire une portion de tableau (2 premières colonnes)	M[:,0:2]	M(:,1:2)
tableau de 0 (2 lignes, 3 colonnes)	**zeros**((2,3))	**zeros**(2,3)
dimension d'un tableau T de taille (*i*,*j*)	T.shape donne [i,j]	**length**(T) donne (i,j)
séquence équirépartie quelconque de 0 à 10.1 (exclus) par pas de 0.1	arange(0,10.1,0.1)	[0:0.1:10]
définir une chaîne de caractères	mot="Python et Scilab"	mot="Python et Scilab"
taille d'une chaîne	len(mot)	**length**(mot)
extraire des caractères	mot[2:7]	**part**(mot,[11:16])

boucle For	**for** i in **range**(10):
	    print(i)
		for i=1:10
		    disp(i);
		end

condition If	**if** (i>3):
	    print(i)
	else
	    print("hello")
		if (i>3)**then**
		    disp(i)
		else
		    disp("hello")
		end

définir une fonction qui possède un argument et renvoie 2 résultats	def fonction(param):
	    res=param
	    res2=param*param
	    return res1,res2
		function[res,res2]=
		    fonction(param)
		    res=param
		    res2=param*param
		endfunction

V.2 Documentation de la fonction `match_template`

Compares a template against overlapped image regions.
Python : `result=cv2.matchTemplate(image, templ, method)`
Scilab : `result=matchTemplate(image, templ, method)`
Parameters :
- `image` : Image where the search is running. It must be 8-bit or 32-bit floating-point.
- `templ` : Searched template. It must be not greater than the source image and have the same data type. `result` : Map of comparison results. It must be single-channel 32-bit floating-point. If `image` is $W \times H$ and `templ` is $w \times h$, then `result` is $(W - w + 1) \times (H - h + 1)$.
- `method` : Parameter specifying the comparison method (see below).

The function slides through `image` , compares the overlapped patches of size $w \times h$ against `templ` using the specified method and stores the comparison results in `result` . Here are the formulae for the available comparison methods (I denotes `image`, T `template`, R `result`). The summation is done over template and/or the image patch : $x' = 0...w-1, y' = 0...h-1$

• method=CV_TM_SQDIFF

$$R(x,y) = \sum_{x',y'} \left(T(x',y') - I(x+x',y+y')\right)^2$$

• method=CV_TM_SQDIFF_NORMED

$$R(x,y) = \frac{\sum_{x',y'} \left(T(x',y') - I(x+x',y+y')\right)^2}{\sqrt{\sum_{x',y'} T(x',y')^2 \cdot \sum_{x',y'} I(x+x',y+y')^2}}$$

• method=CV_TM_CCORR

$$R(x,y) = \sum_{x',y'} \left(T(x',y') - I(x+x',y+y')\right)$$

• method=CV_TM_CCORR_NORMED

$$R(x,y) = \frac{\sum_{x',y'} \left(T(x',y') - I(x+x',y+y')\right)}{\sqrt{\sum_{x',y'} T(x',y')^2 \cdot \sum_{x',y'} I(x+x',y+y')^2}}$$

• method=CV_TM_CCOEFF

$$R(x,y) = \sum_{x',y'} \left(T'(x',y') - I'(x+x',y+y')\right)$$

where

$$T'(x',y') = T(x',y') - 1/(w \cdot h) \cdot \sum_{x'',y''} T(x'',y'')$$
$$I'(x+x',y+y') = I(x+x',y+y') - 1/(w \cdot h) \cdot \sum_{x'',y''} I(x+x'',y+y'')$$

• method=CV_TM_CCOEFF_NORMED

$$R(x,y) = \frac{\sum_{x',y'} \left(T'(x',y') - I'(x+x',y+y')\right)}{\sqrt{\sum_{x',y'} T'(x',y')^2 \cdot \sum_{x',y'} I'(x+x',y+y')^2}}$$

After the function finishes the comparison, the best matches can be found as global minimums (when CV_TM_SQDIFF was used) or maximums (when CV_TM_CCORR or CV_TM_CCOEFF was used) using the `minMaxLoc` function. In case of a color image, template summation in the numerator and each sum in the denominator is done over all of the channels and separate mean values are used for each channel. That is, the function can take a color template and a color image. The result will still be a single-channel image, which is easier to analyze.

V.3 Définition de la fonction `determine_fenetre`

Définition Python

```
def determine_fenetre(bb0 , pt0 , pt1):
    nPts = len(pt0)
    ofx = []
    ofy = []
# A COMPLETER (com1)
    for i in range(nPts):
        ofx.append(pt1[i][0]- pt0[i][0])
        ofy.append(pt1[i][1]- pt0[i][1])
# A COMPLETER (com2)
    dx = mediane(ofx)
    dy = mediane(ofy)
# A COMPLETER (com3)
    dist0 =[]
    for i in range(nPts):
        for j in range(i+1,nPts):
            temp0 = ((pt0[i][0] - pt0[j][0])**2 + (pt0[i][1] - pt0[j][1])**2)**0.5
            temp1 = ((pt1[i][0] - pt1[j][0])**2 + (pt1[i][1] - pt1[j][1])**2)**0.5
            dist0.append(temp1/temp0)
    shift = mediane(dist0)
# A COMPLETER (com4)
    s0 = 0.5 * (shift - 1) * bb0 [2]
    s1 = 0.5 * (shift - 1) * bb0 [3]
# A COMPLETER (com5)
    x1 = bb0 [0] - s0 + dx
    y1 = bb0 [1] - s1 + dy
    x2 = bb0 [2] + s0 + dx
    y2 = bb0 [3] + s1 + dy
    w = x2-x1
    h = y2-y1
# A COMPLETER (com6)
    bb1 = [int(x1),int(y1),int(w),int(h)]
    return [bb1 , shift]
```

Définition Scilab

```
function [bb1 , shift ]= determine_fenetre(bb0 , pt0 , pt1)
    nPts = length(pt0)
    ofx = zeros(nPts)
    ofy = zeros(nPts)
// A COMPLETER (com1)
    for i = [1: nPts]
        ofx(i)=pt1(i,1)-pt0(i,1)
        ofy(i)=pt1(i,2)-pt0(i,2)
    end
// A COMPLETER (com2)
    dx = mediane(ofx)
    dy = mediane(ofy)
    dist0=zeros(nPts)
// A COMPLETER (com3)
    for i = [1: nPts]
        for j = [i+1,nPts]
            temp0 = ((pt0(i,1) - pt0(j,1))**2 + (pt0(i,2) - pt0(j,2))^2)^0.5
            temp1 = ((pt1(i,1) - pt1(j,1))**2 + (pt1(i,2) - pt1(j,2))^2)^0.5
            dist0(i)=temp1/temp0
        end
    end
    shift = mediane(dist0)
// A COMPLETER (com4)
    s0 = 0.5 * (shift - 1) * bb0 (3)
    s1 = 0.5 * (shift - 1) * bb0 (4)
// A COMPLETER (com5)
    x1 = bb0 (1) - s0 + dx
    y1 = bb0 (2) - s1 + dy
    x2 = bb0 (3) + s0 + dx
    y2 = bb0 (4) + s1 + dy
    w = x2-x1
    h = y2-y1
// A COMPLETER (com6)
    bb1 = [int(x1),int(y1),int(w),int(h)]
endfunction
```

Corrigé commenté

Commentaire

Cette épreuve sera traitée dans le langage Python.
Le sujet demande d'utiliser la fonction demande_valeur, qui permet de renvoyer un nombre tapé au clavier. Certains préparationnaires ne comprennent pas que cette fonction existe déjà du point de vue du sujet. Si on devait l'écrire, on pourrait proposer :

```python
def demande_valeur(text):
    return int(input(text))
```

Le paramètre text de la fonction étant une chaîne de caractères.

II. Définition du motif à suivre dans l'image

Q 1.

```python
def demande_fenetre():
    Px = demande_valeur("Abscisse du point sup. gauche")
    Py = demande_valeur("Ordonnée du point sup. gauche")
    L = demande_valeur("Entrer la largeur")
    H = demande_valeur("Entrer la hauteur")
    return [Px, Py, L, H]
```

Commentaire

Il faut vérifier l'ordre des paramètres dans la liste de sortie, ainsi que le type d'argument de la fonction demande_valeur. Cette fonction doit recevoir impérativement une chaîne de caractères.
Le sujet précise que c'est la fonction demande_valeur qui gère le type de variable renvoyée, ainsi aucune conversion, ni test, n'est nécessaire.

Q 2.

```python
def verification_fenetre(image_width,image_height,fenetre):
    [Px, Py, L, H] = fenetre
    return 0 <= Px and Px+H <= image_height and 0 <= Py and
        Py+L <= image_width
```

Commentaire

Les variables `Px`, `Py`, `H` et `L` sont créées par souci de lisibilité. Si la ligne 2 n'est pas clairement écrite, les variables précédentes n'existent pas, et on ne peut les utiliser.
La fonction doit vérifier que les valeurs sont positives et que la fenêtre rentre dans l'image. Une succession de **`if`** aurait pu être utilisée mais l'utilisation du lien logique **`and`** permet de condenser l'écriture. Le résultat renvoyé sera un booléen : `True` si toutes les conditions sont vérifiées, ou `False` si au moins une condition ne l'est pas.
Une erreur serait d'utiliser les valeurs 600 et 800 au lieu des variables `image_height` et `image_width`.

Point Méthodologique

L'introduction de variables locales supplémentaires permet parfois de clarifier l'écriture et la lecture d'une fonction. En particulier, si le nombre de valeurs d'un tableau est connu, il est souvent plus clair de les identifier à différentes variables locales plutôt que d'y faire référence par leurs indices dans le tableau.

Q 3.

```
SELECT filename
FROM DEFINITIONS JOIN INSTRUMENTS ON DEFINITIONS.mid =
    INSTRUMENTS.id
WHERE name = "pince"
```

Commentaire

Une jointure est réalisée entre les deux tables `DEFINITIONS` et `INTRUMENTS`.
Il faut bien comprendre que les deux identifiants `id` de chacune des tables ne se correspondent pas. En effet, dans la table `DEFINITIONS`, c'est l'attribut `mid` qui correspond à l'identifiant de l'instrument.

III. Pilotage des moteurs pour déplacer la caméra

Q 4.

```
def centre(fenetre):
    [Px, Py, L, H] = fenetre
    return [Px+L/2, Py+H/2]
```

Commentaire

La solution est évidente. Le sujet ne précise pas si la valeur renvoyée doit être la position réelle du centre ou alors la position d'un pixel. Dans ce second cas, il faudrait que les valeurs renvoyées soient de type entier et il faudrait écrire : `return [Px+L//2, Py+H//2]`.
Pour un résultat de type entier, l'opérateur `//` correspond à la division entière. En effet, sous Python 3, le résultat d'une division est forcément de type flottant. Par exemple, le résultat de 4/2 est un flottant de valeur 2.0.

IV. Recherche d'un motif dans une image

Q 5. Chaque pixel contient 3 couleurs (Rouge-Vert-Bleu), chacune pouvant prendre une valeur entre 0 et 255. Il faut dont 1 octet pour coder chacune des couleurs, et donc 3 octets pour le pixel. Comme il y a 800×600 pixels, la quantité de mémoire nécessaire au stockage est $3 \times 800 \times 600$ octets = 1440000 octets.

Commentaire

Cette question n'est pas évidente car elle manque de clarté. Mais l'étude des images est une étude classique et fait partie des points proposés par le programme.
Il est utile de savoir qu'un octet permet d'écrire un nombre entier compris en 0 et 255. Dans tous les cas, il faut savoir le retrouver par le calcul.

Q 6. Comme `imagecolor` est un tableau multi-dimensionnels, il est donc de type `array` de `numpy`. Pour avoir accès aux fonctions du module, on les importera en début de programme avec l'instruction `from numpy import *`.

```
def grayscale(imagecolor):
    couleurs,largeur,hauteur = imagecolor.shape
    imagegs = zeros((largeur, hauteur))
    for i in range(largeur):
        for j in range(hauteur):
            pixel = imagecolor[:,i,j]
            cMax = max(pixel)
            cMin = min(pixel)
            imagegs[i,j] = (cMax + cMin)//2
    return imagegs
```

Commentaire

Il y a plusieurs façons distinctes de répondre à la question. Nous détaillons 3 cas.

1. Pour chaque position, un tableau `pixel` contenant les trois valeurs de couleur du pixel est créé. Les variables intermédiaires `cMax` et `cMin` en calculent les valeurs minimale et maximale. Il suffit alors de faire la moyenne entière de ces valeurs. Cette moyenne sera forcément comprise entre 0 et 255, puisque chaque valeur l'est aussi.
On notera au passage que les fonctions **`min`** et **`max`** réellement appelées sont celles de numpy et non celles de la base du langage.

2. En poussant à l'extrême l'utilisation du module `numpy`, on peut proposer la solution suivante. Attention, elle n'est pas du tout à recommander pour les concours. En particulier ici, l'annexe ne donne pas les informations permettant d'écrire cette version.

Commentaire

```
def grayscale(imagecolor):
    imageMin = min(imagecolor,0)
    imageMax = max(imagecolor,0)
    imagegs = (imageMin + imageMax)//2
    return imagegs
```

Un candidat qui proposerait cette solution sans commentaire serait forcément pénalisé. Grossièrement, on peut dire que les opérations sont faites terme à terme. On précise que l'utilisation des fonctions **min** et **max** qui est faite ici est propre à celles du module `numpy`.

3. Si un candidat n'est pas à l'aise avec le module `numpy`, il est clairement conseillé de réaliser la fonction comme si `imagecolor` était une liste de listes. Cette fonction fonctionnera dans tous les cas, mais sera beaucoup plus longue lors de son appel (car `numpy` est très efficace pour les opérations vectorisées). Voici cette solution :

```
def grayscale(imagecolor):
    largeur = len(imagecolor[0])
    hauteur = len(imagecolor[0][0])
    imagegs = [[None for i in range(hauteur)] for j in range(largeur)]
    for i in range(largeur):
        for j in range(hauteur):
            pixel = [imagecolor[c][i][j] for c in range(3)]
            cMax = max(pixel)
            cMin = min(pixel)
            imagegs[i][j] = (cMin + cMax)//2
    return array(imagegs)    # Conversion en tableau
```

On choisit de créer toute la variable `pixel` avec la variable `None` et ensuite de remplacer les valeurs. La démarche est la même que dans la première fonction. L'utilisation de la fonction `array` à la dernière ligne est importante pour convertir la liste de listes en tableau.
Ce sujet propose une annexe assez claire sur les tableaux et les candidats doivent savoir utiliser ce type d'aide.
A partir de cette question, seule une réponse utilisant les tableaux sera présentée. Un candidat pourrait toujours répondre à la question par la troisième méthode, mais attention à bien convertir les éléments si besoin.

Q 7.

```
def construction_coordonnees_pts(fenetre,numM,numN):
    [Px,Py,L,H] = fenetre
    dx, dy = L/(numM - 1), H/(numN - 1)
    LX = arange(Px, Px+L+dx, dx)
    LY = arange(Py, Py+H+dy, dy)
```

```
    pts = [ ]
    for x in LX:
        for y in LY:
            pts.append(x)
            pts.append(y)
    return array(pts)
```

Commentaire

Dans cette question, l'espace entre deux points consécutifs est crucial. La solution présentée utilise la fonction `arange` (voir annexe). A sa place, la fonction `linspace` aurait pue être utilisée, elle prend le nombre de valeurs comme argument. Il aurait alors fallu écrire `LX = linspace(Px, Px+L, numM)`, les valeurs de début et de fin étant incluses.
Les variables `x` et `y` contiennent directement les valeurs du tableau. Si le candidat préfère que les variables contiennent les indices du tableau, il peut écrire : `for i in range (len(LX))` et ensuite `pts.append(LX[i])`.
A la différence de la Q6, la variable est créée vide au départ, puis on ajoute des valeurs au fur et à mesure. Nous aurions pu la définir entièrement au départ et modifier les valeurs ensuite.

Q 8.

$$Ix = \frac{imgI[ux+1,uy] - imgI[ux-1,uy]}{2}$$
$$Iy = \frac{imgI[ux,uy+1] - imgI[ux,uy-1]}{2}$$
$$It = \frac{imgJ[ux,uy] - imgI[ux,uy]}{dt}$$

Commentaire

On calcule l'écart entre un pixel avant et après le point u. Sur la coordonnée x cela revient à un point sur la gauche et à un sur la droite, selon y, cela revient à un point en dessous et un au dessus. Pour It, un schéma d'Euler classique est utilisé (donc une seule position est utilisée).
Les valeurs $+1$ et -1 proviennent du fait que les variations sont de 1 pixel.
Le sujet mentionne qu'on ne traite pas les bords de la fenêtre, sinon il aurait fallu donner des valeurs particulières pour les valeurs au bord.

Q 9.

```
def creation_patch(P,patch_size):
    [Px,Py] = P
    Pgh = [Px-patch_size//2, Py-patch_size//2, patch_size
        -1, patch_size-1]
    patch = construction_coordonnees_pts(Pgh, patch_size,
        patch_size)
    return patch
```

> **Commentaire**
>
> La variable `Pgh` correspond aux coordonnées du point supérieur gauche du patch, auxquelles on a ajouté la longueur et la hauteur du patch pour pouvoir faire appel à la fonction de la Q7.
> On note ici la présence de la division entière pour obtenir les coordonnées du pixel.

Q 10.

```python
def calc_AB(imgI,imgJ,patch):
    nb = len(patch)
    A = []
    b = []
    for i in range(0,nb,2):
        pti = [patch[i], patch[i+1]]     # ou patch[i:i+2]
        Ix, Iy, Itdt = calc_LK_terms(pti, imgI, imgJ)
        A.append([Ix,Iy])
        b.append(-Itdt)
    return array(A),array(b)
```

> **Commentaire**
>
> Pour chaque pixel du patch, la fonction `calc_LK_tems` est utilisée. La liste `patch` contient 2 × `patch_size` × `patch_size` éléments, et comme il faut utiliser deux valeurs de cette liste à chaque itération, `i` ne prend que des valeurs paires. A chaque étape de la boucle, la liste `A` récupère deux informations (correspondant à `Ix` et `Iy`, regroupées dans une liste), alors que `b` n'en reçoit qu'une (`Itdt`).
> Il est tentant d'utiliser la variable `patch_size`, mais elle ne fait pas partie des paramètres de la fonction.

Q 11.

```python
def resoud_LK(A,b):
    # Variables intermédiaires
    ATA, ATB = [[0]*2, [0]*2], [0,0]
    # Initialisation du résultat
    d = [0,0]
    # Calcul de (A^T A) puis (A^T b)
    for i in range(len(A)):
        ATA[0][0] += A[i][0]**2
        ATA[0][1] += A[i][0]*A[i][1]
        ATA[1][1] += A[i][1]**2
        ATB[0] += A[i][0]*b[i]
        ATB[1] += A[i][1]*b[i]
    # inversion de (A^T A), matrice 2*2
    deter = C[0][0]*C[1][1] - C[0][1]**2
    ATA[0][0], ATA[1][1] = ATA[1][1]/deter, ATA[0][0]/deter
    ATA[1][0] = ATA[0][1] = -ATA[0][1]/deter
    # Calcul de d
```

```
18        d[0] = ATA[0][0]*ATB[0] + ATA[0][1]*ATB[1]
19        d[1] = ATA[1][0]*ATB[0] + ATA[1][1]*ATB[1]
20        return d
```

Commentaire

La matrice A est de taille (`patch_size` × `patch_size`) × 2, ce qui donne pour `patch_size=5` : 25×2. Le vecteur b est alors de taille 25×1. Donc $A^T A$ est de taille 2×2 (qu'il est facile d'inverser), et $A^T b$ est de taille 2×1. Donc au final $d = (A^T A)^{-1} A^T b$ est de taille 2×1.
Comme les matrices $A^T A$ et $A^T b$ sont de taille 2×2, il ne semble pas utile de développer une méthode plus générale.
On remarquera la ligne 16 qui permet de faire deux affectations sur deux variables différentes avec la même valeur.

Q 12.

```
def recherche_points(imgI,imgJ,pts):
    nb = len(pts)
    fpts = []
    for i in range(0,nb,2):
        pti = [pts[i], pts[i+1]]
        patch = creation_patch(pti, patch_size) # si patch_size est une variable globale, sinon on remplace la variable par la valeur 5.
        A,b = calc_AB(imgI, imgJ, patch)
        d = resoud_LK(A,b)
        fpts.append(pti[0]+d[0])
        fpts.append(pti[1]+d[1])
    return array(fpts)
```

Commentaire

Il faut faire appel aux fonctions précédentes. L'ordre d'appel des fonctions et l'ordre des arguments dans chacune des fonctions ne sont pas modifiables.

Q 13. Cet algorithme n'est utilisable qu'à plusieurs conditions. Il faut d'abord que A et b existent. Or, il y a peut-être des conditions sur la fonction `calcul_LK_terms`, comme par exemple que :

- le mouvement des différents éléments n'ait pas été trop important ou que le taux de rafraîchissement des images ne soit pas trop faible ;
- la luminosité n'ait pas changé durant toute l'expérience ;
- l'objet qui nous intéresse ne soit pas sorti de l'image ;
- il y ait toujours un seul objet avec les mêmes motifs ;
- ...

De plus, il faut que $A^T A$ soit inversible, critère soumis à des conditions sur Ix et Iy.

Enfin, pour les pixels des bords, la méthode de résolution ne peut pas être appliquée à cause du manque de voisins.

Commentaire

Le sujet demande bien plusieurs arguments. Le rapport regrette que « *souvent un seul argument était avancé alors qu'au moins deux étaient attendus.* »

Q 14.

```
statut = []
nb = len(pts)
fpts = recherche_points(imgI, imgJ, pts)
ffpts = recherche_points(imgJ, imgI, fpts)
for i in range(0,nb,2):
    statut.append(pts[i:i+2] == ffpts[i:i+2])
```

Commentaire

Il faut bien comprendre que la première recherche part de `imgI` vers `imgJ`, et la deuxième part de `imgJ` vers `imgI`. Il faut donc conserver ce résultat dans une nouvelle variable (`ffpts` ici). On rappelle que l'expression `pts[i:i+2]` permet de créer une liste (ou tableau) contenant les éléments d'indice `i` à `i+1` de `pts` (la valeur `pts[i+2]` étant exclue).
Les valeurs ajoutées à la liste `statut` sont des booléens, résultats du test d'égalité des deux éléments du tableau.

Q 15. La fonction `calcul1` renvoie, pour des arguments `points1` et `points2` de type array de numpy, les distances euclidiennes entre les éléments des arguments. L'élément renvoyé est un array de numpy de dimension égale à la moitié de la dimension de `points1`.

Commentaire

Il faut bien comprendre ici que les arguments ne sont pas des listes classiques. En effet, une liste soustraite à une autre liste n'a de pas de sens. Par contre, un array soustrait à un array permet de faire la soustraction terme à terme.
Les variables ne sont pas non plus des scalaires, comme le pensent souvent les préparationnaires.
Cette fonction nous permet de déterminer la distance pour chaque pixel, entre sa position précédente et sa position courante.

Q 16.

```
def mediane(a):
    a = a[:]
    n = len(a)
    for i in range(n):
        x = a[i]
        j = i
        while j>0 and a[j-i]>x:
            a[j] = a[j-1]
            j = j-1
        a[j] = x
    return a[n//2]
```

Commentaire

Le tri par insertion a été choisi, il fait partie des trois tris au programme, donc à connaître par les candidats.
Il n'est pas demandé de trier la liste, mais seulement d'en renvoyer la valeur médiane. Pour cela, la ligne 2 permet de copier la liste mise en argument dans une nouvelle variable `a`. Ainsi, la liste mise en argument ne sera pas modifiée, seule sa copie le sera. La valeur médiane se trouve à l'indice `(n-1)/2`, `n` étant une valeur impaire. Un indice doit toujours être entier, alors il a été choisi d'utiliser directement une division entière.
Une solution nettement plus subtile mais nettement plus efficace consiste à s'inspirer du tri rapide pour faire un tri incomplet :

```
def partitionnement(t, debut, fin):
    limite = debut
    pivot = t[debut]
    for i in range(debut+1,fin):
        if t[i] < pivot:
            limite += 1
            t[i], t[limite] = t[limite], t[i]
    t[limite], t[debut] = t[debut], t[limite]
    return limite

def k_eme(t, debut, fin, k):
    limite = partitionnement(t, debut, fin)
    if k == limite:
        return t[k]
    elif k < limite:
        return k_eme(t, debut, limite, k)
    else:
        return k_eme(t, limite+1, fin, k)

def mediane(t):
    return k_eme(t[:],0, fin, len(t)//2)
```

Nous ne détaillerons pas les réponses suivantes avec cette solution plus subtile. A noter que la complexité, linéaire en moyenne, de cet algorithme ne s'obtient pas facilement.

Q 17. L'algorithme utilisé est le tri par insertion. On appelle n la taille du tableau `a`. Dans le meilleur des cas, la complexité de l'algorithme est linéaire, en $O(n)$, cela correspond à un tableau déjà trié. Dans le pire des cas, elle est quadratique, en $O(n^2)$, cela correspond à un tableau trié à l'envers.

Commentaire

Le sujet ne semble pas demander de démonstration ni d'explication dans cette question. Le tri par insertion est un algorithme au programme de seconde année. Le rapport regrette que « *les algorithmes de tri et leur complexité ne soient pas mieux connus des candidats* ».

Q 18.

```
def verification_pts(pts,fpts,statut):
    nouveaux_pts = []
    dist = calcul1(pts,fpts)
    med = mediane(dist)
    for i in range(len(statut)):
        if statut[i] and dist[i] <= med:
            nouveaux_pts.append(fpts[2*i])
            nouveaux_pts.append(fpts[2*i+1])
    return array(nouveaux_pts)
```

> **Commentaire**
>
> On utilise les fonctions précédentes, et si les deux critères sont vérifiés, alors le point est ajouté. En réalité on ajoute les deux coordonnées du point.

Q 19.

```
result = zeros(len(pts)//2)
for i in range(len(result)):
    patch1 = creation_patch(( pts[2*i], pts[2*i+1]),5)
    patch2 = creation_patch((fpts[2*i],fpts[2*i+1]),5)
    result[i] = cv2.matchTemplate(patch1,patch2,cv2.CV_TM_CCOEFF_NORMED)
```

> **Commentaire**
>
> On rappelle qu'il est inutile d'importer les module (voir I), sinon, il aurait fallu écrire **`import`** `cv2`.
> On considère que les variables `pts` et `fpts` existent.

Q 20. Un problème est que les nouvelles variables n'ont pas les mêmes dimensions que les premières. En effet, `pt0` et `pt1` sont des tableaux à deux dimensions, et non des tableaux unidimensionnels.

On peut proposer les ajouts suivants à écrire à l'intérieur de la fonction `determine_fenetre`. C'est la fonction qui convertit les variables.

```
n = len(pt0)//2
l0 = pt0[:]
l1 = pt1[:]
pt0, pt1 = zeros((n,2)), zeros((n,2))
for i in range(n):
    pt0[i,0] = l0[2*i]
    pt0[i,1] = l0[2*i+1]
    pt1[i,0] = l1[2*i]
    pt1[i,1] = l1[2*i+1]
```

Commentaire

Le rapport précise que « *les candidats estiment en grande majorité que le problème vient du nom des variables locales utilisées dans la fonction proposée, ce qui montre que la notion de variable locale et d'argument n'est pas bien comprise* ».

Q 21.

```
# com1 : Remplissage des listes contenant les déplacements (suivant x ou y) entre l'image courante et l'image précédente.

# com2 : Calcul des médianes des deux listes.

# com3 : Calcul du facteur de grossissement.

# com4 : Calcul du demi-grossissement.

# com5 : Calcul des points extrémités de la nouvelle fenêtre (point supérieur gauche), de sa largeur l et sa hauteur h.

# com6 : Création d'une liste contenant les 4 valeurs précédentes (converties en entier) et renvoie de la liste, ainsi que du grossissement.
```

Commentaire

Le rapport précise que « *les commentaires dans un programme sont placés soit à côté des instructions, soit au-dessus d'un bloc d'instructions. Les candidats considèrent bien souvent que les commentaires sont placés après, ce qui a provoqué un décalage dans les réponses. Par ailleurs, commenter un code n'est pas lister les opérations mais expliquer ce qui est fait* ».

On peut remarquer que les commentaires ne sont pas bien indentés dans la fonction. Ils devraient avoir la même indentation que la ligne qui les précèdent.

Commentaire

Le rapport du sujet précise que celui-ci « *était probablement un peu long et les candidats l'ont couvert en moyenne à 60 %.* »

« *Le questionnement était assez progressif et les candidats ont pour la grande majorité choisit de traiter le sujet linéairement. Les questions 11 à 14 plus difficiles ont souvent été laissées pour faire la suite plus simple.* »

Centrale Supélec – Informatique 2015

MP, PC, PSI, TSI - Durée : 3 heures

SUJET

Informatique

MP, PC, PSI, TSI

3 heures   Calculatrices autorisées

Autour de la dynamique gravitationnelle

Modéliser les interactions physiques entre un grand nombre de constituants mène à l'écriture de systèmes différentiels pour lesquels, en dehors de quelques situations particulières, il n'existe aucune solution analytique. Les problèmes de dynamique gravitationnelle et de dynamique moléculaire en sont deux exemples. Afin d'analyser le comportement temporel de tels systèmes, l'informatique peut apporter une aide substantielle en permettant leur simulation numérique. L'objet de ce sujet, composé de quatre parties, est l'étude de solutions algorithmiques en vue de simuler une dynamique gravitationnelle afin, par exemple, de prédire une éclipse ou le passage d'une comète.

Les programmes doivent être écrits en langage python et les requêtes de base de données en langage SQL. Les candidats sont libres de définir et de programmer toute fonction auxiliaire dont ils estiment avoir besoin pour répondre aux questions posées. Ils veilleront dans ce cas à définir précisément, le rôle de chaque fonction introduite, ses paramètres et son résultat. Ils peuvent également utiliser librement les fonctions de la bibliothèque standard Python, en particulier celles du module `math`.

Lorsque le sujet demande l'écriture d'une fonction python, la réponse doit commencer par l'en-tête de la fonction (instruction `def`*). D'autre part, si le sujet précise que la fonction prend un paramètre d'un certain type ou qui répond à une certaine condition, la fonction n'a pas à vérifier la conformité de l'argument reçu.*

La lisibilité des codes produits, tant en python qu'en SQL, est un élément important d'appréciation.

I. Quelques fonctions utilitaires

I.A – Donner la valeur des expressions python suivantes :

I.A.1) [1, 2, 3] + [4, 5, 6]

I.A.2) 2 * [1, 2, 3]

I.B – Écrire une fonction python `smul` à deux paramètres, un nombre et une liste de nombres, qui multiple chaque élément de la liste par le nombre et renvoie une nouvelle liste : `smul(2, [1, 2, 3])` → `[2, 4, 6]`.

I.C – Arithmétique de listes

I.C.1) Écrire une fonction python `vsom` qui prend en paramètre deux listes de nombres de même longueur et qui renvoie une nouvelle liste constituée de la somme terme à terme de ces deux listes : `vsom([1, 2, 3], [4, 5, 6])` → `[5, 7, 9]`.

I.C.2) Écrire une fonction python `vdif` qui prend en paramètre deux listes de nombres de même longueur et qui renvoie une nouvelle liste constituée de la différence terme à terme de ces deux listes (la première moins la deuxième) : `vdif([1, 2, 3], [4, 5, 6])` → `[-3, -3, -3]`.

II. Étude de schémas numériques

Soient y une fonction de classe C^2 sur $\mathbb{R}$ et $t_{\mathtt{min}}$ et $t_{\mathtt{max}}$ deux réels tels que $t_{\mathtt{min}} < t_{\mathtt{max}}$. On note I l'intervalle $[t_{\mathtt{min}}, t_{\mathtt{max}}]$. On s'intéresse à une équation différentielle du second ordre de la forme :

$$\forall t \in I \qquad y''(t) = f(y(t)) \tag{1}$$

où f est une fonction donnée, continue sur $\mathbb{R}$. De nombreux systèmes physiques peuvent être décrits par une équation de ce type.

On suppose connues les valeurs $y_0 = y(t_{\mathtt{min}})$ et $z_0 = y'(t_{\mathtt{min}})$. On suppose également que le système physique étudié est conservatif. Ce qui entraine l'existence d'une quantité indépendante du temps (énergie, quantité de mouvement, ...), notée E, qui vérifie l'équation 2 où $g' = -f$.

$$\forall t \in I \qquad \frac{1}{2}y'(t)^2 + g(y(t)) = E \tag{2}$$

II.A – Mise en forme du problème

Pour résoudre numériquement l'équation différentielle 1, on introduit la fonction $z : I \to \mathbb{R}$ définie par $\forall t \in I, z(t) = y'(t)$.

II.A.1) Montrer que l'équation 1 peut se mettre sous la forme d'un système différentiel du premier ordre en $z(t)$ et $y(t)$, noté (S).

II.A.2) Soit n un entier strictement supérieur à 1 et $J_n = [\![0, n-1]\!]$. On pose $h = \dfrac{t_{\mathtt{max}} - t_{\mathtt{min}}}{n-1}$ et $\forall i \in J_n, t_i = t_{\mathtt{min}} + ih$. Montrer que, pour tout entier $i \in [\![0, n-2]\!]$,

$$y(t_{i+1}) = y(t_i) + \int_{t_i}^{t_{i+1}} z(t)\,\mathrm{d}t \quad \text{et} \quad z(t_{i+1}) = z(t_i) + \int_{t_i}^{t_{i+1}} f(y(t))\,\mathrm{d}t \tag{3}$$

La suite du problème exploite les notations introduites dans cette partie et présente deux méthodes numériques dans lesquelles les intégrales précédentes sont remplacées par une valeur approchée.

II.B – Schéma d'Euler explicite

Dans le schéma d'Euler explicite, chaque terme sous le signe intégrale est remplacé par sa valeur prise en la borne inférieure.

II.B.1) Dans ce schéma, montrer que les équations 3 permettent de définir deux suites $(y_i)_{i\in J_n}$ et $(z_i)_{i\in J_n}$, où y_i et z_i sont des valeurs approchées de $y(t_i)$ et $z(t_i)$. Donner les relations de récurrence permettant de déterminer les valeurs de y_i et z_i connaissant y_0 et z_0.

II.B.2) Écrire une fonction `euler` qui reçoit en argument les paramètres qui vous semblent pertinents et qui renvoie deux listes de nombres correspondant aux valeurs associées aux suites $(y_i)_{i\in J_n}$ et $(z_i)_{i\in J_n}$. Vous justifierez le choix des paramètres transmis à la fonction.

II.B.3) Pour illustrer cette méthode, on considère l'équation différentielle $\forall t \in I,\ y''(t) = -\omega^2 y(t)$ dans laquelle ω est un nombre réel.

a) Montrer qu'on peut définir une quantité E, indépendante du temps, vérifiant une équation de la forme 2.

b) On note E_i a valeur approchée de E à l'instant t_i, $i \in J_n$, calculée en utilisant les valeurs approchées de $y(t_i)$ et $z(t_i)$ obtenues à la question II.B.1. Montrer que $E_{i+1} - E_i = h^2\omega^2 E_i$.

c) Qu'aurait donné un schéma numérique qui satisfait à la conservation de E ?

d) En portant les valeurs de y_i et z_i sur l'axe des abscisses et l'axe des ordonnées respectivement, quelle serait l'allure du graphe qui respecte la conservation de E ?

e) La mise en œuvre de la méthode d'Euler explicite génère le résultat graphique donné figure 1 à gauche. Dans un système d'unités adapté, les calculs ont été menés en prenant $y_0 = 3$, $z_0 = 0$, $t_{\mathtt{min}} = 0$, $t_{\mathtt{max}} = 3$, $\omega = 2$ et $n = 100$.

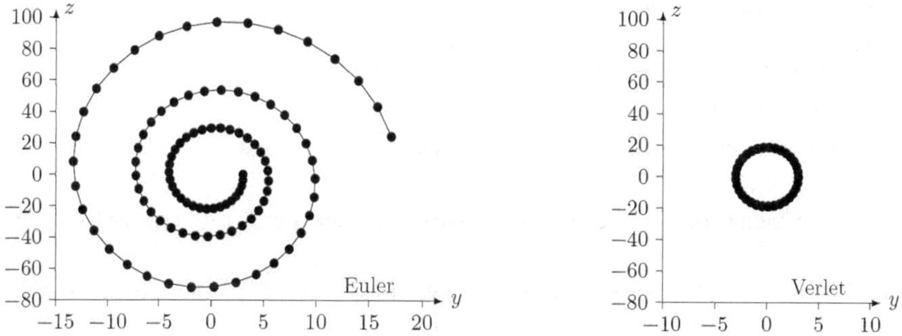

FIGURE 1 –

En quoi ce graphe confirme-t-il que le schéma numérique ne conserve pas E ? Pouvez-vous justifier son allure ?

II.C – Schéma de Verlet

Le physicien français Loup Verlet a proposé en 1967 un schéma numérique d'intégration d'une équation de la forme (1) dans lequel, en notant $f_i = f(y_i)$ et $f_{i+1} = f(y_{i+1})$, les relations de récurrence s'écrivent

$$y_{i+1} = y_i + hz_i + \frac{h^2}{2}f_i \qquad \text{et} \qquad z_{i+1} = z_i + \frac{h}{2}(f_i + f_{i+1})$$

II.C.1) Écrire une fonction `verlet` qui reçoit en argument les paramètres qui vous semblent pertinents et qui renvoie deux listes de nombres correspondant aux valeurs associées aux suites $(y_i)_{i \in J_n}$ et $(z_i)_{i \in J_n}$.

II.C.2) On reprend l'exemple de l'oscillateur harmonique (question II.B.3) et on compare les résultats obtenus à l'aide des schémas d'Euler et de Verlet.
a) Montrer que dans le schéma de Verlet, on a $E_{i+1} - E_i = O(h^3)$.
b) La mise en œuvre du schéma de Verlet avec les mêmes paramètres que ceux utilisés au II.B.3e donne le résultat de la figure 1 à droite. Interpréter l'allure de ce graphe.
c) Que peut-on conclure sur le schéma de Verlet ?

III. Problème à N corps

On s'intéresse à présent à la dynamique d'un système de N corps massifs en interaction gravitationnelle. Dans la suite, les corps considérés sont assimilés à des points matériels P_j de masses m_j où $j \in [\![0, N-1]\!]$, $N \geqslant 2$ étant un entier positif donné. Le mouvement de ces points est étudié dans un référentiel galiléen muni d'une base orthonormée. L'interaction entre deux corps j et k est modélisée par la force gravitationnelle. L'action exercée par le corps k sur le le corps j est décrite par la force $\vec{F}_{k/j} = G\frac{m_j m_k}{r_{jk}^3}\overrightarrow{P_jP_k}$ où r_{jk} est la distance séparant les corps j et k ($r_{jk} = \|\overrightarrow{P_jP_k}\|$) et $G = 6{,}67 \times 10^{-11}\ \mathrm{N{\cdot}m^2{\cdot}kg^{-2}}$ la constante de gravitation universelle.
À tout instant t_i avec $i \in [\![0, n]\!]$, chaque corps de masse m_j est repéré par ses coordonnées cartésiennes (x_{ij}, y_{ij}, z_{ij}) et les composantes de son vecteur vitesse $(v_{xij}, v_{yij}, v_{zij})$ dans le référentiel de référence.
Trois listes sont utilisées pour représenter ce système en python

- `masse` conserve les masses de chaque corps : `masse[j]` $= m_j$;
- `position` contient les positions successives de chaque corps : `position[i][j]` = `[`x_{ij}, y_{ij}, z_{ij}`]` ;
- `vitesse` mémorise les vitesses successives de chaque corps : `vitesse[i][j]` = `[`$v_{xij}, v_{yij}, v_{zij}$`]`.

L'objet de la suite du problème est de construire ces listes en mettant en oeuvre l'algorithme de Verlet.

III.A – Position du problème

III.A.1) Exprimer la force $\overrightarrow{F_j}$ exercée sur le corps P_j par l'ensemble des autres corps P_k, avec $k \neq j$.

III.A.2) Écrire une fonction python `force2(m1, p1, m2, p2)` qui prend en paramètre les masses (`m1` et `m2` en kilogrammes) et les positions (`p1` et `p2`, sous forme de listes de trois coordonnées cartésiennes en mètres) de deux corps 1 et 2 et qui renvoie la valeur de la force exercée par le corps 2 sur le corps 1, sous la forme d'une liste à trois éléments représentant les composantes de la force dans la base de référence, en newtons.

III.A.3) Écrire une fonction `forceN(j, m, pos)` qui prend en paramètre l'indice `j` d'un corps, la liste des masses des N corps du système étudié ainsi que la liste de leurs positions et qui renvoie $\overrightarrow{F_j}$, la force exercée par tous les autres corps sur le corps `j`, sous la forme d'une liste de ses trois composantes cartésiennes.

III.B – Approche numérique

III.B.1) Expliciter la structure et la signification de `position[i]` et `vitesse[i]`.

III.B.2) Écrire une fonction `pos_suiv(m, pos, vit, h)` qui prend en paramètres la liste des masses des N corps du système étudié (en kilogrammes), la liste de leurs positions (en mètres) à l'instant t_i, la liste de leurs vitesses (en mètres par seconde) au même instant et le pas d'intégration h (en secondes) et qui renvoie la liste des positions des N corps à l'instant t_{i+1} calculées en utilisant le schéma de Verlet.

III.B.3) Écrire une fonction `etat_suiv(m, pos, vit, h)` qui prend les mêmes paramètres que la fonction `pos_suiv` et qui renvoie la liste des positions (en mètres) et la liste des vitesses (en m/s) des N corps à l'instant t_{i+1} calculées en utilisant le schéma de Verlet.

III.B.4) En notant τ_N la durée des calculs pour un nombre N de corps, la mise en œuvre de la fonction `etat_suiv` a donné le résultat graphique de la figure 2 où on a porté $\ln(N)$ en abscisse et $\ln(\tau_N)$ en ordonnée.

a) Quelle relation simple peut-on établir entre $\ln(\tau_N)$ et $\ln(N)$ à partir de la figure 2 ?

b) Quelle hypothèse peut-on émettre quant à la complexité de l'algorithme étudié ?

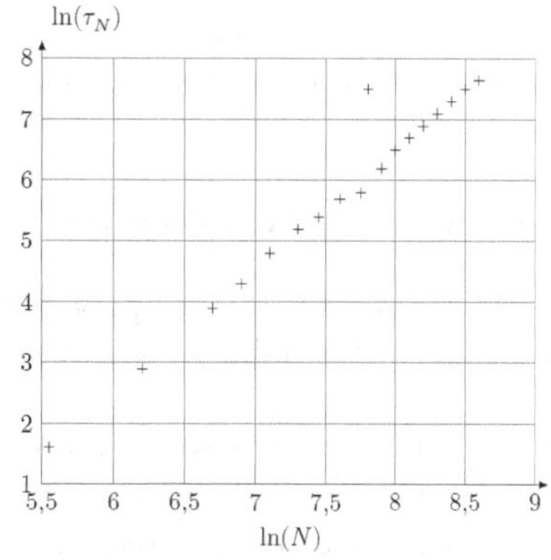

FIGURE 2 –

III.B.5)

a) Estimer la complexité temporelle de la fonction `etat_suiv` sous la forme $O(N^\alpha)$.

b) Comparer avec le résultat obtenu à la question III.B.4.

IV. Exploitation d'une base de données

A partir de mesures régulièrement effectuées par différents observatoires, une base de données des caractéristiques et des états des corps célestes de notre Système solaire est maintenue à jour. L'objectif de cette partie est d'extraire de cette base de données les informations nécessaires à la mise en œuvre des fonctions développées dans les parties précédentes, puis de les utiliser pour

prévoir les positions futures des différentes planètes. Les données à extraire sont les masses des corps étudiés et leurs états (position et vitesse) à l'instant t_{min} du début de la simulation.
Une version simplifiée, réduite à deux tables, de la base de données du Système solaire est donnée figure 3. Les masses sont exprimées en kilogrammes, les distances en unités astronomiques (1 au = 1,5 × 1011 m) et les vitesses en kilomètres par seconde. Le référentiel utilisé pour exprimer les composantes des positions et des vitesses est galiléen, orthonormé et son centre est situé à proximité du Soleil.

CORPS

id_corps	nom	masse
⋮	⋮	⋮

ETAT

id_corps	datem	x	y	z	vx	vy	vz
⋮	⋮	⋮	⋮	⋮	⋮	⋮	⋮

FIGURE 3 – Schéma de la base de données

La table `CORPS` répertorie les corps étudiés, elle contient les colonnes

- `id_corps` (clé primaire) entier identifiant chaque corps ;
- `nom`, chaine de caractères, désigne le nom usuel du corps ;
- `masse` de type flottant, contient la masse du corps.

La table `ETAT` rassemble l'historique des états successifs (positions et vitesses) des corps étudiés. Elle est constituée de huit colonnes :

- `id_corps` de type entier, identifie le corps concerné ;
- `datem` est la date de la mesure, sous forme d'un entier donnant le nombre de secondes écoulées depuis un instant d'origine ;
- trois colonnes de type flottant pour les composantes de la position `x`, `y`, `z` ;
- trois colonnes de type flottant pour les composantes de la vitesse `vx`, `vy`, `vz`.

IV.A) - Écrire une requête SQL qui renvoie la liste des masses de tous les corps étudiés.

IV.B) - Les états des différents corps ne sont pas forcément tous déterminés exactement au même instant. Nous allons assimiler l'état initial (à la date t_{min}) de chaque corps à son dernier état connu antérieur à t_{min}.
Dans toute la suite, on supposera que la valeur de t_{min}, sous le format utilisé dans la table `ETAT`, est accessible à toute requête SQL via l'expression `tmin()`.

IV.B.1) On souhaite d'abord vérifier que tous les corps étudiés disposent d'un état connu antérieur à `tmin()`. Le nombre de corps présents dans la base est obtenu grâce à la requête `SELECT count(*)FROM corps`. Écrire une requête SQL qui renvoie le nombre de corps qui ont au moins un état connu antérieur à `tmin()`.

IV.B.2) Écrire une requête SQL qui renvoie, pour chaque corps, son identifiant et la date de son dernier état antérieur à `tmin()`.

IV.B.3) Le résultat de la requête précédente est stocké dans une nouvelle table `date_mesure` à deux colonnes :

- `id_corps` de type entier, contient l'identifiant du corps considéré ;
- `date_der` de type entier, correspond à la date du dernier état connu du corps considéré, antérieur à `tmin()`.

Pour simplifier la simulation, on décide de négliger l'influence des corps ayant une masse strictement inférieure à une valeur fixée `masse_min()` et de ne s'intéresser qu'aux corps situés dans un cube, centré sur l'origine du référentiel de référence et d'arête `arete()` donnée. Les faces de ce cube sont parallèles aux plans formés par les axes du référentiel de référence.

Écrire une requête SQL qui renvoie la masse et l'état initial (sous la forme `masse`, `x`, `y`, `z`, `vx`, `vy`, `vz`) de chaque corps retenu pour participer à la simulation. Classez les corps dans l'ordre croissant par rapport à leur distance à l'origine du référentiel.

IV.C) - On dispose des variables python `t0`, `p0`, `v0` et `masse` initialisées à partir du résultat de la requête précédente. `t0` est un entier qui donne la date des conditions initiales : il correspond à t_{min} et à `tmin()`. `p0` est une liste de longueur N, chaque élément de `p0` est une liste à 3 éléments de la forme `[x, y, z]` représentant la position initiale d'un corps, en unité astronomique. `v0` a une structure identique mais indique les vitesses initiales des corps considérés, en km/s. `masse` est décrite en partie III.

Écrire la fonction python `simulation_verlet(deltat, n)` qui prend en paramètre un incrément de temps en secondes (`deltat > 0`) et un nombre d'itérations (`n > 0`) et qui renvoie la liste des positions des corps considérés pour chaque instant `t0`, `t0 + deltat`, ..., `t0 + n*deltat` (cf variable `position` définie en partie III). Les calculs seront menés en utilisant le schéma d'intégration de Verlet, le résultat sera fourni en unité astronomique.

CORRIGÉ COMMENTÉ

I. Quelques fonctions utilitaires

I.A.1)

`[1, 2, 3] + [4, 5, 6]` → `[1, 2, 3, 4, 5, 6]`

Commentaire

L'opérateur + entre deux listes permet de les concaténer.

I.A.2)

`2 * [1, 2, 3]` → `[1, 2, 3, 1, 2, 3]`

Commentaire

L'opérateur $*$ entre un entier n et une liste permet de répéter n fois la liste.

I.B

```
def smul(n,l):
    return [ n*i for i in l ]
```

Commentaire

Les deux solutions classiques sont évidemment correctes. Création d'une liste vide et ajout d'autant d'éléments que nécessaires avec la méthode `append`. Ou (et ne pas confondre), création d'une liste de bonne longueur avec remplacement des valeurs ensuite.
Il est important de bien créer une nouvelle fonction et non de modifier celle fournie en argument. De même pour les questions suivantes.

I.C.1)

```
def vsom(l1,l2):
    return [ l1[i]+l2[i] for i in range(len(l1)) ]
```

Commentaire

Le sujet suppose que les deux listes ont la même longueur. Si ce n'est pas le cas, cette fonction renverra une erreur.

Point Méthodologique

Lorsqu'on écrit un programme demandé, il ne faut pas surcharger la réponse de différents tests visant à s'assurer que les arguments vérifient des conditions implicites ou explicites de l'énoncé, sauf évidemment si l'énoncé demande cette vérification.

I.C.2)

```
def vdif(l1,l2):
    return vsom(l1, smul(-1,l2))
```

Commentaire

Une solution de même forme que la réponse I.C.1 aurait été correcte, mais il est plus judicieux d'utiliser les fonctions déjà créées.

Pour cette première partie, le rapport précise la présence de « *beaucoup d'erreurs concernant les opérations de concaténation et de duplication. De nombreux candidats n'ont pas compris l'utilité de cette partie pour la suite du sujet : ils ne réutilisent pas les fonctions déjà définies.* »

II. Étude de schémas numériques

II.A.1) Le sujet donne $z(t) = y'(t)$. En dérivant l'équation (y est de classe C^2), on peut aussi écrire : $z'(t) = y''(t)$. On obtient donc :

$$\forall t \in I, \quad (S) \Leftrightarrow \begin{cases} y'(t) & = & z(t) \\ z'(t) & = & f(y(t)) \end{cases}$$

> **Commentaire**
>
> Il ne faut pas écrire deux équations, mais bien un système différentiel.

II.A.2) Il suffit d'intégrer chacune des équations du système différentiel entre les bornes t_i et t_{i+1}.

$$\int_{t_i}^{t_{i+1}} y'(t)\,\mathrm{d}t = \int_{t_i}^{t_{i+1}} z(t)\,\mathrm{d}t \quad \Leftrightarrow \quad y(t_{i+1}) - y(t_i) = \int_{t_i}^{t_{i+1}} z(t)\,\mathrm{d}t$$

$$\int_{t_i}^{t_{i+1}} z'(t)\,\mathrm{d}t = \int_{t_i}^{t_{i+1}} f(y(t))\,\mathrm{d}t \quad \Leftrightarrow \quad z(t_{i+1}) - z(t_i) = \int_{t_i}^{t_{i+1}} f(y(t))\,\mathrm{d}t$$

On obtient les équations à démontrer :

$$y(t_{i+1}) = y(t_i) + \int_{t_i}^{t_{i+1}} z(t)\,\mathrm{d}t \quad \text{et} \quad z(t_{i+1}) = z(t_i) + \int_{t_i}^{t_{i+1}} f(y(t))\,\mathrm{d}t$$

II.B.1) Le sujet donne les approximations suivantes :

$$\int_{t_i}^{t_{i+1}} z(t)\,\mathrm{d}t \approx \int_{t_i}^{t_{i+1}} z(t_i)\,\mathrm{d}t \approx \int_{t_i}^{t_{i+1}} z_i\,\mathrm{d}t \approx z_i(t_{i+1} - t_i)$$

$$\int_{t_i}^{t_{i+1}} f(y(t))\,\mathrm{d}t \approx \int_{t_i}^{t_{i+1}} f(y(t_i))\,\mathrm{d}t \approx f(y_i)\,(t_{i+1} - t_i)$$

Or à la question II.A.2, $\forall i \in [\![0, n-2]\!], h = t_{i+1} - t_i$. En reprenant les équations, on peut écrire :

$$y(t_{i+1}) = y(t_i) + h.z_i \quad \text{et} \quad z(t_{i+1}) = z(t_i) + h.f(y_i)$$

Connaissant y_0 et z_0, les équations précédentes définissent les suites $(y_i)_{i\in J_n}$ et $(z_i)_{i\in J_n}$ par les équations de récurrence suivantes :

$$y_{i+1} = y_i + h.z_i \quad \text{et} \quad z_{i+1} = z_i + h.f(y_i)$$

II.B.2)

```python
def euler(f,y0,z0,tmin,tmax,n):
    ly = [y0]
    lz = [z0]
    h = (tmax-tmin)/(n-1)
    for i in range(n-1):
        ly.append(ly[i] + h*lz[i])
        lz.append(lz[i] + h*f(ly[i]))
    return ly,lz
```

Les paramètres de la fonction sont la fonction qui définit l'équation différentielle `f` ; le couple de valeurs initiales `y0, z0` ; les bornes de la résolution en temps `tmin, tmax` et le nombre de points de calcul `n`.

Commentaire

Utiliser l'indice `i` des listes permet de ne pas créer de variables intermédiaires. Il faut bien vérifier que lorsque les nouvelles valeurs y_{i+1} et z_{i+1} sont calculées, c'est en utilisant y_i et z_i.

II.B.3) *a)* y est solution de $y''(t) = -\omega^2 y(t))$. Donc en multipliant de part et d'autre par $y'(t)$ on obtient :

$$y'(t)y''(t) = -\omega^2 y'(t)y(t)$$

D'où en intégrant, il existe une constante E telle que :

$$\frac{1}{2}y'(t)^2 = -\frac{1}{2}\omega^2 y(t)^2 + E$$

avec F une primitive de f. D'où, l'existence de la constante E et $E = \frac{1}{2}y'(t)^2 + \frac{1}{2}\omega^2 y(t)^2$

II.B.3) *b)*

$$\begin{aligned} E_{i+1} - E_i &= \frac{1}{2}\left({z_{i+1}}^2 + \omega^2 {y_{i+1}}^2 - {z_i}^2 - \omega^2 {y_i}^2\right) \\ &= \frac{1}{2}\left((z_i - h\omega^2 y_i)^2 + \omega^2(y_i + hz_i)^2 - {z_i}^2 - \omega^2 {y_i}^2\right) \\ &= \frac{1}{2}\left({z_i}^2 - 2h\omega^2 z_i y_i + h^2\omega^4 {y_i}^2 + \omega^2({y_i}^2 + 2hy_i z_i + h^2 {z_i}^2) - {z_i}^2 - \omega^2 {y_i}^2\right) \\ &= \frac{1}{2}h^2\omega^2\left(z_i^2 + \omega^2 {y_i}^2\right) \\ &= h^2\omega^2 E_i \end{aligned}$$

II.B.3) *c)* Un schéma numérique qui satisfait à la conservation de E aurait donné $E_{i+1} - E_i = 0$.

II.B.3) *d)* On aurait eu l'équation cartésienne : $E = \frac{1}{2}z^2 + \frac{1}{2}\omega^2 y^2$ soit $2E = z^2 + (\omega y)^2$ qui est l'équation d'un cercle de rayon $\sqrt{2E}$ en portant les z_i et les ωy_i sur l'axe des abscisses et des ordonnées. En portant, les z_i et les y_i, on obtiendrait donc une ellipse.

II.B.3) *e)* La courbe n'est pas une ellipse et n'est pas une courbe fermée, il n'y a pas conservation de l'énergie. Puisque $E_{i+1} - E_i > 0$, l'énergie augmente ce qui correspond à une augmentation du rayon donc à une spirale divergente.

II.C.1)

```
def verlet(f,y0,z0,tmin,tmax,n):
    ly = [y0]
    lz = [z0]
    h = (tmax-tmin)/(n-1)
    for i in range(n-1):
        ly.append(ly[i] + h*lz[i] + h**2*f(ly[i])/2)
        lz.append(lz[i] + h/2*f(ly[i]+ly[i+1]))
    return ly,lz
```

Commentaire

Les paramètres sont identiques à ceux de la fonction `euler`. La seule différence provient de la formule pour calculer y_{i+1} et z_{i+1}. Ici les deux lignes de la boucle inconditionnelle ne peuvent pas s'intervertir, car la valeur de y_{i+1} est nécessaire pour calculer z_{i+1}.

II.C.2) *a)* On a maintenant d'une part :

$$y_{i+1} = y_i + hz_i - \frac{h^2}{2}\omega^2 y_i = y_i\left(1 - \frac{h^2\omega^2}{2}\right) + hz_i$$

et d'autre part :

$$\begin{aligned}
z_{i+1} &= z_i - \frac{\omega^2 h}{2}\left(y_{i+1} + y_i\right)\\
&= z_i - \frac{\omega^2 h}{2}\left(2y_i - y_i\frac{h^2\omega^2}{2} + hz_i\right)\\
&= z_i\left(1 - \frac{\omega^2 h^2}{2}\right) - \omega^2 h y_i + O\left(h^3\right)
\end{aligned}$$

On a donc :

$$\begin{aligned}
2\left(E_{i+1} - E_i\right) &= {z_{i+1}}^2 - {z_i}^2 - \omega^2\left({y_{i+1}}^2 - {y_i}^2\right)\\
&= (z_{i+1} - z_i)(z_{i+1} + z_i) + \omega^2(y_{i+1} - y_i)(y_{i+1} + y_i)\\
&= -\omega^2 h\left(y_i + z_i\frac{h}{2} + O\left(h^2\right)\right)\left[z_i\left(2 - \frac{\omega^2 h^2}{2}\right) - \omega^2 h y_i + O\left(h^3\right)\right]\\
&\quad + \omega^2\left(-\frac{h^2\omega^2}{2}y_i + hz_i\right)\left[y_i\left(2 - \frac{h^2\omega^2}{2}\right) + hz_i\right]\\
&= -\omega^2 h\left(2y_i z_i - \omega^2 h{y_i}^2 + {z_i}^2 h + O\left(h^2\right)\right)\\
&\quad + \omega^2 h\left(-h\omega^2{y_i}^2 + 2z_i y_i + {z_i}^2 h + O\left(h^2\right)\right)\\
&= O\left(h^3\right)
\end{aligned}$$

D'où le résultat : $E_{i+1} - E_i = O\left(h^3\right)$.

Commentaire

Le rapport précise que « *beaucoup de candidats tentent de duper le jury et obtiennent un terme en $O(h^3)$ sans avoir mené le calcul à son terme* », ceci est fortement déconseillé.

II.C.2) *b)* Avec la précision permise par la lecture graphique, la courbe apparaît circulaire. Étant donné qu'on n'a toujours pas conservation de l'énergie, on peut malgré tout supposer que la courbe s'écarte lentement du cercle.

II.C.2) *c)* Dans le schéma de Verlet, la différence d'énergie est en $O(h^3)$ tandis qu'elle est en $O(h^2)$ pour le schéma d'Euler explicite, le schéma de Verlet respecte donc mieux la conservation de l'énergie dans ce problème, il semble donc plus adapté aux systèmes conservatifs que le schéma d'Euler explicite.

III. Problèmes à N corps

III.A.1)

$$\vec{F}_j = \sum_{\substack{k=0 \\ k \neq j}}^{N-1} \vec{F}_{k/j} = \sum_{\substack{k=0 \\ k \neq j}}^{N-1} G \frac{m_j m_k}{r_{jk}^3} \overrightarrow{P_j P_k}$$

Commentaire

Il faut sommer toutes les actions en comprenant bien que le corps P_j n'applique aucune force sur lui-même.

III.A.2)

```
def force2(m1, p1, m2, p2):
    p1p2 = vdif(p2, p1)
    r12 = (sum([val**2 for val in p1p2]))**(3/2)
    return smul(G*m1*m2/r12,p1p2)
```

La variable `G` est considérée comme globale. Si ce n'est pas le cas, il faut ajouter l'instruction `G = 6.67e-11`, avant de l'utiliser.

Commentaire

Pour calculer la différence de deux tableaux, nous avons déjà écrit la fonction `vdif`. La variable `r12` est directement le cube de la norme du vecteur. Une fonction annexe `norme` aurait pu être utilisée.
La difficulté est ici de se rappeler les fonctions définies en partie I, pour éviter de redéfinir des fonctions équivalentes.

III.A.3)

```
def forceN(j, m, pos):
    force = [0, 0, 0]
    mj, posj = m[j], pos[j]
    for k in range(0,len(pos)):
        if k!=j:
            force = vsom(force, force2(mj, posj, m[k], pos[k]))
    return force
```

Commentaire

Créer les variables `mj` et `posj` permet de ne pas rechercher les valeurs à chaque itération. On aurait pu écrire deux boucle **`for`** pour ne pas avoir à vérifier que j est différent de k à chaque itération. Dans un langage tel que Python, on préférera limiter la redondance pour des programmes clairs et concis plutôt que faire des optimisations qui ne changent pas l'ordre de grandeur de la complexité.

III.B.1) `position[i]` correspond à une liste de N sous-listes (de taille 3). Chaque sous liste représente la position d'un corps au temps t_i. Donc `position[i]` contient les positions des N corps au temps t_i. La variable `vitesse[i]` possède la même structure, mais contient les vitesses de tous les corps au temps t_i.

III.B.2) Le schéma de Verlet s'applique à une équation différentielle. Ici, nous allons utiliser la deuxième loi de Newton ou Principe Fondamental de la Dynamique au corps P_j : $\vec{F}_j = m_j \ddot{\vec{x}}_j$. On peut se ramener à un problème identique au II, en posant y la position, z la vitesse et f la force exercée sur le corps divisée par sa masse.

```
def pos_suiv(m, pos, vit, h):
    coef = h**2/2
    posSuiv = []
    for k in range(len(m)):
        vect1 = smul(h, vit[k])
        vect2 = smul(coef/m[k], forceN(k,m,pos))
        posSuiv.append(vsom(vect2, vsom(pos[k], vect1)))
    return posSuiv
```

Commentaire

Il faut penser à écrire le Principe Fondamental de la Dynamique au corps P_j, que l'on isole. Ce corps est soumis à l'action de tous les autres corps.

III.B.3)

```
def etat_suiv(m, pos, vit, h):
    posSuiv = pos_suiv(m, pos, vit, h)
    vitSuiv = []
    for k in range(len(m)):
        vect1 = vsom(forceN(k,m,pos), forceN(k,m,posSuiv))
        vect2 = smul(h/(2*m[k]), vect1)
        vitSuiv.append(vsom(vit[k], vect2))
    return posSuiv, vitSuiv
```

Commentaire

On peut remarquer que les fonctions `etat_suiv` et `pos_suiv` calculent chacune la force appliquée à chaque corps. Les forces sont donc recalculées plusieurs fois. En suivant la découpe de la simulation en `pos_suiv` et `etat_suiv`, ces recalculs apparaissent nécessaires.

III.B.4) *a)* La figure permet de proposer une loi affine entre $\ln(\tau_N)$ et $\ln(N)$. Donc $\ln(\tau_N) = a\ln(N) + b$. En excluant le point aberrant, on trouve comme coefficient directeur de la droite la valeur 2, $a = 2$.

III.B.4) *b)* En prenant l'exponentielle de la relation précédente, on trouve : $\tau_N = e^b \cdot N^a$. Avec la valeur de a obtenue : $\tau_N = O(N^2)$, complexité quadratique.

III.B.5) *a)* La fonction `etat_suiv` fait appel à la fonction `pos_suiv` une fois, puis à chaque itération elle fait appel deux fois à la fonction `forceN`, et une fois aux fonctions `smul` et `vsom`. Il y a N itérations.

La fonction `forceN` réalise un multiple de N opérations. En effet, `vsom` ne contient que des opérations élémentaires. Donc la complexité de `forceN` est en $\Theta(N)$.

La fonction `pos_suiv` fait appel N fois à `forceN`. Donc la complexité de `pos_suiv` est en $\Theta(N^2)$.

La complexité de `etat_suiv` est donc en $\Theta(N^2) + 2N \times \Theta(N) + 2N \times \Theta(1) = \Theta(N^2)$, complexité quadratique.

> **Commentaire**
>
> Il est intéressant de montrer que la complexité de `etat_suiv` est la somme de la complexité de `pos_suiv` avec N fois celle de `forceN`.

III.B.5) *b)* Les complexités théorique et expérimentale sont identiques, la complexité est quadratique, c'est-à-dire en $\Theta(N^2)$.

IV. Exploitation d'une base de données

IV.A

```
SELECT masse FROM corps
```

IV.B.1)

```
SELECT COUNT(DISTINCT id_corps)
FROM ETAT
WHERE datem < tmin()
```

> **Commentaire**
>
> L'utilisation de **`DISTINCT`** permet de ne pas compter plusieurs fois le même numéro de corps, donc le même corps.

IV.B.2)

```
SELECT id_corps, MAX(datem)
FROM ETAT
WHERE datem < tmin()
GROUP BY id_corps
```

IV.B.3)

```
SELECT masse, x, y, z, vx, vy, vz
FROM CORPS
     JOIN date_mesure
       ON date_mesure.id_corps=CORPS.id_corps
```

```
        JOIN ETAT
          ON ETAT.id_corps=CORPS.id_corps AND datem=date_der
  WHERE masse >= masse_min() AND ABS(x) <= arete()/2
        AND ABS(y) <= arete()/2 AND ABS(z) <= arete()/2
  ORDER BY x*x+y*y+z*z
```

Commentaire

On notera qu'on demande ici de classer les résultats alors que cette opération n'apparaît pas au programme. La syntaxe n'étant pas rappelée dans l'épreuve, elle est donc supposé connue. On a trié par carré de la distance à l'origine croissante, le passage à la racine n'aurait pas changer l'ordre. On a utilisé la fonction `ABS` pour éviter de surcharger encore davantage la requête, mais on peut évidemment écrire les encadrements à l'aide de `x>=-arete()/2 AND x<=arete()/2`.

IV.C

```python
def simulation_verlet(deltat, n):
    # Conversion en mètre
    pos = [smul(1.5e11,p) for p in p0]
    vit = [smul(1e3,v) for v in v0]

    positions = [pos]
    for i in range(n):
        pos, vit = etat_suiv(masse, pos, vit, deltat)
        # Conversion en ua et ajout à positions
        positions.append([smul(1/1.5e11,p) for p in pos])
    return positions
```

Commentaire

Les variables `t0`, `p0`, `v0` et `masse` sont considérées comme globales.

Mines-Ponts – Informatique 2015

MP, PC, PSI - Durée : 1 heure 30 minutes

SUJET

ECOLE DES PONTS PARISTECH.
SUPAERO (ISAE), ENSTA PARISTECH,
TELECOM PARISTECH, MINES PARISTECH
MINES DE SAINT-ÉTIENNE, MINES NANCY,
TÉLÉCOM BRETAGNE, ENSAE PARISTECH (Filière MP).
ÉCOLE POLYTECHNIQUE (Filière TSI).

CONCOURS 2015

ÉPREUVE D'INFORMATIQUE

(Durée de l'épreuve : 1h30 heures)
L'usage de l'ordinateur ou de la calculatrice est interdit.

Sujet mis à la disposition des concours :
Cycle international, Écoles des Mines, TELECOM INT, TPE-EIVP.

L'énoncé de cette épreuve comporte 9 pages de texte.

Si, au cours de l'épreuve, un candidat repère ce qui lui semble être une erreur d'énoncé, il le signale sur sa copie et poursuit sa composition en expliquant les raisons des initiatives qu'il est amené à prendre.

Tests de validation d'une imprimante

Le sujet comporte des questions de programmation. *Le langage à utiliser est* `Python` *dans les parties I à IV. Dans la partie V, on demande d'utiliser* `Scilab`.

Introduction

Les imprimantes sont des systèmes mécatroniques fabriqués en grande série dans des usines robotisées. Pour améliorer la qualité des produits vendus, il a été mis en place différents tests de fin de chaîne pour valider l'assemblage des produits. Pour un de ces tests, un opérateur connecte l'outil de test sur la commande du moteur de déplacement de la tête d'impression et sur la commande du moteur d'avance papier. Une autre connexion permet de récupérer les signaux issus des capteurs de position.

Différentes commandes et mesures sont alors exécutées. Ces mesures sont envoyées par liaison de données sous la forme d'une suite de caractères ASCII vers un ordinateur.

Cet ordinateur va effectuer différentes mesures pour valider le fonctionnement de l'électromécanique de l'imprimante. L'ensemble des mesures et des analyses est sauvegardé dans un fichier texte. Cette sauvegarde s'effectue dans une base de données et, afin de minimiser l'espace occupé, les fichiers sont compressées. La base de données permet à l'entreprise d'améliorer la qualité de la production par diverses études statistiques.

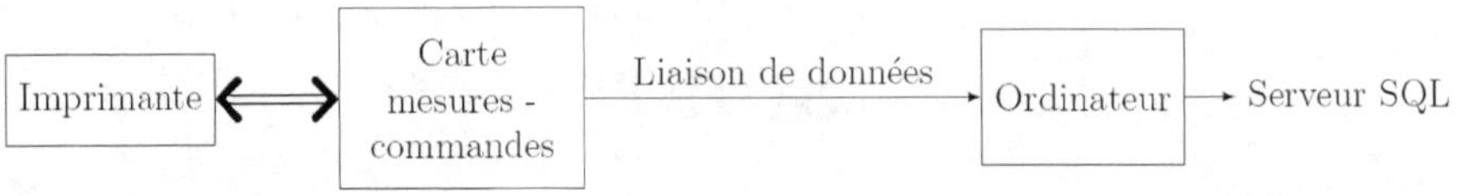

Rappels et définitions :

- Une liste commence par un crochet `[` et se termine par un crochet `]`. Les éléments d'une liste sont ordonnés (indexés).
- On pourra utiliser la surcharge de l'opérateur + : `['a']+['b']=['a','b']` .
- Un dictionnaire définit une relation une à une entre des clés et des valeurs. Celui-ci se note entre accolades `{}`.
- Un tuple est une collection d'éléments ordonnés comme dans une liste mais une fois le tuple créé, ses éléments ne peuvent pas être modifiés indépendamment les uns des autres. Il se note entre parenthèses `()`. Exemple : (4,'e',[1,3])

I. Réception des données issues de la carte d'acquisition

Les mesures sont faites à l'aide de convertisseurs analogique/numérique (CAN). Le résultat de conversion est codé sur 10 bits signés en complément à 2.

Q 1. Quelle plage de valeurs entières pourra prendre le résultat de la conversion ?

Q 2. Si on considère que les valeurs analogiques converties s'étendent en pleine échelle de -5V à 5V, quelle est la résolution de la mesure en volt ?

Une liaison série asynchrone permet la communication entre la carte de commande/acquisition et le PC. Les échantillons correspondant à une mesure sont envoyés par la carte électronique sous la forme d'une trame (suite de caractères ASCII). Cette suite de caractères se présente sous la forme suivante :

- un entête qui permet d'identifier la mesure sur un caractère ('U' tension moteur, 'I 'courant moteur, 'P' position absolue),
- le nombre de données envoyées (3 caractères),
- les données constituées des mesures brutes issues de la conversion analogique-numérique, chaque mesure étant codée à l'aide du caractère '+' ou '−' suivi de 3 caractères pour la valeur absolue,

– un checksum, somme des valeurs absolues des données précédentes modulo 10000 sur 4 caractères. Le nombre de données transmises n'est pas inclus dans le checksum.

Exemple : Mesure de la tension sur 5 échantillons.
Caractères reçus :

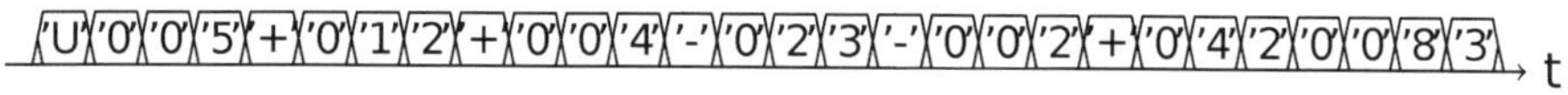

La commande `carac_recus=com.read(nbre_car)` permet de récupérer *nbre_car* caractères reçus sous la forme d'une chaîne de caractères. En supposant que les caractères reçus correspondent à l'exemple précédent, après l'exécution de `carac_recus=com.read(5)`, la variable `carac_recus` contiendra la chaîne "U005+".
Après une nouvelle exécution de `carac_recus=com.read(3)`, la variable `carac_recus` contiendra la chaîne "012".

Q 3. Écrire une fonction `lect_mesures()` en langage `Python` qui retourne une liste contenant : le type de la mesure ('U','I' ou 'P'), une liste contenant l'ensemble des valeurs des mesures reçues et le checksum. Exemple : ['U',[12,4,-23,-2,42],83]. Cette fonction doit attendre que le caractère d'entête reçu soit correct ('U','I' ou 'P') avant de réaliser le stockage des informations dans la liste qui sera retournée.

Q 4. On suppose que toutes les mesures sont disponibles dans la liste `mesures[]`, et le checksum reçu dans la variable `CheckSum`. Écrire une fonction `check(mesure,CheckSum)` en langage `Python` qui retourne True si la transmission présente un checksum valide et False sinon.

Q 5. Les mesures étant dans la liste `mesures`, écrire une fonction `affichage(mesure)` en langage `Python` qui produit un affichage graphique comme représenté en Figure 1, sachant que la résolution de la conversion analogique-numérique du courant est de 4 mA et que les mesures ont été effectuées toutes les 2 ms. On ne demande pas de légender les axes ni de donner un titre à la figure. On suppose que les bibliothèques nécessaires ont été importées.

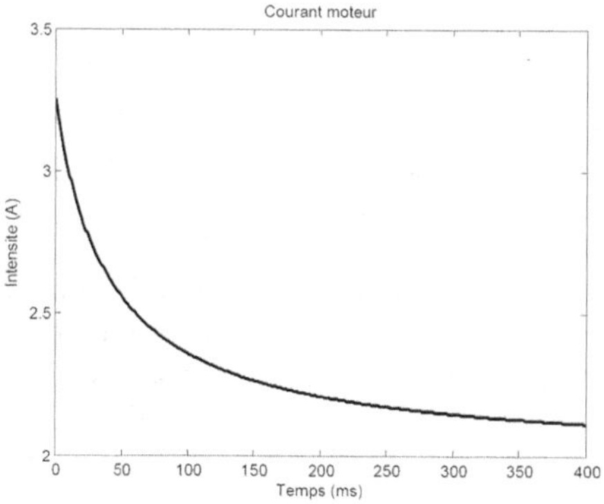

FIGURE 1 – Affichage de la mesure.

II. Analyse des mesures

La suite des valeurs de mesure du courant en Ampère du moteur de la tête d'impression est contenue dans une liste. Les mesures ont été effectuées toutes les 2 ms. Ces mesures sont disponibles dans la liste `mesure`. Deux traitements permettent de valider le fonctionnement de l'imprimante :

– Le calcul de la valeur moyenne I_{moy} du signal $I(t)$ sur la durée de l'acquisition.

$$I_{moy} = \frac{1}{t_{final}} \int_0^{t_{final}} I(t)\,\mathrm{d}t$$

– Le calcul de l'écart type I_{ec} du signal $I(t)$ sur la durée de l'acquisition.

$$I_{ec} = \sqrt{\frac{1}{t_{final}} \int_0^{t_{final}} \left(I(t) - I_{moy}\right)^2 \,\mathrm{d}t}$$

Q 6. Écrire une fonction en langage `Python` qui retourne I_{moy} après l'avoir calculée par la méthode des trapèzes.

Q 7. Écrire une fonction en langage `Python` qui retourne I_{ec} après l'avoir calculé en utilisant la fonction précédente.

III. Base de données

Une représentation simplifiée de deux tables de la base de données qu'on souhaite utiliser est donnée ci-dessous :

testfin

nSerie	dateTest	...	Imoy	Iec	...	fichierMes
230-588ZX2547	2012-04-22 14-25-45		0.45	0.11		mesure31025.csv
230-588ZX2548	2012-04-22 14-26-57		0.43	0.12		mesure41026.csv
⋮	⋮	⋮	⋮	⋮	⋮	⋮

production

Num	nSerie	dateProd	type
20	230-588ZX2547	2012-04-22 15-52-12	JETDESK-1050
21	230-588ZX2549	2012-04-22 15-53-24	JETDESK-3050
⋮	⋮	⋮	⋮

Après son assemblage et avant les différents tests de validation, un numéro de série unique est attribué à chaque imprimante. A la fin des tests de chaque imprimante, les résultats d'analyse ainsi que le fichier contenant l'ensemble des mesures réalisées sur l'imprimante sont rangés dans la table `testfin`. Lorsqu'une imprimante satisfait les critères de validation, elle est enregistrée dans la table `production` avec son numero de série, la date et l'heure de sortie de production ainsi que son type.

Q 8. Rédiger une requête SQL permettant d'obtenir les numéros de série des imprimantes ayant une valeur de Imoy comprise strictement entre deux bornes Imin et Imax.

Q 9. Rédiger une requête SQL permettant d'obtenir les numéros de série, la valeur de l'écart type et le fichier de mesures des imprimantes ayant une valeur de Iec strictement inférieure à la valeur moyenne de la colonne Iec.

Q 10. Rédiger une requête SQL qui permettra d'extraire à partir de la table `testfin` le numéro de série et le fichier de mesures correspondant aux imprimantes qui n'ont pas été validées en sortie de production.

IV. Préparation du fichier texte avant envoi : la compression

Le fichier de résultat va être stocké sous la forme d'un fichier binaire. Une des étapes de l'algorithme de compression utilise le codage de Huffman.

IV.1 Présentation :

Le codage de Huffman utilise un code à longueur variable pour représenter un symbole de la source (par exemple un caractère dans un fichier). Le code est déterminé à partir d'une estimation des probabilités d'apparition des symboles de source, un code court étant associé aux symboles de source les plus fréquents. La première étape du codage de Huffman consiste à créer un dictionnaire contenant la liste des caractères présents dans le texte, associé à leur fréquence dans ce texte. Exemple : "AABCDCCEF" donnera `{'A':2,'B':1,'C':3,'D':1,'E':1,'F':1}`. La deuxième étape consiste à construire un arbre de Huffman qui permet ensuite de coder chaque caractère.

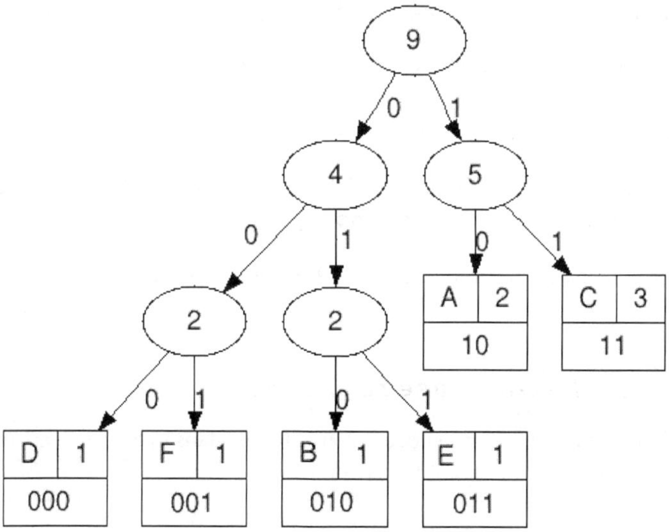

FIGURE 2 – Arbre de Huffman.

Notre texte "AABCDCCEF" de 9 caractères ASCII (72 bits) sera ainsi codé en binaire "10 10 010 11 000 11 11 011 001" (22 bits).

Chaque caractère constitue une des feuilles de l'arbre à laquelle on associe un poids valant son nombre d'occurrences. Puis l'arbre est créé suivant un principe simple : on associe à chaque fois les deux noeuds de plus faibles poids pour créer un noeud dont le poids équivaut à la somme des poids de ses fils jusqu'à n'en avoir plus qu'un, la racine. On associe ensuite par exemple le code 0 à la branche de gauche et le code 1 à la branche de droite.

Pour obtenir le code binaire de chaque caractère, on descend sur la Figure 2 de la racine jusqu'aux feuilles en ajoutant à chaque fois au code un 0 ou un 1 selon la branche suivie.

Pour pouvoir être décodé par l'ordinateur, l'arbre doit aussi être transmis.

Le code `Python` permettant de construire un arbre de Huffman et de coder chaque caractère est fourni en *annexe*.

Les feuilles de l'arbre de Huffman (leaf) sont codées sous la forme de tuple avec comme premier élément le caractère et comme deuxième élément le poids. Pour l'arbre donné en exemple en Figure 2, on aura 6 tuples : `('A',2), ('B',1), ('C',3), ('D',1), ('E',1)` et `('F',1)`.

Q 11. La documentation de l'instruction `isinstance(object,classinfo)` décrit le fonctionnement suivant : "Return True if the object is an instance of the classinfo argument. If object is not a class instance of the given type, the function returns False."Décrire succinctement le rôle des fonctions suivantes et indiquer le type de la variable retournée :

- `test()`
- `get1()`
- `get2()`

IV.2 Analyse des fonctions `make_huffman_tree()` et `freq_table()`

Q 12. Donner le contenu des variables `node1` et `node2` suite à l'exécution des commandes `node1=make_huffman_tree(('F',1),('E',1))`.
`node2=make_huffman_tree(('D',1),('B',1))`.

Q 13. De même, donner le contenu de la variable `node3` suite à l'éxécution de la commande `node3=make_huffman_tree(node1,node2)`.

Q 14. Donner le contenu de la variable `f` suite à l'éxécution de la commande `f=freq_table ('AABBCB')`.

IV.3 Analyse de la fonction `insert_item()`

Cette fonction permet d'insérer un noeud ou une feuille dans une liste de noeuds et de feuilles triés par poids croissant, en conservant l'ordre de tri.

Q 15. Quelle est la particularité de cette fonction ?

Q 16. Montrer qu'un invariant d'itération est "tous les éléments de la sous liste `lst[0 à pos -1]` ont un poids inférieur à celui de la variable item". On démontrera qu'il est vrai à l'initialisation, puis à chaque itération, sachant que cette fonction doit être appelée avec l'argument d'entrée `pos=0` produisant ainsi une liste vide.

IV.4 Analyse de `build_huffman_tree()`

Q 17. D'après la description précédente et le résultat de la question Q13, commenter la fonction de manière à expliquer comment l'arbre de Huffman est construit. On demande de proposer des rédactions pour les commentaires correspondant aux lignes ## 5, ## 6, ## 7, ## 8 dans la fonction `build_huffman_tree()`.

Q 18. Donner le nombre de tests dans le meilleur des cas et dans le pire des cas effectués dans la fonction `insert_item()` pour une liste `lst` contenant `n` éléments. Les résultats devront être justifiés.

Q 19. Donner la complexité en temps dans le meilleur des cas et dans le pire des cas de la fonction `build_huffman_tree` pour une liste `lst` contenant `n` éléments en tenant compte de la fonction `insert_item`. On négligera le coût en complexité de la fonction `lst.sort`. Les résultats devront être justifiés.

Q 20. Donner le contenu de la variable `htree` après l'éxécution de la commande `htree= build_huffman_tree("ZBBCB")`.

Q 21. Dessiner l'arbre de Huffman correspondant à `htree` de la question précédente en vous inspirant de la Figure 2.

V. Simulation physique

Une possible source de pannes dans chaque imprimante est la défectuosité d'un moteur particulier. On suppose disposer d'enregistrements du signal d'entrée e et du signal de sortie s de cet élément. Ces variables sont supposées satisfaire une équation différentielle linéaire du premier ordre

$$\frac{d}{dt}s = -k\frac{s-e}{10}$$

où k est un paramètre réel strictement positif. On va chercher à vérifier le bon fonctionnement du moteur en analysant des simulations.

Q 22. Écrire en langage Scilab une fonction qui calcule de manière approchée la solution de l'équation différentielle précédente pour le signal $e(t) = \sin(t)$, avec $s(0) = 0$, sur l'intervalle $t \in [0, 10]$ pour une valeur quelconque de k. La fonction doit retourner une estimation de $s(t)$ aux instants $[0, 0.1, 0.2, ..., 10]$.

Q 23. Trois valeurs sont possibles pour le paramètre k : 0.5, 1.1 et 2. On décide de déclarer le moteur défectueux si aucune de ces valeurs ne permet d'expliquer l'enregistrement s réalisé expérimentalement aux instants $[0, 0.1, 0.2, ..., 10]$. Définir un code Scilab utilisant la fonction précédemment définie pour réaliser une validation ou une invalidation de la défectuosité du moteur suivant un critère à proposer.

Annexe

Huffman Tree

```
################################################################
### Auto Generation of Huffman Trees
################################################################
```

```
def make_leaf(symbol, weight):
    return (symbol, weight)

def test(x):
    return isinstance(x, tuple) and \
    len(x) == 2 and \
    isinstance(x[0], str) and \
    isinstance(x[1], int)


def get1(x):
    return x[0]

def get2(x):
    return x[1]

def get3(huff_tree):
    return huff_tree[0]

def get4(huff_tree):
    return huff_tree[1]

def get5(huff_tree):
    if test(huff_tree):
        return [get1(huff_tree)] # Attention le symbole est dans une liste
    else :
        return huff_tree[2]

def get6(huff_tree):
    if test(huff_tree):
        return get2q(huff_tree)
    else :
        return huff_tree[3]

def make_huffman_tree(left_branch, right_branch):
    return [left_branch, right_branch, get5(left_branch) + get5(right_branch), get6(left_branch) + get6(right_branch)]

### entr\'{e}e : string txt et retourne un dictionnaire contenant
### chaque caractere avec son occurrence dans le string txt
def freq_table(txt):
    ftble = {}
    for c in txt:
        if c not in ftble :
            ftble[c] = 1
        else :
            ftble[c] += 1
    return ftble

### Fonction de comparaison qui permet de comparer
### les noeuds de Huffman entre eux selon leur occurrence .
```

```
def freq_cmp(node1, node2):
    freq1, freq2 = get6(node1), get6(node2)
    if freq1 < freq2 :
        return -1
    elif freq1 > freq2 :
        return 1
    else :
        return 0

### ins\'{e}re un item \'{a} sa place appropri\'{e}e dans une liste de noeuds et feuilles
def insert_item(item, lst, pos):
    if pos == len(lst):
        lst.append(item)
    elif freq_cmp(item, lst[pos]) <= 0:
        lst.insert(pos, item)
    else:
        insert_item(item, lst, pos+1)
    return

### Construction de l' arbre de Huffman
def build_huffman_tree(txt):
    ### 1. construire une table des occurrences \'{a} partir de txt
    ftble = freq_table(txt)
    ### 2. obtenir la liste des feuilles de Huffman
    lst = list(ftble.items())
    ### 3. classer leaf_lst par occurrence de la plus petite \'{a} la plus
    ### grande
    lst.sort(key=lambda lst: lst[1])
    ### 4. construction de l'arbre de huffman
    if len(lst) == 0:
        return None
    elif len(lst) == 1:
        return lst [0]
    else :
        ## 5. ________________________________________
          while len(lst) > 2:
            ## 6. ____________________________________
            new_node = make_huffman_tree(lst[0], lst[1])
            ## 7. ____________________________________
            del lst[0]
            del lst[0]
            ## 8. ____________________________________
            insert_item(new_node, lst, 0)
        else :
            return make_huffman_tree(lst[0], lst[1])
```

Manual and Auto Generation of Huffman Trees in Python, Vladimir Kulyukin http ://vkedco-.blogspot.fr/2012/02/manual-and-auto-generation-of-huffman.html Huffman tree generator http-://huffman.ooz.ie/

Corrigé commenté

I. Réception des données issues de la carte d'acquisition

1. La plage de valeurs possibles est : $[\![-2^9; 2^9 - 1]\!] = [\![-512; 511]\!]$.

Commentaire

Quel que soit le codage utilisé sur b bits, on ne peut coder qu'au maximum 2^b valeurs différentes. Le codage des entiers signés en complément à 2 est le codage standard des entiers signés, pour autant la connaissance de ce codage n'est pas un attendu du programme.

2. En supposant que les valeurs soient codées par une échelle à pas constant avec une correspondance entre la valeur 0 des entiers signés et la mesure 0 V, on aura une résolution de $\frac{5V}{511} \approx 0{,}01V$.

3.

```
def lect_mesures():
    typeMesure = ""
    while typeMesure != 'U' and typeMesure != 'T' and typeMesure != 'P':
        typeMesure = com.read(1)
    nombreDonnees = int(com.read(3))
    donnees = []
    for i in range(nombreDonnees):
        donnees.append(int(com.read(4)))
    return [typeMesure, donnees, int(com.read(4))]
```

Commentaire

On peut préciser que la fonction `int` permet de renvoyer la troncature d'un nombre, et donc de conserver son signe.

4.

```
def check(mesures, CheckSum):
    somme = 0
    for valeur in mesures:
        somme += valeur
    return somme % 10000 == CheckSum
```

Commentaire

Bien que la fonction **sum** soit une fonction de base de Python, étant donné que c'est l'essence de la fonction `check` demandée, il est sans doute attendu de la réécrire.
Il aurait été possible d'écrire la valeur de retour à l'aide d'une instruction conditionnelle :

```
if somme % 10000 == CheckSum:
    return True
else:
    return False
```

Ce type de construction est avantageusement remplacé par la seule ligne `return somme % 10000 == CheckSum`, témoin d'une meilleure maîtrise des booléens. Cette seule ligne renvoie bien un booléen : le résultat de la comparaison, soit vrai si la somme modulo 10 000 est égale à la somme de contrôle, soit faux en cas d'inégalité.

5.

```
def affichage(mesure):
    t = [2 * i for i in range(len(mesure))]
    c = [4e-3 * i for i in mesure]
    plot(t, c)
    show()
```

Commentaire

Le programme d'informatique mentionne explicitement qu'aucune connaissance sur les bibliothèques n'est exigible, pourtant on s'attend apparemment ici à ce que les candidats connaissent les fonctions du sous-module `pyplot` du module `matplotlib`.
Dans ce cas, la fonction pourrait s'écrire :

```
from matplotlib.pyplot import plot, xlabel, ylabel, title, show

def affichage(mesure):
    t = [2 * i for i in range(len(mesure))]
    c = [4/1000*i for i in mesure]
    plot(t, c)
    xlabel('Temps (ms)')
    ylabel('Intensite (A)')
    title('Courant moteur')
    show()
```

II. Analyse des mesures

6.

$$\begin{aligned} I_{moy} &\approx \frac{1}{(n-1)\times pas}\sum_{i=0}^{n-2}\frac{\text{mesures}[i]+\text{mesures}[i+1]}{2}\times pas \\ &= \frac{1}{n-1}\left(\frac{\text{mesures}[0]+\text{mesures}[n-1]}{2}+\sum_{i=1}^{n-2}\text{mesures}[i]\right) \end{aligned}$$

```
def valeur_moyenne(mesures):
    somme = (mesures[0] + mesures[-1])/2
    for i in range(1, len(mesures)-1):
        somme += mesures[i]
    return somme/(len(mesures)-1)
```

Commentaire

Cette fonction permet de renvoyer une valeur approchée de la moyenne des valeurs de la liste `mesures`.

7.

```
def ecart_type(mesures):
    Imoy = valeur_moyenne(mesures)
    ecartsCarres = [(I - Imoy)**2 for I in mesures]
    return (valeur_moyenne(ecartsCarres))**0.5
```

Commentaire

Ici encore, nous obtenons une valeur approchée de l'écart type des valeurs de la liste `mesures`.

III. Base de données

8. En supposant Imin et Imax définies :

```
SELECT nSerie
FROM testfin
WHERE Imoy > Imin AND Imoy < Imax
```

9.

```
SELECT nSerie, Icc, fichierMes
FROM testfin
WHERE Icc < (SELECT AVG(Icc) FROM testfin)
```

Commentaire

La requête imbriquée **SELECT AVG**(Icc)**FROM** testfin peut aussi servir en lieu et place d'une valeur car son résultat est une table contenant une seule colonne et une seule entrée.

10.

```
SELECT t.nSerie, fichierMes
FROM testfin JOIN
    (SELECT nSerie FROM testfin
    EXCEPT
    SELECT nSerie FROM production) AS t
    ON testfin.nSerie = t.nSerie
```

Commentaire

On commence par déterminer la liste des numéros de série des imprimantes non validées, puis on obtient les informations correspondantes grâce à la jointure.

IV. Préparation du fichier texte avant envoi : la compression

11. La fonction `test` vérifie que son argument est un couple et que sa première valeur est une chaîne et la seconde un entier. Le type de sa valeur de retour est un booléen.

Les fonctions `get1` et `get2` permettent de renvoyer respectivement la première valeur et la seconde valeur d'un argument `x` indiciable (par exemple d'un couple). Le type de la valeur de retour dépend donc du type des valeurs stockées dans l'argument.

12. Après exécution, la variable `node1` contient `[('F', 1), ('E', 1), ['F', 'E'], 2]` et la variable `node2` contient `[('D', 1), ('B', 1), ['D', 'B'], 2]`.

13. Après exécution, la variable `node3` contient :
`[[('F', 1), ('E', 1), ['F', 'E'], 2], [('D', 1), ('B', 1), ['D', 'B'], 2], ['F', 'E', 'D', 'B'], 4]`.

14. Après exécution, la variable `f` contient le dictionnaire `{ 'A': 2, 'B': 3, 'C': 1}`

Commentaire

La structure de dictionnaire utilisée dans cette fonction est hors programme. Elle s'apparente à un tableau dans lequel les indices ne sont pas nécessairement entiers et ne sont pas nécessairement consécutifs.

15. La fonction `insert_item` s'appelle elle-même, c'est une fonction récursive.

Commentaire

L'étude des fonctions récursives fait partie du programme de 2ème année. Lors de l'utilisation d'une telle fonction, l'étudiant vérifiera que le nombre d'appels récursifs est fini.

16. On notera `lst[0:pos]` conformément à la syntaxe de Python ce qui est noté `lst[0 à pos-1]` dans l'énoncé.

Initialement `lst[0:0]` est une liste vide, la propriété est donc vraie.

Supposons la propriété vraie au moment de l'appel à la fonction alors :

- si `pos == len(lst)`, l'itération se termine et à la fin de cet appel la liste `lst'` contient uniquement un élément de plus et qui est supérieur aux autres par hypothèse (d'où la correction de la fonction dans ce cas).
- si `freq_cmp(item, lst[pos])<= 0`, alors le poids du nœud `item` est inférieur au poids du noeuds `lst[pos]`, l'itération se termine et à la fin de cet appel la liste `lst'` contient uniquement un élément de plus et qui a été inséré en position `pos` et qui est supérieur en poids à tous les précédents dans la liste par hypothèse et inférieur au suivant donc à tous les suivants puisque la liste est maintenue triée par ordre croissant (d'où la correction de la fonction dans ce cas).
- sinon l'appel récursif se fait alors sur `item'= item`, `lst'= lst` et `pos'= pos +1`. Par hypothèse, `item` est de poids supérieur aux poids des éléments de `lst[0:pos]` et puisque les deux conditions précédentes ne sont pas vérifiées, le poids de `item` est en particulier supérieur ou égal au poids de `lst[pos]`, donc `item` est de poids supérieur aux poids des éléments de `lst[0:pos']`.

La propriété est ainsi bien conservée à chaque itération et est donc bien un invariant d'itération et permet de prouver la correction de la fonction `insert_item`.

Commentaire

La notion d'invariant est usuellement utilisée pour les boucles, la preuve de correction d'une fonction récursive se fait usuellement par récurrence. Nous avons adapté le raisonnement pour satisfaire à la demande de l'énoncé.

17.

```
... # tant qu'il y en au moins deux noeuds dans lst
... # fabriquer un nouveau noeud avec les deux premiers
    noeuds de lst (donc ceux de poids minimum)
... # supprimer les deux premiers noeuds de lst
... # placer le nouveau noeud dans la liste lst à l'aide de
    insert_item
```

Commentaire

A chaque tour de boucle, la liste `lst` contient une valeur de moins, la boucle finit donc par s'arrêter avec une liste contenant exactement deux nœuds, cas géré dans le **`else`** du **`while`** dans lequel on renvoie donc le nœud fabriqué à l'aide des deux seuls nœuds restants. A noter que l'utilisation d'un **`else`** dans le cadre d'une boucle n'est généralement pas pertinent (au moins dans le cadre du programme) et c'est en l'occurrence le cas ici.

18. Dans le corps de la fonction `insert_item`, il y a à chaque appel récursif au pire deux tests si `pos < len(lst)`, sinon un seul.

Dans le pire cas, qui correspond à une liste ne contenant que des nœuds de poids inférieur, le nombre de comparaisons sur une liste de taille n, et sur un entier pos vérifie donc la relation :

$$C_{\text{pire cas}}(n{,}pos) = C_{\text{pire cas}}(n, pos + 1) + 2 \text{ si } pos < n \text{ sinon } 1$$

D'où, par récurrence finie :

$$C_{\text{pire cas}}(n{,}pos) = 2(n - pos) + 1$$

La fonction étant appelée initialement avec $pos = 0$, le nombre de comparaisons dans le pire cas est alors de $2n + 1$.

Dans le meilleur cas, qui correspond à une liste ne contenant que des nœuds de poids supérieur, le nombre de comparaisons sur une liste de taille n, et sur un entier pos est :

$C_{\text{meilleur cas}}(n, pos) = 2$.

Commentaire

Lorsqu'on estime la complexité d'une fonction, on peut choisir de compter uniquement une opération dont le nombre est du même ordre que le nombre total d'opérations effectuées. Ici c'est bien le cas, même si cela demande d'analyser le programme pour s'assurer que toutes les opérations sont bien de complexité constante.

19. Puisqu'on demande la complexité en fonction de n, la taille de la liste `lst`, on ignore les opérations qui précèdent sa définition, et également le tri d'après l'énoncé.

La fonction `make_huffman_tree` appelée dans le programme utilise des opérations de concaténation sur des listes qu'on considérera ici de complexité unitaire pour simplifier.

Dans tous les cas, à chaque tour de la boucle conditionnelle, on retire deux éléments de la liste et on en replace un, le nombre d'éléments diminue donc de un à chaque tour. Les opérations en dehors de la boucle conditionnelle se font en temps borné.

Dans le meilleur cas, chaque appel à `insert_item` se fait en temps constant d'après la question précédente et dans le pire cas, chaque appel à `insert_item` se fait en temps linéaire en la taille de `lst`.

Ainsi la complexité en temps est :

$$T_{\text{meilleur cas}}(n) = \sum_{i=n..3} \Theta(1) + \Theta(1) = \Theta(n)$$

$$T_{\text{pire cas}}(n) = \sum_{i=n..3} \Theta(i) + \Theta(1) = \Theta(n^2)$$

20. Le dictionnaire des effectifs renvoyé par `freq_table` est : `{'B': 3, 'C': 1, 'Z' : 1 }`. Après exécution, la variable `htree` contient `[[('Z', 1), ('C', 1), ['Z', 'C'], 2], ('B', 3), ['Z', 'C', 'B'], 5]`.

21.

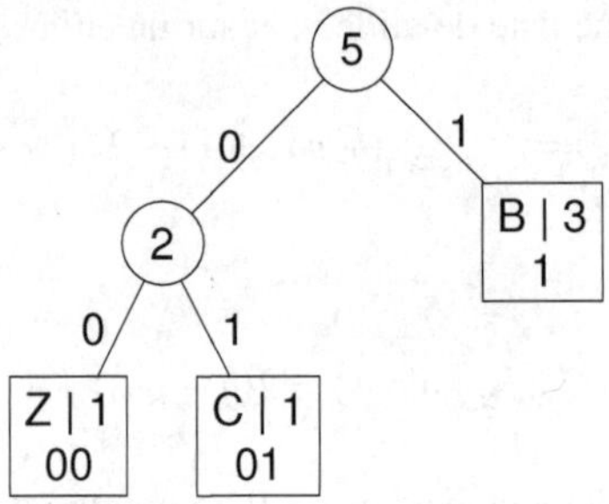

V. Simulation physique

> **Commentaire**
>
> Le sujet impose le langage Scilab dans cette question, mais ceci est en désaccord avec le programme. Nous choisissons de répondre en langage python.

22.

```
def solution(k):
    listeS = [0]
    listeT = [0]
    deltaT = 0.1
    for i in range(100):
        deltaS = -k * (listeS[-1] - sin(listeT[-1])) / 10 *
            deltaT
        listeS.append(listeS[-1] + deltaS)
        listeT.append(listeT[-1] + deltaT)
    return listeS
```

> **Commentaire**
>
> On utilise simplement la méthode d'Euler explicite qui est un algorithme explicitement au programme. Pour suivre les indications de l'énoncé, on l'a ici adapté au problème précis plutôt que d'en écrire une version générique et d'y faire appel avec les données du problème.
> A noter qu'avec la représentation des décimaux par des nombres à virgule flottante, `listeT` ne contient pas exactement les nombres demandés.

23. On choisit ici de calculer la somme des écarts en valeur absolue entre les mesures expérimentales et les valeurs théoriques et de comparer cette erreur cumulée à un certain seuil, fixé par défaut à 10^{-3}

```
def verifie_moteur(sExperimental, seuil = 1e-3):
    for k in [0.5, 1.1, 2]:
        erreurCumulee = 0
        sTheorique = solution(k)
        for i in range(len(sExperimental)):
            erreurCumulee+=abs(sTheorique[i]-sExperimental[i])
        if erreurCumulee < seuil:
            return True # Le moteur est valide
    return False # Le moteur est défectueux
```

Commentaire

D'autres critères sont naturellement possibles pour valider ou invalider un moteur, on aurait pu par exemple vérifier qu'à chaque instant l'écart entre les deux mesures ne dépasse pas un certain seuil.

Polytechnique-ENS – Informatique 2015

MP (hors option informatique), PC - Durée : 2 heures

SUJET

ÉCOLE POLYTECHNIQUE - ÉCOLES NORMALES SUPÉRIEURES
ÉCOLE SUPÉRIEURE DE PHYSIQUE ET DE CHIMIE INDUSTRIELLES

CONCOURS D'ADMISSION 2015 — FILIÈRE MP HORS SPÉCIALITÉ INFO
FILIÈRE PC

COMPOSITION D'INFORMATIQUE - B - (XECLR)

(Durée : 2 heures)

L'utilisation des calculatrices **n'est pas autorisée** pour cette épreuve.
Le langage de programmation choisi par le candidat doit être spécifié en tête de copie.

⋆ ⋆ ⋆

Enveloppes convexes dans le plan

Ce sujet a pour objectif de calculer des enveloppes convexes de nuages de points dans le plan affine, un grand classique en géométrie algorithmique. On rappelle qu'un ensemble $C \subseteq \mathbb{R}^2$ est convexe si et seulement si pour toute paire de points $p,q \in C$, le segment de droite $[p,q]$ est inclus dans C. L'enveloppe convexe d'un ensemble $\mathcal{P} \subseteq \mathcal{R}^2$, notée $\mathrm{Conv}(P)$, est le plus petit convexe contenant P. Dans le cas où P est un ensemble fini (appelé nuage de points), le bord de $\mathrm{Conv}(P)$ est un polygône convexe dont les sommets appartiennent à P, comme illustré dans la figure 1.

Le calcul de l'enveloppe convexe d'un nuage de points est un problème fondamental en informatique, qui trouve des applications dans de nombreux domaines comme :

- la robotique, par exemple pour l'accélération de la détection de collisions dans le cadre de la planification de trajectoire,

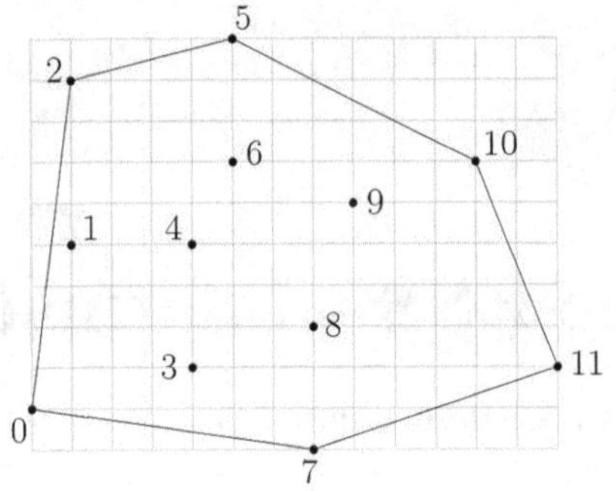

FIGURE 1 – Un nuage de points, numérotés de 0 à 11, et le bord de son enveloppe convexe.

- le traitement d'images et la vision, par exemple pour la détection d'objets convexes (comme des plaques minéralogiques de voiture) dans des scènes 2d,
- l'informatique graphique, par exemple pour l'accélération du rendu de scènes 3d par lancer de rayons,
- la théorie des jeux, par exemple pour déterminer l'existence d'équilibres de Nash,
- la vérification formelle, par exemple pour déterminer si une variable risque de dépasser sa capacité de stockage ou d'atteindre un ensemble de valeurs interdites lors de l'exécution d'une boucle dans un programme,

et bien d'autres encore.

Dans ce sujet nous allons écrire deux algorithmes de calcul du bord de l'enveloppe convexe d'un nuage de points P dans le plan affine. Le premier, dit *algorithme du paquet cadeau*, consiste à envelopper le nuage de points P progressivement en faisant pivoter une droite tout autour. Le deuxième, dit *de balayage*, consiste à balayer le plan horizontalement avec une droite verticale, tout en maintenant au fur et à mesure l'enveloppe convexe de la partie du nuage située à gauche de cette droite verticale. Les deux algorithmes sont illustrés respectivement dans les figures 3 et 4.

Le temps d'exécution du premier algorithme est majoré par une constante fois nm, celui du deuième par une constante fois $n \log n$, où n désigne le nombre total de points de P et m le nombre de de points de P appartenant au bord de $\mathrm{Conv}(P)$. Rappelons que le temps d'exécution d'un programme A (fonction ou procédure) est le nombre d'opérations élémentaires (comparaisons, additions, soustractions, multiplications, divisions, affectations, etc.) nécessaires à l'exécution de A. Sauf mention contraire dans l'énoncé du sujet, le candidat n'aura pas à justifier des temps de calcul de ses programmes. Toutefois, il devra veiller à ce que ces derniers ne dépassent par les bornes prescrites.

Dans toute la suite on supposera que le nuage de points P est de taille $n \geq 3$ et en position générale, c'est-à-dire qu'il ne contient pas 3 points distincts alignés.

Ces hypothèses vont permettre de simplifier les calculs en ignorant les cas pathologiques, comme par exemple la présence de 3 points alignés sur le bord de l'enveloppe convexe. Nos programmes prendront en entrée un nuage de points P dont les coordonnées sont stockées dans un tableau *tab* à 2 dimensions, comme dans l'exemple ci-dessous qui contient les coordonnées du nuage de points de la figure 1 :

i \ j	0	1	2	3	4	5	6	7	8	9	10	11
0	0	1	1	4	4	5	5	7	7	8	11	13
1	0	4	8	1	4	9	6	-1	2	5	6	1

Précisons que les coordonnées, supposées entières, sont données dans une base orthonormée du plan, orientée dans le sens direct. La première ligne du tableau contient les abscisses, tandis que la deuxième contient les ordonnées. Ainsi, la colonne d'indice j contient les deux coordonnées du point d'indice j. Ce dernier sera nommé p_j dans la suite.

Partie I. Préliminaires

Question 1. Écrire une fonction `plusBas(tab, n)` qui prend en paramètre le tableau *tab* de taille $2 \times n$ et qui renvoie l'indice j du point le plus bas (c'est-à-dire de plus petite ordonnée) parmi les points du nuage P. En cas d'égalité, votre fonction devra renvoyer l'indice du point de plus petite abscisse parmi les points les plus bas.

Sur le tableau exemple précédent, le résultat de la fonction doit être l'indice 7.

Dans la suite nous aurons besoin d'effectuer un seul type de test géométrique : celui de l'orientation.

Définition 1. *Étant donné trois points p_i, p_j, p_k du nuage P, distincts ou non, le test d'orientation renvoie $+1$ si la séquence (p_i,p_j,p_k) est orientée positivement, -1 si elles est orientée négativement, et 0 si les trois points sont alignés (c'est-à-dire si deux au moins sont égaux, d'après l'hypothèse de position générale).*

Pour déterminer l'orientation de (p_i,p_j,p_k), il suffit de calculer l'aire signée du triangle, comme illustrée dans la figure 2. Cette aire est la moitié du déterminant de la matrice 2×2 formée par les coordonnées des vecteurs $\overrightarrow{p_ip_j}$ et $\overrightarrow{p_ip_k}$.

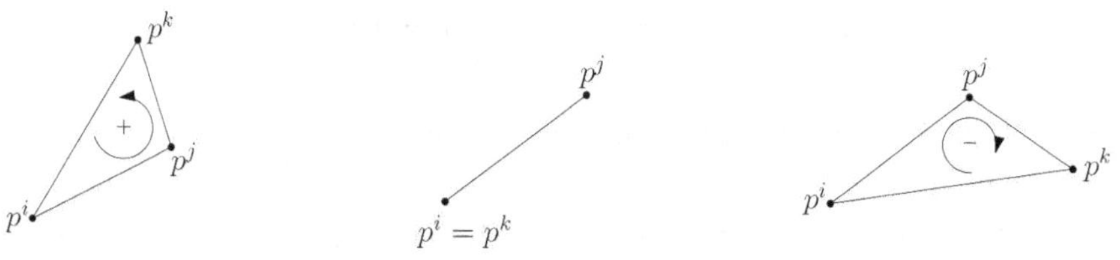

FIGURE 2 – Test d'orientation sur la séquence (p_i,p_j,p_k) : position à gauche, nul au centre, négatif à droite

Question 2. Sur le tableau exemple précédent, donner le résultat du test d'orientation pour les choix d'indices suivants :

– $i = 0, j = 3, k = 3$,

– $i = 8, j = 9, k = 10$.

Question 3. Ecrire une fonction `orient(tab, i, j, k)` qui prend en paramètres le tableau *tab* et trois indices de colonnes, potentiellement égaux, et qui renvoie le résultat (-1, 0 ou $+1$) du test d'orientation sur la séquence (p_i, p_j, p_k) de points de P.

Partie II. Algorithme du paquet cadeau

Cet algorithme a été proposé par R. Jarvis en 1973. Il consiste à envelopper peu à peu le nuage de points P dans une sorte de paquet cadeau, qui à la fin du processus est exactement le bord de Conv(P). On commence par insérer le point de plus petite ordonnée (celui d'indice 8 dans l'exemple de la figure 1) dans le paquet cadeau, puis à chaque étape de la procédure on sélectionne le prochain point du nuage P à insérer.

La procédure de sélection fonctionne comme suit. Soit p_i le dernier point inséré dans le paquet cadeau à cet instant. Par exemple, $i = 10$ dans l'exemple de la figure 3. Considérons la relation binaire $\preceq$ définie sur l'ensemble $P \setminus \{p_i\}$ par :

$$p_j \preceq p_k \iff \texttt{orient}(tab,\ i,\ j,\ k) \leq 0.$$

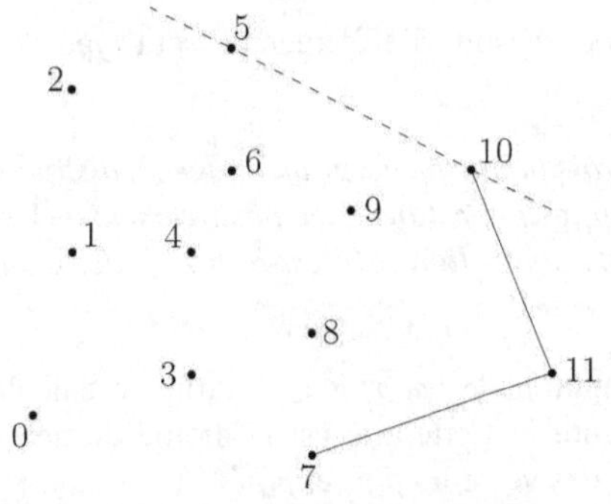

FIGURE 3 – Mise à jour du paquet cadeau après insertion du point p_{10}.

Question 4. Justifier brièvement le fait que $\preceq$ est une relation d'ordre total sur l'ensemble $P \setminus \{p_i\}$, c'est-à-dire :

- (réflexivité) pour tous $j \neq i, p_j \preceq p_j$,
- (antisymétrie) pour tous $j,k \neq i, p_j \preceq p_k$ et $p_k \preceq p_j$ implique $j = k$,
- (transitivité) pour tous $j,k,l \neq i, p_j \preceq p_k$ et $p_k \preceq p_l$ implique $p_j \preceq p_l$,
- (totalité) pour tous $j,k \neq i, p_j \preceq p_k$ ou $p_k \preceq p_j$.

Ainsi, le prochain point à insérer (le point d'indice 5 dans la figure 3) est l'élément maximum pour la relation d'ordre total $\preceq$. Il peut se calculer en temps linéaire (c'est-à-dire majoré par une constante fois n) par une simple itération sur les points de $P \setminus \{p_i\}$.

Question 5. Décrire une réalisation en Python de la procédure. Elle prendra la forme d'une fonction `prochainPoint(tab, n, i)`, qui prend en paramètre le tableau *tab* de taille $2\times n$ ainsi que l'indice i du point inséré en dernier dans le paquet cadeau, et qui renvoie l'indice du prochain point à insérer. Le temps d'exécution de votre fonction doit être majoré par une constante fois n, pour tous n et i. La constante doit être indépendante de n et i, et on ne demande pas de la préciser.

Question 6. Décrire à la main le déroulement de la procédure `prochainPoint` sur l'exemple de la figure 3. Plus précisément, indiquer la séquence des points de $P \setminus \{p_{10}\}$ considérés et la valeur de l'indice du maximum à chaque itération.

On peut maintenant combiner la fonction `prochainPoint` avec la fonction `plusBas` de la question 1 pour calculer le bord de l'enveloppe convexe de P. On commence par insérer le point p_i d'ordonnée la plus basse, puis on itère le processus de mise à jour du paquet cadeau jusqu'à ce que le prochain point à insérer soit de nouveau p_i. À ce moment-là on renvoie le paquet cadeau comme résultat sans insérer p_i une seconde fois.

Un détail technique : comme la taille du paquet cadeau augmente peu à peu lors du processus, et qu'à la fin elle peut être petite par rapport au nombre n de points de P, nous stockerons les indices des points du paquet cadeau dans une liste. Par exemple, sur le nuage de la figure 1, le résultat sera la liste $[7, 11, 10, 5, 2, 0]$.

Question 7. Ecrire une fonction `convJarvis(tab, n)` qui prend en paramètre le tableau *tab* de taille $2\times n$ représentant le nuage P, et qui renvoie une liste contenant les indices des sommets du bord de l'enveloppe convexe de P, sans doublon. Le temps d'exécution de votre fonction doit être majoré par une constante fois mn, où m est le nombre de points de P situés sur le bord de $\mathrm{Conv}(P)$.

Question 8. Justifier brièvement le temps d'exécution de l'algorithme du paquet cadeau.

Intermède : piles d'entiers

Dans la suite nous aurons besoin d'utiliser des piles d'entiers, dont on rappelle la définition ci-dessous :

Définition 2. *Une pile d'entiers est une structure de données permettant de stocker des entiers et d'effectuer les opérations suivantes en temps constant (indépendant de la taille de la pile) :*

- *créer une nouvelle pile vide,*
- *déterminer si la pile est vide,*
- *insérer un entier au sommet de la pile,*
- *déterminer la valeur de l'entier au sommet de la pile,*
- *retirer l'entier au sommet de la pile.*

Nous supposerons fournies les fonctions suivantes, qui réalisent les opérations ci-dessus et s'exécutent en temps constant :

- `newStack`, qui ne prend pas d'argument et renvoie une pile vide,
- `isEmpty(s)`, qui prend une pile s en argument et renvoie `True` ou `False` suivant que s est vide ou non,

- `push(i, s)`, qui prend un entier i et une pile s en argument, insère i au sommet de s (c'est-à-dire à la fin de la liste), et ne renvoie rien,
- `top(s)`, qui prend une pile s (supposée non vide) en argument et renvoie la valeur de l'entier au sommet de s (c'est-à-dire à la fin de la liste),
- `pop(s)`, qui prend une pile s (supposée non vide) en argument, supprime l'entier au sommet de s (c'est-à-dire à la fin de la liste) et renvoie sa valeur.

Dans la suite il est demandé aux candidats de manipuler les piles uniquement au travers de ces fonctions, sans aucune hypothèse sur la représentation effective des piles en mémoire

Partie III. Algorithme de balayage

Cet algorithme a été proposé par R. Graham en 1972. Nous allons écrire la variante (plus simple) proposée par A. Andrez quelques années plus tard.

La première étape consiste à trier les n points du nuage P par ordre croissant d'abscisse, en conservant tous les points de même abscisse dans un ordre arbitraire.

Question 9. Parmi les algorithmes de tri que vous connaissez, mentionnez-en un qui a un temps d'exécution majoré par une constante fois $n \log n$ sur les entrées de taille n.

À partir de maintenant, on supposera que les points fournis en entrée sont triés par abscisse croissante, comme c'est le cas dans l'exemple du tableau *tab* donné au début du sujet.

L'idée de l'algorithme est de balayer le nuage de points horizontalement de gauche à droite par une droite verticale, tout en mettant à jour l'enveloppe convexe des points de P situés à gauche de cette droite, comme illustré dans la figure 4.

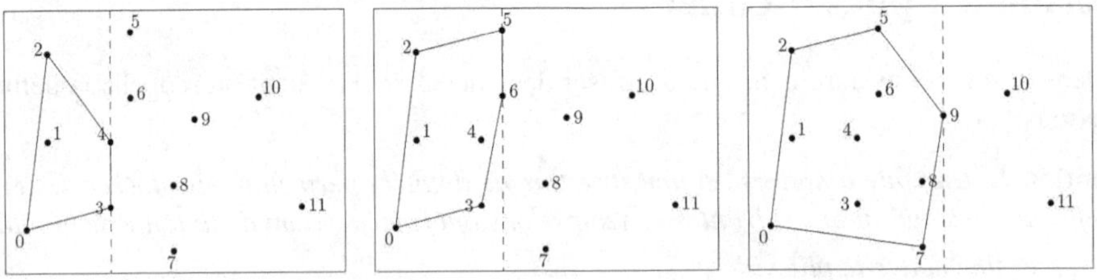

FIGURE 4 – Diverses étapes dans la procédure de balayage. La droite de balayage est en tirets.

Plus précisément, l'algorithme visite chaque point de P une fois, par ordre croissant d'abscisse (donc par odre croissant d'indice de colonne dans le tableau *tab* car celui-ci est trié). À chaque nouveau point p_i visité, il met à jour le bord de l'enveloppe convexe du sous-nuage $\{p_0, \dots, p_i\}$ situé à gauche de p_i. On remarque que les points p_0 et p_i sont sur ce bord, et on appelle *enveloppe supérieure* la partie du bord de $\text{Conv}\{p_0, \dots, p_i\}$ située au-dessus de la droite passant par p_0 et p_i (p_0 et p_i compris), et *eveloppe inférieure* la partie du bord de $\text{Conv}\{p_0, \dots, p_i\}$ située au-dessous (p_0 et p_i compris). Le bord de $\text{Conv}\{p_0, \dots, p_i\}$ est donc constitué de l'union de ces deux enveloppes, après suppression des doublons de p_0 et p_i.

Par exemple, dans le cas du nuage P de la figure 4 gauche, le sous-nuage $\{p_0,p_1,p_2,p_3,p_4\}$ a pour enveloppe supérieure la séquence (p_0,p_2,p_4) et pour enveloppe inférieure la séquence (p_0,p_3,p_4), le bord de son enveloppe convexe étant donné par la séquence (p_0,p_3,p_4,p_2).

Informatiquement, les indices des sommets des enveloppes inférieure et supérieure seront stockés dans deux piles d'entiers séparées, *ei* (pour *enveloppe inférieure*) et *es* (pour *enveloppe supérieure*).

La mise à jour de l'enveloppe supérieure est illustrée dans la figure 5 : tant que le point visité (p_0 dans ce cas) et les deux points dont les indices sont situés au sommet de la pile *es* (dans l'ordre : p_8 et p_5) forme une séquence (p_9,p_8,p_5) d'orientation négative (voir la définition 1 pour rappel de l'orientation), on dépile l'indice situé au sommet de *es* (8 dans ce cas). On poursuit ce processus d'élimination jusqu'à ce que l'orientation devienne positive ou qu'il ne reste plus qu'un seul indice dans la pile. L'indice du point visité (p_9 dans ce cas) est alors inséré au sommet de *es*. La mise à jour de l'enveloppe inférieure s'opère de manière symétrique

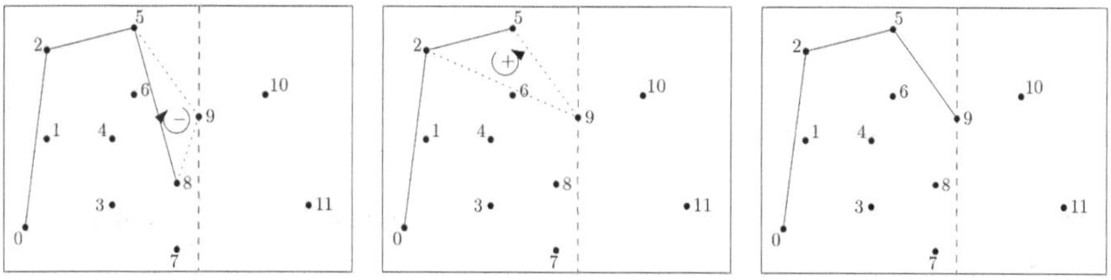

FIGURE 5 – Mise à jour de l'enveloppe supérieure lors de la visite du point p_9.

Question 10. Écrire une fonction `majES(tab, es, i)` qui prend en paramètre le tableau *tab* ainsi que la pile *es* et l'indice *i* du point à visiter, et qui met à jour l'enveloppe supérieure du sous-nuage. Le temps d'exécution de votre fonction doit être majoré par une constante fois *o*.

Question 11. Écrire une fonction `majEI(tab, ei, i)` qui effectue la mise à jour de l'enveloppe inférieure, avec le même temps d'exécution.

Question 12. Écrire maintenant une fonction `convGraham(tab, n)` qui prend en paramètre le tableau *tab* de taille $2 \times n$ représentant le nuage P, et qui effectue le balayage des points de P comme décrit précédemment. On supposera les colonnes du tableau *tab* déjà triées par ordre croissant d'abscisse. La fonction doit renvoyer une pile s contenant les indices des sommets du bord de Conv(P) triés dans l'ordre positif d'orientation, à commencer par le point p_0.

Par exemple, sur le nuage de la figure 1, le résultat de la fonction `convGraham` doit être la pile s contenant la suite d'indices 0, 7, 11, 10, 5, 2 dans cet ordre, l'indice 0 se trouvant au fond de la pile s et l'indice 2 au sommet de s.

Question 13. Analyser brièvement le temps d'exécution de l'algorithme de balayage décrit précédemment, en supposant une fois encore que les points du nuage fourni en entrée sont déjà triés par abscisse croissante. En déduire que le temps d'exécution total de l'algorithme de Graham-Andrew est bien majoré par une constante fois $n \log n$.

Corrigé commenté

Question 1.

```
def plusBas(tab, n):
    indicePlusBas = 0
    xMin = tab[0][indicePlusBas]
    yMin = tab[1][indicePlusBas]
    for j in range(1, n):
        x, y = tab[0][j], tab[1][j]
        if y < yMin or y == yMin and x < xMin:
            indicePlusBas = j
            xMin, yMin = x, y
    return indicePlusBas
```

Question 2. Pour $i = 0, j = 3, k = 4$, on calcule le déterminant de la matrice $\begin{pmatrix} 4 & 4 \\ 1 & 4 \end{pmatrix}$ qui est égal à 12 donc positif donc le test renvoie 1.

Pour $i = 8, j = 9, k = 10$, on calcule le déterminant de la matrice $\begin{pmatrix} 1 & 4 \\ 3 & 4 \end{pmatrix}$ qui est égal à -8 donc négatif donc le test renvoie -1.

Question 3.

```
def orient(tab, i, j, k):
    u = tab[0][j]-tab[0][i], tab[1][j]-tab[1][j]
    v = tab[0][k]-tab[0][i], tab[1][k]-tab[1][i]
    d = u[0]*v[1]-u[1]*v[0]
    if d == 0:
        return 0
    elif d > 0:
        return 1
    else:
        return -1
```

Commentaire

Afin de renvoyer le signe de d, on peut également utiliser `return int(d>0)-int(d<0)` en utilisant astucieusement la conversion en entier des booléens.

Question 4. Soit $j \neq i$, `orient(tab, i, j, j)` calcule le déterminant d'une matrice dont les deux colonnes sont égales, ce déterminant est donc nul, donc `orient(tab, i, j, j)` ≤ 0, et donc $p_j \preceq p_j$. D'où la réflexivité.

Soient $j, k \neq i$ tels que $p_j \preceq p_k$ et $p_k \preceq p_j$ alors : `orient(tab, i, j, k)` ≤ 0 et `orient(tab, i, k, j)` ≤ 0 or on a échangé les deux colonnes dans le déterminant, donc `orient(tab, i, j, k)` $= -$`orient(tab, i, k, j)` ce qui implique donc que `orient(tab, i, j, k)` $= 0$ et donc les points correspondants sont alignés, or d'après l'énoncé il n'existe pas trois points distincts alignés et avec l'hypothèse $j, k \neq i$, on en déduit que $j = k$ d'où la réflexivité.

Soient $j, k, l \neq i$ tels que $p_j \preceq p_k$ et $p_k \preceq p_l$ alors : `orient(tab, i, j, k)` ≤ 0 et `orient(tab, i, k, l)` ≤ 0 alors l'angle entre $\overrightarrow{p_ip_j}$ et $\overrightarrow{p_ip_k}$ est compris entre 0 et pi, l'angle entre $\overrightarrow{p_ip_k}$ et $\overrightarrow{p_ip_l}$ est compris entre 0 et π. Supposons $p_k \npreceq p_l$ alors l'angle entre $\overrightarrow{p_ip_l}$ et $\overrightarrow{p_ip_k}$ est également compris entre 0 et π, et alors p_i est un point intérieur au triangle $p_jp_kp_l$, or ceci est exclus puisque p_i est un point de l'enveloppe convexe. Ainsi l'hypothèse $p_k \npreceq p_l$ est absurde d'où la transitivité.

Soit $j, k \neq i$ alors comme `orient(tab, i, j, k)` $= -$`orient(tab, i, k, j)`, l'un des deux est forcément inférieure ou égal à 0, donc $p_j \preceq p_k$ ou $p_k \preceq p_j$ d'où la totalité.

Question 5.

```
def prochainPoint(tab, n, i):
    jMax = (i+1)%n # de sorte que jMax != i
    for j in range(n):
        if orient(tab, i, jMax, j)<0:
            jMax = j
    return jMax
```

Question 6. Valeur de `jMax` à la fin de chaque tour de boucle d'indice `j` :

j	0	1	2	3	4	5	6	7	8	9	10	11
jMax	0	1	2	2	2	5	5	5	5	5	5	5

Question 7.

```
def convJarvis(tab, n):
    enveloppe = [plusBas(tab, n)]
    suivant = prochainPoint(tab, n, enveloppe[-1])
    while suivant!=enveloppe[0]:
        enveloppe.append(suivant)
        suivant = prochainPoint(tab, n, enveloppe[-1])
    return enveloppe
```

Question 8. Dans la fonction `convJarvis`, on commence par déterminer le point le plus bas ce qui est un simple calcul d'indice du minimum au sens d'une relation d'ordre particulière. m points sont ensuite déterminés à l'aide de la fonction `prochainPoint` de complexité linéaire en n, puis ajoutés à l'aide de la méthode `append` de complexité constante. Ainsi la complexité de la fonction, et donc de l'algorithme du paquet cadeau, est $O(n) + nO(m) = O(mn)$.

Question 9. L'algorithme de tri fusion a une complexité en $O(n \log n)$.

Question 10.

```
def majES(tab, es, i):
    sommet = pop(es)
    while not isEmpty(es) and orient(tab,sommet,top(es),i)
        <=0:
        sommet = pop(es)
```

```
    push(sommet, es)
    push(i, es)
```

Question 11.

```
def majEI(tab, ei, i):
    sommet = pop(ei)
    while not isEmpty(ei) and orient(tab,sommet,top(ei),i)>=0:
        sommet = pop(ei)
    push(sommet, ei)
    push(i, ei)
```

Question 12.

```
def convGraham(tab, n):
    es = newStack()
    ei = newStack()
    push(0, es)
    push(0, ei)
    for i in range(1, n):
        majES(tab, es, i)
        majEI(tab, ei, i)

    # ajoute à ei les éléments de es à l'exception du premier et du dernier qui sont déjà dans ei
    pop(es) # pour enlever le dernier
    while not isEmpty(es):
        push(pop(es),ei)
    pop(ei) # pour enlever le premier
    return ei
```

Question 13. Le nombre total d'appels à `push` dans chacune des fonctions `majES` et `majEI` est égal à n, le nombre total d'éléments dépilés est majoré par n, or on fait un tour de boucle par élément dépilé et on fait une comparaison de plus que le nombre de tours. Le nombre total d'opérations dans chacune des fonctions `majES` et `majEI` est donc en $O(n)$. La dernière étape qui consiste à construire l'enveloppe à partir des deux enveloppes est de complexité linéaire en la taille de l'enveloppe supérieure qui est de taille inférieure ou égale à n. Finalement la fonction `convGraham` est de complexité linéaire en n.

L'algorithme de Graham-Andrew nécessite de trier d'abord les points, ce qui se fait en temps $O(n \log n)$ à l'aide du tri fusion par exemple, d'où une complexité totale en $O(n \log n)$.

Copie authentique d'élève

1.
```
def plusBas(tab,n):
    plusBas=tab[0]        ⚠ tableau des abscisses!
    indice=0
    for i in range(1,n):
        if tab[i][1]<plusBas[1]:
            plusBas=tab[i]
            indice=i
        elif tab[i][1]==plusBas[1]:
            if tab[i][0]<plusBas[0]
                plusBas=tab[i]
                indice=i
    return indice.
```

2. • Le vecteur $\overrightarrow{P_iP_j}$ a pour coordonnées : [4, 1]

Le vecteur $\overrightarrow{P_iP_k}$ a pour coordonnées : [4, 4]

L'aire vaut : $\frac{1}{2}(12) = 6$.

Le test d'orientation est positif.

• Le vecteur $\overrightarrow{P_iP_k}$ a pour coordonnées : [1, 3]

Le vecteur $\overrightarrow{P_iP_k}$ a pour coordonnées : [4, 4]

L'aire vaut $\frac{1}{2} \times (-8) = 4$.

Le test d'orientation est négatif.

3.
```
def orient(tab,i,j,k):
    vect1=[tab[j][0]-tab[i][0], tab[j][1]-tab[i][1]]
    vect2=[tab[k][0]-tab[i][0], tab[k][1]-tab[i][1]]
    aire=1/2*(vect1[0]*vect2[1]-vect2[0]*vect1[1])
    if aire<0:
        return -1
    elif aire==0:
        return 0
    else:
        return 1
```

4. Réflexivité :

$p_j \leq p_j \Leftrightarrow$ orient(tab,i,j,j) ≤ 0.

Or, lorsque deux points sont égaux l'orientation est nulle.

La relation est bien réflexive. pourquoi ?

Antisymétrie :

$p_j \leq p_k$ et $p_k \leq p_j \Leftrightarrow$ orient(tab,i,j,k) ≤ 0 et orient(tab,i,j,k) ≥ 0.

Donc orient(tab,i,j,k) $= 0$ non, pas par définition

Donc $p_j = p_k$.

La relation est antisymétrique.

Transitivité :

$p_j \leq p_k$ et $p_k \leq p_p \Leftrightarrow$ orient(tab,i,j,k) ≤ 0 et orient(tab,i,k,p) ≤ 0.

Donc orient(tab,i,j,p) ≤ 0 pas immédiat du tout.

Donc $p_j \leq p_p$

Totalité :

orient(tab,i,j,k) ≤ 0 ou orient(tab,i,j,k) > 0.

$\Rightarrow p_j \leq p_k$ ou orient(tab,i,k,j) ≤ 0

$\Leftrightarrow p_j \leq p_k$ ou $p_k \leq p_j$

Ainsi $\leq$ est une relation d'ordre total.

5.
```
def prochainPoint(tab, n, i):
    j = 0
    k = j+1                    → < strict !
    while k ≤ n:               → utiliser une boucle for lorsqu'elle est adaptée.
        if orient(i, j, k) < 0:
            j = k
            k = k+1
        else:
            k = k+1
    return j
```

6.
- j = 0, k = 1
- j = 1, k = 2
- j = 2, k = 3
- j = 2, k = 4
- j = 5, k = 5
- j = 5, k = 6
- j = 5, k = 7
- j = 5, k = 8
- j = 5, k = 9
- j = 5, k = 10
- j = 5, k = 11

⟹ j = 5.

7.
```
def convJarvis(tab, n):
    L = [plusBas(tab, n)]
    i = prochainPoint(tab, n, i)
    while i != plusBas(tab, n):        recalculs inutiles
        L.append(i)
        i = prochainPoint(tab, n, i)
    return L
```

8. L1 : 1 opération élémentaire + plusBas, au pire de taille n.
L3 : appel à prochainPoint, taille n
L4 : Au pire de taille m×n avec l'appel à plusBas
L5 : 1 opération élémentaire
L6 : de taille n } répétées m fois

D'où une complexité de taille nm

9. On suppose que le tableau est un tableau d'abscisses et d'ordonnées comme dans les questions précédentes.

```
def tri(tab):
```

10.
```
def majES(tab,es,i):
    j = pop(es)
    k = pop(es)
    while orient(tab,i,j,k) <= 0 and not isEmpty(es):
        j = k
        k = pop(es)
    push(k,es)
    push(j,es)
    push(i,es)
    return es.
```

problème si es ne contient qu'un point !

chutt

11.
```
def majEI(tab,ei,i):
    j = pop(ei)
    k = pop(ei)
    while orient(tab,i,j,k) >= 0 and not isEmpty(ei):
        j = k
        k = pop(ei)
    push(k,ei)
    push(j,ei)
    push(i,ei)
    return ei
```

chutt

12.
```
def convGraham(tab,n):
    ei = NewStack()
    es = NewStack()
    push(0, ei)
    push(0,es)
    for i in range(n):
        ei = majEI(tab,ei,i)
        es = majES(tab,es,i)
    a = pop(es)
    while a != 0:
        push(a, ei)
        a = pop(es)
    return es.
```

Polytechnique-ENS – Informatique 2015

PSI, PT - Durée : 2 heures

SUJET

ÉCOLE POLYTECHNIQUE - ÉCOLES NORMALES SUPÉRIEURES

CONCOURS D'ADMISSION 2015 FILIÈRES PSI et PT

ÉPREUVE D'INFORMATIQUE (XCR)

(Durée : 2 heures)

L'utilisation des calculatrices **n'est pas autorisée** pour cette épreuve.
Le langage de programmation sera **obligatoirement** Python.

⋆ ⋆ ⋆

Quand la taille n'est pas un problème

Notations. On désignera par $[\![n]\!]$ l'ensemble des entiers de 1 à n : $[\![n]\!] = \{1,...,n\}$.

Objectif. Le but de cette épreuve est de décider s'il existe, entre deux villes données, un chemin passant par exactement k villes intermédiaires *distinctes*, dans un plan contenant au total n villes reliées par m routes. L'algorithme d'exploration naturel s'exécute en temps $O(n^k m)$. L'objectif est d'obtenir un algorithme qui s'exécute en un temps $O(f(k)\times n(n+m))$, qui croit polynomialement en la taille $(n + m)$ du problème quelle que soit la valeur de k demandée.

Complexité. La complexité, ou le temps d'exécution, d'un programme Π (fonction ou procédure) est le nombre d'opérations élémentaires (addition, multiplication, affectation, test, etc...) nécessaires à l'exécution de Π. Lorsque cette complexité dépend de plusieurs paramètres n, m et k, on dira que Π a une complexité en $O(\phi(n, m, k))$, lorsqu'il existe quatre constantes absolues A, n_0, m_0 et k_0 telles que la complexité de Π soit inférieure ou égale à $A \times \phi(n, m, k)$, pour tout $n \geqslant n_0$, $m \geqslant m_0$ et $k \geqslant k_0$.

Lorsqu'il est demandé de préciser la complexité d'un programme, le candidat devra justifier cette dernière si elle ne se déduit pas directement de la lecture du code.

Implémentation. On suppose que l'on dispose d'une fonction `creerTableau(n)` qui alloue un tableau de taille `n` indexé de 0 à `n-1` (les valeurs contenues dans le tableau initialement sont arbitraires). L'instruction `b = creerTableau(n)` créera un tableau de taille `n` dans la variable `b`.

On pourra ainsi créer un tableau `a` de *p* tableaux de taille *q* par la suite d'instructions suivante :

```
a = creerTableau(p)
for i in range(p):
    a[i] = creerTableau(q)
```

On accèdera par l'instruction `a[i][j]` à la `j`-ème case du `i`-ème tableau contenu dans le tableau `a` ainsi créé. Par exemple, la suite d'instructions suivante remplit le tableau `a` avec les sommes des indices `i` et `j` de chaque case :

```
for i in range(p):
    for j in range(q):
        a[i][j] = i+j
```

On supposera l'existence de deux valeurs booléennes `True` et `False`.

On supposera l'existence d'une procédure : `affiche(...)` qui affiche le contenu de ses arguments à l'écran. Par exemple, `x = 1; y = x+1; affiche("x = ",x," et y = ",y);` affiche à l'écran :

```
x = 1 et y = 2
```

Dans la suite, nous distinguerons *fonction* et *procédure* : les fonctions renvoient une valeur (ou un tableau) tandis que les procédures ne renvoient aucune valeur.

La plus grande importance est donnée à la lisibilité du code produit par les candidats. Ainsi, les candidats sont encouragés à introduire des procédures ou fonctions intermédiaires lorsque cela en simplifie l'écriture.

Partie I. Préliminaires : Listes sans redondance

On souhaite stocker en mémoire une liste *non-ordonnée* d'au plus *n* entiers sans redondance (i.e. où aucun entier n'apparaît plusieurs fois). Nous nous proposons d'utiliser un tableau `liste` de longueur $n + 1$ tel que :

- `liste[0]` contient le nombre d'éléments dans la liste
- `liste[1]` contient le `i`-ème élément de la liste (non-ordonnée) pour 1 ⩽`i`⩽ `liste[0]`

Question 1. Écrire une fonction `creerListeVide(n)` qui crée, initialise et renvoie un tableau de longueur `n+1` correspondant à la liste vide ayant une capacité de `n` éléments.

Question 2. Écrire une fonction `estDansListe(liste, x)` qui renvoie `True` si l'élément `x` apparaît dans la liste représentée par le tableau `liste`, et renvoie `False` sinon.

Quelle est la complexité en temps de votre fonction dans le pire cas en fonction du nombre maximal *n* d'éléments dans la liste ?

Question 3. Écrire une procédure `ajouteDansListe(liste, x)` qui modifie de façon appropriée le tableau `liste` pour y ajouter `x` si l'entier `x` n'appartient pas déjà à la liste, et ne fait rien sinon.

Quel est le comportement de votre procédure si la liste est pleine initialement ? (On ne demande pas de traiter ce cas)

Quelle est la complexité en temps de votre procédure dans le pire cas en fonction du nombre maximal n d'éléments dans la liste ?

Partie II. Création et manipulation de plans

Un *plan* P est défini par : un ensemble de n villes numérotées de 1 à n et un ensemble de m routes (toutes à double-sens) reliant chacune deux villes ensemble. On dira que deux villes $x, y \in [\![n]\!]$ sont *voisines* lorsqu'elles sont reliées par une route, ce que l'on notera par $x \sim y$. On appellera *chemin* de longueur k toute suite de villes v_1, ..., v_k telle que $v_1 \sim v_2 \sim ... \sim v_k$. On représentera les villes d'un plan par des ronds contenant leur numéro et les routes par des traits reliant les villes voisines (voir Fig. 1).

Structure de données. Nous représenterons tout plan P à n villes par un tableau `plan` de $(n+1)$ tableaux où :

- `plan[0]` contient un tableau à deux éléments où :
  - `plan[0][0]` $= n$ contient le nombre de villes du plan
  - `plan[0][1]` $= m$ contient le nombre de routes du plan
- Pour chaque ville `x` $\in [\![n]\!]$, `plan[x]` contient un tableau à n éléments représentant la liste à au plus $n-1$ éléments des villes voisines de la ville `x` dans P dans un ordre arbitraire en utilisant la structure de liste sans redondance définie dans la partie précédente. Ainsi :
  - `plan[x][0]` contient le nombre de villes voisines de `x`
  - `plan[x][1],...,plan[x][plan[x][0]]` sont les indices des villes voisines de x.

La figure 1 donne un exemple de plan et d'une représentation possible sous la forme de tableau de tableaux (les $*$ représentent les valeurs non-utilisées des tableaux).

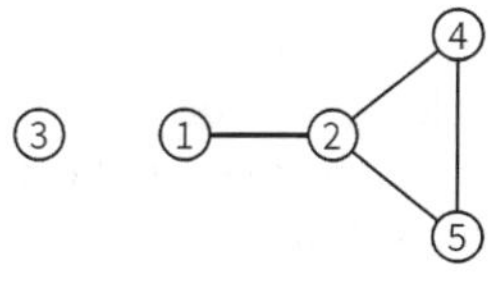


```
plan = [ [5  4],
         [1  2  *  *  *],
         [3  4  1  5  *],
         [0  *  *  *  *],
         [2  2  5  *  *],
         [2  4  2  *  *] ]
```

FIGURE 1 – Un plan à 5 villes et 4 routes et une représentation possible en mémoire sous forme d'un tableau de tableaux `plan`.

Question 4. Représenter sous forme de tableaux de tableaux les deux plans suivants :

On pourra utiliser dans la suite, les fonctions et procédures de gestion de listes définies dans la partie précédente.

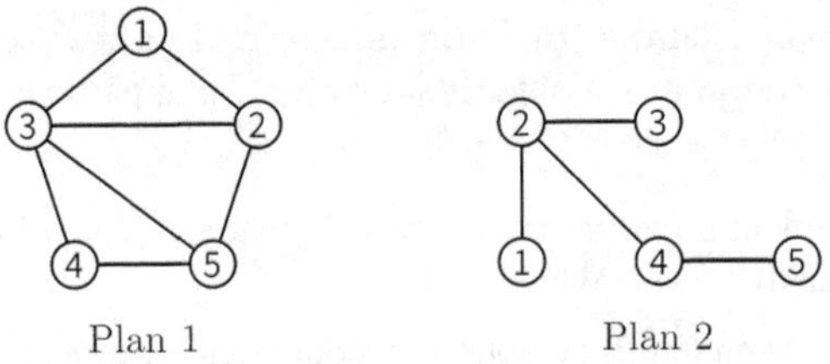

FIGURE 2 – Un plan à 5 villes et 4 routes et une représentation possible en mémoire sous forme d'un tableau de tableaux `plan`.

Question 5. Écrire une fonction `creerPlanSansRoute(n)` qui crée, remplit et renvoie le tableau de tableaux correspondant au plan à `n` villes n'ayant aucune route.

Question 6. Écrire une fonction `estVoisine(plan, x, y)` qui renvoie `True` si les villes `x` et `y` sont voisines dans le plan codé par le tableau de tableaux `plan`, et renvoie `False` sinon.

Question 7. Écrire une procédure `ajouteRoute(plan, x, y)` qui modifie le tableau de tableaux `plan` pour ajouter une route entre les villes `x` et `y` si elle n'était pas déjà présente et ne fait rien sinon. (On prendra garde à bien mettre à jour toutes les cases concernées dans le tableau de tableaux `plan`.)

Y a-t-il un risque de dépassement de la capacité des listes ?

Question 8. Écrire une procédure `afficheToutesLesRoutes(plan)` qui affiche à l'écran la liste des routes du plan codé par le tableau de tableaux `plan` où chaque route apparaît exactement une seule fois. Par exemple, pour le graphe codé par le tableau de tableaux de la figure 1, votre procédure pourra afficher à l'écran :

```
Ce plan contient 4 route(s): (1-2)(2-4)(2-5)(4-5)
```

Quelle est la complexité en temps de votre procédure dans le pire cas en fonction de n et m ?

Partie III. Recherche de chemins arc-en-ciel

Étant données deux villes distinctes s et $t \in [\![n]\!]$, nous recherchons un chemin de s à t passant par exactement k villes intermédiaires toutes distinctes. L'objectif de cette partie et de la suivante est de construire une fonction qui va détecter en temps linéaire en $n(n+m)$, l'existence d'un tel chemin avec une probabilité indépendante de la taille du plan $n+m$.

Le principe de l'algorithme est d'attribuer à chaque ville $i \in [\![n]\!] \setminus s,t$ une couleur aléatoire codée par un entier aléatoire uniforme `couleur[`i`]` $\in \{1,...,k\}$ stocké dans un tableau `couleur` de taille $n+1$ (la case 0 n'est pas utilisée). Les villes s et t reçoivent respectivement les couleurs spéciales 0 et $k+1$, i.e. `couleur[`s`] = 0` et `couleur[`t`] = k+1`. L'objectif de cette partie est d'écrire une procédure qui détermine s'il existe un chemin de longueur $k+2$ allant de s à t dont la j-ème ville intermédiaire a reçu la couleur j. Dans l'exemple de la figure 2, le chemin $6 \sim 7 \sim 8 \sim 3 \sim 4$ de longueur $5 = k+2$ qui relie $s = 6$ à $t = 4$ vérifie cette propriété pour $k = 3$.

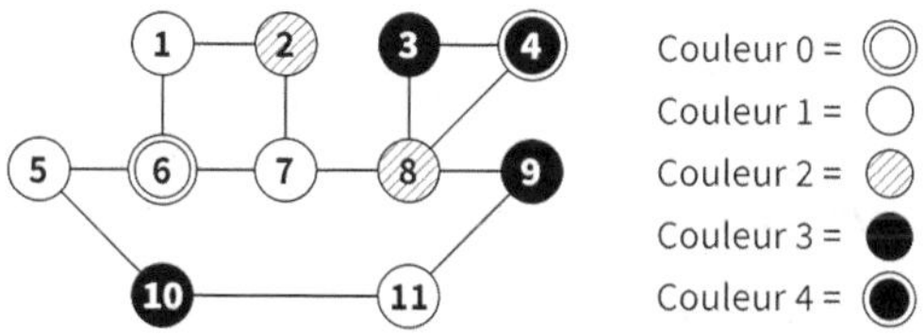

FIGURE 3 – Exemple de plan colorié pour $k = 3$, $s = 6$, $t = 4$.

On suppose l'existence d'une fonction `entierAleatoire(k)` qui renvoie un entier aléatoire uniforme entre 1 et `k` (i.e. telle que Pr{`entierAleatoire(k)`$= c$} = `1/k` pour tout entier $c \in$ {`1, ...., k`}).

Question 9. Écrire une procédure `coloriageAleatoire(plan, couleur, k, s, t )` qui prend en argument un plan de n villes, un tableau `couleur` de taille $n + 1$, un entier `k`, et deux villes s et $t \in [\![n]\!]$, et remplit le tableau `couleur` avec : une couleur aléatoire uniforme dans {`1, ..., k`} choisie indépendamment pour chaque ville $i \in [\![n]\!] \setminus \{s,t\}$; et les couleurs 0 et k + 1 pour s et t respectivement.

Nous cherchons maintenant à écrire une fonction qui calcule l'ensemble des villes de couleur c voisines d'un ensemble de villes donné. Dans l'exemple de la figure 2, l'ensemble des villes de couleur 2 voisines des villes $\{1,5,7\}$ est $\{2,8\}$.

Question 10. Écrire une fonction `voisinesDeCouleur(plan, couleur, i, c)` qui crée et renvoie un tableau codant la liste sans redondance des villes de couleur `c` voisines de la ville `i` dans le plan `plan` colorié par le tableau `couleur`.

Question 11. Écrire une fonction `voisinesDeLaListeDeCouleur(plan, couleur, liste, c)` qui crée et renvoie un tableau codant la liste sans redondance des villes de couleur `c` voisines d'une des villes présente dans la liste sans redondance `liste` dans le plan `plan` colorié par le tableau `couleur`.

Quelle est la complexité de votre fonction dans le pire cas en fonction de n et m ?

Question 12. Écrire une fonction `existeCheminArcEnCiel(plan, couleur, k, s , t)` qui renvoie `True` s'il existe dans le plan `plan`, un chemin $s \sim v_1 \sim \cdots \sim v_k \sim t$ tel que `couleur[vj]` $= j$ pour tout $j \in \{1,...,k\}$; et renvoie `False` sinon.

Quelle est la complexité de votre fonction dans le pire cas en fonction de k, n et m ?

Partie IV. Recherche de chemin passant par exactement k villes intermédiaires distinctes

Si les couleurs des villes sont choisies aléatoirement et uniformément dans $\{1,...,k\}$, la probabilité que j soit la couleur de la j-ème ville d'une suite fixée de k villes, vaut $1/k$ indépendamment pour tout j. Ainsi, étant données deux villes distinctes s et $t \in [\![n]\!]$, s'il existe dans le plan `plan` un chemin de s à t passant par exactement k villes intermédiaires toutes distinctes et si le coloriage `couleur` est choisi aléatoirement conformément à la procédure `coloriageAleatoire(plan, couleur,` k,s,t`)`, la procédure `existeCheminArc-`

`EnCiel(plan, couleur,` k,s,t`)` répond `True` avec probabilité au moins k^{-k} ; et répond toujours `False` sinon. Ainsi, si un tel chemin existe, la probabilité qu'une parmi k^k exécutions indépendantes de `existeCheminArcEnCiel` réponde `True` est supérieure ou égale à $1-(1-k^{-k})^{k^k} = 1-\exp(k^k \ln(1-k^{-k})) \geqslant 1-1/e > 0$ (admis).

Question 13. Écrire une fonction `existeCheminSimple(plan, k, s, t)` qui renvoie `True` avec probabilité au moins $1-1/e$ s'il existe un chemin de s à t passant par exactement k villes intermédiaires toutes distinctes dans le plan `plan`; et renvoie toujours `False` sinon.

Quelle est sa complexité en fonction de k, n et m dans le pire cas ? Exprimez-la sous la forme $O(f(k) \times g(n,m))$ pour f et g bien choisies.

Question 14. Expliquer comment modifier votre programme pour renvoyer un tel chemin s'il est détecté avec succès.

Note : L'algorithme présenté partiellement dans les parties III et IV de ce sujet est dû à Dániel Marx. Pour en savoir plus, on pourra consulter sa page web (`http://www.cs.bme.hu/~dmarx`) et plus particulièrement les transparents sur la complexité paramétrée (Part 1 : Algorithmic techniques, page 66 et suivantes).

En utilisant une meilleure structure de liste sans redondance que celle proposée dans le sujet, on peut facilement obtenir une complexité qui soit linéaire en la taille $(n+m)$ du problème quelle que soit la valeur de k demandée.

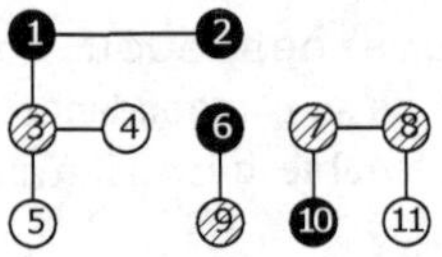

Corrigé commenté

Partie I. Préliminaires : Listes sans redondance

1.

```
def creerListeVide(n):
    tableau = creerTableau(n+1)
    tableau[0] = 0 # initialise le nombre d'éléments
    return tableau
```

Commentaire

Bien que l'énoncé n'indique pas que le candidat doive utiliser la fonction définie par le sujet, `creerTableau`, obligatoirement, nous avons choisi de bien suivre l'esprit du sujet.

2.

```python
def estDansListe(liste, x):
    for valeur in liste:
        if valeur==x:
            return True
    return False
```

Dans le pire des cas, la boucle **for** est entièrement parcourue soit n tours de boucle pour un tableau de taille n, chaque tour de boucle est exécuté en temps constant (comparaison de deux entiers), soit une complexité en $\Theta(n)$ dans ce cas. Le pire cas correspond à la liste qui ne contient pas la valeur ou la contient en dernière position.

> **Commentaire**
>
> Les indentations font à la fois partie de la syntaxe et de la sémantique : si le `return False` est placé dans le corps de la boucle avec ou sans un `else`, la fonction s'arrête quoi qu'il en soit après le premier tour de boucle alors qu'une seule valeur a été consultée.

3.

```python
def ajouteDansListe(liste, x):
    if not estDansListe(liste, x):
        liste[0]+=1 # augmente le compteur du nombre de
            valeurs
        liste[liste[0]] = x # place x à l'indice adéquat
```

Si la liste est pleine initialement, l'incrémentation se passe normalement mais l'affectation à l'indice `liste[0]` renvoie une erreur car l'indice n'est pas valide pour le tableau.

La complexité de cette fonction est, dans le pire cas, celui de `estDansListe` suivi de deux affectations qui se font en temps constant. La complexité est donc également linéaire dans le pire cas.

> **Commentaire**
>
> Lorsqu'une fonction appelle une autre fonction dans son corps, il faut penser à bien compter cet appel dans le calcul de la complexité de la fonction appelante.

Partie II. Création et manipulation de plans

4.

Plan 1 :

```
[[5, 7],
 [2, 2, 3, *, *],
 [3, 1, 3, 5, *],
 [4, 1, 2, 4, 5],
 [2, 3, 5, *, *],
 [3, 2, 3, 4, *]]
```

Plan 2 :

```
[[5, 4],
 [1, 2, *, *, *],
 [3, 1, 3, 4, *],
 [1, 2, *, *, *],
 [2, 2, 5, *, *],
 [1, 4, *, *, *]]
```

Commentaire

L'ordre dans lequel apparaissent les voisins n'a aucune importance dans les tableaux précédents.

5.

```
def creerPlanSansRoute(n):
    plan = creerTableau(n+1)
    plan[0] = [n, 0]
    for i in range(1,n+1):
        plan[i] = creerListeVide(n-1)
    return plan
```

6.

```
def estVoisine(plan, x, y):
    return estDansListe(plan[x],y)
```

Commentaire

Il est important de bien garder en tête les fonctions « outils » qu'un sujet peut fournir (en début ou fin de sujet). Comprendre l'esprit d'un sujet et savoir se laisser guider est essentiel pour le traiter efficacement.

7.

```
def ajouteRoute(plan, x, y):
    if not estVoisine(plan, x, y):
        plan[0][1]+=1 # ajoute une route
        ajouteDansListe(plan[x], y)
        ajouteDansListe(plan[y], x)
```

Si le plan est bien un tableau conforme, il n'y a pas de risque de dépassement de la capacité des listes puisque chaque liste peut accueillir $n-1$ entiers or chaque ville peut être reliée au plus à toutes les autres villes qui sont au nombre de $n-1$.

Commentaire

On peut ici se passer de la fonction `ajouteDansListe` qui va vérifier de nouveau l'appartenance de `y` à `plan[x]` et de `x` à `plan[y]` alors que la disjonction introduite par le **`if`** nous assure que c'est inutile. La complexité asymptotique n'étant pas modifiée, nous avons choisi d'écrire une solution plus simple et qui utilise les fonctions « outils » du sujet.

8.

```
def afficheToutesLesRoutes(plan):
    affiche("Ce plan contient ", plan[0][1], " route(s):")
    for i in range(1, plan[0][0]+1):
        for j in range(1, plan[0][i]+1):
            if plan[i][j] < i:
                affiche(" (", i, "-", plan[i][j],")")
```

Commentaire

Nous avons supposé que la fonction `affiche` n'ajoutait aucun caractère comme le laissait entendre l'énoncé, contrairement à la fonction **`print`** qui ajoute des retours à la ligne après chaque appel, et des espaces entre l'affichage de chacun de ses arguments.
Pour tester, on peut définir la fonction `affiche` par :

```
def affiche(*chaine):
    print(*chaine, sep="", end="")
```

Il est inutile de chercher le rôle de $\star$ dans cette fonction, la fonction n'est fournie que pour pouvoir tester le programme.

Partie III. Recherche de chemins arc-en-ciel

9.

```
def coloriageAleatoire(plan, couleur, k, s, t):
    for i in range(1, plan[0][0]+1):
        couleur[i] = entierAleatoire(k)
    couleur[s] = 0
    couleur[t] = k+1
```

Commentaire

Plutôt que d'effectuer un test à chaque tour de boucle pour savoir si i est s, t ou un autre sommet, il est plus simple d'attribuer à tous les sommets une couleur aléatoire puis de modifier les deux sommets s et t en sortie de boucle.

10.

```
def voisinesDeCouleur(plan, couleur, i, c):
    voisines = creerListeVide(plan[i][0])
    for j in range(1, plan[i][0]+1):
        if couleur[plan[i][j]] == c:
            voisines[0]+=1
            voisines[voisines[0]] = plan[i][j]
    return voisines
```

Commentaire

Ici, on peut avantageusement remplacer un potentiel appel à `ajouteDansListe` en faisant manuellement les opérations sans vérifier la non-appartenance à chaque fois, qui est inutile et coûteuse. En effet, si p est le nombre de sommets de couleur c, et $|v_i|$ le nombre de voisines de la ville i, la complexité passe de $|v_i| + p^2$ à $|v_i| + p < 2|v_i|$.

11.

```
def voisinesDeLaListeDeCouleur(plan, couleur, liste, c):
    listeTouteLesVoisines = creerListeVide(plan[0][0])
    for i in liste:
        voisines = voisinesDeCouleur(plan, couleur, i, c)
        for j in range(1, voisines[0]+1):
            ajouteDansListe(listeTouteLesVoisines, voisines[j])
    return listeTouteLesVoisines
```

- La création de `listeTouteLesVoisines` peut être considérée comme en temps constant puisque le tableau est non initialisé.
- Pour chaque tour de boucle de la boucle externe :
  - on appelle la fonction `voisinesDeCouleur` dont la complexité est linéaire en le nombre de voisines dont la somme est majorée par $2m$, la somme de ces complexités est donc dominée par m.
  - on ajoute chaque voisine trouvée à la liste des voisines. Le nombre cumulé de tours de boucle interne est majoré par $2m$. Dans le pire des cas, ces ajouts se font en temps linéaire en n.

  Le nombre de tour de boucle externe est lui même dominé par n.

La complexité de cette fonction est ainsi $O(m) + O(m) \cdot O(n) = O(nm)$)

Commentaire

On peut aussi calculer la complexité par une double somme. En notant $C_{\text{vdc}}(i)$ la complexité de la fonction `voisinesDeCouleur` sur l'entrée i, $|v_i|$ le nombre de voisines de i et $C_{\text{adl}}(n)$ la complexité de la fonction `ajouteDansListe` en fonction de n, on a :

$$\begin{aligned}
C_{\text{vdlldc}}(n,m) &= \sum_{i \in liste} \left(C_{\text{vdc}}(i) + \sum_{v|i\sim v} C_{\text{adl}}(n) \right) \\
&= \sum_{i \in liste} |v_i| + \sum_{i \in liste} \sum_{v|i\sim v} C_{\text{adl}}(n) \\
&\leqslant 2m + 2mO(n) \\
&= O(mn)
\end{aligned}$$

Ce qui est intéressant de noter est qu'une analyse grossière de la complexité n'aurait pas permis d'établir une majoration aussi fine : ici, il faut tenir compte du fait que chaque tour de boucle a une complexité différente et majorer la somme plutôt que majorer chaque tour de boucle puis multiplier par le nombre de tours de boucle.

12.

```
def existeCheminArcEnCiel(plan, couleur, k, s, t):
    positionsPossibles = [1, s]
    for j in range(1, k+2):
```

```
        positionsPossibles = voisinesDeLaListeDeCouleur(
            plan, couleur, positionsPossibles, j)
    return positionsPossibles[0]!=0
```

t est la seule ville de couleur $k+1$, c'est donc la seule ville qui peut se trouver dans la liste sans redondances `positionsPossibles` en fin de boucle. L'existence d'un chemin arc-en-ciel est équivalent à l'appartenance de t à cette liste.

La complexité de cette fonction est $k+1$ fois celle de la fonction précédente, soit $O(knm)$.

Partie IV. Recherche de chemin passant par exactement k villes intermédiaires distinctes

13.

```
def existeCheminSimple(plan, k, s, t):
    couleur = creerTableau(plan[0][0]+1)
    for i in range(k**k):
        coloriageAleatoire(plan, couleur, k, s, t)
        if existeCheminArcEnCiel( plan, couleur, k, s, t):
            return True
    return False
```

La complexité de cette fonction est, dans le pire cas, k^k fois celle de la fonction précédente, soit $O(k^{k+1}nm)$. Le pire cas correspond à aucun chemin trouvé au cours des k^k tours de boucle.

Commentaire

Il est intéressant de noter qu'à partir de cette fonction, on peut construire une fonction qui renvoie vrai avec une probabilité p arbitrairement proche de 1 s'il existe un chemin et faux dans tous les autres cas sinon : il suffit de répéter cette dernière fonction q fois tel que $e^q \leqslant 1 - p$, soit $q = \lceil \ln(1-p) \rceil$ fois et de renvoyer vrai si et seulement si la fonction `existeCheminSimple` a renvoyé vrai au moins une fois. Le nombre de répétitions ne dépend que de la probabilité choisie.

14. Pour pouvoir renvoyer un chemin, on peut garder à jour un tableau `precedent` des précédents au cours de l'exploration du plan. On inialise ce tableau dans la fonction `existeCheminSimple` puis on le passe en arguments dans les autres fonctions. Dans la fonction `voisinesDeListeDecouleur`, on modifie ce tableau en ajoutant dans la boucle interne `precedent[voisines[j]] = i`.

En fin de fonction `existeCheminSimple`, il suffit de remonter dans le tableau `precedent` en partant du sommet t, jusqu'au sommet s :

```
        cheminInv = [t] # chemin de t à s
        while cheminInv[-1] != s:
            cheminInv.append(precedent[cheminInv[-1]])
        chemin = [] # chemin de s à t
        for i in range(k+1,-1,-1):
            chemin.append(cheminInv[i])
        return chemin
```

Banque PT – Informatique et Modélisation 2016

PT - Durée : 4 heures

SUJET

Epreuve d'Informatique et Modélisation de Systèmes Physiques

Durée 4 h

Si, au cours de l'épreuve, un candidat repère ce qui lui semble être une erreur d'énoncé, d'une part il le signale au chef de salle, d'autre part il le signale sur sa copie et poursuit sa composition en indiquant les raisons des initiatives qu'il est amené à prendre.

L'usage de calculatrices est interdit.

AVERTISSEMENT

Il est conseillé de répartir votre temps de composition comme suit :

- 1h30 : pour lire et traiter la partie modélisation (parties I et II),
- 2h30 : pour lire et traiter la partie informatique (parties III et IV),

La **présentation**, la lisibilité, l'orthographe, la qualité de la **rédaction, la clarté et la précision** des raisonnements entreront pour une **part importante** dans **l'appréciation des copies**. En particulier, les résultats non justifiés ne seront pas pris en compte. Les candidats sont invités à encadrer les résultats de leurs calculs.

Étude d'un tensiomètre électronique

I. Présentation

Dans le domaine médical, la pression artérielle est l'un des paramètres les plus surveillés dans le cadre des maladies cardio-vasculaires. En effet, quand la pression artérielle est trop élevée, pendant des durées très longues, le muscle cardiaque finit par se fatiguer jusqu'à atteindre des insuffisances cardiaques sévères ; on parle d'hypertension.

A l'inverse, une tension trop basse conduit à sous-alimenter les organes et peut conduire à des étourdissements ou évanouissements. L'hypotension n'est généralement pas considérée comme une maladie.

Communément, la mesure de la pression artérielle se fait par la détermination de deux valeurs classiques : la pression systolique (pression la plus élevée suite à la contraction du cœur) et la pression diastolique (pression la moins élevée après le relâchement du cœur quand celui-ci se remplit de sang).

Pour mesurer ces pressions, le médecin utilise classiquement la méthode du brassard associé à son stéthoscope. Le médecin gonfle le brassard jusqu'à couper la circulation sanguine dans le bras. Le médecin pose ensuite le stéthoscope sur l'artère et dégonfle progressivement le brassard. Dès qu'il écoute le sang passer à nouveau dans l'artère, il mesure la pression systolique sur le manomètre associé au brassard. Puis il continue à dégonfler le brassard jusqu'à ne plus écouter aucun bruit, là il lit la pression diastolique.

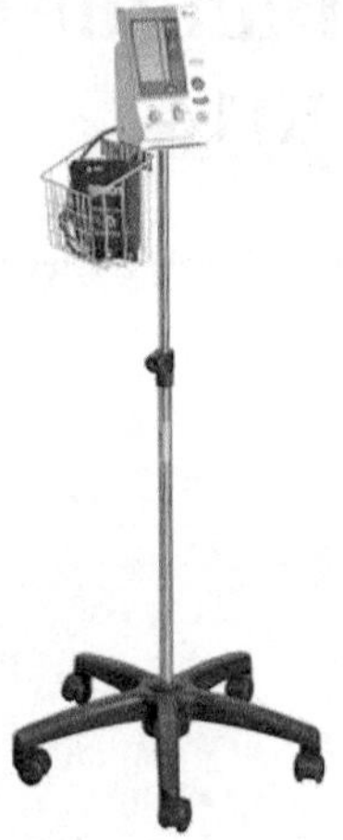

FIGURE 1 – Tensiomètre utilisé en milieu hospitalier.

On peut également mesurer ces pressions avec un tensiomètre électronique (voir figure 1). Il existe des modèles simples pour les particuliers et des modèles beaucoup plus complets dans le cadre des milieux médicaux.

Les applications numériques seront données avec 1 chiffre significatif, sauf contre-ordre.

II. Etude du capteur de pression

Cette partie n'est pas reproduite ici, elle ne relève pas du programme d'informatique. Elle n'est pas utile à la compréhension de la suite du sujet.

III. Traitement numérique des informations

Le capteur fournit une tension $u(t)$ qui va subir un traitement informatique par une carte de commande. L'objectif de cette partie est de mettre en place les différents algorithmes permettant de déterminer les pressions diastolique et systolique ainsi que le pouls du patient après avoir filtré numériquement le signal. L'utilisation en milieu hospitalier nécessite la sauvegarde des différentes données dans une base de données afin de réaliser un meilleur suivi du patient.

Les algorithmes demandés au candidat peuvent être réalisés **dans le langage Python ou dans le langage Scilab ; toutes les questions seront traitées dans le même langage.**

Veillez à apporter les commentaires suffisants à la compréhension de votre programme et à utiliser des noms de variables explicites.

III.1 Numérisation du signal

Le signal $V_p(t)$ issu du conditionnement est amplifié pour donner la tension $u(t)$ fournie par le capteur ; cette tension $u(t)$ est numérisé par un convertisseur analogique-numérique.
La tension $u(t)$ mesurée appartient à [0, 5 V] pour une pression comprise entre [0, 1350 HPa].
La pression affichée est en mmHg, on rappelle que 1013 HPa = 750 mmHg.

La résolution de l'affichage de la pression est de 1 mmHg, cependant la numérisation du signal nécessite une précision plus importante de l'ordre de 0,02 mmHg maximum.

Le constructeur a, à sa disposition, des convertisseurs analogique-numérique (CAN) dotés d'une résolution de 10 bits, 12 bits et 16 bits.

Q 18. Déterminer en justifiant votre réponse la résolution du (ou des) CAN permettant de respecter le critère de précision.

On cherche à déterminer la quantité de mémoire nécessaire pour stocker une mesure.
Une mesure peut durer jusqu'à 60 s. La fréquence d'échantillonnage est de 1000 Hz.
L'ensemble des valeurs de la mesure va être stocké dans un tableau.

Q 19. Choisir un type de stockage pour les valeurs parmi les types suivants : entier relatif codé sur 8, 16, 32 ou 64 bits, entier non signé codé sur 8, 16, 32 ou 64 bits, réel codé sur 32 ou 64 bits. En déduire la quantité de mémoire nécessaire pour stocker le tableau, exprimée en octets (1 octet = 8 bits).

III.2 Filtrage numérique du signal

La fréquence d'échantillonnage est notée f_e, la période d'échantillonnage est notée T_e. Le signal numérisé est stocké dans une liste de taille N, notée `Ue`, contenant l'ensemble des valeurs $U_e(nT_e)$ accessible par la commande `Ue[n]` avec $n \in [\![0,N-1]\!]$ en Python et par la commande `Ue(n)` avec $n \in [\![1,N]\!]$ en Scilab.

Pour simplifier les notations, toute fonction du temps $U_g(t)$ évaluée au temps iT_e sera notée $U_{g,i}$ au lieu de $U_g(iT_e)$.

Le signal numérisé est filtré pour supprimer les bruits de mesure et permet d'obtenir le signal filtré numérique U_f sous forme d'une nouvelle liste `Uf`.

Le filtre numérique retenu est un filtre du 2nd ordre modélisé par l'équation différentielle

$$\frac{1}{\omega^2}\ddot{U}_f(t) + \frac{2z}{\omega}\dot{U}_f(t) + U_f(t) = U_e(t)$$

On choisit $\omega_0 = 20$ rad/s et $z = 0.7$.

Q 20. Justifier succinctement le choix de ces valeurs sachant que la fréquence cardiaque est au maximum de 190 pulsations par minute.

Pour résoudre cette équation différentielle, on utilise le schéma numérique d'intégration de Newmark :

$$\begin{aligned}\dot U_{f,i+1} &= \dot U_{f,i} + (1-\gamma)T_e\ddot U_{f,i} + \gamma T_e \ddot U_{f,i+1}\\ U_{f,i+1} &= U_{f,i} + T_e\dot U_{f,i} + T_e^2(1/2-\beta)\ddot U_{f,i} + T_e^2\beta\ddot U_{f,i+1}\end{aligned}$$

où γ et β sont des paramètres de la méthode.

Q 21. En introduisant les relations du schéma de Newmark dans l'équation différentielle exprimée au pas de temps $(i+1)T_e$, montrer que la relation de récurrence peut se mettre sous la forme suivante : $\ddot U_{f,i+1} = B_1\left(U_{e,i+1} + B_2\ddot U_{f,i} + B_3\dot U_{f,i} + B_4 U_{f,i}\right)$ avec $B_1 = \dfrac{1}{\dfrac{1}{\omega^2} + \dfrac{2z\gamma}{\omega}T_e + T_e^2\beta}$.

Vous exprimerez B_2, B_3 et B_4 en fonction de z, ω, β, γ.

Afin d'analyser les propriétés de la méthode de Newmark, on résout l'équation différentielle pour un second membre simple avec différents pas de temps, pour un réglage des paramètres γ et β fixé. Les résultats sont synthétisés sur la figure suivante.

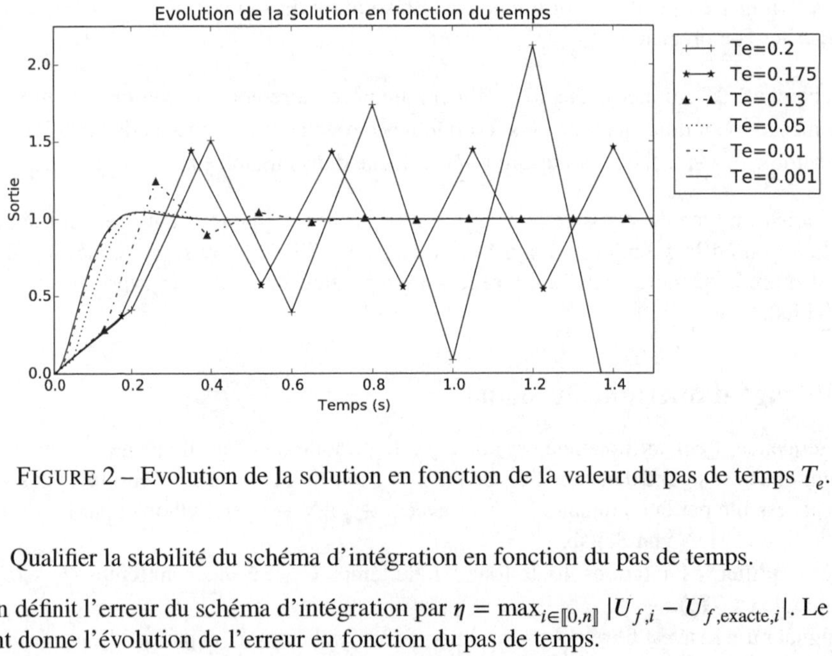

FIGURE 2 – Evolution de la solution en fonction de la valeur du pas de temps T_e.

Q 22. Qualifier la stabilité du schéma d'intégration en fonction du pas de temps.

On définit l'erreur du schéma d'intégration par $\eta = \max_{i\in[\![0,n]\!]} |U_{f,i} - U_{f,\text{exacte},i}|$. Le tableau suivant donne l'évolution de l'erreur en fonction du pas de temps.

T_e	0,01	0,001	0,0001
η	0,05	0,005	0,0005

Q 23. Etant donné l'évolution de l'erreur, proposer un ordre de convergence associé à la méthode de Newmark dans la configuration donnée.

Dans le cadre de l'acquisition numérique, la période d'échantillonnage est fixée, donc le pas de temps d'intégration aussi. On rappelle que la fréquence d'échantillonnage est de 1000 Hz.

Q 24. Conclure quant à la qualité du calcul du signal filtré.

Q 25. Ecrire une fonction `newmark(gamma,beta,omega,z,e,Te)` qui prend en argument les paramètres γ et β de la méthode, les paramètres ω et z du filtre, le signal à filtrer e et la période d'échantillonnage T_e. Cette fonction retourne le signal filtré sous la forme d'une liste de même taille que la variable `e`. On supposera les conditions initiales nulles. On pourra utiliser directement les constantes B_1, B_2, B_3 et B_4 en les supposant définies comme variables globales.

Q 26. Proposer une amélioration de la fonction `newmark` afin de minimiser la taille des variables intermédiaires, donner la nouvelle fonction. Si vous pensez avoir déjà un algorithme optimal, précisez-le sur votre copie en justifiant.

III.3 Détermination des pressions systolique, diastolique

Les courbes de la pression mesurée brute et filtrée sont données sur la figure 3. L'objectif de cette partie est d'analyser la courbe afin d'extraire les données recherchées. On dispose de deux tableaux : `data` contenant la pression mesurée filtrée et `t` contenant le temps associé à chaque mesure (les données sont rangées par temps croissant).

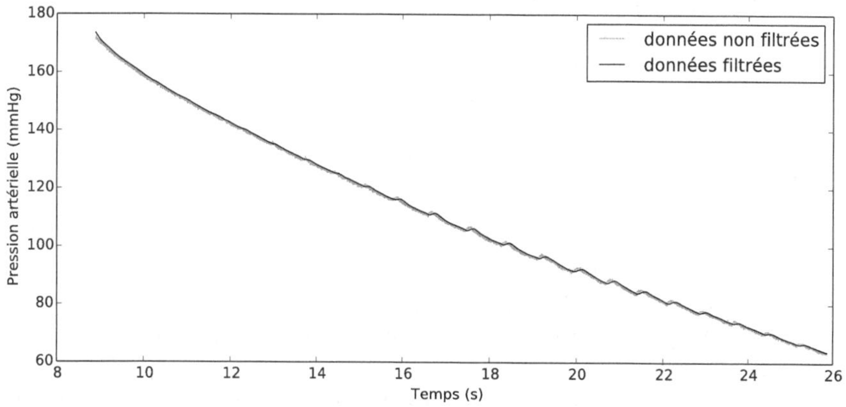

FIGURE 3 – Pression artérielle mesurée brute et filtrée.

Pour déterminer la pression systolique, il faut parcourir la courbe ; celle-ci présente des successions de bosses et de creux qui seront respectivement nommés maximum local et minimun local. La pression systolique correspond à la valeur du maximum local où le critère $\dfrac{\text{maximum\_local - minimum\_local}}{\text{minimum\_local}} > 4 \times 10^{-5}$ est vérifié pour la première fois en parcourant les données par temps croissant.

Q 27. Ecrire une fonction `pression_systolique(data)` qui prend en argument les données mesurées filtrées et qui retourne la pression systolique. On supposera qu'il est toujours possible de trouver la pression systolique dans le tableau `data`.

La pression diastolique correspond à la valeur du maximum local où le critère $\dfrac{\text{maximum\_local - minimum\_local}}{\text{minimum\_local}} > 4 \times 10^{-3}$ est vérifié pour la dernière fois en parcourant les données par temps croissant et que le maximum local reste supérieur à 40 mmHg pour éviter de détecter un bruit numérique.

Q 28. Ecrire une fonction `pression_diastolique(data)` qui prend en argument les données mesurées filtrées et qui retourne la pression diastolique. On supposera qu'il est toujours possible de trouver la pression diastolique parmi dans le tableau `data`.

IV. Stockage et analyse des résultats

Le tensiomètre est utilisé dans le domaine hospitalier lors des visites régulières des infirmières dans les chambres des patients. Le tensiomètre doit permettre d'enregistrer les différentes constantes pour chaque patient. Après utilisation, le tensiomètre est connecté au réseau de l'hôpital et synchronise ses mesures avec la base de données des patients.

La base de données est composée de plusieurs tables dont :

- `patients` avec les attributs :
  - `id` : identifiant associé à un patient, clé primaire
  - `numero_secu` : le numéro de sécurité sociale du patient
  - `nom` : le nom du patient
  - `prenom` : le prénom (ou les prénoms) du patient
  - `adresse1` : adresse du patient
  - `adresse2` : complément d'adresse du patient
  - `code_postal` : code postal de la ville du patient
  - `ville` : ville du patient
  - `date_de_naissance` : date de naissance du patient
  - `telephone` : numéro de téléphone
  - ...
- `mesures` avec les attributs :
  - `id` : identifiant associé à une mesure, clé primaire
  - `type` : le type de mesure stockée : résultat d'analyse sanguine, pression artérielle, radio...
  - `datetime` : la date et l'heure de l'examen sous la forme '2016-01-01 00 :00 :00'
  - `pid` : identifiant du patient associé à la mesure
  - `pdias` : pression diastolique en mmHg.
  - `psyst` : pression systolique en mmHg.
  - `pouls` : pouls en pulsations par minute.
  - ...

Remarque : Les tables contiennent bien d'autres attributs, la base de données d'autres tables, seuls les éléments nécessaires à la suite ont été mis en place.

Q 29. Rappeler en quelques lignes l'utilité d'une clé primaire dans chacune des tables et dire si un autre attribut des tables aurait pu servir de clé primaire.

Pour le besoin du suivi médical des patients, les médecins doivent pouvoir avoir accès à l'évolution des constantes en fonction du temps lors d'une hospitalisation.

A l'aide d'une interface graphique non étudiée ici, le médecin peut sélectionner les données à extraire entre deux dates qui seront stockées dans les variables `time1` et `time2` stockées dans le format de `datetime`. Il souhaite tracer les évolutions des pressions systolique, diastolique et le pouls entre ces deux dates.

Q 30. Donner la requête SQL à envoyer au serveur de gestion de la base de données permettant de récupérer la valeur des champs `datetime`, `pdias`, `psyst` et `pouls` entre les deux dates `time1` et `time2` (stockées dans le format de `datetime`).

La requête précédente renvoie toutes les mesures sans distinction de type de mesures et sans que ce soit lié à un unique patient.

Le médecin a sélectionné un patient avec son identifiant unique `id`, cette valeur est stockée dans la variable `id_patient`.

Q 31. Donner la requête SQL à envoyer au serveur de gestion de la base de données permettant de récupérer la valeur des champs précédents entre les deux mêmes dates, pour le patient `id_patient` et pour un type de mesures `'tension'`.

La requête est envoyée et traitée à l'aide d'une fonction `traitement_requete(requete )` qui retourne un tableau `resultat_requete` dont la première colonne est le champ `datetime`, la deuxième le champ `psyst`, la troisième le champ `pdias` et la dernière `pouls`.

On supposera pour simplifier que la valeur de la colonne `datetime` est comprise comme un entier par le langage de programmation retenu et qu'il peut être utilisé directement comme abscisse des graphiques à produire dans la question suivante.

Q 32. Donner la séquence d'instructions permettant de tracer un graphique comportant l'évolution des pressions diastolique et systolique ainsi que le pouls en fonction du temps. Vous veillerez à mettre des titres et légendes sur le graphique. Vous utiliserez des styles de lignes différents pour chaque ligne dont vous expliciterez en commentaire le résultat visuel (couleur, type de trait : continu, pointillé...). Des éléments de documentation sont donnés en annexe.

A coté du graphique, le médecin souhaite avoir les valeurs minimale, maximale, moyenne et médiane de chacune des constantes.

Q 33. Ecrire une fonction `analyse(valeurs)` qui prend en argument une liste de valeurs et qui retourne le minimum, le maximum et la moyenne.

Q 34. Déterminer la complexité de votre fonction `analyse(valeurs)` en fonction de la taille de la liste de valeurs notée n dans le meilleur et le pire des cas. Vous calculerez pour cela le nombre de comparaisons et d'opérations (addition, soustraction, division, multiplication) réalisées.

Q 35. A l'aide d'une méthode de tri de votre choix que vous expliciterez, écrire une fonction `mediane(valeurs)` qui prend en argument une liste de valeurs et qui renvoie la valeur de la médiane.

Q 36. Déterminer la complexité de votre fonction dans le meilleur et dans le pire des cas en comptant le nombre de comparaisons effectuées. Votre méthode est-elle efficace ? Justifier.

Le médecin souhaite obtenir les nom, prénom et le numéro de téléphone des patients qui ont eu une pression systolique supérieure strictement à 160 mmHg, une pression diastolique supérieure strictement à 110 mmHg, avec un pouls compris strictement entre 100 et 150.

Q 37. Ecrire la requête SQL à envoyer au serveur de gestion de la base de données permettant de répondre à la demande du médecin.

V. Annexe - documentation partielle

Les syntaxes entre le langage Python et Scilab sont tout à fait similaires pour les cas standards. La documentation officielle partielle suivante, issue de Python, peut être utilisée dans les deux langages.

En Python, on supposera que les fonctions ont été importées et sont directement utilisables.

V.1 Tracer une courbe `plot(*args, **kwargs)`

Plot lines and/or markers to the Axes. `args` is a variable length argument, allowing for multiple `x`, `y` pairs with an optional format string (`fmt`). For example, each of the following is legal :

```
plot(x,y)       # plot x and y using default line style and color
plot(x,y,'bo')  # plot x and y using blue circle markers
```

An arbitrary number of `x`, `y`, `fmt` groups can be specified, as in :

```
plot(x1, y1, 'g^', x2, y2, 'g-')
```

Return value is a list of lines that were added.
By default, each line is assigned a different style specified by a 'style cycle'.

The following format string characters are accepted to control the line style or marker :

character	description
'-'	solid line style
'–'	dashed line style
'-.'	dash-dot line style
':'	dotted line style
'.'	point marker
','	pixel marker
'o'	circle marker
'v'	triangle_down marker
'^'	triangle_up marker
'<'	triangle_left marker
'>'	triangle_right marker
'1'	tri_down marker
'2'	tri_up marker

character	description
'3'	tri_left marker
'4'	tri_right marker
's'	square marker
'p'	pentagon marker
'*'	star marker
'h'	hexagon1 marker
'H'	hexagon2 marker
'+'	plus marker
'x'	x marker
'D'	diamond marker
'd'	thin_diamond marker
'|'	vline marker
'_'	hline marker

The following color abbreviations are supported :

character	color
'b'	blue
'g'	green
'r'	red
'c'	cyan
'm'	magenta
'y'	yellow
'k'	black
'w'	white

Line styles and colors are combined in a single format string, as in `'bo'` for blue circles.

V.2 Titres et légende

`xlabel(s)` : Set the x axis label of the current axis with the string `s`.
`ylabel(s)` : Set the y axis label of the current axis with the string `s`.
`title(s)` : Set a title of the current axes with the string `s`.
`legend(*args)` : Places a legend on the axes. `args` must be a list of string.

CORRIGÉ COMMENTÉ

III. Traitement numérique des informations

Q 18. La pression peut être comprise entre [0, 1350] HPa, soit entre [0, 999.5] mmHg. La précision souhaitée est de 0.02 mmHg maximum. Calculons pour chacun des CAN proposés, sa précision :

Résolution	Précision	Respect critère
10 bits	$\dfrac{999.5}{2^{10}-1} = 0.98$	Non
12 bits	$\dfrac{999.5}{2^{12}-1} = 0.2$	Non
16 bits	$\dfrac{999.5}{2^{16}-1} = 0.05$	Oui

Il faut utiliser un CAN 16 bits.

Commentaire

Pas de difficulté particulière, attention à donner une justification claire.

Q 19. On souhaite stocker la pression en mémoire. Avant conversion par le CAN, chaque mesure de pression est une valeur réelle positive. Mais après conversion par le CAN, les valeurs sont toutes entières. Il paraît donc intéressant d'utiliser un entier non signé codé sur 16 bits comme type de stockage.

La mesure dure au maximum 60 s avec une fréquence d'échantillonnage de 1000 Hz, donc il y a 60000 valeurs à stocker, et chacune utilise 16 bits (= 2 octets). Donc au final le tableau utilisera $60000 \times 2 = 120$ ko en mémoire.

Commentaire

Un CAN fournit des valeurs entières. Un candidat ne le sachant pas aura fait le même raisonnement sur des flottants. Toutes les valeurs de CAN n'étant pas disponibles, le choix aura dû être expliqué.

Q 20. La fréquence cardiaque est au maximum de 190 p/min, ce qui correspond à une pulsation cardiaque de $\omega = 2\pi f = 2\pi \dfrac{190}{60} \approx 20$ rad/s. Seules les pulsations supérieures à 20 rad/s seront filtrées. La fréquence cardiaque sera conservée.

L'intérêt de la valeur de 0,7 pour z est moins simple. Cette valeur correspond à la valeur la plus faible sans résonance. Une valeur inférieure à 0,7 donnerait une résonance pour une valeur proche de ω ; ce qui correspondrait à une résonance autour de la fréquence cardiaque.

Commentaire

Il faut penser à convertir la valeur de la fréquence cardiaque pour qu'elle soit comparable à ω.

Q 21. Reprenons l'équation différentielle au temps $(i+1)T_e$:

$$\frac{1}{\omega^2}\ddot{U}_{f,i+1} + \frac{2z}{\omega}\dot{U}_{f,i+1} + U_{f,i+1} = U_{e,i+1}$$

Introduisons maintenant le schéma de Newmark :

$$\frac{1}{\omega^2}\ddot{U}_{f,i+1} + \frac{2z}{\omega}\left(\dot{U}_{f,i} + (1-\gamma)T_e\ddot{U}_{f,i} + \gamma T_e\ddot{U}_{f,i+1}\right) + \left(U_{f,i} + T_e\dot{U}_{f,i} + T_e^2(1/2-\beta)\ddot{U}_{f,i} + T_e^2\beta\ddot{U}_{f,i+1}\right) = U_{e,i+1}$$

$$\ddot{U}_{f,i+1}\left(\frac{1}{\omega^2} + \frac{2z\gamma}{\omega}T_e + T_e^2\beta\right) + \ddot{U}_{f,i}\left(\frac{2z}{\omega}(1-\gamma)T_e + T_e^2(1/2-\beta)\right) + \dot{U}_{f,i}\left(\frac{2z}{\omega} + T_e\right) + U_{f,i} = U_{e,i+1}$$

$$\ddot{U}_{f,i+1} = \frac{1}{\frac{1}{\omega^2} + \frac{2z\gamma}{\omega}T_e + T_e^2\beta} \times \left(U_{e,i+1} - \ddot{U}_{f,i}\left(\frac{2z}{\omega}(1-\gamma)T_e + T_e^2(1/2-\beta)\right) - \dot{U}_{f,i}\left(\frac{2z}{\omega} + T_e\right) - U_{f,i}\right)$$

Il suffit maintenant d'identifier les termes avec ceux du sujet :

$$B_2 = -\left(\frac{2z}{\omega}(1-\gamma)T_e + T_e^2(1/2-\beta)\right) \quad ; \quad B_3 = -\left(\frac{2z}{\omega} + T_e\right) \quad ; \quad B_4 = -1$$

Q 22. En observant les résultats de la figure 2, on remarque trois tendances d'évolution de la solution en fonction du temps. Pour une valeur $T_e = 0.2$ s la solution diverge, pour $T_e = 0.17\,5$ s la solution semble périodique et oscille autour d'une valeur, enfin pour toutes les autres valeurs de T_e s, la solution converge.

On peut donc dire que la stabilité du schéma d'intégration dépend de la période d'échantillonnage. Dans notre exemple, le schéma d'intégration est stable pour $T_e < 0.175$ s (et en limite de la stabilité pour $T_e = 0.175$ s).

Q 23. L'évolution de l'erreur fournie montre que η et T_e sont proportionnels, $\eta = 5T_e$. C'est une évolution linéaire.

Commentaire

Ceci permet de conclure que la méthode est d'ordre 1, mais l'ordre de convergence est une notion hors programme.

Q 24. La fréquence d'échantillonnage est de 1000 Hz, donc le pas de temps $T_e = 0.001$ s. Cette valeur est bien inférieure à la valeur trouvée en Q23, et fournit une erreur $\eta = 0.005$, on peut dire que le schéma est stable et l'erreur relativement faible (5%).

Q 25.

```python
def newmark(gamma,beta,omega,z,e,Te):
    s = [0] # Valeur initiale
    d1 = 0  # Dérivée 1ère
    d2 = 0  # Dérivée 2nde
    for i in range(1,len(e)):    # 1 élément déjà présent
        d2nouv = B1*(e[i] + B2*d2 + B3*d1 + B4*s[-1])
        d1nouv = d1 + (1-gamma)*Te*d2 + gamma*Te*d2nouv
        snouv = s[-1] + Te*d1 + Te**2*(1/2-beta)*d2 + \
            Te**2*beta*d2nouv
        s.append(snouv)
        d2 = d2nouv
        d1 = d1nouv
    return s
```

Commentaire

Les valeurs des variables `d1` et `d2` successives auraient pu être stockées dans des listes. Néanmoins n'ayant besoin que de leur dernière valeur, l'utilisation de 4 variables suffit et nécessite un espace en mémoire plus faible.

Q 26. La fonction présentée en Q25 est déjà optimale car elle n'utilise pas d'autre liste que celle à renvoyer. Les valeurs des dérivées sont stockées dans 4 variables intermédiaires, mises à jour à chaque étape.

Q 27.

```python
def pression_systolique(data):
    i,j = 0,0
    N = len(data)-1
    while data[i] < data[i+1]:
        i = i+1
    while data[j] > data[j+1]:
        j = j+1
    ML = data[i]
    ml = data[j]
    while (ML-ml)/ml <= 4e-5:
        if i < j:
            i = j
            while i < N and data[i] < data[i+1]:
                i = i+1
            ML = data[i]
        else:
            j = i
```

```python
            while j < N and data[j] > data[j+1]:
                j = j+1
            ml = data[j]
    return ML
```

Commentaire

La fonction initialise `i` et `j`, indices des maximum et minimum locaux respectivement. La fonction recherche les premiers maximum et minimum locaux (`ML` et `ml`). S'ils ne respectent pas la condition voulue, on recherche le nouveau maximum ou minimum local, en fonction du dernier rencontré, et ceci jusqu'à remplir la condition.
Le sujet précise que la liste `data` contient forcément une telle pression systolique, ainsi les tests `i<N` et `j<N` ne sont pas obligatoires.

Q 28.

```python
def pression_diastolique(data):
    N = len(data)-1
    i, j = N, N
    while i > 0 and data[i] < data[i-1]:
        i = i-1
    while j > 0 and data[j-1] < data[j]:
        j = j-1
    ML = data[i]
    ml = data[j]
    while (ML-ml)/ml <= 4e-3 and ML > 40:
        if i > j:
            i = j
            while i > 0 and data[i] < data[i-1]:
                i = i-1
            ML = data[i]
        else:
            j = i
            while j > 0 and data[j-1] < data[j]:
                j = j-1
            ml = data[j]
    return ML
```

Commentaire

Cette fonction ressemble beaucoup à la réponse précédente. On remarque qu'il est plus judicieux de commencer par tester les valeurs en partant de la fin de la liste ("dernière valeur" demandée par le sujet).

IV. Stockage et analyse des résultats

Q 29. Une clé primaire est un attribut ou un n-uplet d'attributs permettant d'identifier de façon unique les valeurs de la relation.

Dans la table `patients`, **`id`** est la clé primaire, c'est un identifiant pour chaque patient. L'attribut `numero_secu` aurait pu être une clé primaire puisque ce numéro est unique et permet d'identifier tout patient (excepté les enfants).

Dans la table `mesures`, **`id`** est la clé primaire, il représente l'identifiant de la mesure. L'attribut `datetime` peut surement être une clé primaire puisqu'il est peu probable que deux mesures aient commencé exactement à la même seconde.

Q 30.

```sql
SELECT datetime, pdias, psyst, pouls
FROM mesures
WHERE time1 < datetime AND datetime < time2
```

Q 31.

```sql
SELECT datetime, pdias, psyst, pouls
FROM mesures
WHERE pid = id_patient AND time1 < datetime AND
    datetime < time2 AND type = 'tension'
```

Q 32.

```python
title(" Evolution des pressions diastolique et systolique
    et du pouls en fonction du temps ")
datetime = resultat_requete[0]
# Pres. syst. : bleu, pointillés, hexagones
plot(datetime, resultat_requete[1],'bh--')
# Pres. diast. : vert, trait continu, étoiles
plot(datetime, resultat_requete[2],'g-*')
# Pouls : rouge, ronds
plot(datetime, resultat_requete[3],'ro')
legend(["Pres. systolique", "Pres. diastolique", "Pouls"])
xlabel("Temps")
ylabel("Mesure")
```

Commentaire

Le tracé de courbes est un exercice classique durant l'année. Le rapport précise : « *Le jury tient à ce que les candidats sachent tracer un graphique légendé correctement* ». Les étudiants doivent être capables d'utiliser l'aide fournie.
Lorsqu'il y a plusieurs courbes sur un seul tracé, il peut-être judicieux d'utiliser le paramètre `label` dans la fonction `plot` directement. Dans ce cas, la fonction `legend` s'utilise sans argument. Ainsi les tracés auraient pu s'écrire :

```
title(" Evolution des ... ")
datetime = resultat_requete[0]
plot(datetime, resultat_requete[1],'bh--',label="Pres.
    systolique")
plot(datetime, resultat_requete[2],'g-*',label="Pres.
    diastolique")
plot(datetime, resultat_requete[3],'ro',label="Pouls")
legend()
xlabel("Temps")
ylabel("Mesure")
```

Q 33.

```
def analyse(valeurs):
    n = len(valeurs)
    somme = valeurs[0]
    mini = maxi = valeurs[0]
    for i in range(1,n):
        vi = valeurs[i]
        somme += vi
        if vi < mini:
            mini = vi
        elif vi > maxi:
            maxi = vi
    return mini, maxi, somme/n
```

Commentaire

Le sujet ne précise rien sur les fonctions **sum**, **min** et **max** du langage python, il est donc possible de les utiliser en précisant les arguments et ce que les fonctions renvoient. Pourtant, il semble ici que ces calculs soient l'essentiel de la question, nous avons préféré détailler leur calcul.

Q 34. Soit n la taille de la liste `valeurs`. Dans le meilleur des cas, seule la première comparaison est effectuée à chaque tour de boucle (cas d'une liste triée par ordre décroissant), le nombre d'opérations comptées est alors :

$$\underset{\text{tours de boucle}}{(n-1)} \times (\underset{\text{addition}}{1} + \underset{\text{comparaison}}{1}) + \underset{\text{division}}{1} = 2n - 1 = \Theta(n)$$

Dans le pire des cas les deux comparaisons sont effectuées à chaque tour de boucle (cas d'une liste dont `valeurs[0]` est le minimum), le nombre d'opérations comptées est alors :

$$\underset{\text{tours de boucle}}{(n-1)} \times (\underset{\text{addition}}{1} + \underset{\text{comparaisons}}{2}) + \underset{\text{division}}{1} = 3n - 2 = \Theta(n)$$

Dans tous les cas, la complexité est linéaire en la taille de la liste.

Commentaire

L'énoncé indique précisément quelles opérations on doit compter dans cette question, il n'est donc pas pertinent de compter les affectations ici. Évidemment, une solution utilisant **`min`**, **`max`** et **`sum`** dans la question précédente ne nous aurait pas permis de faire une étude de la complexité.

Q 35. Le tri par insertion est choisi ici.

```
1  def mediane(a):
2      a = a[:]
3      n = len(a)
4      for i in range(n):
5          x = a[i]
6          j = i
7          while j > 0 and a[j-i] > x:
8              a[j] = a[j-1]
9              j = j-1
10         a[j] = x
11     return a[n//2]
```

Commentaire

Le tri par insertion fait partie des trois algorithmes de tri au programme. Il n'est pas demandé de trier la liste, mais seulement d'en renvoyer la valeur médiane. La ligne 2 permet de copier la liste mise en argument dans une nouvelle variable a. Ainsi, la liste mise en argument ne sera pas modifiée, seule la copie le sera. La valeur médiane se trouve à l'indice du milieu. Un indice doit toujours être entier, alors on choisira d'utiliser directement une division entière : `n//2`.
Une solution plus efficace est possible en utilisant le tri rapide, se reporter au corrigé de la question 16 du sujet CCP - Informatique 2015 (PSI), p. 75.

Q 36. On appelle n la taille du tableau `a`.

Dans le meilleur des cas, la liste est déjà triée et à chaque valeur de i, seules 2 comparaisons et 2 affectations sont effectuées. Au total, il y a donc $2 \times n$ comparaisons à faire. La complexité de l'algorithme est donc linéaire, en $O(n)$.

Dans le pire des cas, la liste est triée à l'envers. Pour chaque valeur de i, $2 \times (n-i)$ comparaisons et $2 + 2 \times (n-i)$ affectations. Au total, il y a donc $\frac{n-1}{2} \times n$ comparaisons à faire. La complexité est alors quadratique, en $O(n^2)$.

S'il n'y a pas de raison que la liste soit presque triée, il vaudrait mieux utiliser un autre tri. Par exemple, le tri fusion a une complexité quasi-linéaire : $\Theta(n\log(n))$ dans tous les cas, son pire cas est donc meilleur que le pire cas du tri par insertion.

Commentaire

Il faut connaître les trois tris du programme : tri par insertion, tri rapide et tri fusion. Pour chacun d'eux, il faut connaître et être capable de recalculer la complexité.

Q 37.

```
SELECT nom, prenom, telephone
FROM patients JOIN mesures ON patients.id = pid
WHERE pdias > 110 AND psyst > 160 AND 100 < pouls AND pouls
    < 150
```

Commentaire

Une jointure est nécessaire. Il faut bien préciser le nom de la table devant l'attribut `id` car il existe dans les deux tables. Pour les autres attributs, nous avons considéré qu'ils n'existaient que dans une.

CCP – Modélisation de systèmes physiques ou chimiques 2016

PC - Durée : 4 heures

SUJET

EPREUVE SPECIFIQUE - FILIERE PC

MODÉLISATION DE SYSTÈMES PHYSIQUES OU CHIMIQUES

Jeudi 5 mai : 8h - 12h

N.B. : le candidat attachera la plus grande importance à la clarté, à la précision et à la concision de la rédaction. Si un candidat est amené à repérer ce qui peut lui sembler être une erreur d'énoncé, il le signalera sur sa copie et devra poursuivre sa composition en expliquant les raisons des initiatives qu'il a été amené à prendre.

Les calculatrices sont autorisées

Détermination du coefficient de transfert d'un polluant dans une colonne d'absorption

I. Présentation du problème

Les procédés d'absorption sont souvent utilisés pour la dépollution des gaz. Ces procédés reposent sur l'absorption préférentielle du gaz polluant par un solvant et sont la plupart du temps mis en œuvre dans des colonnes d'absorption (figure 1). Lors du contact entre les deux phases (gazeuse et liquide), le polluant est transféré du gaz vers le solvant. On récupère un gaz purifié en sortie haute de colonne et le solvant chargé du polluant en pied de colonne.

Un exemple courant est l'absorption du dioxyde de carbone présent dans les gaz de combustion à l'aide d'un solvant aminé pour éviter de rejeter ce gaz à effet de serre directement dans l'atmosphère.

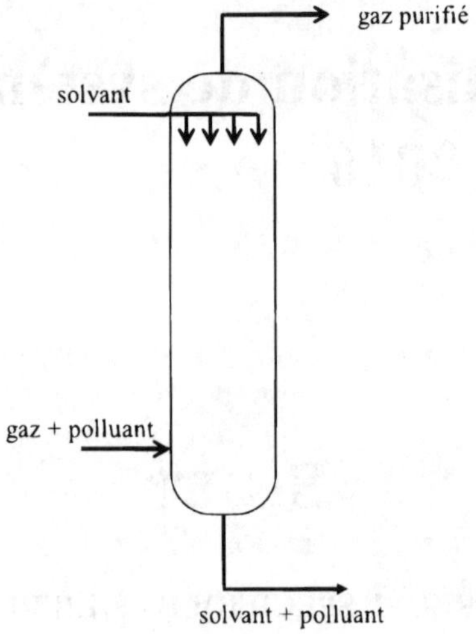

FIGURE 1 – Schéma d'une colonne d'absorption utilisée dans l'industrie pour la dépollution d'un gaz.

Pour dimensionner les colonnes d'absorption, on a besoin de connaître la conductance de transfert du polluant dans le solvant (notée k_L, unité : m.s^{-1}). Pour déterminer ce paramètre, on réalise une étude dans un réacteur de laboratoire dont les conditions de fonctionnement sont beaucoup plus simples et beaucoup mieux définies que dans une véritable colonne d'absorption. Le réacteur de laboratoire utilisé est un réacteur biphasique gaz-liquide.

Une des spécificités de ce réacteur est qu'il est alimenté par un débit variable de polluant qui est ajusté au cours du temps de manière à maintenir la pression de la phase gazeuse constante (figure 2). Au cours d'une expérience, on enregistre le débit molaire de polluant A qui entre dans le réacteur en fonction du temps. D'après la loi de Dalton, la pression totale est égale à la somme des pressions partielles des espèces dans la phase gazeuse. Comme A est seul dans la phase gazeuse, la pression totale P_{tot} est égale à la pression partielle de A, notée P_A. On suppose que le réacteur est isotherme.

La détermination directe de la conductance de transfert d'un polluant dans un solvant n'est pas aisée. On procède en deux étapes pour la déterminer :

- on détermine d'abord la valeur du produit $k_L \times a$, où a est l'aire interfaciale entre le liquide et le gaz par unité de volume de la phase liquide (unité de a : m^2.m^{-3}), grâce à une première expérience où le seul phénomène qui a lieu est l'absorption physique du polluant A dans le solvant ;
- on détermine ensuite les valeurs des deux paramètres k_L et a de manière indépendante grâce à une seconde expérience avec le même solvant mais qui contient cette fois-ci un

réactif B qui réagit avec le gaz polluant A (absorption physique avec réaction chimique). On supposera que la réaction chimique en phase liquide s'écrit : $A + B \rightarrow produits$.

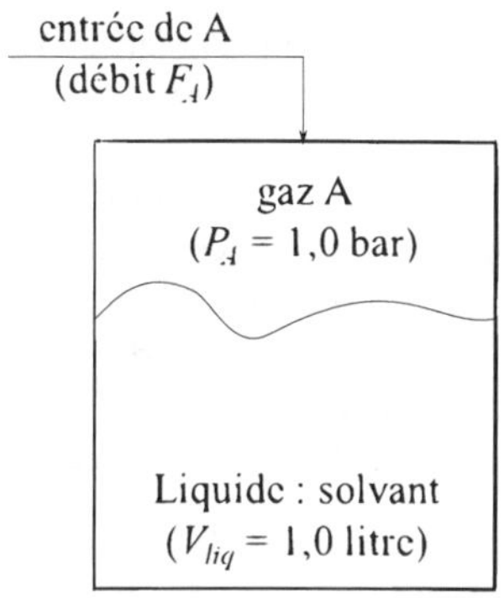

F_A : débit molaire de A qui entre dans le réacteur.
P_A : pression partielle de A dans la phase gazeuse.
V_{liq} : volume de la phase liquide (solvant).

FIGURE 2 – Schéma du réacteur de laboratoire utilisé pour la détermination de la conductance de transfert du polluant A.

On enregistre le débit molaire de A qui entre dans le réacteur en fonction du temps pour les deux expériences (sans réaction et avec réaction avec le réactif B). Les données se trouvent dans un fichier nommé « `data.txt` ». La première colonne correspond au temps (s). Les deuxième et troisième colonnes correspondent aux débits molaires de A enregistrés au cours des deux expériences (sans et avec réaction respectivement). Les colonnes sont séparées par des espaces (tableau 1).

II. Modélisation des phénomènes

Cette partie n'est pas reproduite ici, elle ne relève pas du programme d'informatique. Elle n'est pas utile à la compréhension de la suite du sujet.

III. Traitement numérique des données expérimentales

Dans cette partie, on propose de comparer les modèles établis dans la partie II aux résultats expérimentaux pour déterminer la valeur de l'aire interfaciale a et celle du coefficient de transfert k_L en utilisant des outils numériques.

Les portions de programme demandées au candidat peuvent être réalisées dans le langage Python ou dans le langage Scilab. Cependant, toutes les questions seront traitées dans le même langage. On veillera à apporter les commentaires suffisants à la compréhension du programme et utiliser des noms de variables explicites. Il est demandé de répondre précisément aux questions posées (par exemple, on écrira une fonction uniquement lorsque cela est explicitement demandé). Des annexes sont disponibles à la fin de l'énoncé.

III.1 Détermination de la valeur du produit $k_L \times a$

Dans cette partie, on va déterminer la valeur du produit$k_L \times a$ à partir des données expérimentales enregistrées en l'absence de réaction dans la phase liquide. Si l'expression du débit molaire de A demandée à la question **Q1.9)**, n'a pas été trouvée, on utilisera la notation formelle suivante pour écrire le code : $F_A = f(t,(k_L \times a))$.

Q3.1) Les données expérimentales sont disponibles sous forme d'un fichier texte nommé « `data.txt` » dans lequel les informations sont présentées sous forme de colonnes (tableau 1). La première colonne du fichier correspond au temps (unité : s), la deuxième au débit molaire de A (unité : mol.s^{-1}) entrant dans le réacteur enregistré au cours de la première expérience (cas de l'absorption dans le solvant sans réaction) et la troisième colonne au débit molaire de A (unité : mol.$^{-1}$) entrant dans le réacteur enregistré au cours de la seconde expérience (en présence du réactif B).

`00.0`	`1.9231E-04`	`1.9230E-04`
`10.0`	`1.8293E-04`	`1.9108E-04`
`20.0`	`1.7401E-04`	`1.8991E-04`
`30.0`	`1.6552E-04`	`1.8878E-04`
`40.0`	`1.5745E-04`	`1.8771E-04`
`50.0`	`1.4977E-04`	`1.8667E-04`

TABLE 9.1 – Données expérimentales contenues dans le fichier « `data.txt` ».

Q3.1.a) Indiquer la syntaxe à utiliser pour charger le fichier « `data.txt` » qui contient les données expérimentales. Donner le code permettant de créer trois vecteurs t^{exp}, F_A^{exp1} et F_A^{exp2} correspondant respectivement aux données des première, deuxième et troisième colonnes. Donner également le code qui permet de déterminer le nombre de points expérimentaux n.

Q3.1.b) Donner la syntaxe permettant de tracer sur un graphe l'évolution du débit molaire de A en fonction du temps dans le cas où seul le phénomène d'absorption physique est étudié.

Q3.2) On souhaite déterminer la valeur du produit $k_L \times a$ grâce au modèle établi à la question **Q1.9)**, par une méthode d'optimisation numérique de paramètres. La méthode utilisée est celle des moindres carrés. Il s'agit d'une méthode qui permet de comparer des données expérimentales à un modèle mathématique la plupart du temps issu d'une théorie.

Dans le cas présent, le modèle mathématique correspond à l'expression du débit molaire F_A, que l'on notera F_A^{th1} par la suite, déterminé à la question **Q1.9)**. Ce débit molaire est une fonction du temps t et du produit $k_L \times a$ que l'on souhaite déterminer. La méthode des moindres carrés donne la valeur optimale du produit $k_L \times a$ qui permet de calculer un débit molaire théorique F_A^{th1} représentant le mieux le débit molaire expérimental F_A^{exp1}. Cette valeur optimale est celle qui permet de minimiser la somme quadratique des déviations des mesures aux prédictions. Cette somme, notée $S(k_L \times a)$, peut se mettre sous la forme suivante :

$$S(k_L \times a) = \sum_{i=1}^{n} \left(F_{Ai}^{exp1} - F_{Ai}^{th1}(k_L \times a) \right)^2$$

avec n le nombre de points expérimentaux, i l'indice correspondant au point expérimental enregistré au temps $t_i^{exp}(1 \leq i \leq n)$, F_{Ai}^{exp1} le débit molaire expérimental obtenu au temps t_i^{exp} et $F_{Ai}^{th1}(k_L \times a)$ le débit molaire théorique calculé au temps t_i^{exp} grâce au modèle établi à la question **Q1.9**).

Ecrire une fonction `smc(kla,t_exp,Fa_exp1)` qui retourne la valeur de la quantité S. Cette fonction aura comme argument d'entrée le produit $k_L \times a$ et les vecteurs t_{exp} et F_A^{exp1} créés à la question **Q3.1.a**).

Q3.3) Une des méthodes utilisées pour trouver le minimum d'une fonction f est celle proposée par Nelder-Mead. Il s'agit d'un algorithme d'optimisation non linéaire basé sur le concept de simplexe à $n + 1$ sommets dans un espace à n dimensions. Dans le cas d'une fonction d'une variable ($n = 1$), un simplexe est un segment.

L'algorithme de Nelder-Mead est une procédure itérative. Partant d'un segment initial $[MN]$, l'algorithme va générer une succession de segments par des transformations simples au cours des itérations : le segment se déplace et se réduit jusqu'à ce que ses extrémités se rapprochent d'un point où la fonction présente un minimum (ce minimum peut être un minimum local).

Soient x_M et x_N les abscisses des points M et N. Les transformations subies par le segment (illustrées à la figure 3) sont basées sur la comparaison des valeurs de la fonction f aux extrémités du segment.

- La première étape consiste à réindexer si nécessaire les deux extrémités du segment de manière à ce que $f(x_M) \leq f(x_N)$.

- L'extrémité N pour laquelle la fonction f est maximale est remplacée par une nouvelle extrémité. On introduit alors le point R, réflexion de N par rapport à M, tel que $x_R = x_M + (x_M - x_N)$.

- Si $f(x_R) < f(x_M)$, le segment est étiré dans cette direction (car la réflexion se rapproche du minimum). On introduit un point E (étirement du segment) tel que $x_E = x_M + 2(x_M - x_N)$ qui permet éventuellement de se rapprocher encore un peu plus du minimum. Le point N est substitué par le point R si $f(x_R) < f(x_E)$, sinon par E.

- Si $f(x_R) > f(x_M)$, le segment est réduit dans la direction opposée de la réflexion (car la réflexion s'éloigne du minimum). On introduit le point C_1 (contraction du segment) qui est défini par $x_{C_1} = x_N + 1/2(x_M - x_N)$. Si $f(x_{c_1}) < f(M)$, N est remplacé par C_1. Sinon N est remplacé par C_2, homothétie de rapport -1 et de centre M du point C_1 ($x_{C_2} = x_M + 1/2(x_M - x_N)$).

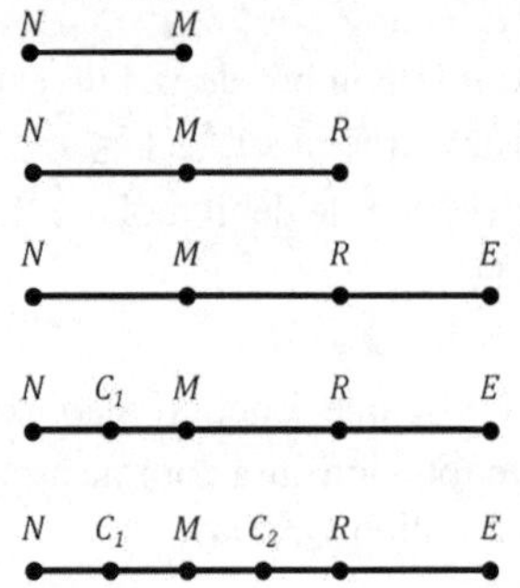

Segment initial, tel que $f(x_M) \leq f(x_N)$

Le point R, réflexion de N par rapport à M

Le point E, étirement du segment, tel que $x_E = x_M + 2(x_M - x_N)$

Le point C_1, contraction du segment, tel que $x_{C_1} = x_N + 1/2(x_M - x_N)$

Le point C_1, contraction du segment, tel que x_{C_2}, image de C_1 par homothétie de centre M et de rapport -1

FIGURE 3 – Illustration des transformations subies par le segment initial $[MN]$ dans la méthode d'optimisation de Nelder-Mead.

Q3.3.a) Soit $f(x)$ une fonction dont on cherche le minimum. Soient x_M et x_N les abscisses des extrémités d'un segment $[MN]$. Ecrire le code permettant de réindexer les deux extrémités du segment de manière à ce que $f(x_M)$ soit inférieure ou égale à $f(x_N)$.

Q3.3.b) Partant du segment $[MN]$ réindexé, écrire le code permettant de transformer le segment $[MN]$ au cours d'une itération de la méthode de Nelder-Mead. Chaque étape du code devra être commentée.

Q3.3.c) Construire une boucle permettant de réaliser des itérations successives de la méthode de Nelder-Mead. On prendra $x_M^0 = 1$ et $x_N^0 = 10^{-5}$ pour les abscisses des deux extrémités du segment initial $[MN]$. Cette boucle sera interrompue lorsque l'écart relatif $abs\left(\frac{x_M - x_N}{x_M}\right)$ sera inférieur à 10^{-4} ou lorsque le nombre maximum d'itérations, fixé par l'utilisateur, sera atteint soit $Itmax = 1000$.

Q3.4) La méthode de Nelder-Mead appliquée à la fonction $S(k_L \times a)$ conduit à $(k_L \times a)_{opt} = 5{,}0 \times 10^{-3}$. Donner le code permettant de calculer le débit molaire théorique grâce à la valeur optimisée du produit $(k_L \times a)_{opt}$.

Q3.5) Indiquer la syntaxe à utiliser pour comparer sur un même graphe les débits molaires théorique et expérimental. Expliquer l'intérêt de comparer la courbe théorique et les points expérimentaux.

Q3.6) On souhaite développer un algorithme de tri permettant de réindexer les sommets d'un simplexe à $p+1$ sommets ($X = x_1, x_2, ...x_{p+1}$) dans le cadre de la généralisation de la méthode de Nelder-Mead appliquée à une fonction quelconque $z(x)$ de p variables ($x \in \mathbb{R}^p$). On propose d'utiliser la méthode du tri par sélection pour réindexer les sommets du simplexe de sorte que les valeurs que prend la fonction $z(x)$ en chaque sommet du simplexe soient classées de manière croissante.

La méthode du tri par sélection repose sur la recherche du plus petit élément d'une liste. Une fois identifié, on échange cet élément avec le premier élément de la liste. Il s'agit d'une procédure itérative (figure 4). Lors de la première itération, on échange le premier élément ($i = 1$) avec le plus petit de la liste. Lors de la i^e itération, on échange le i^e élément par le plus petit élément en ne considérant que ceux à partir de lai^e position.

Vecteur initial	10	2	- 3	5	- 1	20	60	48	- 15	9
1re itération	**- 15**	2	- 3	5	- 1	20	60	48	**10**	9
2e itération	*- 15*	**- 3**	**2**	5	- 1	20	60	48	10	9
3e itération	*- 15*	*- 3*	**- 1**	5	**2**	20	60	48	10	9

FIGURE 4 – Représentation schématique des trois premières itérations de la méthode de tri par sélection.

Ecrire le code permettant de réindexer les sommets du simplexe $X = x_1, x_2, ...x_{p+1}$ de sorte que les valeurs que prend la fonction $z(x)$ en chaque sommet du simplexe soient classées de manière croissante. On supposera que la fonction $z(x)$ est déjà définie.

III.2 Détermination des valeurs de a et k_L

Dans cette partie, on souhaite déterminer la valeur de l'aire interfaciale a en comparant les débits molaires expérimentaux obtenus lors de la deuxième expérience (en présence du réactif B dans le solvant) avec le débit molaire théorique calculé à partir du modèle établi à la question **Q2.7**). Ce modèle est un système de deux équations différentielles ordinaires que l'on peut écrire sous la forme suivante :

$$\begin{cases} \dfrac{dC_A}{dt} = g\left(t, C_A, C_B, a, (k_L \times a)\right) \\ \dfrac{dC_B}{dt} = h\left(t, C_A, C_B, a\right) \end{cases}.$$

La fonction g est une fonction du produit $k_L \times a$ dont la valeur a été déterminée grâce à la première expérience ($(k_L \times a)_{opt} = 5{,}0 \times 10^{-3}\ \text{s}^{-1}$), du temps t, des concentrations C_A et C_B de A et B dans le solvant et de l'aire interfaciale a. La fonction h est une fonction du temps t, des concentrations C_A et C_B de A et B dans le solvant et de l'aire interfaciale a.

On propose d'utiliser la méthode d'Euler pour résoudre le système d'équations différentielles.

Q3.7) Ecrire deux fonctions `G(t,CA,CB,A,kla)` et `H(t,CA,CB,A)` permettant de calculer les valeurs des fonctions $g\left(t, C_A, C_B, a, (k_L \times a)\right)$ et $h\left(t, C_A, C_B, a\right)$.

Q3.8) La méthode utilisée pour résoudre le système d'équations différentielles est la méthode d'Euler à pas fixe. On note t_0 le temps initial, t_f le temps final d'intégration et Δt le pas d'intégration.

Q3.8.a) Soient n le nombre d'expériences réalisées et Δt^{exp} l'intervalle de temps entre deux mesures expérimentales successives du débit molaire du polluant A. Pour réaliser la comparaison entre les débits molaires théoriques et expérimentaux, on ne s'intéresse qu'aux valeurs du débit molaire théorique F_{Ai}^{th2} aux instants particuliers $t_i^{exp} = \Delta t^{exp} \times i$ avec i variant de 1 à n.

La méthode d'Euler ne permet d'obtenir un résultat correct que si le pas d'intégration, Δt, est suffisamment faible. Par conséquent, on souhaite utiliser un pas d'intégration Δt cent fois plus petit que l'intervalle de temps entre deux mesures expérimentales Δt^{exp}. Le temps d'intégration est donc discrétisé en intervalles de durée Δt et les valeurs des concentrations C_A et C_B sont calculées aux instants particuliers $t_j = \Delta t \times j$ avec j variant de 0 à m.

Donner la syntaxe permettant de calculer le pas de temps Δt ainsi que le nombre d'intervalles m (m est un nombre entier) en fonction de t_0 (le premier élément du vecteur t^{exp}), t_f (le dernier élément du vecteur t^{exp}) et Δt^{exp}(l'intervalle de temps entre deux mesures expérimentales successives du débit molaire).

Q3.8.b) Donner une expression de $C_A(t + \Delta t)$ à l'ordre 1 ($o(\Delta t)$) en fonction de C_A et $\frac{dC_A}{dt}$ évaluées en t à l'aide d'un développement limité de la fonction $t \mapsto C_A(t)$.

Q3.8.c) En déduire une valeur approchée de $\left.\frac{dC_A}{dt}\right|_t$ à l'ordre 0 ($o(1)$) en fonction de $C_A(t)$, $C_A(t+\Delta t)$ et Δt. Faire de même pour donner une valeur approchée de $\left.\frac{dC_B}{dt}\right|_t$ à l'ordre 0 ($o(1)$) en fonction de $C_B(t)$, $C_B(t + \Delta t)$ et Δt.

Q3.8.d) On note C_{Aj} et C_{Bj} les concentrations $C_A(t_j)$ et $C_B(t_j)$. De même, on note C_{Aj+1} et C_{Bj+1} les concentrations $C_A(t_{j+1})$ et $C_B(t_{j+1})$. Donner une expression de la dérivée par rapport au temps de C_A évaluée à l'instant t_j, notée $\left.\frac{dC_A}{dt}\right|_{t_j}$, en fonction de Δt, C_{Aj} et C_{Aj+1}. De même, donner une expression de la dérivée par rapport au temps de C_B évaluée à l'instant t_j, notée $\left.\frac{dC_B}{dt}\right|_{t_j}$, en fonction de Δt, C_{Bj} et C_{Bj+1}.

Q3.8.e) Donner le système de deux équations permettant de calculer C_{Aj+1} et C_{Bj+1} en fonction de C_{Aj}, C_{Bj}, Δt, $g\left(t_j, C_{Aj}, C_{Bj}, a, (k_L \times a)\right)$ et $h\left(t_j, C_{Aj}, C_{Bj}, a\right)$.

Q3.8.f) Ecrire une fonction `Euler(G,H,t0,tf,CA0,CB0,Dt,m,a,kla)` qui retourne deux vecteurs : le vecteur temps et le vecteur correspondant à la concentration C_A calculée par la méthode d'Euler.

Q3.9) On souhaite utiliser la méthode des moindres carrés pour déterminer la valeur optimale de l'aire interfaciale a en utilisant une stratégie similaire à celle utilisée pour obtenir la valeur optimisée du produit ($k_L \times a$). Pour cela, on a besoin de connaître les valeurs du débit molaire de A F_{Ai}^{th2} calculé aux instants particuliers $t_i^{exp} = \Delta t^{exp} \times i$ avec i variant de 1 à n.

Donner le code permettant de créer un vecteur F_A^{th2} contenant les valeurs du débit molaire de A calculé aux instants particuliers t_i^{exp} à partir des valeurs de la concentration de A (C_A^{th2}) calculées en utilisant la fonction `Euler` de la question **Q3.8.f)**.

Q3.10) La valeur optimale de l'aire interfaciale a est celle qui permet de minimiser la fonction $S_2(a)$ qui peut se mettre sous la forme suivante :

$$S_2(a) = \sum_{i=1}^{n} \left(F_{Ai}^{exp2} - F_{Ai}^{th2}(a) \right)^2$$

avec F_{Ai}^{exp2} le débit molaire expérimental obtenu au temps t_i^{exp}, $F_{Ai}^{th2}(a)$ le débit molaire théorique calculé au temps t_i^{exp} (question **Q3.9)**) et n le nombre de points expérimentaux.

Donner le code permettant de construire une fonction `smc2(a,t_exp,Fa_exp2)` qui retourne la valeur de la quantité S_2. Cette fonction aura comme argument d'entrée l'aire interfaciale a et les vecteurs t^{exp} et F_A^{exp2} créés à la question **Q3.1.a)**.

Q3.11) La méthode de Nelder-Mead appliquée à la fonction $S_2(a)$ conduit à $a_{opt} = 10{,}0$ m^2.m^{-3}. Indiquer le code pour calculer le coefficient de transfert k_L et afficher les valeurs de a_{opt} et k_L à l'écran.

III.3 Utilisation du modèle pour réaliser des simulations

Maintenant que l'on connaît les valeurs des paramètres a et k_L, on souhaite utiliser le modèle pour réaliser des prédictions. On propose d'étudier l'influence de la concentration initiale C_{B0} du réactif B dans la phase liquide sur le débit molaire en entrée du réacteur (F_A^{th2}).

Q3.12) Expliquer qualitativement comment doit varier le débit molaire en entrée du réacteur avec la concentration initiale du réactif B.

Q3.13) Justifier le concept « d'accélération du transfert par la réaction chimique ».

Q3.14) Ecrire le code qui permettrait de réaliser une prédiction du débit molaire F_A^{th} à l'aide du modèle et des paramètres optimisés (k_L et a) en prenant C_{B0} comme valeur pour la concentration initiale du réactif B, une valeur rentrée par l'utilisateur (unité : mol.m^{-3}). On prendra le même pas Δt que précédemment et comme durée d'intégration 1 000 s.

Q3.15) On souhaite calculer la quantité de matière de polluant A, n_A, à partir du débit molaire F_A^{th} obtenu à la question précédente par intégration sur l'intervalle 0 – 1 000 s. La méthode utilisée pour réaliser l'intégration est la méthode des trapèzes. Donner le code permettant de calculer n_A par cette méthode.

ANNEXE A : COMMANDES ET FONCTIONS USUELLES DE SCILAB

L'annexe n'est pas reprise ici.

ANNEXE B : FONCTIONS DE PYTHON

B.1. BIBLIOTHEQUE NUMPY DE PYTHON

Dans les exemples ci-dessous, la bibliothèque numpy a préalablement été importée à l'aide de la commande : `import numpy as np`

On peut alors utiliser les fonctions de la bibliothèque, dont voici quelques exemples :

np.array(liste)

Description : fonction permettant de créer une matrice (de type tableau) à partir d'une liste.

Argument d'entrée : une liste définissant un tableau à 1 dimension (vecteur) ou 2 dimensions (matrice).

Argument de sortie : un tableau (matrice).

Exemple : np.array([4,3,2])
⇨ [4 3 2]
np.array([[5],[7],[1]])
⇨ [[5]
[7]
[1]]
np.array([[3,4,10],[1,8,7]])
⇨ [[3 4 10]
[1 8 7]]

A[i,j]

Description : fonction qui retourne l'élément $(i+1, j+1)$ de la matrice A. Pour accéder à l'intégralité de la ligne $i+1$ de la matrice A, on écrit $A[i, :]$. De même, pour obtenir toute la colonne $j+1$ de la matrice A, on utilise la syntaxe $A[: ,j]$.

Argument d'entrée : une liste contenant les coordonnées de l'élément dans le tableau A.

Argument de sortie : l'élément $(i+1, j+1)$ de la matrice A.

ATTENTION : en langage Python, les lignes d'un tableau A de dimension $n \times m$ sont numérotées de 0 à $n-1$ et les colonnes sont numérotées de 0 à $m-1$

Exemple : A=np.array([[3,4,10],[1,8,7]])
A[0,2]
⇨ 10
A[1, :]
⇨ [1, 8, 7]
A[:,2]
⇨ [10, 7]

np.zeros((n,m))

Description : fonction créant une matrice (tableau) de dimensions $n \times m$ dont tous les éléments sont nuls.

Argument d'entrée : un tuple de deux entiers correspondant aux dimensions de la matrice à créer.

Argument de sortie : un tableau (matrice) d'éléments nuls.

Exemple : np.zeros((3,4))
⇨ [[0 0 0 0]
[0 0 0 0]
[0 0 0 0]]

np.linspace(Min,Max,nbElements)

Description : fonction créant un vecteur (tableau) de $nbElements$ nombres espacés régulièrement entre Min et Max. Le 1er élément est égal à Min, le dernier est égal à MAx et les éléments sont espacés de $(Max - Min)/(nbElements - 1)$:

Argument d'entrée : un tuple de trois entiers.

Argument de sortie : un tableau (vecteur).

Exemple : np.linspace(3,25,5)
⇨ [3 8.5 14 19.5 25]

np.loadtxt('nom_fichier',delimiter='string',usecols=[n])

Description : fonction permettant de lire les données sous forme de matrice dans un fichier texte et de les stocker sous forme de vecteurs.

Argument d'entrée : le nom du fichier qui contient les données à charger, le type de caractère utilisé dans ce fichier pour séparer les données (par exemple un espace ou une virgule) et le numéro de la colonne à charger (ATTENTION, la première colonne porte le numéro 0).

Argument de sortie : un tableau.

Exemple :
```
data=np.loadtxt('fichier.txt',delimiter=' ',usecols=[0])
#dans cette exemple data est un vecteur qui correspond à la première
#colonne de la matrice contenue dans le fichier fichier.txt
```

B.2. BIBLIOTHEQUE MATPLOTLIB.PYPLOT DE PYTHON

Cette bibliothèque permet de tracer des graphiques. Dans les exemples ci-dessous, la bibliothèque matplotlib.pyplot a préalablement été importée à l'aide de la commande : `import matplotlib.pyplot as plt`

On peut alors utiliser les fonctions de la bibliothèque, dont voici quelques exemples :

plt.plot(x,y)

Description : fonction permettant de tracer un graphique de n points dont les abscisses sont contenues dans le vecteur x et les ordonnées dans le vecteur y. Cette fonction doit être suivie de la fonction `plt.show()` pour que le graphique soit affiché.

Argument d'entrée : un vecteur d'abscisses x (tableau de dimension n) et un vecteur d'ordonnées y (tableau de dimension n).

Argument de sortie : un graphique.

Exemple :
```
x= np.linspace(3,25,5)
y=sin(x)
plt.plot(x,y)
plt.title('titre_graphique')
plt.xlabel('x')
plt.ylabel('y')
plt.show()
```

plt.title('titre')

Description : fonction permettant d'afficher le titre d'un graphique.

Argument d'entrée : une chaîne de caractères.

plt.xlabel('nom')

Description : fonction permettant d'afficher le contenu de nom en abscisse d'un graphique.

Argument d'entrée : une chaîne de caractères.

plt.ylabel('nom')

Description : fonction permettant d'afficher le contenu de nom en ordonnée d'un graphique.

Argument d'entrée : une chaîne de caractères.

plt.show()

Description : fonction réalisant l'affichage d'un graphe préalablement créé par la commande `plt.plot(x,y)`. Elle doit être appelée après la fonction plt.plot et après les fonctions plt.xlabel et plt.ylabel.

B.3. FONCTION INTRINSEQUE DE PYTHON

sum(x)

Description : fonction permettant de faire la somme des éléments d'un vecteur ou tableau.

Argument d'entrée : un vecteur ou un tableau de réel, entier ou complexe.

Argument de sortie : un scalaire y qui est la somme des éléments de x.

Exemple : y= sum(x)
//y retourne la somme des éléments de x.

CORRIGÉ COMMENTÉ

Q3.1.a)

```
import numpy as np
t_exp = np.loadtext("data.txt", delimiter=" ",usecols=[0])
Fa_exp1 = np.loadtext("data.txt", delimiter=" ",usecols
    =[1])
Fa_exp2 = np.loadtext("data.txt", delimiter=" ",usecols
    =[2])

n = len(t_exp)
```

Commentaire

L'annexe du sujet donne une explication assez détaillée de l'utilisation de ces fonctions. Le sujet précise que l'élément séparateur du fichier `data.txt` est un espace, il convient donc de donner au paramètre `delimiter` la valeur d'une chaine de caractère espace clairement visible.
La variable `n` aurait pu être obtenue avec l'expression `t_exp.shape[0]`, car `t_exp` est un tableau et la fonction `shape` permet de renvoyer la dimension d'un tableau.

Q3.1.b)

```
import matplotlib.pyplot as plt
plt.plot(t_exp, Fa_exp1)
plt.title('Evolution du débit molaire de A en fonction du
    temps')
plt.xlabel('Temps (s)')
plt.ylabel('Débit molaire (mol.s-1)')
plt.show()
```

> **Commentaire**
>
> Pour cette question encore, l'annexe est très utile.

Q3.2)

```
1 CA_inter = 38.5
2 V_liq = 1e-3
3
4 def smc(kla, t_exp, Fa_exp1):
5     somme = 0
6     coeff = kla * CA_inter * V_liq
7     for i in range(t_exp.shape[0]):
8         somme += (Fa_exp1[i]-coeff*np.exp(-kla*t_exp[i]))**2
9     return somme
```

> **Commentaire**
>
> Le coefficient étant indépendant des valeurs de `i`, il parait judicieux de ne calculer qu'une seule fois et de le stocker dans une variable `coeff`.
> Un candidat n'ayant pas trouvé la question **Q1.9)** pourra remplacer la ligne 8 par :
>
> ```
> 8         somme += (Fa_exp1[i] - f(t_exp[i],kla) * kla)**2
> ```
>
> comme l'indique le début de la partie **III.1**.

Q3.3.a)

```
if f(x_M)>f(x_N):
    x_M,x_N=x_N,x_M
```

> **Commentaire**
>
> Le candidat devra remarquer que le sujet demande le code et non la fonction. Un simple échange des valeurs si besoin est ainsi réalisé.

Q3.3.b)

```
x_R = x_M + (x_M - x_N) # création du point R

if f(x_R) < f(x_M):      # Etirement dans la direction de R
    x_E = x_M + 2*(x_M - x_N)    # création du point E
    if f(x_R) < f(x_E):      # Test pour la nouvelle position de N
        x_N = x_R
    else:
        x_N = x_E
else :                        # Réduction entre M et N
```

```
        x_C1 = x_N + (x_M - x_N)/2  # création du point C1
        if f(x_c1) < f(x_M):     # Test pour la nouvelle position de N
            x_N = x_C1
        else:
            x_N = x_M + (x_M - x_N)/2
```

> **Commentaire**
>
> Cette question demande de bien suivre les étapes données par le sujet.

Q3.3.c)

```
x_N = 1e-5
x_M = 1
Itmax = 1000
i = 0
while abs((x_M - x_N)/x_M) > 10**-4 and i < Itmax :
    <Bloc d'instructions de la question Q3.3.a>
    <Bloc d'instructions de la question Q3.3.b>
```

> **Commentaire**
>
> Le candidat doit être particulièrement vigilant à la création des variables avant la boucle, et aux conditions utilisées. En effet la boucle doit s'interrompre dès que l'une ou l'autre des conditions n'est plus vérifiée, c'est-à-dire continuer tant que les deux conditions opposées le sont.

Q3.4) Le débit molaire théorique dépend du temps, par la formule :

$$F_{Ai}^{th} = C_{\text{Ainter}} \times V_{\text{liq}} \times \exp(-kla \times t_i)$$

```
kla_opt = 5.e-3 # obtenu par la méthode de Nelder-Mead

Fa_th = CA_inter * V_liq * np.exp(-kla_opt * t_exp)
```

> **Commentaire**
>
> Le corrigé commence par définir la valeur de `kla_opt` et crée ensuite le vecteur `Fa_th`, directement à partir de cette valeur et de `t_exp`. Ce dernier étant un vecteur, les opérations sont vectorisées, c'est-à-dire seront bien réalisées terme à terme.

Q3.5)

```
plt.plot(t_exp, Fa_th, label = 'th')
plt.plot(t_exp, Fa_exp1, label = 'exp')
plt.title('Comparaison des débits molaires en fonction du temps')
```

```
plt.xlabel('Temps (s)')
plt.ylabel('Débit molaire (mol.s-1)')
plt.legend()
plt.show()
```

Il est intéressant de comparer la courbe théorique et les points expérimentaux, car les algorithmes de recherche de minimum peuvent conduire à un minimum local.

Commentaire

Le tracé de deux courbes est identique à une seule courbe. On notera la présence de l'option `label` dans la fonction `plot` qui permet de donner un nom à chaque courbe, nom qui sera affiché grâce à la fonction `legend`.
Il aurait pu aussi être intéressant de tracer directement la soustraction de ces deux tableaux (puisqu'ils contiennent le même nombre de valeurs).

```
plt.plot(t_exp, Fa_th - Fa_exp1)
plt.title('Ecart des débits molaires en fonction du temps')
plt.xlabel('Temps (s)')
plt.ylabel('Ecart des débits molaires (mol.s-1)')
plt.show()
```

Q3.6) On suppose `X` déjà défini et de type liste ou tableau.

```
for i in range(len(X)):
    i_min = i
    for j in range(i+1,len(X)):
        if z(X[i_min]) > z(X[j]):
            i_min = j
    X[i], X[i_min] = X[i_min], X[i]
```

Commentaire

Le candidat devra faire attention à ne pas trier les valeurs, mais bien trier les valeurs par valeur de $z(x)$. On remarquera que la fonction `z` est évaluée en tout $n(n-1)$ où n est la longueur de `X` soit plusieurs fois par valeur, il aurait pu être judicieux de calculer un tableau des images par `z` des élément de `X` pour éviter ces recalculs.

Q3.7)

```
def G(t, CA, CB, A, kla):
    return -kla * CA + CA_inter * (kla - A * np.sqrt(1.83e-10 * CB))

def H(t, Ca, CB, A):
    return - CA_inter + A * np.sqrt(1.83e-10 * CB)
```

Commentaire

Le candidat n'ayant pas répondu à la question **Q2.7)** passera cette question.

Q3.8.a)

```
t0, tf = t_exp[0], t_exp[-1]
Dt_exp = t_exp[1] - t_exp[0]
Dt = Dt_exp / 100
m = int((tf-t0)/Dt)
```

Commentaire

Il faut respecter les deux conditions, m doit être entier et Δt inférieur de cent fois par rapport à Δt^{exp}.
On rappelle que les indices négatifs permettent d'indicer par la fin, `t_exp[-1]` est ainsi la dernière valeur de à `t_exp`.

Q3.8.b) En effectuant un développement limité à l'ordre 1 de C_A au voisinage de t, on obtient : $C_A(t+\Delta t) = C_A(t) + \Delta t \dfrac{dC_A}{dt}(t) + o(\Delta t)$.

Q3.8.c) On déduit de la réponse précédente : $\dfrac{dC_A}{dt}(t) = \dfrac{C_A(t+\Delta t) - C_A(t)}{\Delta t} + o(1)$.

De même : $\dfrac{dC_B}{dt}(t) = \dfrac{C_B(t+\Delta t) - C_B(t)}{\Delta t} + o(1)$

Q3.8.d) En utilisant les notations du sujet et les équations de la question précédente, on peut écrire :

$$\left.\frac{dC_A}{dt}\right|_{t_j} \approx \frac{C_{Aj+1} - C_{Aj}}{\Delta t}$$

$$\left.\frac{dC_B}{dt}\right|_{t_j} \approx \frac{C_{Bj+1} - C_{Bj}}{\Delta t}$$

Q3.8.e) On peut alors écrire

$$\left\{ \begin{array}{l} C_{Aj+1} = C_{Aj} + \Delta t \times g\left(t_j, C_{Aj}, C_{Bj}, a, (k_L \times a)\right) \\ C_{Bj+1} = C_{Bj} + \Delta t \times h(t_j, C_{Aj}, C_{Bj}, a) \end{array} \right. .$$

Q3.8.f)

```
def Euler(G, H, t0, tf, CA0, CB0, Dt, m, a, kla):
    temps = [t0]
    concA = [CA0]
    cb = CB0
    for i in range(1, m):
        ca = concA[-1]
        concA.append(ca + Dt * G(t, ca, cb, a, kla))
```

```
        cb = cb + Dt * H(t, ca, cb, a)
        temps.append(temps[-1] + Dt)
    return temps, concA
```

Q3.9)

```
CA_th2 = Euler(G,H,t0,tf,0,CB0,Dt,m,a,kla)[1] # l'indice 1 permet de ne garder que le tableau des concentrations, pas celui des instants
Fa_th2 = np.array([(CA_th2[i]-CA_inter)*V_liq for i in range(0, len(CA_th2), 100)])
```

Commentaire

La variable `CB0` n'est pas définie à ce moment du sujet, on suppose donc en écrivant ces instructions qu'elle est dans le contexte global.
Il faut bien comprendre que la variable `CA_th2` obtenue par la méthode d'Euler contient cent fois plus de valeurs que nécessaires. Seule une valeur sur cent est conservée, on utilise pour cela le troisième argument de la fonction **`range`**, le pas.

Q3.10)

```
def smc2(a,t_exp,Fa_exp2):
    <Bloc d'instructions de la question 3.8.a>
    <Bloc d'instructions de la question 3.9>
    return sum((Fa_exp2-Fa_th2)**2) # opérations vectorisées
```

Commentaire

L'expression `(Fa_exp2-Fa_th2)**2` porte sur des vecteurs, les opérations sur les vecteurs étant bien vectorisées, on obtient le vecteur des carrés des écarts dont on calcule la somme grâce à la fonction **`sum`**.

Q3.11)

```
a_opt = 10.0 # obtenu par la méthode de Nelder-Mead
print('a_opt vaut ', a_opt)
kl = kla_opt/a_opt  # kla_opt est déjà définie (Q3.4)
print('kL vaut ', kl)
```

Commentaire

Il est possible d'afficher également les unités avec par exemple `print('a_opt vaut ', a_opt, 'm^2.m^-3')`

Q3.12) Cette question ne relève pas du programme d'informatique et n'est pas traitée dans cet ouvrage.

Q3.13) Cette question ne relève pas du programme d'informatique et n'est pas traitée dans cet ouvrage.

Q3.14)

```
CB0 = float(input("CB0 (mol.m^-3) ?"))
CA_th = Euler(G,H,0,1000,0,CB0,Dt,m,a_opt,kla_opt)[1]
FA_th = np.array([kla_opt*(CA_interface-CA_th2[i])*V_liq
    for i in range(0, len(CA_th), 100)])
```

Commentaire

La fonction **`input`** du langage python permet de récupérer une information tapée au clavier par l'utilisateur. La valeur renvoyée est toujours une chaine, qu'il faut penser à convertir en flottant (**`float`**) ici.

Q3.15)

```
na = 0
for i in range(len(t_exp)-1):
    na += Dt_exp*(FA_th[i+1]+FA_th[i])/2
```

Commentaire

On somme les aires des trapèzes, il faut avant tout penser à arrêter l'itération au bon indice car il y a un trapèze de moins que le nombre d'instants.
Une solution vectorisée est également possible : `na=`**`sum`**`(Dt_exp/2*(Fa_th[1:]+FA_th[:-1]))`.

CCP – Informatique 2016

PSI - Durée : 3 heures

SUJET

EPREUVE SPECIFIQUE - FILIERE PSI

INFORMATIQUE

Vendredi 6 mai : 8 h - 11 h

N.B. : le candidat attachera la plus grande importance à la clarté, à la précision et à la concision de la rédaction. Si un candidat est amené à repérer ce qui peut lui sembler être une erreur d'énoncé, il le signalera sur sa copie et devra poursuivre sa composition en expliquant les raisons des initiatives qu'il a été amené à prendre.

Les calculatrices sont interdites

Le sujet comporte 13 pages dont :

– 12 pages de texte de présentation et énoncé du sujet ;
– 1 page d'annexe.

Toute documentation autre que celle fournie est interdite.

REMARQUES PRELIMINAIRES

L'épreuve peut être traitée en langage **Python** ou langage **Scilab**. Il est demandé au candidat de bien préciser sur sa copie le choix du langage et de rédiger l'ensemble de ses réponses dans ce langage. Les syntaxes Python et Scilab sont rappelées en annexe.

Les différents algorithmes doivent être rendus dans leur forme définitive sur la copie en respectant les éléments de syntaxe du langage choisi (les brouillons ne sont pas acceptés).

Il est demandé au candidat de bien vouloir rédiger ses réponses **en précisant bien le numéro de la question traitée et, si possible, dans l'ordre des questions**. La réponse ne doit pas se cantonner à la rédaction de l'algorithme sans explication, les programmes doivent être expliqués et commentés.

LA MISSION CASSINI-HUYGENS

I. Introduction

La mission spatiale Cassini-Huygens a pour objectif l'exploration de Saturne et de ses nombreux satellites naturels (62 « lunes » identifiées en 2009). Cassini orbite depuis 2004 autour de Saturne et collecte grâce à ses différents instruments d'observation, de précieuses informations sur la planète géante, ses anneaux caractéristiques et ses différents satellites.

Le sujet proposé aborde des problématiques associées à différentes phases de la mission :

- l'acquisition d'images par l'imageur spectral VIMS (Visible and Infrared Mapping Spectrometer) dans le domaine du visible et de l'infrarouge embarqué à bord de la sonde Cassini et la compression des données avant transmission vers la Terre pour leur exploitation,
- la mise en orbite autour de Saturne de la sonde, en utilisant le phénomène d'assistance gravitationnelle de Vénus, de la Terre, puis de Jupiter.

FIGURE 1 – La sonde Cassini-Huygens

II. Acquisition d'images par l'imageur VIMS et compression des données

II.1 Présentation

La sonde Cassini embarque à son bord un ensemble de 12 instruments scientifiques destinés à l'étude de Saturne et son système, dont 4 instruments d'observation à distance permettant de couvrir une bande spectrale d'observation très large (**figures 2 et 3**).

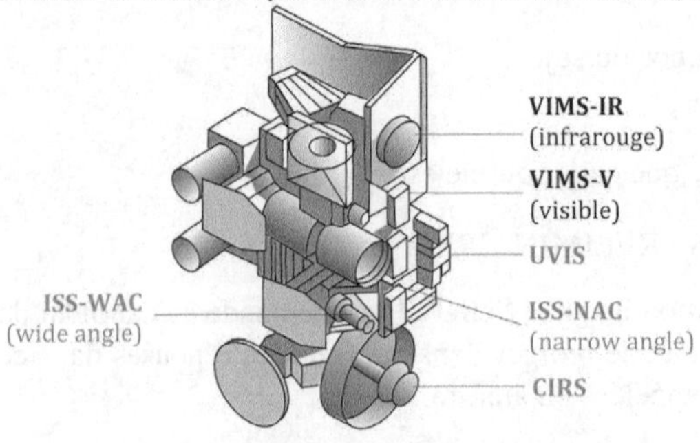

FIGURE 2 – Instruments d'observation à distance

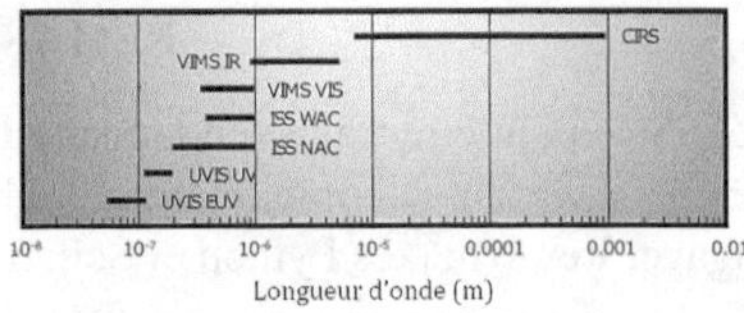

FIGURE 3 – Domaine de travail des différents instruments d'observation à distance

L'un des principaux objectifs scientifiques associés à l'instrument VIMS est de cartographier la distribution spatiale des caractéristiques minéralogiques et chimiques de différentes cibles :

anneaux de Saturne, surface de ses satellites, atmosphère de Saturne et Titan, etc. Pour cela, l'instrument VIMS mesure les radiations émises et réfléchies par les corps observés, sur une gamme de 0,35 à 5,1 μm (domaines visible et infrarouge) avec au total 352 longueurs d'onde différentes.

Les données acquises par l'instrument sont organisées sous la forme d'un cube (**figure 4**) constitué d'un ensemble de 352 « tranches » (associées aux différentes longueurs d'onde λ) comportant 64 pixels dans les deux directions spatiales x et y. Il est ensuite possible d'en extraire une image à une longueur d'onde donnée (λ_k) ou un spectre associé à un pixel de coordonnées spatiales (x_i,y_j).

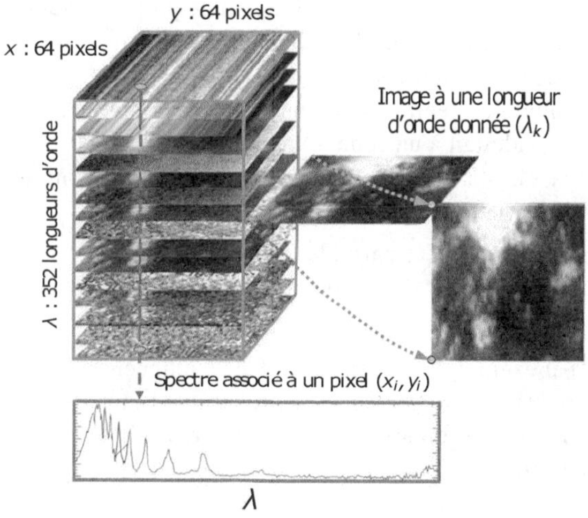

FIGURE 4 – Structure d'un cube de données hyperspectrales

Les contraintes technologiques liées au transfert de l'ensemble des données recueillies par la sonde vers la Terre imposent une réduction de leur volume. Pour l'imageur VIMS, cela consiste en une *compression* des données prise en charge par une unité de traitement numérique embarquée à bord de la sonde. Cette compression doit toutefois s'effectuer *sans perte d'information*. Après compression, la taille maximale attendue pour un cube de données est de 1 Mo (méga-octet).

Objectif

Cette partie s'intéresse à l'implémentation d'algorithmes spécifiques visant à améliorer les performances de la compression en vue d'une mise à jour des programmes de l'unité de traitement embarquée.

A chaque pixel p_{ijk} du cube de données hyperspectrales (de coordonnées x_i, y_j et appartenant à une image de longueur d'onde λ_k) est associé un nombre moyen de photons reçus par les capteurs de l'instrument VIMS. Cette dernière information est codée sur 12 bits.

Q 1. Déterminer en octets la taille d'un cube de données hyperspectrales avant compression.

Si T et T_c représentent respectivement la taille des données avant compression et après compression, le taux de compression τ est défini comme : $\tau = \dfrac{T - T_c}{T}$.

Q 2. Déterminer alors le taux de compression à appliquer aux données afin de respecter le cahier des charges.

II.2 Principe de la compression des données

La compression des données est réalisée à l'issue de l'acquisition d'une ligne (soit 64 pixels pour la dimension spatiale et 352 longueurs d'onde pour la dimension spectrale) par l'imageur VIMS. Les données sont traitées par blocs de 64 pixels × 32 longueurs d'onde. L'algorithme mis en oeuvre pour la compression est un algorithme dit entropique, qui réalise un codage des données exploitant la redondance de l'information. L'exemple proposé ci-après permet d'en illustrer le principe, avec le codage d'une suite de 10 entiers naturels.

Soit la série S_n de 10 entiers naturels $s_k \in [0,8]$: 4 – 5 – 7 – 0 – 7 – 8 – 4 – 1 – 7 – 4.
Un codage en binaire naturel des entiers 0 à 8 nécessitant au minimum 4 bits, le choix d'un tel codage pour la série S_n conduirait à un code d'une longueur totale de 40 bits.
La longueur du code associé à la série S_n peut être réduite en adoptant un codage exploitant les propriétés suivantes de la série :

- seules 6 valeurs v_i sont utilisées parmi les 9 possibles ;
- certaines valeurs v_i possèdent des probabilités p_i d'apparition plus importantes que d'autres.

Une solution consiste par exemple à adopter un codage à longueur variable, où les codes les plus courts sont associés aux valeurs qui possèdent la probabilité d'apparition la plus importante. Un tel codage est proposé dans le **tableau 1** pour les entiers de la série S_n. La série S_n est alors codée de la manière suivante :

4	5	7	0	7	8	4	1	7	4
0 0	1 1 0	1 0	0 1 0	1 0	1 1 1	0 0	0 1 1	1 0	0 0

La longueur du code associé à la série est à présent de 24 bits (soit une longueur moyenne de 2,4 bits par caractère). Le décodage est unique, mais il nécessite la connaissance de la table de codage établissant la correspondance entre un code et la valeur associée.

C'est cette stratégie qui est adoptée pour les opérations de compression. Pour la série S_n considérée, avec des valeurs initialement codées sur 4 bits en binaire naturel, le codage à longueur variable présenté permet d'obtenir un taux de compression $\tau = 40\%$.

valeur v_i	probabilité p_i	code
4	0,3	0 0
7	0,3	1 0
0	0,1	0 1 0
1	0,1	0 1 1
5	0,1	1 1 0
8	0,1	1 1 1

TABLE 10.1 – Table de codage

II.3 Limite du taux de compression

Les algorithmes de compression entropiques étant basés sur l'exploitation de la redondance dans les données à coder, leur efficacité est directement liée à la « quantité d'information » qu'elles contiennent : plus il y a répétitions de certaines valeurs dans les données à coder (l'entropie des données est alors faible), plus le taux de compression atteint est élevé.

Une valeur limite du taux de compression que l'on peut espérer atteindre peut être approchée par le calcul de l'entropie de Shannon H, grandeur fournissant une mesure de la « quantité d'information » contenue dans les données, en bits par caractère. Pour une série de données S_n

(considérée comme une variable aléatoire) l'entropie H est définie de la manière suivante :

$$H(S_n) = - \sum_{i=1}^{i=N_v} p_i \log_2 p_i, \text{ avec} \tag{1}$$

- N_v : nombre de valeurs v_i différentes contenues dans la série ;
- p_i : probabilité d'apparition de la valeur v_i ($p_i = \frac{n_i}{n}$ avec n_i nombre d'occurrences de la valeur v_i et n nombre de termes de la série S_n) ;
- $\log_2$: fonction logarithme binaire (base 2). Pour $x \in R$, $\log_2(x) = \frac{\ln(x)}{\ln(2)}$ où ln est la fonction logarithme népérien. On suppose que la fonction `log2(x)` est définie dans le langage de programmation choisi.

Q 3. Calculer l'entropie associeé à l'exemple précédent. En déduire le taux de compression limite de cet exemple et le comparer à la longueur moyenne de 2,4 bits par caractère.

Dans le cadre d'une étude visant à améliorer les performances de la compression des données, les ingénieurs souhaitent caractériser l'entropie des images acquises par l'instrument VIMS. La fonction `entropie(S)` dont le code est partiellement présenté ci-après reçoit en argument d'entrée une série d'entiers naturels S sous forme de tableau à une dimension (liste en Python) et renvoie la valeur H de l'entropie de Shannon associée.

Code Python de la fonction `entropie(S)` :

```
### DEFINITION DE LA FONCTION ENTROPIE
def entropie (S):
# 1.COMMENTAIRE1 à compléter à la question Q4
    valeurs=list(set(S))
# 2.Détermination du nombre d'occurences (nombre
    d'apparitions) occ_i de chaque valeur v_i et
    calcul de la probabilité proba[i] associée.
    # QUESTION Q5 : zone à compléter
# 3.Calcul de l'entropie de Shannon H
    # QUESTION Q6 : zone à compléter
    return H
```

Code Scilab de la fonction `entropie(S)` :

```
// DEFINITION DE LA FONCTION ENTROPIE
function H=entropie (S)
// 1.COMMENTAIRE1 à compléter à la question Q4
    valeurs=unique(S)
// 2.Détermination du nombre d'occurences (nombre
    d'apparitions) occ_i de chaque valeur v_i et
    calcul de la probabilité proba[i] associée.
    // QUESTION Q5 : zone à compléter
// 3.Calcul de l'entropie de Shannon H
    // QUESTION Q6 : zone à compléter
endfunction
```

La fonction réalise différentes étapes. La première étape utilise la fonction `set` en Python ou `unique` en Scilab. Un exemple extrait de la documentation de la fonction `set` est donnée ci-dessous. En Python, il faut transformer le résultat en `list` pour itérer sur le résultat de `set` (le principe est similaire en Scilab avec la fonction `unique`).

```
>>> basket = ['apple', 'orange', 'apple', 'pear', 'orange', 'banana']
>>> fruit = set(basket)       # create a set without duplicates
>>> fruit
set(['orange', 'pear', 'apple', 'banana'])
>>> 'orange' in fruit         # fast membership testing
True
>>> 'crabgrass' in fruit
False
```

Q 4. Compléter le commentaire 1 de la fonction `entropie(S)` correspondant à la ligne de programme définissant la variable `valeurs`.

Q 5. Compléter la 2e étape de la fonction `entropie(S)` à partir du commentaire afin de calculer les probabilités p_i.

Q 6. Compléter la 3e étape de la fonction `entropie(S)` afin de calculer l'entropie de Shannon H définie par l'équation (1).

Suite à une acquisition d'image par l'instrument VIMS, l'utilisateur dispose de données brutes dont il souhaite évaluer l'entropie. Un bloc élémentaire de données se présente sous la forme d'un tableau à une dimension `bloc_image` constitué de valeurs entières (allant de 0 à $4095 = 2^{12} - 1$).

Q 7. Ecrire la suite d'instructions permettant de calculer et d'afficher la valeur du taux de compression limite τ associé aux données contenues dans le tableau `bloc_image`.

II.4 Prétraitement des données avant compression

Les données brutes sont traitées par blocs correspondants à une acquisition de 64 pixels (dimension spatiale y) par 32 longueurs d'onde (dimension spectrale λ). Ces données sont organisées sous forme d'une matrice `donnees_brutes` composée de 32 lignes et 64 colonnes.

Une stratégie efficace permettant d'améliorer la compression consiste à réaliser un prétraitement des données visant à réduire leur entropie. Il a été constaté pour les images acquises par l'instrument VIMS que les importantes variations de luminance (intensité lumineuse par unité de surface) constituent la contribution dominante dans l'entropie des données. Ainsi, le prétraitement consiste à estimer ces variations, puis à les soustraire aux données brutes à compresser afin de constituer un nouvel ensemble de données, d'entropie inférieure.

La procédure de prétraitement consiste d'abord à construire une matrice modèle `matrice_modele` permettant d'estimer les variations de luminance associées au bloc de données brutes, suivant les étapes décrites ci-après :

1. construction d'une ligne `luminance_moy` représentative de la luminance moyenne, en effectuant la moyenne de 4 lignes de la matrice `donnees_brutes` régulièrement espacées et associées à différentes longueurs d'ondes λ_i, $i = 1, 11, 21, 31$;
2. identification du pixel de luminance maximale (de valeur `luminance_max`) dans la ligne moyenne `luminance_moy` construite à l'étape précédente ;
3. extraction d'un vecteur colonne `spectre_max` contenant le spectre (32 composantes) associé au pixel de luminance maximale ;
4. normalisation du vecteur `spectre_max` en divisant (division réelle) chacune de ses composantes par la valeur `luminance_max` relevée à l'étape 2. Le résultat est une liste contenant des réels ;
5. construction de la matrice modèle `matrice_modele` de dimension (32 lignes, 64 colonnes) en effectuant le produit du vecteur colonne `spectre_max` par la ligne de luminance moyenne `luminance_moy`.

Q 8. A partir de la description des étapes **1** et **2**, écrire une fonction `pretraitement12(donnees_brutes)` recevant en argument d'entrée la matrice `donnees_brutes` et renvoyant le vecteur ligne `luminance_moy`, la valeur de luminance maximale `luminance_max` relevée pour cette ligne moyenne, ainsi que l'indice j (variable `j_max`) associé (sans utiliser la fonction **max** interne au langage).

Q 9. A partir de la description des étapes **3** et **4**, écrire une fonction `pretraitement34(donnees_brutes, luminance_max,j_max)` recevant en argument d'entrée la matrice `donnees_brutes`, la valeur de luminance maximale `luminance_max` ainsi que l'indice `j_max` et renvoyant le vecteur colonne `spectre_max` normalisé.

Q 10. A partir de la description de l'étape **5**, écrire une fonction `pretraitement5(luminance_moy, spectre_max)` recevant en argument d'entrée le vecteur ligne `luminance_moy`, le vecteur colonne `spectre_max` et renvoyant la matrice modèle `matrice_modele`.

La matrice modèle `matrice_modele` obtenue constitue une estimation des variations de luminance associées au bloc de données brutes. Elle est alors soustraite à la matrice `donnees_brutes` pour construire la matrice de données prétraitées `matrice_pretraitee`.

Q 11. Evaluer la complexité calculatoire (additions, soustractions, ...) associée à chacune des fonctions de prétraitement, en fonction des dimensions de la matrice modèle (n lignes, m colonnes). En déduire la complexité calculatoire de la phase de prétraitement.

II.5 Compression des données

Les données de la matrice `matrice_pretraitee`, d'entropie réduite, sont ensuite envoyées vers le compresseur qui prend en charge leur compression. Il en est de même pour les vecteurs `luminance_moy` et `spectre_max` qui sont nécessaires à la reconstruction des données après réception. L'architecture fonctionnelle du compresseur qui prend en charge ces opérations est décrite sur la **figure 5**.

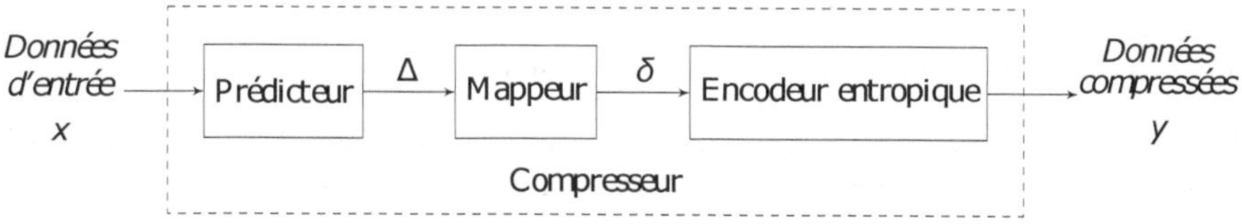

FIGURE 5 – Architecture fonctionnelle du compresseur

Le compresseur est composé :

- d'un *prédicteur*, qui effectue une prédiction $\widehat{x}_k$ pour chaque échantillon x_k des données d'entrée x. La prédiction $\widehat{x}_k$ est réalisée simplement ici, en prenant la valeur x_{k-1} de l'échantillon précédent. Le prédicteur retourne l'erreur Δ_k, différence entre la valeur de l'échantillon x_k et la prédiction $\widehat{x}_k$;
- d'un *mappeur*, qui réalise un mappage (correspondance) entre l'erreur de prédiction Δ_k et un entier non signé δ_k représenté avec un nombre de bits équivalent à celui de l'échantillon x_k ;
- d'un *encodeur entropique*, qui réalise un codage sans perte des valeurs δ_k en exploitant la redondance des données tel que présenté en **partie II.2**.

II.5.1 Prédiction-mappage

Le sous-ensemble prédicteur-mappeur a pour fonction d'associer aux échantillons d'entrée x_k une série d'entiers δ_k. Cette association est réalisée de telle sorte que les valeurs δ_k les plus faibles (donc celles qui pourront être codées avec le moins de bits) sont celles qui ont la probabilité d'apparition la plus élevée.

Pour l'application proposée ici, le compresseur reçoit en entrée les données x constituées d'un paquet de 32 échantillons x_k. Les échantillons x_k considérés étant des entiers naturels représentés sur 12 bits, les valeurs associées appartiennent à l'intervalle $I = [0, 4095 = 2^{12} - 1]$.

k	x_k	$\widehat{x}_k$	Δ_k	θ_k	δ_k
1	2025	—	–	–	–
2	2027	2025	2	2024	4
3	2032	2027	5	2027	10
4	2041	2032	9	2032	18
5	2050	2041	9	2041	18
6	2053	2050	3	2045	6
7	2052	2053	-1	2042	1
8	2050	2052	-2	2043	3
⋮	⋮	⋮	⋮	⋮	⋮

TABLE 10.2 – Illustration de la prédiction et du mappage de l'erreur associée

Le **tableau 2** illustre les opérations réalisées par le prédicteur et le mappeur permettant d'obtenir la série de valeur δ_k :

- le premier échantillon $x_1 = 2025$ est un échantillon de référence sur lequel se base la prédiction au rang suivant $\widehat{x}_2$;
- à partir du deuxième échantillon, l'erreur de prédiction $\Delta_k = x_k - \widehat{x}_k$ est calculée ;
- un entier non signé δ_k est associé à l'erreur de prédiction Δ_k par la fonction de mappage définie comme :

$$\delta_k = \begin{cases} 2\Delta_k & \text{si } 0 \leq \Delta_k \leq \theta_k \\ 2 \mid \Delta_k \mid -1 & \text{si } -\theta_k \leq \Delta_k < 0 \\ \theta_k + \mid \Delta_k \mid & \text{sinon} \end{cases} \tag{2}$$

avec $\theta_k = \min(\widehat{x}_k - x_{min}, x_{max} - \widehat{x}_k)$, soit ici : $\theta_k = \min(\widehat{x}_k, 4095 - \widehat{x}_k)$.

Q 12. Ecrire une fonction `prediction(x)` recevant en argument d'entrée le tableau à une dimension `x` et renvoyant le tableau `erreur` contenant les valeurs Δ_k.

Q 13. A partir de la définition de la fonction de mappage, équation (2), écrire une fonction `mappage(erreur,x)` recevant en arguments d'entrée les tableaux à une dimension `erreur` et `x` et renvoyant le tableau `delta` contenant les valeurs δ_k.

II.5.2 Codage entropique - Algorithme de Rice

L'ensemble de valeurs δ_k est ensuite codé en utilisant un codage entropique spécifique : le codage de Rice. Celui-ci est particulièrement adapté à la compression de données dans lesquelles les valeurs les plus faibles sont celles qui ont la probabilité d'apparition la plus élevée, mais également lorsque la vitesse d'exécution de l'algorithme est un paramètre important.

Le principe du codage d'un entier N avec l'algorithme de Rice de paramètre p est le suivant :

- l'entier N à coder est divisé par 2^p (division entière) ;
- le quotient q de la division entière est codé avec un codage unaire (q occurences de 1 suivies d'un 0, voir **tableau 3**), ce qui constitue la première partie du code de Rice ;

– le reste r de la division entière est codé en binaire sur p bits, ce qui constitue la seconde partie du code de Rice.

Le **tableau 4** illustre le codage des entiers 0 à 7 avec un codage de Rice de paramètre $p = 2$.

Une procédure d'analyse de l'ensemble de valeurs δ_k à coder permet de déterminer la valeur optimale p_{opt} du paramètre p. Le codage de chaque valeur δ_k est ensuite réalisé par une fonction `codage(delta_k,p_opt)` recevant en argument d'entrée la valeur δ_k et l'entier p_{opt} et renvoyant le code de Rice associé.

Q 14. Déterminer le code de Rice associé à la suite de valeurs δ_k données dans le **tableau 2**, pour $p = 3$.

Q 15. Définir la suite d'instructions de la fonction `codage(delta_k,p_opt)` permettant d'obtenir un tableau à une ligne `code1` associé à la première partie du code de Rice (codage unaire du quotient).

Q 16. Définir la suite d'instructions de la fonction `codage(delta_k,p_opt)` permettant d'obtenir un tableau à une ligne `code2` associé à la seconde partie du code de Rice (codage binaire du reste) et réalisant ensuite l'assemblage des deux parties dans le tableau `code`. Les instructions **`bin`** de Python ou `dec2bin` de Scilab (voir annexe) pourront être utilisées (on supposera que ces fonctions retournent une chaîne de caractères associée au code binaire).

Décimal	Code unaire
0	0
1	10
2	110
3	1110
4	11110
5	111110
6	1111110
7	11111110

TABLE 10.3 – Codage unaire des entiers 0 à 7

Décimal	Rice $p = 2$
0	0 00
1	0 01
2	0 10
3	0 11
4	10 00
5	10 01
6	10 10
7	10 11

TABLE 10.4 – Codage de Rice de paramètre $p = 2$ des entiers 0 à 7

III. Mise en orbite de la sonde autour de Saturne

III.1 Présentation

La sonde Cassini-Huygens a été lancée du site de Cap Canaveral (Floride - USA) le 15 Octobre 1997. Une fusée Titan IV-B/Centaur a été nécessaire pour assurer le lancement de cette sonde de 5,6 tonnes. Aucun lanceur n'étant alors capable de donner à une sonde spatiale de cette masse l'énergie suffisante pour rejoindre Saturne par une trajectoire directe, l'énergie manquante est obtenue en utilisant le phénomène *d'assistance gravitationnelle* de Vénus, de la Terre et enfin de Jupiter. L'assistance gravitationnelle consiste à utiliser le champ de gravitation d'une planète afin de fournir une accélération supplémentaire à la sonde.

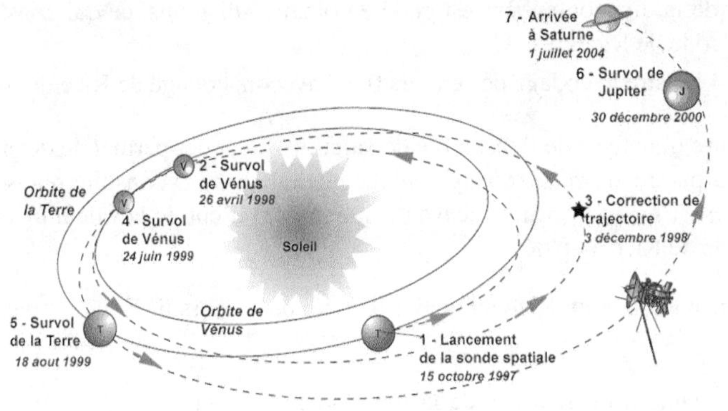

FIGURE 6 – Trajet de la sonde depuis la Terre vers Saturne

Le trajet de la sonde vers Saturne s'est donc effectué en plusieurs étapes comme indiqué sur la **figure 6**.

Objectif

L'objectif de cette partie est de simuler le mouvement de la sonde lors de la phase d'assistance gravitationnelle de Vénus afin de déterminer sa trajectoire ainsi que le gain de vitesse obtenu.

III.2 Modélisation du mouvement de la sonde lors de la phase d'assistance gravitationnelle

Paramétrage

- Le mouvement de la sonde est étudié dans le référentiel héliocentrique auquel est associé le repère $(O, \vec{x}, \vec{y})$.
- La sonde est repérée par la position de son centre d'inertie G auquel est associé le vecteur $\vec{r}(t) = \overrightarrow{OG}$ et l'angle $\theta(t)$.
- La planète Vénus est repérée par la position de son centre d'inertie G_v auquel est associé le vecteur $\vec{r}_v(t) = \overrightarrow{OG_v}$ et l'angle $\theta_v(t)$.

Hypothèses

- Seuls le Soleil et Vénus ont une influence gravitationnelle significative sur la trajectoire de la sonde.
- Le propulseur de la sonde n'étant pas utilisé lors du survol de Vé-

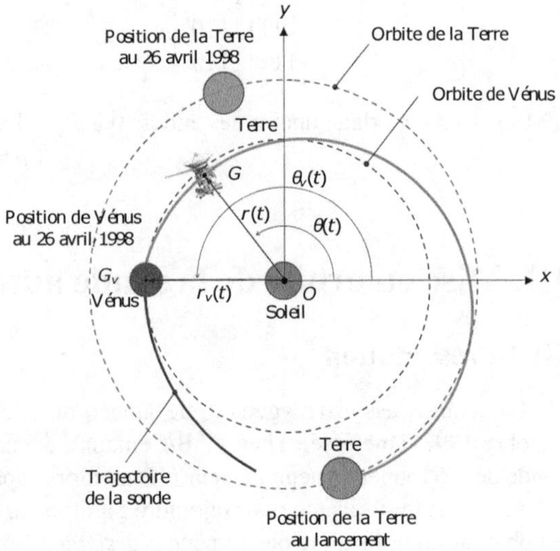

FIGURE 7 – Paramétrage du mouvement

nus, sa poussée n'est pas prise en compte.

- Les trajectoires de la sonde et de Vénus sont considérées comme coplanaires (plan O, $\vec{x}$, $\vec{y}$). Aussi, les vecteurs position s'expriment en coordonnées cartésiennes :

$$\begin{cases} \vec{r}(t) = x(t)\,\vec{x} + y(t)\,\vec{y} \\ \vec{r}_v(t) = x_v(t)\,\vec{x} + y_v(t)\,\vec{y} \end{cases}$$

- L'orbite de Vénus autour du Soleil, considérée comme quasiment circulaire, est décrite par les équations :

$$\begin{cases} x_v(t) = r_v \cos(\Omega t + \Phi) \\ \vec{y}_v(t) = r_v \sin(\Omega t + \Phi) \end{cases}$$

avec $r_v = 1{,}08209\times10^{11}$ m, $\Omega = \dot{\theta}_v(t) = 3{,}23639\times10^{-7}$ rad·s^{-1} et Φ la position angulaire initiale de Vénus.

Equations de mouvement
Le mouvement de la sonde est défini par l'équation suivante :

$$\frac{\mathrm{d}^2\vec{r}(t)}{\mathrm{d}t^2} = -Gm_s\frac{\vec{r}(t)}{\|\vec{r}(t)\|^3} - Gm_v\frac{\vec{r}(t) - \vec{r}_v(t)}{\|\vec{r}(t) - \vec{r}_v(t)\|^3} \tag{3}$$

avec G constante universelle de gravitation, m_s masse du Soleil, m_v masse de Vénus (Gm_S = $1{,}32724\times10^{20}$ N · m^2· kg^{-1} et $Gm_V = 3{,}24916\times10^{14}$ N · m^2· kg^{-1}). On note m la masse de la sonde.

Q 17. Indiquer comment a été obtenue cette équation en précisant le théorème utilisé et ce que représentent chacun des termes.

L'équation précédente peut se mettre sous la forme :

$$\frac{\mathrm{d}^2x(t)}{\mathrm{d}t^2} = S_x(x(t),y(t),t) \tag{4}$$

$$\frac{\mathrm{d}^2y(t)}{\mathrm{d}t^2} = S_y(x(t),y(t),t) \tag{5}$$

Q 18. Donner les expressions des fonctions S_x et S_y. Ecrire une fonction `eval_sm(x,y,t)`, qui prend en argument les coordonnées x et y et l'instant t et qui renvoie les valeurs S_x et S_y associées.

III.3 Résolution numérique

III.3.1 Méthode numérique

La résolution numérique des équations différentielles (4) et (5) repose sur leur discrétisation temporelle et conduit à déterminer à différents instants t_i une approximation de la solution.

On note u_i et v_i, les approximations des composantes du vecteur vitesse $(v_x(t),v_y(t))$ à l'instant t_i avec $v_x(t) = \frac{\mathrm{d}x(t)}{\mathrm{d}t}$ et $v_y(t) = \frac{\mathrm{d}y(t)}{\mathrm{d}t}$. On note $\Delta_t = t_{i+1} - t_i$.

Q 19. En appliquant la méthode d'Euler explicite, déterminer les deux relations de récurrence reliant u_{i+1} à u_i, S_x et Δ_t ainsi que v_{i+1} à v_i, S_y et Δ_t.

On note x_i et y_i, les approximations des composantes du vecteur position $(x(t),y(t))$ à l'instant t_i.

Q 20. En appliquant la méthode d'Euler explicite, déterminer les deux relations de récurrence reliant x_{i+1} à x_i, u_i et Δ_t ainsi que y_{i+1} à y_i, v_i et Δ_t.

III.3.2 Le programme de résolution

On supposera toutes les constantes du problème définies comme variables globales et donc utilisables directement dans votre programme.

Les conditions initiales du problème seront supposées être :

$$u_0 = v_x(t=0), \quad v_0 = v_y(t=0), \quad x_0 = x(t=0), \quad y_0 = y(t=0).$$

Le programme doit permettre de calculer les quatre vecteurs : $x(t)$, $y(t)$, $u(t)$ et $v(t)$, contenant les différentes valeurs pour les différents instant t_i, qui seront stockés respectivement dans les variables `x`, `y`, `u` et `v`.

Le programme est constitué de trois étapes : initialisation des variables, résolution et traitement.

On définira également le vecteur *temps* contenant l'ensemble des instants de calcul t_i de longueur n et qui sera stocké dans la variable `t`.

Q 21. Donner les lignes de programme permettant de définir et d'initialiser les quatre variables `x`, `y`, `u` et `v` ainsi que le vecteur `t` contenant l'ensemble des instants de calcul t_i de longueur n sachant que la variable `deltaT` égale à Δ_t et la variable `n` sont déjà déclarées.

Q 22. Donner les lignes de programme permettant de calculer les vecteurs `x`, `y`, `u` et `v` en utilisant les relations de récurrence définies précédemment.

Q 23. Donner un ordre de grandeur de la quantité de mémoire nécessaire pour réaliser cette simulation numérique pour une durée de simulation de 30 jours et pour un pas de temps de 1 seconde sachant que les variables `x`, `y`, `u` et `v` contiennent des flottants codés sur 8 octets. Conclure sur la faisabilité de la simulation par cette méthode.

III.4 Evolution de la vitesse

Q 24. Afin de quantifier le gain de vitesse obtenu par l'assistance gravitationnelle étudiée, écrire une fonction `vitesse_sonde` dont vous préciserez les arguments et les valeurs retournées, permettant d'afficher l'évolution de la norme de la vitesse $\vec{v}(t)$ de la sonde en fonction du temps t. Les vitesses seront exprimées en $\mathrm{km \cdot s^{-1}}$ et les axes seront légendés. On pourra utiliser les informations données en annexe pour l'utilisation des commandes de tracés.

Annexe : rappels des syntaxes en Python et Scilab

Remarque : sous Python, l'import du module numpy permet de réaliser des opérations pratiques sur les tableaux : from numpy import *. Les indices de ces tableaux commencent à 0.

Remarque : sous Scilab, les indices des tableaux commencent à 1.

	Python	Scilab
tableau à une dimension	`L=[1,2,3]` (liste) `v=array([1,2,3])` (vecteur)	`v=[1,2,3]` ou `[1 2 3]`
accéder à un élément	`v[0]` renvoie 1	`v(1)` renvoie 1
ajouter un élément	`L.append(5)` uniquement sur les listes	`v($+1)= 5`
tableau à deux dimensions (matrice) :	`M=array(([1,2,3],[3,4,5]))`	`M=[1,2,3;3,4,5]`
accéder à un élément	`M[1,2]` ou `M[1][2]` donne 5	`M(2,3)` donne 5
extraire une portion de tableau (2 premières colonnes)	`M[:,0:2]`	`M(:,1:2)`
tableau de 0 (2 lignes, 3 colonnes)	`zeros((2,3))`	`zeros(2,3)`
dimension d'un tableau T de taille (*i*,*j*)	`T.shape` donne `[i,j]`	`length(T)` donne `(i,j)`
séquence équirépartie quelconque de 0 à 10.1 (exclus) par pas de 0.1	`arange(0,10.1,0.1)`	`[0:0.1:10]`
définir une chaîne de caractères	`mot="Python et Scilab"`	`mot="Python et Scilab"`
taille d'une chaîne	`len(mot)`	`length(mot)`
extraire des caractères	`mot[2:7]`	`part(mot,[11:16])`

boucle For	`for i in range(10):`
	`    print(i)`
		`for i=1:10`
		`    disp(i);`
		`end`

condition If	`if (i>3):`
	`    print(i)`
	`else:`
	`    print("hello")`
		`if (i>3)then`
		`    disp(i)`
		`else`
		`    disp("hello")`
		`end`

définir une fonction qui possède un argument et renvoie 2 résultats	`def f(param):`
	`    a=param`
	`    b=param*param`
	`    return a,b`
		`function[a,b]=f(param)`
		`    a=param`
		`    b=param*param`
		`endfunction`

conversion entier > binaire	`bin(entier)`	`dec2bin(entier)`
tracé d'une courbe de deux listes de points *x* et *y*	`plot(x,y)`	`plot(x,y)`
ajout d'un titre sur les axes d'une figure	`xlabel(texte)` `ylabel(texte)`	`xlabel(texte)` `ylabel(texte)`
ajout d'un titre principe sur une figure	`title(texte)`	`title(texte)`

Corrigé commenté

II. Acquisition d'images par l'imageur VIMS et compression des données

Q 1. Avant compression, chaque pixel possède une information codée sur 12 bits. Il y a 64×64 pixels sur une tranche et 352 tranches. Il faut donc $\dfrac{12\times 64\times 64\times 352}{8} = 2162688$o ($\approx 2{,}2$Mo).

> **Commentaire**
>
> Il faut évidemment savoir que 1 octet = 8 bits.

Q 2. Dans ce cas, le taux de compression vaut : $\dfrac{2{,}2-1}{2{,}2} = 0{,}54$.

Q 3. Appliquons la formule donnée à l'exemple précédent, on a $N_v = 6$. Deux valeurs ont une probabilité de 0,3 et quatre de 0,1.

$$H = -\left(0{,}6\log_2(0{,}3) + 0{,}4\log_2(0{,}1)\right)$$

On peut dire que la valeur de H sera positive. A la lecture du sujet, on comprend qu'elle ne peut être supérieure à 2,4.

> **Commentaire**
>
> En l'absence de calculatrice, il est difficile de mieux conclure sur cette valeur. Numériquement, on trouve 2,37, valeur très légèrement inférieure à la valeur précédente, voilà pourquoi le sujet précise par la suite que l'on va tenter d'améliorer les performances.

Q 4.

```
"""Fonction calculant l'entropie de Shannon associée à
   la liste passée en argument"""
# 1. Création d'une liste ne comportant qu'une
   occurrence de chaque valeur.
```

Q 5. La première indentation doit être conservée, puisqu'on définit la fonction.

```
occ = []
N = len(S)
for v in valeurs:
    nb = 0
    for i in S:
        if v == i:
            nb = nb + 1
    occ.append(nb)
proba = [occi/N for occi in occ]
```

Commentaire

Il faut compter le nombre de fois où `v`, qui contient les valeurs de `valeurs` successives, est présent dans `S`. On obtient la liste `occ`. Pour obtenir `proba`, il faut diviser par le nombre d'éléments de `S`.
Il est possible d'utiliser la méthode `count` qui s'applique aux listes et permet de compter le nombre de fois où apparaît l'argument. Dans ce cas, il est conseillé aux étudiants de préciser ce que réalise cette méthode et de l'utiliser correctement (`nb = S.count(v)`).

Q 6.

```
    H = 0
    for i in range(len(valeurs)):
        oci = occ[i]
        H = H - oci*log2(oci)
```

Commentaire

Pour les questions Q4, Q5 et Q6, il faut comprendre qu'il faut remplir la fonction `entropie(S)` et donc que toutes les instructions sont indentées dans la fonction.
On utilise ici le fait que la fonction `log2` est supposée exister.

Q 7. Une valeur limite du taux de compression peut être approchée par le calcul de l'entropie de Shannon.

```
Hbloc = entropie(bloc_image)
print("taux de compression limite : ", Hbloc)
```

Commentaire

Il penser à utiliser la fonction **`print`** puisque le sujet demande un affichage.

Q 8.

```
def pretraitement12(donnees_brutes):
    [li,c] = donnees_brutes.shape
    luminance_moy = zeros(c)
    for col in range(c):
        l = 0
        for i in [1, 11, 21, 31]:
            l = l + donnees_brutes[i,col]
        luminance_moy[col] = l/4
    luminance_max = luminance_moy[0]
    j_max = 0
    for i in range(1,c):
        if luminance_max < luminance_moy[i]:
            j_max = i
            luminance_max = luminance_moy[i]
    return luminance_moy, luminance_max, j_max
```

Commentaire

Le sujet parle ici de matrice et vecteur. Il faut donc comprendre que la variable `donnees_brutes` est de type `array` du module `numpy`. Ainsi, nous avons le droit d'utiliser la notation `[i,col]` au lieu de `[i][col]` pour les listes.
Les fonctions ou méthodes s'appliquant à des éléments de `numpy` ne sont pas obligatoires à connaître, mais les principales sont définies dans l'annexe.
Pour savoir ce que représentent un vecteur ligne et un vecteur colonne pour le sujet, il faut attendre la Q10, où il est clair qu'un vecteur colonne est une liste classique.

Q 9.

```python
def pretraitement34(donnees_brutes, luminance_max, j_max):
    spectre_max = donnees_brutes[:,j_max]
    return [i/luminance_max for i in spectre_max]
```

Commentaire

Le sujet demande de renvoyer une liste ce coup ci. Travaillant avec des `array`, il aurait été plus simple de rester avec le même type de variables.

Q 10.

```python
def pretraitement5(luminance_moy, spectre_max):
    li = spectre_max.shape[0]
    c = luminance_moy.shape[1]
    matrice_modele = zeros((li,c))
    for i in range(li):
        for j in range(c):
            matrice_modele[i,j] = spectre_max[i] * luminance_moy[j]
    return matrice_modele
```

Commentaire

Il faut faire attention aux dimensions des éléments manipulés.

Q 11. La fonction `pretraitement12`, après deux étapes d'affectation (que nous ne comptons pas), effectue m fois certaines étapes. A chacune d'elle, on peut compter 4 additions et une division, qui sont des opérations élémentaires. Donc la première boucle de la fonction réalise 5m opérations. Après deux affectations, la deuxième boucle effectue encore m comparaisons et parfois deux affectations, donc au total cette boucle réalise m opérations. On peut conclure que la fonction `pretraitement12` a une complexité linéaire avec le nombre de colonnes de `donnees_brutes`, en $O(m)$.

La fonction `pretraitement34` récupère les n lignes pour une colonne fournie. Il faut donc n étapes pour récupérer les valeurs et n opérations pour les rendre normées. Ainsi la fonction `pre-traitement34` a une complexité linéaire avec le nombre de lignes de `donnees_bru-tes`, en $O(n)$.

La fonction `pretraitement5`, avec ses deux boucles imbriquées, réalise autant d'opérations qu'il n'y en a dans la matrice `matrice_modele` au final. Soit n × m opérations. Ainsi la fonction `pretraitement5` a une complexité linéaire avec le nombre de lignes de `donnees_brutes` multiplié par le nombre de colonnes, en $O(n \times m)$.

Commentaire

Le calcul de complexité de fonctions est à savoir faire.

Q 12.

```
def prediction(x):
    erreur = []
    for i in range(1,len(x)):
        erreur.append(x[i]-x[i-1])
    return erreur
```

Q 13.

```
def mappage(erreur,x):
    delta = []
    for i in range(1,len(x)):
        th = min(x[i-1],4095-x[i-1])
        err = erreur[i]
        if 0 <= err <= th:
            s = 2*err
        elif -th <= err < 0:
            s = 2*abs(err) - 1
        else:
            s = th + abs(err)
        delta.append(s)
    return delta
```

Commentaire

La fonction **abs** utilisée est la fonction valeur absolue, définie dans python.
On utilise une écriture compacte pour les conditions. Cette écriture est à recommander (en python 3) lorsqu'on souhaite vérifier un encadrement.

Q 14. Comme le paramètre choisi est $p = 3$ dans cette question, nous devons calculer la division entière des nombres par $2^3 = 8$, valeur notée q, et le reste noté r.

Valeurs	4	10	18	18	6	1	3
q	0	1	2	2	0	0	0
codage de q	0	10	110	110	0	0	0
r	4	2	2	2	6	1	3
codage de r	100	010	010	010	110	001	011
code de Rice	0 100	10 010	110 010	110 010	0 110	0 001	0 011

Q 15. Les instructions suivantes devront être indentées, car elles appartiennent à une fonction.

```
    q = delta_k//(2**p_opt)
    code1 = q*[1]+[0]
```

Commentaire

L'opérateur `//` calcule la partie entière de la division. Ici `code1` n'est pas à proprement parlé un tableau, mais une liste.
Mettons en avant que le sujet demande « *la suite d'instructions* », il faut donc écrire des instructions sans fonction. On peut tout de même noter qu'il y aura une indentation principale à ajouter (qui peut être mise directement, afin de montrer que l'on a compris qu'il s'agit non pas d'instructions principales, mais d'instructions à placer dans une fonction).

Q 16. Les instructions à la suite devront être indentées, car elles appartiennent à une fonction.

```
    r = delta_k%(2**p_opt)    # ou r = delta_k - q*2**p_opt
    chaine = bin(r)[2:]
    code2 = [int(chiffre) for chiffre in chaine]
    for i in range(p_opt - len(code2)):
        code2 = [0] + code2
    code = code1 + code2
```

Commentaire

L'énoncé demande de considérer que la fonction **`bin`** de Python renvoie la chaîne de caractère associée au code binaire de l'entier sans autre précision. En réalité, la fonction **`bin`** de Python renvoie bien une chaîne de caractères, mais qui commence par `'0b'` (code Python pour prévenir que la suite n'est pas du décimal, mais bien du binaire). D'où l'ajout de `[2:]` qui permet de ne conserver la chaine de caractères qu'à partir de l'indice 2. Il est vraisemblable que ceci n'était pas attendu des candidats.
La fonction **`int`** est utilisée pour transformer les chaines de caractères `'0'` et `'1'` en entier `0` et `1` et en faire une liste. La fonction **`bin`** donne le code binaire le plus court pour représenter la valeur décimale. Or, comme nous devons forcément coder la valeur sur `p_opt` bits, il faut ajouter un certain nombre de 0 devant le code.
Il suffit alors de concaténer les deux listes. La concaténation est réalisée grâce à l'opérateur + entre deux listes.

Pour les Q15-Q16 il aurait pu être plus intéressant de travailler directement avec des chaines de caractères. Ainsi on aurait pu écrire :

```
    q = delta_k//(2**p_opt)
    code1 = q*'1'+'0'
    r = delta_k%(2**p_opt)
    code2 = bin(r)[2:]
    for i in range(p_opt - len(code2)):
        code2 = '0' + code2
    code = code1 + code2
```

III. Mise en orbite de la sonde autour de Saturne

Q 17. Cette équation a été obtenue en appliquant la deuxième loi de Newton ou Principe Fondamental de la Dynamique à la sonde isolée, dans le référentiel galiléen du soleil. La sonde est soumise à deux actions extérieures : l'action du Soleil et l'action de Vénus. Chacune de ces deux actions est calculée comme la constante universelle de gravitation multipliée par le produit des masses de la sonde et de l'astre, divisée par la distance au carré entre la sonde et l'astre. Le signe donnant la direction de la force.

Commentaire

Il est important de préciser le système isolé et le référentiel d'étude.
L'équation en résultante du PFD donne en fait l'équation suivante, où la masse de la sonde a déjà été simplifiée.

$$m \cdot \frac{\mathrm{d}^2\vec{r}(t)}{\mathrm{d}t^2} = -G \cdot m \cdot m_s \frac{\vec{r}(t)}{\|\vec{r}(t)\|^3} - G \cdot m \cdot m_v \frac{\vec{r}(t) - \vec{r}_v(t)}{\|\vec{r}(t) - \vec{r}_v(t)\|^3}$$

Q 18. Pour obtenir les équations (3) et (4), il faut projeter l'équation (3) sur les vecteurs $\vec{x}$ et $\vec{y}$, car $\frac{\mathrm{d}^2x(t)}{\mathrm{d}t^2} = \frac{\mathrm{d}^2\vec{r}(t)}{\mathrm{d}t^2} \cdot \vec{x}(t)$ et $\frac{\mathrm{d}^2y(t)}{\mathrm{d}t^2} = \frac{\mathrm{d}^2\vec{r}(t)}{\mathrm{d}t^2} \cdot \vec{y}(t)$. Calculons $S_x(x(t),y(t),t)$.

$$S_x(x(t),y(t),t) = -Gm_s \frac{\vec{r}(t) \cdot \vec{x}}{\|\vec{r}(t)\|^3} - Gm_v \frac{(\vec{r}(t) - \vec{r}_v(t)) \cdot \vec{x}}{\|\vec{r}(t) - \vec{r}_v(t)\|^3}$$

$$S_x(x(t),y(t),t) = -Gm_s \frac{x(t)}{\left(x(t)^2 + y(t)^2\right)^{\frac{3}{2}}} - Gm_v \frac{x(t) - x_v(t)}{\left((x(t) + x_v(t))^2 + (y(t) + y_v(t))^2\right)^{\frac{3}{2}}}$$

$$S_x(x(t),y(t),t) = -Gm_s \frac{x(t)}{\left(x(t)^2 + y(t)^2\right)^{\frac{3}{2}}} - Gm_v \frac{x(t) - r_v \cos(\Omega t + \Phi)}{\left((x(t) + r_v \cos(\Omega t + \Phi))^2 + (y(t) + r_v \sin(\Omega t + \Phi))^2\right)^{\frac{3}{2}}}$$

De la même façon :

$$S_y(x(t),y(t),t) = -Gm_s \frac{y(t)}{\left(x(t)^2 + y(t)^2\right)^{\frac{3}{2}}} - Gm_v \frac{y(t) - r_v \sin(\Omega t + \Phi)}{\left((x(t) + r_v \cos(\Omega t + \Phi))^2 + (y(t) + r_v \sin(\Omega t + \Phi))^2\right)^{\frac{3}{2}}}$$

```python
def eval_sm(x,y,t):
    Gms = 1.32724 * 10**20
    Gmv = 3.24916 * 10**14
    rv = 1.08209 * 10**11
    Omeg = 3.23639 * 10**-7
    phi = 0.
    xv = rv*cos(Omeg*t+phi)
    yv = rv*sin(Omeg*t+phi)
    norm1 = (x**2 + y**2)**(3/2)
    norm2 = ((x+xv)**2 + (y+yv)**2)**(3/2)
    Sx = -Gms*x/norm1 - Gmv*(x-xv)/norm2
    Sy = -Gms*y/norm1 - Gmv*(y-yv)/norm2
    return Sx, Sy
```

Commentaire

Pour obtenir $S_x(x(t),y(t),t)$ et $S_y(x(t),y(t),t)$, quelques étapes de calcul claires suffisent pour répondre. Evidemment, il faut savoir clairement exprimer la norme d'un vecteur. Le rapport du jury remarque que « *Trop de candidats ne savent pas exprimer la norme euclidienne d'un vecteur* ».

Pour la fonction `eval_sm`, il est fortement conseillé de créer quelques variables intermédiaires et ne pas écrire une ligne incompréhensible. Là encore, le rapport souligne que « *Beaucoup de scripts ne sont pas rédigés dans un souci de clarté et de compréhension.* » Pour les lignes 2 à 6, il a été choisi ici de définir des variables locales, contenant les valeurs numériques données dans le sujet. Il est évident que dans la réalité ces variables sont surement définies de façon globale. Le sujet n'ayant rien précisé dessus, nous n'avons pas voulu prendre cette initiative.

Q 19. La méthode d'Euler explicite revient à approximer la dérivée. Au temps t_i, on peut écrire : $\dfrac{\mathrm{d}^2x(t_i)}{\mathrm{d}t} \approx \dfrac{\dfrac{\mathrm{d}x(t_{i+1})}{\mathrm{d}t} - \dfrac{\mathrm{d}x(t_i)}{\mathrm{d}t}}{t_{i+1} - t_i} = \dfrac{u_{i+1} - u_i}{\Delta_t}$. Or d'après l'équation (4), on peut écrire : $\dfrac{u_{i+1} - u_i}{\Delta_t} \approx S_x(x(t_i),y(t_i),t_i)$. On peut faire de même avec l'équation (5). On peut donc écrire :

$$u_{i+1} \approx u_i + \Delta_t S_x(x(t_i),y(t_i),t_i) \quad ; \qquad v_{i+1} \approx v_i + \Delta_t S_y(x(t_i),y(t_i),t_i)$$

Commentaire

On rappelle que la méthode d'Euler explicite est au programme et doit être connue absolument. C'est la méthode la plus simple de résolution numérique des équations différentielles.

Q 20. On applique la même méthode aux equations suivantes : $u_i = \dfrac{\mathrm{d}x(t_i)}{\mathrm{d}t}$ et $v_i = \dfrac{\mathrm{d}y(t_i)}{\mathrm{d}t}$. Donc $u_i \approx \dfrac{x_{i+1} - x_i}{\Delta_t}$ et $v_i \approx \dfrac{y_{i+1} - y_i}{\Delta_t}$. Au final :

$$x_{i+1} \approx x_i + \Delta_t u_i \quad ; \qquad y_{i+1} \approx y_i + \Delta_t v_i$$

Q 21.

```
x = [x0] + [0]*(n-1)
y = [y0] + [0]*(n-1)
u = [u0] + [0]*(n-1)
v = [v0] + [0]*(n-1)
t = [i*deltaT for i in range(n)]
```

Commentaire

On suppose ici les variables `x0`, `v0`, `u0` et `v0` déjà définies, même si le sujet n'en dit rien.

Q 22.

```
for i in range(1,n):
    Sx, Sy = eval_sm(x[i-1],y[i-1],t[i-1])
    x[i] = x[i-1] + deltaT*u[i-1]
    y[i] = y[i-1] + deltaT*v[i-1]
    u[i] = u[i-1] + deltaT*Sx
    v[i] = v[i-1] + deltaT*Sy
```

Q 23. Calculons n, le nombre de valeurs que doit contenir chaque vecteur. En 30 jours, il y a $1 \times 3600 \times 24 \times 30 = 2592000$ secondes, donc $n = 2.592 \times 10^6$. Il y a donc $4 \times n \times 8$ octets à stocker. Il faut environ 83 Mo de stockage pour 30 jours.

Le parcours de la sonde a duré un peu moins de 7 ans (moins de 84 mois). La quantité de mémoire nécessaire dans ce cas est de l'ordre de $83 \times 84 \approx 7000$ Mo, soit 7 Go, ce qui n'est pas un obstacle (une clé usb peut stocker plusieurs Go actuellement). Cette méthode semble donc utilisable.

Q 24. Les arguments nécessaires à la fonction sont les listes `u` et `v`, composantes du vecteur vitesse, obtenues par la résolution de l'équation différentielle et la liste `t` donnant les instants de calcul.

Je suppose que toutes ces listes sont de même longueur, n, variable globale comme définie dans le sujet.

```
def vitesse_sonde(u,v,t):
    nvit = []
    for i in range(n):
        nvit.append(u[i]**2 + v[i]**2)
    nvit = [i/1000 for i in nvit]   # Conversion en km.s-1
    plot(t,nvit)
    xlabel('temps en s')
    ylabel('norme de la vitesse en km.s-1')
    title('Vitesse de la sonde')
```

Commentaire

Il ne faut pas oublier la conversion d'unité.
L'annexe est une aide précieuse pour les tracés.

Centrale Supélec – Informatique 2016

MP, PC, PSI, TSI - Durée : 3 heures

SUJET

Informatique

MP, PC, PSI, TSI

3 heures   Calculatrices autorisées

Prévention des collisions aériennes

Ce problème s'intéresse à différents aspects relatifs à la sécurité aérienne et plus précisément au risque de collision entre deux appareils. Dans la première partie nous abordons l'enregistrement des plans de vol des différentes compagnies aériennes. La deuxième partie explique la manière d'attribuer à chaque vol un couloir aérien répondant au mieux aux souhaits des compagnies aériennes. Enfin, la troisième partie s'intéresse à la procédure de détection d'un risque de collision entre deux avions se croisant à des altitudes proches.

Une liste d'opérations et de fonctions qui peuvent être utilisées dans les fonctions Python figure en fin d'énoncé. Les candidats peuvent coder toute fonction complémentaire qui leur semble utile. Ils devront dans ce cas préciser le rôle de cette fonction, la signification de ses paramètres et la nature de la valeur renvoyée.

I. Plan de vol

Afin d'éviter les collisions entre avions, les altitudes de vol en croisière sont normalisées. Dans la majorité des pays, les avions volent à une altitude multiple de 1000 pieds (un pied vaut 30,48 cm) au-dessus de la surface isobare à 1013,25 hPa. L'espace aérien est ainsi découpé en tranches horizontales appelées niveaux de vol et désignées par les lettres « FL » (*flight level*) suivies de l'altitude en centaines de pieds : « FL310 » désigne une altitude de croisière de 31000 pieds au-dessus de la surface isobare de référence.

EUROCONTROL est l'organisation européenne chargée de la navigation aérienne, elle gère plusieurs dizaines de milliers de vol par jour. Toute compagnie qui souhaite faire traverser le ciel européen à un de ses avions doit soumettre à cet organisme un plan de vol comprenant un certain nombre d'informations : trajet, heure de départ, niveau de vol souhaité, etc. Muni de ces informations, EUROCONTROL peut prévoir les secteurs aériens qui vont être surchargés et prendre des mesures en conséquence pour les désengorger : retard au décollage, modification de la route à suivre, etc.

Nous modélisons (de manière très simplifiée) les plans de vol gérés par EUROCONTROL sous la forme d'une base de données comportant deux tables :

- la table `vol` qui répertorie les plans de vol déposés par les compagnies aériennes ; elle contient les colonnes
  - `id_vol` : numéro du vol (chaine de caractères) ;
  - `depart` : code de l'aéroport de départ (chaine de caractères) ;
  - `arrivee` : code de l'aéroport d'arrivée (chaine de caractères) ;
  - `jour` : jour du vol (de type `date`, affiché au format `aaaa-mm-jj`) ;
  - `heure` : heure de décollage souhaitée (de type `time`, affiché au format `hh:mi`) ;
  - `niveau` : niveau de vol souhaité (entier).

id_vol	depart	arrivee	jour	heure	niveau
AF1204	CDG	FCO	2016-05-02	07 :35	300
AF1205	FCO	CDG	2016-05-02	10 :25	300
AF1504	CDG	FCO	2016-05-02	10 :05	310
AF1204	FCO	CDG	2016-05-02	13 :00	310

FIGURE 1 – Extrait de la table `vol` : vols de la compagnie Air France entre les aéroports Charles-de-Gaule (Paris) et Léonard-de-Vinci à Fiumicino (Rome)

- la table `aeroport` qui répertorie les aéroports européens ; elle contient les colonnes
  - `id_aero` : code de l'aéroport (chaine de caractères) ;
  - `ville` : principale ville desservie (chaine de caractères) ;
  - `pays` : pays dans lequel se situe l'aéroport (chaine de caractères) ;

id_aero	ville	pays
CDG	Paris	France
ORY	Paris	France
MRS	Marseille	France
FCO	Rome	Italie

FIGURE 2 – Extrait de la table `aeroport`

Les types SQL `date` et `time` permettent de mémoriser respectivement un jour du calendrier grégorien et une heure du jour. Deux valeurs de type `date` ou de type `time` peuvent être comparées avec les opérateurs habituels (=, <, <=, etc.). La comparaison s'effectue suivant l'ordre chronologique. Ces valeurs peuvent également être comparées à une chaine de caractères correspondant à leur représentation externe (`'aaaa-mm-jj'` ou `'hh:mi'`).

I.A - Écrire une requête SQL qui fournit le nombre de vols qui doivent décoller dans la journée du 2 mai 2016 avant midi.

I.B - Écrire une requête SQL qui fournit la liste des numéros de vols au départ d'un aéroport desservant Paris le 2 mai 2016.

I.C - Que fait la requête suivante ?

```
SELECT id_vol
    FROM vol
        JOIN aeroport AS d ON d.id_aero = depart
        JOIN aeroport AS a ON a.id_aero = arrivee
    WHERE
        d.pays = 'France' AND
        a.pays = 'France' AND
        jour = '2016-05-02'
```

I.D - Certains vols peuvent engendrer des conflits potentiels : c'est par exemple le cas lorsque deux avions suivent un même trajet, en sens inverse, le même jour et à un même niveau. Écrire une requête SQL qui fournit la liste des couples (Id_1, Id_2) des identifiants des vols dans cette situation.

II. Allocation des niveaux de vol

Lors du dépôt d'un plan de vol, la compagnie aérienne doit préciser à quel niveau de vol elle souhaite faire évoluer son avion lors de la phase de croisière. Ce niveau de vol souhaité, le RFL pour *requested flight level*, correspond le plus souvent à l'altitude à laquelle la consommation de carburant sera minimale. Cette altitude dépend du type d'avion, de sa charge, de la distance à parcourir, des conditions météorologiques, etc.

Cependant, du fait des similitudes entre les différents avions qui équipent les compagnies aériennes, certains niveaux de vols sont très demandés ce qui engendre des conflits potentiels, deux avions risquant de se croiser à des altitudes proches. Les contrôleurs aériens de la région concernée par un conflit doivent alors gérer le croisement de ces deux avions.

Pour alléger le travail des contrôleurs et diminuer les risques, le système de régulation s'autorise à faire voler un avion à un niveau différent de son RFL. Cependant, cela engendre généralement une augmentation de la consommation de carburant. C'est pourquoi on limite le choix aux niveaux immédiatement supérieur et inférieur au RFL.

Ce problème de régulation est modélisé par un graphe dans lequel chaque vol est représenté par trois sommets. Le sommet 0 correspond à l'attribution du RFL, le sommet + au niveau supérieur et le sommet - au niveau inférieur. Chaque conflit potentiel entre deux vols sera représenté par une arête reliant les deux sommets concernés. Le cout d'un conflit potentiel (plus ou moins important en fonction de sa durée, de la distance minimale entre les avions, etc.) sera représenté par une valuation sur l'arête correspondante.
Dans l'exemple de la figure 3, faire voler les trois avions à leur RFL engendre un cout de régulation entre A et B de 100 et un cout de régulation entre B et C de 400, soit un cout total de la régulation de 500 (il n'y a pas de conflit entre A et C). Faire voler l'avion A à son RFL et les avions B et C au-dessus de leur RFL engendre un conflit potentiel de cout 100 entre A et B et 150 entre A et C, soit un cout total de 250 (il n'y a plus de conflit entre B et C).

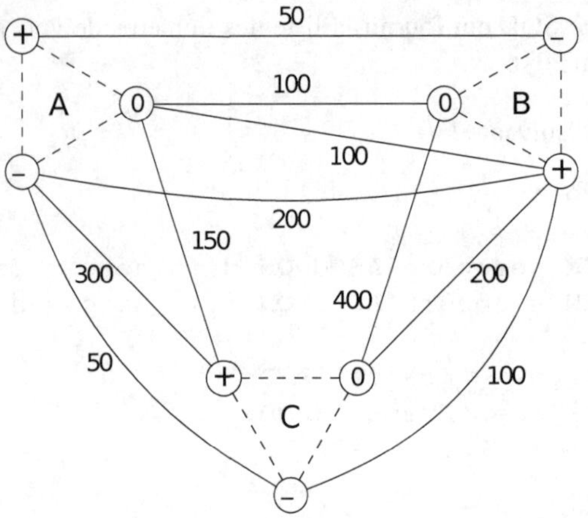

FIGURE 3 – Exemple de conflits potentiels entre trois vols

On peut observer que cet exemple possède des solutions de cout nul, par exemple faire voler A et C à leur RFL et B au-dessous de son RFL. Mais en général le nombre d'avions en vol est tel que des conflits potentiels sont inévitables. Le but de la régulation est d'imposer des plans de vol qui réduisent le plus possible le cout total de la résolution des conflits.

II.A - Implantation du problème

Chaque vol étant représenté par trois sommets, le graphe des conflits associé à n vols v_0, v_1, ..., v_{n-1} possède $3n$ sommets que nous numéroterons de 0 à $3n-1$. Nous conviendrons que pour $0 \leqslant k < n$:

- le sommet $3k$ représente le vol v_k à son RFL ;
- le sommet $3k+1$ représente le vol v_k au-dessus de son RFL ;
- le sommet $3k+2$ représente le vol v_k au-dessous de son RFL ;

Le cout de chaque conflit potentiel est stocké dans une liste de $3n$ listes de $3n$ entiers (tableau $3n \times 3n$) accessible grâce à la variable globale `conflit` : si i et j désignent deux sommets du graphe, alors `conflit[i][j]` est égal au cout du conflit potentiel (s'il existe) entre les plans de vol représentés par les sommets i et j. S'il n'y a pas de conflit entre ces deux sommets, `conflit[i][j]` vaut 0. On convient que `conflit[i][j]` vaut 0 si les sommets i et j correspondent au même vol (figure 4).

On notera que pour tout couple de sommets (i, j), `conflit[i][j]` et `conflit[j][i]`, représentent un seul et même conflit et donc `conflit[i][j] == conflit[j][i]`.

II.A.1) Écrire en Python une fonction `nb_conflits()` sans paramètre qui renvoie le nombre de conflits potentiels, c'est-à-dire le nombre d'arêtes de valuation non nulle du graphe.

II.A.2) Exprimer en fonction de n la complexité de cette fonction.

```
conflit=[[   0,   0,   0, 100, 100,   0,   0, 150,   0],
         [   0,   0,   0,   0,   0,  50,   0,   0,   0],
         [   0,   0,   0,   0, 200,   0,   0, 300,  50],
         [ 100,   0,   0,   0,   0,   0, 400,   0,   0],
         [ 100,   0, 200,   0,   0,   0, 200,   0, 100],
         [   0,  50,   0,   0,   0,   0,   0,   0,   0],
         [   0,   0,   0, 400, 200,   0,   0,   0,   0],
         [ 150,   0, 300,   0,   0,   0,   0,   0,   0],
         [   0,   0,  50,   0, 100,   0,   0,   0,   0]]
```

FIGURE 4 – Tableau des couts des conflits associé au graphe représenté figure 3

II.B - Régulation

Pour un vol v_k on appelle *niveau relatif* l'entier r_k valant 0, 1 ou 2 tel que :

- $r_k = 0$ représente le vol v_k à son RFL ;
- $r_k = 1$ représente le vol v_k au-dessus de son RFL ;
- $r_k = 2$ représente le vol v_k au-dessous de son RFL.

On appelle *régulation* la liste $(r_0, r_1, ..., r_{n-1})$. Par exemple, la régulation (0, 0, ..., 0) représente la situation dans laquelle chaque avion se voit attribuer son RFL. Une régulation sera implantée en Python par une liste d'entiers.

Il pourra être utile d'observer que les sommets du graphe des conflits choisis par la régulation r portent les numéros $3k + r_k$ pour $0 \leqslant k < n$. On remarque également qu'au sommet s du graphe correspond le niveau relatif $r_k = s \bmod 3$ et le vol v_k tel que $k = \lfloor s/3 \rfloor$.

II.B.1) Écrire en Python une fonction `nb_vol_par_niveau_relatif(regulation)` qui prend en paramètre une régulation (liste de n entiers) et qui renvoie une liste de 3 entiers `[a, b, c]` dans laquelle a est le nombre de vols à leurs niveaux RFL, b le nombre de vols au-dessus de leurs niveaux RFL et c le nombre de vols au-dessous de leurs niveaux RFL.

II.B.2) Cout d'une régulation

On appelle *cout d'une régulation* la somme des couts des conflits potentiels que cette régulation engendre.

a) Écrire en Python une fonction `cout_regulation(regulation)` qui prend en paramètre une liste représentant une régulation et qui renvoie le cout de celle-ci.

b) Évaluer en fonction de n, la complexité de cette fonction.

c) Déduire de la question a) une fonction `cout_RFL()` qui renvoie le cout de la régulation pour laquelle chaque avion vole à son RFL.

II.B.3) Combien existe-t-il de régulations possibles pour n vols ?
Est-il envisageable de calculer les couts de toutes les régulations possibles pour trouver celle de cout minimal ?

II.C - L'algorithme Minimal

On définit le *cout d'un sommet* comme la somme des couts des conflits potentiels dans lesquels ce sommet intervient. Par exemple, le cout du sommet correspondant au niveau RFL de l'avion A dans le graphe de la figure 3 est égal à 100 + 100 + 150 = 350.

L'algorithme *Minimal* consiste à sélectionner le sommet du graphe de cout minimal ; une fois ce dernier trouvé, les deux autres niveaux possibles de ce vol sont supprimés du graphe et on recommence avec ce nouveau graphe jusqu'à avoir attribué un niveau à chaque vol.

Dans la pratique, plutôt que de supprimer effectivement des sommets du graphe, on utilise une liste `etat_sommet` de $3n$ entiers tels que :

- `etat_sommet[s]` vaut 0 lorsque le sommet s a été supprimé du graphe ;
- `etat_sommet[s]` vaut 1 lorsque le sommet s a été choisi dans la régulation ;
- `etat_sommet[s]` vaut 2 dans les autres cas.

II.C.1)

a) Écrire en Python une fonction `cout_du_sommet(s, etat_sommet)` qui prend en paramètres un numéro de sommet s (n'ayant pas été supprimé) ainsi que la liste `etat_sommet` et qui renvoie le cout du sommet s dans le graphe défini par la variable globale `conflit` et le paramètre `etat_sommet`.
b) Exprimer en fonction de n la complexité de la fonction `cout_du_sommet`.

II.C.2)

a) Écrire en Python une fonction `sommet_de_cout_min(etat_sommet)` qui, parmi les sommets qui n'ont pas encore été choisis ou supprimés, renvoie le numéro du sommet de cout minimal.
b) Exprimer en fonction de n la complexité de la fonction `sommet_de_cout_min`.

II.C.3)

a) En déduire une fonction `minimal()` qui renvoie la régulation résultant de l'application de l'algorithme Minimal.
b) Quelle est sa complexité ? Commenter.

II.D - Recuit simulé

L'algorithme de *recuit simulé* part d'une régulation initiale quelconque (par exemple la régulation pour laquelle chacun des avions vole à son RFL) et d'une valeur positive T choisie empiriquement. Il réalise un nombre fini d'étapes se déroulant ainsi :

- un vol v_k est tiré au hasard ;
- on modifie r_k en tirant au hasard parmi les deux autres valeurs possibles ;
  - si cette modification diminue le cout de la régulation, cette modification est conservée ;
  - sinon, cette modification n'est conservée qu'avec une probabilité $p = \exp(-\Delta c/T)$, où Δc est l'augmentation de cout liée à la modification de la régulation ;
- le paramètre T est diminué d'une certaine quantité.

Écrire en Python une fonction `recuit(regulation)` qui modifie la liste `regulation` passée en paramètre en appliquant l'algorithme du recuit simulé. On fera débuter l'algorithme avec la valeur $T = 1000$ et à chaque étape la valeur de T sera diminuée de 1%. L'algorithme se terminera lorsque $T < 1$.

Remarque. Dans la pratique, l'algorithme de recuit simulé est appliqué plusieurs fois de suite en partant à chaque fois de la régulation obtenue à l'étape précédente, jusqu'à ne plus trouver d'amélioration notable.

III. Système d'alerte de trafic et d'évitement de collision

L'optimisation globale des niveaux de vol d'un système d'avions étudiée précédemment est complétée par une surveillance locale dans l'objectif de maintenir à tout instant une séparation suffisante avec tout autre avion. La règlementation actuelle impose aux avions de ligne d'être équipé d'un système embarqué d'évitement de collision en vol, ou TCAS pour *traffic collision avoidance system*.

Nous nous intéressons au fonctionnement du TCAS vu d'un avion particulier que nous appelons *avion propre*. Les avions qui volent à proximité de l'avion propre sont qualifiés d'*intrus*.

Le système TCAS surveille l'environnement autour de l'avion propre (typiquement dans un rayon d'un soixantaine de kilomètres) pour identifier les intrus et déterminer s'ils présentent un risque de collision. Pour cela, le TCAS évalue, pour chaque intrus, le point où sa distance avec l'avion propre sera minimale. Ce point est appelé CPA, pour *closest point of approach*. Le fonctionnement global (simplifié) du système TCAS est décrit par la fonction `TCAS` donnée figure 5.

Cette fonction maintient une liste des CPA des avions situés dans son périmètre de surveillance (variable `CPAs`). Cette liste est limitée à un nombre restreint d'intrus (`intrus_max`) dont l'instant du CPA est proche (dans moins de `suivi_max`) de façon à garantir la détection et le traitement d'un éventuel danger dans un temps suffisamment court.

```
def TCAS() :
    """Fonction principale du système TCAS."""
    intrus_max = 30 # nombre maximum d'avions suivis
    suivi_max = 100 # délai maximum pour le CPA (en
        secondes)
    CPAs = [] # liste des CPA des avions suivis
    while (TCAS_actif()) :
        intrus = acquerir_intrus()
        enregistrer_CPA(intrus, CPAs, intrus_max, suivi_max
            )
        traiter_CPAs(CPAs)
```

FIGURE 5 –

La fonction `TCAS_actif` renvoie la position de l'interrupteur principal du système.

La fonction `acquerir_intrus` détermine la position et la vitesse d'un intrus particulier. À chaque appel, elle s'intéresse à un avion différent dans le périmètre de surveillance du TCAS.

Lorsque tous les intrus ont été examinés, l'appel suivant revient au premier intrus qui est toujours dans le périmètre.

La fonction `enregistrer_CPA` intègre dans la liste CPA de nouvelles informations telles que fournies par la fonction `acquerir_intrus`.

Enfin la fonction `traiter_CPAs` examine les CPA des intrus les plus dangereux pour décider si l'un d'eux présente un risque de collision. Si c'est le cas, cette fonction détermine la manœuvre à effectuer (monter ou descendre) en coordination avec le système TCAS de l'intrus concerné et génère une alarme et une consigne à destination du pilote.

III.A - Acquisition et stockage des données

Chaque avion est équipé d'un émetteur radio spécialisé, appelé *transpondeur*, qui fournit automatiquement, en réponse à l'interrogation d'une station au sol ou d'un autre avion, des informations sur l'avion dans lequel il est installé. La fonction `acquerir_intrus` utilise les données du système de navigation de l'avion propre, les données fournies par le transpondeur de l'intrus, le relèvement de son émission et les informations fournies par le système de contrôle aérien au sol.

III.A.1) Les transpondeurs utilisent tous la même fréquence radio. Afin d'éviter la saturation de cette fréquence, en particulier dans les zones à fort trafic, chaque émission ne doit pas durer plus de 128 µs. Le débit binaire utilisé est de 10^6 bits par seconde ; chaque message commence par une marque de début de 6 bits et se termine par 4 bits de contrôle et une marque de fin de 6 bits.

$$\underbrace{dddddd}_{\text{début}} \quad \underbrace{xxx\ldots xxx}_{\text{données}} \quad \underbrace{eeee}_{\text{contrôle}} \quad \underbrace{ffffff}_{\text{fin}}$$

Déterminer le nombre maximum de bits de données dans une émission de transpondeur.

III.A.2) Le système TCAS souhaite récupérer l'altitude et la vitesse ascensionnelle de chaque intrus en interrogeant son transpondeur. La réponse du transpondeur contient systématiquement un numéro d'identification de l'avion sur 24 bits. Les autres informations sont des entiers codés en binaire qui peuvent varier dans les intervalles suivants :

- altitude de 2000 à 66 000 pieds ;
- vitesse ascensionnelle de -5000 à 5000 pieds par minute.

La taille d'un message de transpondeur est-elle suffisante pour obtenir ces informations en une seule fois ?

III.A.3) Après avoir récupéré les informations nécessaires, la fonction `acquerir_intrus` calcule la position et la vitesse de l'intrus par rapport à l'avion propre et renvoie une liste de huit nombres :

```
[id, x, y, z, vx, vy, vz t0]
```

où

- `id` est le numéro d'identification de l'intrus ;
- `x, y, z` les coordonnées (en mètres) de l'intrus dans un repère orthonormé $\mathfrak{R}_0$ lié à l'avion propre ;
- `vx, vy, vz` la vitesse (en mètres par seconde) de l'intrus dans ce même repère ;

– `t0` le moment de la mesure (en secondes depuis un instant de référence).

À des fins d'analyse une fois l'avion revenu au sol, la fonction `acquerir_intrus` conserve chaque résultat obtenu. Chaque nombre est stocké sur 4 octets. En supposant que cette fonction est appelé au maximum 100 fois par seconde, quel est le volume de mémoire nécessaire pour conserver les données de 100 heures de fonctionnement du TCAS ?

Ce volume de stockage représente-t-il une contrainte technique forte ?

III.B - Estimation du CPA

Le but de cette sous-partie III.B est d'estimer le CPA d'un avion intrus à partir des informations fournies par la fonction `acquerir_intrus`. Pour cela on suppose que l'avion propre et l'avion intrus poursuivent leur route sans changer de direction ni de vitesse. Vu les distances entre les deux avions, on néglige la courbure de la Terre, on considère donc qu'ils suivent un mouvement rectiligne uniforme.

III.B.1) On se place dans le repère orthonormé $\mathfrak{R}_0$ utilisé par la fonction `acquerir_intrus` . On note O l'origine de ce repère (qui correspond à la position de l'avion propre), $G(t)$ la position de l'intrus à l'instant t et $\vec{V}$ sa vitesse dans $\mathfrak{R}_0$ (supposée constante). La fonction `acquerir_intrus` fournit ainsi les coordonnées dans $\mathfrak{R}_0$ des vecteurs $\overrightarrow{OG}(t_0)$ et $\vec{V}$ pour l'intrus `id`.

Exprimer le vecteur $\overrightarrow{OG}(t)$ en fonction des informations fournies par la fonction `acquerir_intrus`.

III.B.2) Déterminer l'expression du temps t_c qui correspond à l'instant où les deux avions sont le plus proches (instant du CPA).

III.B.3) Montrer qu'il n'y a pas de risque de collision si le produit scalaire $\overrightarrow{OG}(t_0) \cdot \vec{V}$ est positif.

III.B.4) Écrire en Python une fonction `calculer_CPA(intrus)` qui prend en paramètre une liste de la forme de celle produite par la fonction `acquerir_intrus` et qui renvoie :

– `None` s'il n'y pas de risque de collision ;
– ou une liste de 3 nombre `[tCPA, dCPA, zCPA]` où
  - `tCPA` est l'instant prévu pour le CPA (t_c) ;
  - `dCPA` la distance en mètres entre les deux avions au moment du CPA ;
  - `zCPA` la différence d'altitude en pieds entre les deux avions au moment du CPA (négative si l'intrus est plus bas que l'avion propre).

Pour répondre à cette question, on considère que l'avion propre vole horizontalement (vol de croisière) et que l'axe $\vec{z}$ du repère $\mathfrak{R}_0$ est orienté verticalement vers le haut.

III.C - Mise à jour de la liste des CPA

Chaque élément de la liste `CPAs` (figure 5) est une liste de 4 nombres `[id, tCPA, dCPA, zCPA]` où `id` est l'identifiant de l'intrus et les autres éléments ont la signification précisée à la question III.B.4. Un exemple de liste `CPAs` est donné figure 6. Ainsi, `CPAs[2][3]` indique la séparation verticale (800 pieds) au CPA pour le troisième avion suivi, dont l'identifiant est 32675398 et dont le CPA aura lieu à l'instant 1462190455 (nombre de secondes depuis l'instant de référence).

```
CPAs = [ [ 11305708, 1462190400, 2450, -1000],
         [ 12416823, 1462190412, 2500,   500],
         [ 32675398, 1462190455, 2000,   800],
         [ 18743283, 1462190463, 2100,  -200] ]
```

FIGURE 6 – Exemple de liste de CPA

La fonction `traiter_CPA` attend une liste triée par ordre chronologique. La fonction `enregistrer_CPA` s'assurera donc que la liste `CPAs` qu'elle produit est triée par ordre croissant des `tCPA` (`CPAs[i-1][1] <= CPAs[i][1]` pour tout `i` compris entre 1 et `len(CPAs)-1`). La fonction `traiter_CPAs` ne modifie pas l'ordre de la liste `CPAs`, `enregistrer_CPA` peut donc supposer que la liste qu'elle reçoit en paramètre est déjà triée.

III.C.1) Écrire en Python une fonction `mettre_a_jour_CPAs(CPAs, id, nv_CPA, intrus_max, suivi_max)` qui prend en paramètre

- `CPAs` : la liste actuelle des CPA au format décrit ci-dessus ;
- `id` : l'identifiant d'un intrus ;
- `nv_CPA` : les caractéristiques du CPA de l'intrus telles que renvoyées par la fonction `calcul_CPA` (peut éventuellement valoir `None`) ;
- `intrus_max` : un entier indiquant le nombre maximum d'intrus à suivre ;
- `suivi_max` : un entier donnant le délai maximum (en secondes) avant un CPA pour s'intéresser à l'intrus correspondant.

Cette fonction modifie la liste `CPAs` en appliquant les règles suivantes :

- si l'avion `id` est déjà suivi et ne présente plus de risque de collision, ou si son CPA est prévu dans plus de `suivi_max` secondes, il est supprimé de la liste ;
- si l'avion `id` est déjà suivi et que son CPA est prévu dans moins de `suivi_max` secondes, la ligne correspondante est mise à jour avec les nouvelles informations sur le CPA ;
- si l'avion `id` n'est pas suivi et que son CPA est prévu dans moins de `suivi_max` secondes alors,
  - s'il reste de la place dans la liste il est ajouté à la fin,
  - si la liste est pleine (elle contient déjà `intrus_max` intrus) et si le `tCPA` du nouvel intrus est inférieur au `tCPA` du dernier de la liste alors le nouvel intrus remplace le dernier intrus de la liste.

La fonction `mettre_a_jour_CPAs` renvoie :

- `None` si l'avion `id` a été supprimé ou n'a pas été ajouté ;
- ou un entier indiquant l'indice de la ligne de `CPAs` qui a été modifiée ou ajoutée.

III.C.2) Suite à un appel à la fonction `mettre_a_jour_CPAs`, il se peut que la liste `CPAs` ne soit plus triée par ordre croissant des `tCPA`.
Écrire en Python une fonction `replacer(ligne, CPAs)` qui modifie la liste `CPAs` de façon à ce qu'elle soit ordonnée par `tCPA` croissant, en sachant que la seule ligne qui n'est éventuellement pas à sa place est celle d'indice `ligne`.
Autrement dit, la fonction `replacer(ligne, CPAs)` doit remettre la ligne `CPAs[ligne]` à sa place dans l'ordre des `tCPA` croissants.

III.C.3) Écrire en Python la fonction `enregistrer_CPA` utilisée par la fonction `TCAS` (figure 5).

III.D - Évaluation des paramètres généraux du système TCAS

III.D.1) Le système TCAS est capable de détecter un intrus à une distance d'environ 60 km. Un avion de ligne vole typiquement à 900 km·h^{-1}. Quel temps va-t-il s'écouler entre la première détection d'un intrus et son CPA si celui-ci se situe à proximité de l'avion propre ?

Comparer ce résultat à la valeur standard du paramètre `suivi_max` (100 s) et commenter.

III.D.2) Afin de garantir le confort des passagers, les pilotes limitent généralement la vitesse ascensionnelle de leur avion à 1500 pieds par minute.

Si deux avions volent l'un vers l'autre à la même altitude, combien de temps avant leur CPA doivent-ils commencer à manœuvrer afin de se croiser avec une différence d'altitude d'au moins 500 pieds ?

III.D.3) Le système TCAS émet une alarme dans le cockpit demandant au pilote de monter ou descendre s'il détecte un intrus avec un `zCPA` inférieur à 500 pieds et un `tCPA` dans moins de 25 secondes. Commenter cette valeur.

La consigne de monter ou descendre est élaborée après concertation entre les systèmes TCAS des deux avions concernés afin d'éviter de conseiller la même manœuvre aux deux pilotes.

III.D.4) Les spécifications du système TCAS prévoient que la position de chaque intrus doit être vérifiée au moins une fois par seconde. Elles limitent d'autre part le nombre d'intrus suivis à 30. En déduire le temps maximum dont dispose la fonction TCAS pour exécuter une fois sa boucle.

III.D.5) Quel est le facteur limitant la vitesse d'exécution de la fonction TCAS ? En déduire un ordre de grandeur du temps minimum d'exécution d'une boucle. Est-il compatible avec les spécifications du système TCAS ?

Opérations et fonctions Python disponibles

Fonctions

- `exp(x)` calcule l'exponentielle du nombre x
- `randint(n)` (`n` entier) renvoie un entier aléatoire compris entre 0 et `n-1` inclus
- `random()` renvoie un nombre flottant tiré aléatoirement dans [0, 1[suivant une distribution uniforme
- `sqrt(x)` calcule la racine carrée du nombre x
- **`time`**`()` renvoie l'heure sous la forme d'un nombre de secondes depuis un instant de référence

Opérations sur les listes

- `u + v` construit une liste constituée de la concaténation des listes `u` et `v` :

`[1, 2] + [3, 4, 5]` → `[1, 2, 3, 4, 5]`

– `n * u` construit une liste constitué de la liste `u` concaténée `n` fois avec elle-même :

`3 * [1, 2]` → `[1, 2, 1, 2, 1, 2]`

– `u.append(e)` ajoute l'élément `e` à la fin de la liste `u` (équivalent à `u = u + [e]`)

– `del(u[i])` supprime de la liste `u` son élément d'indice `i`

– `u.insert(i, e)` insère l'élément `e` à la position d'indice `i` dans la liste `u` (en décalant les éléments suivants) ; si `i >= len(u)`, `e` est ajouté en fin de liste

– `len(u)` donne le nombre d'éléments de la liste `u` :

`len([1, 2, 3])` → `3`, `len([[1,2], [3,4]])` → `2`

– `u[i], u[j] = u[j], u[i]` permute les éléments d'indice `i` et `j` dans la liste `u`

CORRIGÉ COMMENTÉ

I.A

```
SELECT COUNT(id_vol)
FROM vol
WHERE jour = '2016-05-02' AND heure < '12:00'
```

Commentaire

Nous avons choisi de compter les numéros de vol, mais on peut écrire aussi `COUNT(*)`, correspondant au nombre d'éléments directement.

I.B

```
SELECT id_vol
FROM vol JOIN aeroport ON arrivee = id_aero
WHERE jour = '2016-05-02' AND ville = 'Paris'
```

Commentaire

La jointure des deux tables est essentielle, le rapport précise que « *les aéroports parisiens ne limitent pas à Charles De Gaulle* ».

I.C La requête renvoie les numéros de vol des vols nationaux (partant de France et arrivant en France) le 2 Mai 2016.

I.D

```
SELECT v1.id_vol, v2.id_vol
FROM vol AS v1 JOIN vol AS v2
    ON v1.jour = v2.jour AND v1.niveau = v2.niveau AND
        v1.depart = v2.arrivee AND v2.depart = v1.arrivee
```

Commentaire

Avec cette requête, il y aura deux fois les mêmes réponses, puisque chaque couple peut-être vu deux fois. On peut ajouter une restriction sur un attribut qui possède une relation d'ordre (`id_vol` par exemple) :

```
WHERE v1.id_vol < v2.id_vol
```

Le rapport rappelle que le sujet « *fournit un exemple d'auto-jointure* » pour aider les candidats.

II.A.1)

```
def nb_conflits():
    nb = 0
    for i in range(len(conflit)):
        for j in range(i):
            if conflit[i][j] != 0:
                nb += 1
    return nb
```

Commentaire

Dans la solution proposée, on effectue un parcours triangulaire : la deuxième boucle (sur `j`) prend des valeurs de `0` à `i-1`. Il n'est pas utile de parcourir toutes les colonnes car la matrice `conflit` est symétrique. De même, l'indice `[i][i]` ne doit pas être compté car un vol ne peut pas être en conflit avec lui même.
La comparaison de la valeur `conflit[i][j]` à `0` a du sens car les valeurs sont toutes entières.
Il n'est absolument pas possible d'utiliser `n` dans cette question si on le définit pas. L'initialisation de `nb` avant la boucle est obligatoire.

Un candidat souhaitant compter les valeurs sur la partie supérieure de la matrice peut proposer la même fonction avec la seule modification suivante pour la deuxième boucle :

```
        for j in range(i+1,len(conflit)):
```

Un candidat souhaitant compter toutes les valeurs devra alors diviser par deux le nombre de valeurs (car elles seront comptées deux fois). Il faut préférer la division entière (`//`) pour renvoyer un entier dans ce cas.

Plutôt que d'utiliser les indices, il est possible pour cette question de parcourir directement le tableau.

```
def nb_conflits():
    nb = 0
    for ligne in conflit:     # ligne est une liste
        for valeur in ligne:
            if valeur != 0: nb += 1
    return nb
```

II.A.2) La fonction `nb_conflits` possède deux boucles imbriquées, à l'intérieur desquelles seules une ou trois opérations élémentaires (en temps constant) sont réalisées : une comparaison ou une comparaison, une addition et une affectation.

La première boucle parcourt les lignes de la liste `conflit`, et pour chaque ligne, la deuxième boucle parcourt certaines colonnes. Ainsi la complexité est donnée par $\sum_{i=0}^{3n-1} i \times \Theta(1) = \frac{3n(3n-1)}{2}\Theta(1)$. On peut conclure que la complexité de cette fonction est en $\Theta(n^2)$ donc quadratique.

> Commentaire
>
> Il s'agit d'un calcul de complexité assez classique qu'on retrouve précisément en cas de parcours triangulaire.

II.B.1)

```
def nb_vol_par_niveau_relatif(regulation):
    nbreg = [0, 0, 0]
    for valreg in regulation:
        nbreg[valreg] += 1
    return nbreg
```

> Commentaire
>
> Bien qu'on puisse également écrire une solution en utilisant une structure **`if - elif - else`** pour incrémenter le compteur correspondant à la valeur lue, la solution proposée, qui utilise les valeurs de `regulation` (0, 1 ou 2) comme indices de la liste `nbreg` plutôt qu'une disjonction de cas, est à privilégier.

II.B.2) a)

```
def cout_regulation(regulation):
    cout = 0
    for i in range(len(regulation)):
        s = 3*i+regulation[i]
        for j in range(i):
            cout += conflit[s][3*j+regulation[j]]
    return cout
```

> Commentaire
>
> Comme dans la question **II.A.1)**, la liste `regulation` n'est parcourue que sur sa moitié inférieure. Le sujet détaille les indices à utiliser.

II.B.2) b) Cette fonction a la même complexité que la fonction `nb_conflits()`.

II.B.2) c)

```
def cout_RFL():
    regRFL = [0 for i in range(len(conflit)//3)]
    return cout_regulation(regRFL)
```

> **Commentaire**
>
> L'utilisation de la division entière // est obligatoire car la fonction **range** ne prend que des entiers en argument.

II.B.3) Il existe 3 possibilités pour chaque vol, soit 3^n régulations possibles ce qui est exponentiel en le nombre de vol. Étant donné que le problème est posé pour plusieurs dizaines de milliers de vols par jours, il n'est pas possible d'examiner toutes les régulations possibles.

> **Commentaire**
>
> Une réponse ne donnant pas d'information sur le nombre de vols ne répond pas pleinement à la question. En effet, s'il n'y avait que $n = 5$ vols, alors il y aurait $3^n = 3^5 = 243$ régulations, ce qui est tout à fait abordable. Si on refait le calcul avec $n > 10000$, $3^n = 3^{10000} \approx 2 \cdot 10^{4771}$, régulations, donc autant de calculs à faire. Ce résultat est bien trop important.

II.C.1).a)

```
def cout_du_sommet(s, etat_sommet):
    cout = 0
    for i in range(len(etat_sommet)):
        if etat_sommet[i]!=0:
            cout += conflit[s][i]
    return cout
```

II.C.1).b) La fonction `cout_du_sommet` effectue une boucle de $3n$ itérations, où chaque itération est composée d'un nombre fini d'opérations élémentaires, la complexité est donc linéaire en n.

II.C.2).a)

```
def sommet_de_cout_min(etat_sommet):
    sMin = None # valeur renvoyée s'il n'en reste plus
    coutMin = float('inf') # valeur spéciale infinie du
        type flottant
    for i in range(len(etat_sommet)):
        if etat_sommet[i] == 2:
            cout = cout_du_sommet(i, etat_sommet)
            if cout < coutMin:
                sMin = i
                coutMin = cout
    return sMin
```

II.C.2).b) Dans le pire cas, on appelle $3n$ fois la fonction `cout_du_sommet` de complexité linéaire en n, le reste des opérations de chaque tour de boucle est majoré par une constante. La complexité est donc dans le pire cas quadratique en n, soit $O(n^2)$.

Dans le meilleur des cas, tous les sommets ont été choisis ou supprimés, ainsi la condition n'est jamais vérifiée et le complexité est linéaire en n.

> **Commentaire**
>
> La complexité dans le meilleur des cas n'est pas utile pour le sujet. Mais elle est au programme et le sujet ne précisant rien, il peut être intéressant de la donner.

II.C.3).a)

```
def minimal():
    n = len(conflit)//3
    etat_sommet = [0 for i in range(3*n)]
    regulation = [0 for i in range(n)]
    for i in range(n):
        s = sommet_de_cout_min(etat_sommet)
        v = s//3          # s=3v+r
        regulation[v] = s%3
        etat_sommet[3*v] = 0
        etat_sommet[3*v+1] = 0
        etat_sommet[3*v+2] = 0
        etat_sommet[s] = 1
    return etat_sommet
```

II.C.3).b) La fonction `minimal` appelle n fois la fonction `sommet_de_cout_min` de complexité quadratique en n, le reste des opérations de chaque tour de boucle est majoré par une constante. La fonction `minimal` est donc de complexité cubique en n, soit $O(n^3)$.

II.D

```
def recuit(regulation):
    T = 1000
    n = len(regulation)
    coutActuel = cout_regulation(regulation)
    while T>=1:
        v = randint(n)
        tmp = regulation[v]
        regulation[v] = (regulation[v]+1+randint(2))%3
        cout = cout_regulation(regulation):
        deltac = cout - coutActuel
        if deltac < 0 or random() < exp(-deltac/T):
            # on conserve la modification
            coutActuel = cout
        else:
            # on défausse la modification
            regulation[v] = tmp
```

```
        T*=0.99 # Baisse de la température
```

> **Commentaire**
>
> Dans cette question, il suffit de bien suivre les indications de l'énoncé qui détaille en langage naturel l'algorithme à traduire en Python.
> Dans l'annexe, la fonction `randint` est proposée avec une définition qui n'est pas celle de la fonction `randint` du module `random` standard de Python, il convient de se conformer aux indications de l'énoncé (après tout l'énoncé n'indique pas que la dite fonction vient du module `random`, la fonction `randint` du module `pylab` est effectivement cohérente avec celle de l'énoncé).

III.A.1) La longueur maximale du message en bits est donnée par $l = \text{débit} \times t = 128 \times 10^{-6} \times 10^{6} = 128$ bits. Le nombre maximum de bits de données dans une émission de transpondeur est donc ($128 - 6 - 4 - 6 = 112$, en supprimant les bits de gestion) 112 bits.

III.A.2) Le nombre de valeurs différentes à coder pour l'altitude est de $66000-2000+1 = 64001$. Il suffit donc d'utiliser au moins $\lfloor \log_2(64001) \rfloor + 1 = 16$ bits pour encoder cette information.

De même pour la vitesse ascensionnelle, il suffit d'utiliser au moins $\lfloor \log_2(10001) \rfloor + 1 = 14$ bits pour encoder cette information.

$24 + 16 + 14 \leqslant 112$ donc la taille d'un message de transpondeur est suffisante pour obtenir ces informations en une seule fois.

III.A.3) Pour 1 s de fonctionnement du TCAS, il faut stocker : $100 \times (8 \times 4) = 3\,200$ o. Donc pour 100 h de fonctionnement du TCAS, il faut stocker : $(100 \times 3600) \times 100 \times (8 \times 4) = 1\,152\,000\,000$ o, ce qui représente un peu plus de 1 Go. Ceci ne représente pas une contrainte forte, elle est par exemple inférieure à la taille d'une clef USB bon marché.

III.B.1) L'intrus suivant un mouvement rectiligne uniforme dans le repère considéré, on a donc : $\overrightarrow{OG}(t) = \overrightarrow{OG}(t_0) + (t - t_0)\vec{V}$

III.B.2) Les deux avions sont les plus proches lorsque $\overrightarrow{OG}$ est orthogonal à $\vec{V}$ donc à l'instant critique, on a : $\overrightarrow{OG}(t_c) = \overrightarrow{OG}(t_0) + (t_c - t_0)\vec{V}$

En effectuant le produit scalaire avec $\vec{V}$, on a donc : $0 = \overrightarrow{OG}(t_0) \cdot \vec{V} + (t_c - t_0)\vec{V}^2$.

Donc $t_c = t_0 - \dfrac{\overrightarrow{OG}(t_0) \cdot \vec{V}}{\vec{V}^2}$.

III.B.3) Si le produit scalaire est positif, l'instant critique est passé ($t_c \leqslant t_0$), il n'y a donc plus de risques de collision. Aussi, dans le repère $\mathcal{R}_0$, cela signifie donc que l'intrus, en position G, s'éloigne de O.

III.B.4)

```python
def calculer_CPA(intrus):
    id, x, y, z, vx, vy, vz, t0 = intrus
    ps = x*vx + y*vy + z*vz
    v2 = vx*vx + vy*vy + vz*vz
    if ps < 0:
```

```
        tCPA = t0 - ps/v2
        xCPA = x + vx*(tCPA-t0)
        yCPA = y + vy*(tCPA-t0)
        zCPA = z + vz*(tCPA-t0)
        dCPA = (xCPA**2 + yCPA**2 + zCPA**2)**0.5
        return [tCPA, dCPA, zCPA/0.3048]
    else:
        return None
```

> **Commentaire**
>
> Le bloc **else** aurait pu être omis ici, la fonction aurait alors implicitement renvoyé None . Nous avons explicité ce cas pour clarifier notre réponse.

III.C.1)

```
def mettre_a_jour_CPAs(CPAs, id, nv_CPA, intrus_max, suivi_max):
    for i in range(len(CPAS)):
        if CPAs[i][0] == id:    # trouvé
            if nv_CPA == None or nv_CPA[0] > time() + suivi_max: # dépassé
                del(CPAs[i])
                return None
            else:               # mettre à jour
                CPAs[i][1],CPAs[i][2],CPAs[i][3] = nv_CPA
                return i
    if nv_CPA[0] > suivi_max:   # dépassé
        return
    else:                       # ajout
        if len(CPAs) >= intrus_max: # pas de place
            if nv_CPA[0] < CPAs[-1][1]:
                CPAs[-1] = [id] + nv_CPA
                return len(CPAs)-1
            return None
        CPAs.append([id] + nv_CPA)
        return len(CPAs)-1
```

III.C.2)

```
def replacer(ligne, CPAs):
    while ligne<len(CPAs)-1 and CPAs[ligne][1]>CPAs[ligne+1][1]:
        CPAs[ligne],CPAs[ligne+1]=CPAs[ligne+1],CPAs[ligne]
        ligne+=1
    while ligne>0 and CPAs[ligne][1]<CPAs[ligne-1][1]:
        CPAs[ligne],CPAs[ligne-1]=CPAs[ligne-1],CPAs[ligne
        ligne-=1
```

Cette fonction n'effectue que l'une des deux boucles, l'autre ayant sa condition invalidée initialement.

> **Commentaire**
>
> Cette fonction présente d'importantes similarités avec une phase du tri par insertion au programme de seconde année.

III.C.3)

```
def enregistrer_CPA(intrus, CPAs, intrus_max, suivi_max):
    nv_CPA = calculer_CPA(intrus)
    i = mettre_a_jour_CPAs(CPAs, intrus[0], nv_CPA,
        intrus_max, suivi_max)
    if i != None:
        replacer(i, CPAs)
```

III.D.1) Si les deux avions volent en direction l'un de l'autre, ce qui correspond au pire cas avec un CPA proche de l'avion propre, il leur faudra $\frac{60}{1800} \times 3600 = 120$ s pour parcourir la distance qui les sépare. Ce résultat est du même ordre de grandeur que le paramètre `suivi_max` : on suit donc les avions quasiment dès qu'ils sont détectables.

III.D.2) Pour s'écarter de 500 pieds d'altitude, il suffit que l'un monte de 250 pieds et que l'autre descende de 250 pieds. Il doivent donc commencer à manoeuvrer $\frac{250}{1500} \times 60 = 10$ s avant le CPA avec la vitesse ascensionnelle de confort pour se croiser avec une différence d'altitude d'au moins 500 pieds.

III.D.3) Les 25 secondes laissent donc 15 secondes de marge aux pilotes pour appliquer la consigne. Dans le cas où l'un des pilotes ne répondrait pas, cela laisse 5 secondes au pilote pour effectuer seul la manoeuvre.

III.D.4) La fonction `TCAS` doit donc effectuer un tour de boucle en au maximum $\frac{1}{30}$ s ≈ 33 ms.

III.D.5) La fonction `enregistrer_CPA` utilise des fonctions de complexité linéaire concernant le nombre d'individus suivis avec des opérations en faibles nombres et toutes élémentaires, or le nombre d'intrus suivis est limité à 30, le temps d'exécution de ceci est donc très rapide.

Le goulot d'étranglement est ici les entrées/sorties réalisées dans la boucle par les fonctions `acquerir_intrus` et `traiter_CPAs` or d'après les spécifications, les émissions ne durent pas plus de 128 µs, ce qui permet de nombreuses émissions dans la fonction `traiter_CPAs` en cas de nécessité.

Mines-Ponts – Informatique 2016

MP, PC, PSI - Durée : 1 heure 30 minutes

SUJET

École des PONTS ParisTech,
ISAE-SUPAERO, ENSTA ParisTech,
TÉLÉCOM ParisTech, MINES ParisTech,
MINES Saint-Étienne, MINES Nancy,
TÉLÉCOM Bretagne, ENSAE ParisTech (Filière MP).

CONCOURS 2016

ÉPREUVE D'INFORMATIQUE
TOUTES LES FILIÈRES

(Durée de l'épreuve : 1h30)
L'usage de l'ordinateur ou de la calculatrice est interdit.

Sujet mis à la disposition des concours :
Concours Commun TPE/EIVP, Concours Mines-Télécom,
Concours Centrale-Supélec (Cycle international).

Les candidats sont priés de mentionner de façon apparente sur la première page de la copie :

INFORMATIQUE

L'énoncé de cette épreuve comporte 11 pages de texte.

Si, au cours de l'épreuve, un candidat repère ce qui lui semble être une erreur d'énoncé, il le signale sur sa copie et poursuit sa composition en expliquant les raisons des initiatives qu'il est amené à prendre.

MODÉLISATION DE LA PROPAGATION D'UNE ÉPIDÉMIE

L'étude de la propagation des épidémies joue un rôle important dans les politiques de santé publique. Les modèles mathématiques ont permis de comprendre pourquoi il a été possible d'éradiquer la variole à la fin des années 1970 et pourquoi il est plus difficile d'éradiquer d'autres maladies comme la poliomyélite ou la rougeole. Ils ont également permis d'expliquer l'apparition d'épidémies de grippe tous les hivers. Aujourd'hui, des modèles de plus en plus complexes et puissants sont développés pour prédire la propagation d'épidémies à l'échelle planétaire telles que le SRAS, le virus H5N1 ou le virus Ebola. Ces prédictions sont utilisées par les organisations internationales pour établir des stratégies de prévention et d'intervention.

Le travail sur ces modèles mathématiques s'articule autour de trois thèmes principaux : traitement de bases de données, simulation numérique (par plusieurs types de méthodes), identification des paramètres intervenant dans les modèles à partir de données expérimentales. Ces trois thèmes sont abordés dans le sujet. *Les parties sont indépendantes.*

Dans tout le problème, on peut utiliser une fonction traitée précédemment. On suppose que les bibliothèques `numpy` et `random` ont été importées par :

```
import numpy as np
import random as rd
```

Partie I. Tri et bases de données

Dans le but ultérieur de réaliser des études statistiques, on souhaite se doter d'une fonction tri. On se donne la fonction `tri` suivante, écrite en `Python` :

```
def tri(L):
    n = len(L)
    for i in range(1, n):
        j = i
        x = L[i]
        while 0 < j and x < L[j-1]:
            L[j] = L[j-1]
            j = j-1
        L[j] = x
```

❑ **Q 1.** Lors de l'appel `tri(L)` lorsque `L` est la liste `[5, 2, 3, 1, 4]`, donner le contenue de la liste `L` à la fin de la chaque itération de la boucle `for`.

❑ **Q 2.** Soit `L` une liste non vide d'entiers ou de flottants. Montrer que « la liste `L[0:i+1]` (avec la convention `Python`) est triée par ordre croissant à l'issue de l'itération `i` » est un invariant de boucle. En déduire que `tri(L)` trie la liste `L`.

❑ **Q 3.** Évaluer la complexité dans le meilleur cas et dans le pire cas de l'appel `tri(L)` en fonction du nombre `n` d'éléments de `L`. Citer un algorithme de tri plus efficace dans le pire cas. Quelle en est la complexité dans le meilleur et dans le pire des cas ?

On souhaite partant d'une liste constituée de couples (chaîne, entier), trier la liste par ordre croissant de l'entier associé suivant le fonctionnement suivant :

```
>>> L = [['Bresil', 76], ['Kenya', 26017], ['Ouganda', 8431]]
>>> tri_chaine(L)
>>> L
[['Bresil', 76], ['Ouganda', 8431], ['Kenya', 26017]]
```

❑ **Q 4.** Écrire en `Python` une fonction `tri_chaine` réalisant cette opération.

Pour suivre la propagation des épidémies, de nombreuses données sont recueillies par les institutions internationales comme l'O.M.S. Par exemple, pour le paludisme, on dispose de deux tables :

- la table `palu` recense le nombre de nouveaux cas confirmés et le nombre de décès liés au paludisme; certaines lignes de cette table sont données en exemple (on précise que `iso` est un identifiant unique pour chaque pays) :

nom	iso	annee	cas	deces
Bresil	BR	2009	309 316	85
Bresil	BR	2010	334 667	76
Kenya	KE	2010	898 531	26 017
Mali	ML	2011	307 035	2 128
Ouganda	UG	2010	1 581 160	8 431
...				

- la table `demographie` recense la population totale de chaque pays; certaines lignes de cette table sont données en exemple :

pays	periode	pop
BR	2009	193 020 000
BR	2010	194 946 000
KE	2010	40 909 000
ML	2011	14 417 000
UG	2010	33 987 000
...		

❑ **Q 5.** Au vu des données présentées dans la table `palu`, parmi les attributs `nom`, `iso` et `annee`, quels attributs peuvent servir de clé primaire? Un couple d'attributs pourrait-il servir de clé primaire? (on considère qu'une clé primaire peut posséder plusieurs attributs). Si oui, en préciser un.

❑ **Q 6.** Écrire une requête en langage SQL qui récupère depuis la table `palu` toutes les données de l'année 2010 qui correspondent à des pays où le nombre de décès dus au paludisme est supérieur ou égal à 1 000.

On appelle *taux d'incidence d'une épidémie* le rapport du nombre de nouveaux cas pendant une période donnée sur la taille de la population-cible pendant la même période. Il s'exprime généralement en « nombre de nouveaux cas pour 100 000 personnes par année ». Il s'agit d'un des critères les plus importants pour évaluer la fréquence et la vitesse d'apparition d'une épidémie.

❑ **Q 7.** Écrire une requête en langage SQL qui détermine le taux d'incidence du paludisme en 2011 pour les différents pays de la table `palu`.

❑ **Q 8.** Écrire une requête en langage SQL permettant de déterminer le nom du pays ayant eu le deuxième plus grand nombre de nouveaux cas de paludisme en 2010 (on pourra supposer qu'il n'y a pas de pays *ex æquo* pour les nombres de cas).

On considère la requête R qui s'écrit dans le langage de l'algèbre relationnelle :

$$R = \pi_{\texttt{nom,deces}}(\sigma_{\texttt{annee}=2010}(\texttt{palu}))$$

On suppose que le résultat de cette requête a été converti en une liste `Python` stockée dans la variable `deces2010` et constituée de couples (chaîne, entier).

❑ **Q 9.** Quelle instruction peut-on écrire en `Python` pour trier la liste `deces2010` par ordre croissant du nombre de décès dus au paludisme en 2010 ?

Partie II. Modèle à compartiments

On s'intéresse ici à une première méthode de simulation numérique.

Les modèles compartimentaux sont des modèles déterministes où la population est divisée en plusieurs catégories selon leurs caractéristiques et leur état par rapport à la maladie. On considère dans cette partie un modèle à quatre compartiments disjoints : sains (S, "susceptible"), infectés (I, "infected"), rétablis (R, "recovered", ils sont immunisés) et décédés (D, "dead"). Le changement d'état des individus est gouverné par un système d'équations différentielles obtenues en supposant que le nombre d'individus nouvellement infectés (c'est-à-dire le nombre de ceux qui quittent le compartiment S) pendant un intervalle de temps donné est proportionnel au produit du nombre d'individus infectés avec le nombre d'individus sains.

En notant $S(t)$, $I(t)$, $R(t)$ et $D(t)$ la fraction de la population appartenant à chacune des quatre catégories à l'instant t, on obtient le système :

$$\left.\begin{array}{rcl} \frac{d}{dt}S(t) & = & -rS(t)I(t) \\ \frac{d}{dt}I(t) & = & rS(t)I(t) - (a+b)I(t) \\ \frac{d}{dt}R(t) & = & aI(t) \\ \frac{d}{dt}D(t) & = & bI(t) \end{array}\right\} \quad (1)$$

avec r le taux de contagion, a le taux de guérison et b le taux de mortalité. On suppose qu'à l'instant initial $t = 0$, on a $S(0) = 0{,}95$, $I(0) = 0{,}05$ et $R(0) = D(0) = 0$.

❑ **Q 10.** Préciser un vecteur X et une fonction f (en donnant son domaine de définition et son expression) tels que le système différentiel 1 s'écrive sous la forme

$$\frac{d}{dt}X = f(X).$$

❑ **Q 11.** Compléter la ligne 4 du code suivant (on précise que `np.array` permet de créer un tableau `numpy` à partir d'une liste donnant ainsi la possibilité d'utiliser les opérateurs algébriques).

```python
def f(X):
    """ Fonction definissant l'equation differentielle """
    global r, a, b
    # a completer

# Parametres
tmax = 25.
r = 1.
a = 0.4
b = 0.1
X0 = np.array([0.95, 0.05, 0., 0.])

N = 250
dt = tmax/N

t = 0
X = X0
tt = [t]
XX = [X]

# Methode d'Euler
for i in range(N):
    t = t + dt
    X = X + dt * f(X)
    tt.append(t)
    XX.append(X)
```

❑ **Q 12.** La figure 1 représente les quatre catégories en fonction du temps obtenues en effectuant deux simulations : la première avec $N = 7$ correspond aux points (cercle, carré, losange, triangle) et la seconde avec $N = 250$ correspond aux courbes. Expliquer la différence entre ces deux simulations. Quelle simulation a nécessité le temps de calcul le plus long ?

En pratique de nombreuses maladies possèdent une phase d'incubation pendant laquelle l'individu est porteur de la maladie mais ne possède pas de symptômes et n'est pas contagieux. On peut prendre en compte cette phase d'incubation à l'aide du système à retard suivant :

$$\left\{\begin{array}{lcl} \dfrac{d}{dt}S(t) & = & -rS(t)I(t-\tau) \\ \dfrac{d}{dt}I(t) & = & rS(t)I(t-\tau)-(a+b)I(t) \\ \dfrac{d}{dt}R(t) & = & aI(t) \\ \dfrac{d}{dt}D(t) & = & bI(t) \end{array}\right.$$

où τ est le temps d'incubation. On suppose alors que pour tout $t \in [-\tau, 0]$, $S(t) = 0{,}95$, $I(t) = 0{,}05$ et $R(t) = D(t) = 0$.

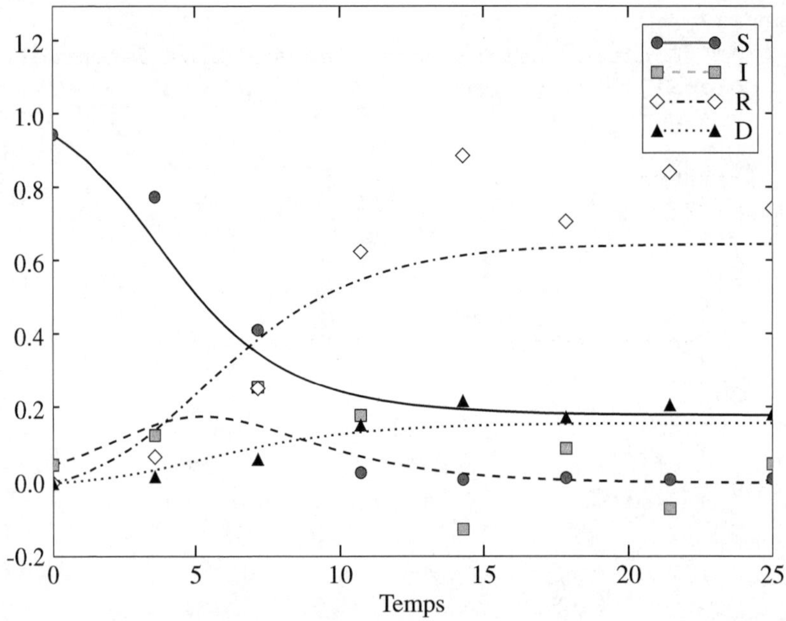

FIGURE 1 – Représentation graphique des quatre catégories S, I, R et D en fonction du temps pour $N = 7$ (points) et $N = 250$ (courbes).

En notant *tmax* la durée des mesures et N un entier donnant le nombre de pas, on définit le pas de temps $dt = tmax/N$. On suppose que $\tau = p \times dt$ où p est un entier ; ainsi p est le nombre de pas de retard.

Pour résoudre numérique ce système d'équations différentielles à retard (avec `tmax = 25`, `N = 250` et `p = 50`), on a écrit le code suivant :

```
def f(X, Itau):
    """
    Fonction definissant l'equation differentielle
    Itau est la valeur de I(t - p * dt)
    """
    global r, a, b
    # a completer

# Parametres
r = 1.
a = 0.4
b = 0.1
X0 = np.array([0.95, 0.05, 0., 0.])

tmax = 25.
N = 250
dt = tmax/N
```

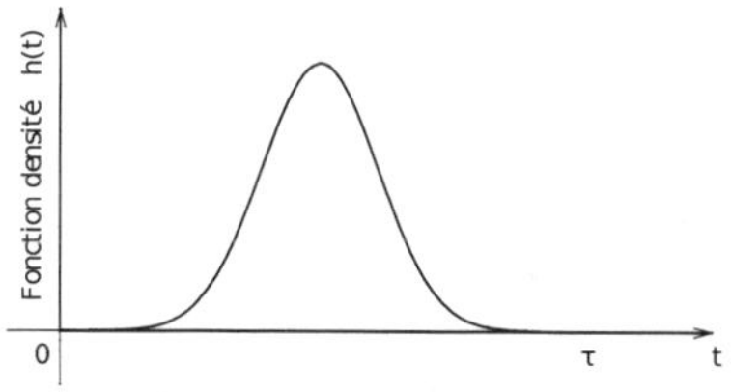

FIGURE 2 – Exemple d'une fonction de densité.

```
18 p = 50
19
20 t = 0
21 X = X0
22 tt = [t]
23 XX = [X]
24
25 # Methode d'Euler
26 for i in range(N):
27     t = t + dt
28     # a completer
29     tt.append(t)
30     XX.append(X)
```

❑ **Q 13.** Compléter les lignes 7 et 28 du code précédent (utiliser autant de lignes que nécessaire).

On constate que le temps d'incubation de la maladie n'est pas nécessairement le même pour tous les individus. On peut modéliser cette diversité à l'aide d'une fonction positive d'intégrale unitaire (dite de densité) $h\ :\ [0,\tau] \rightarrow \mathbb{R}_+$ telle que représentée sur la figure 2. On obtient alors le système intégro-différentiel :

$$\begin{cases} \dfrac{d}{dt}S(t) & = & -rS(t)\int_0^\tau I(t-s)h(s)ds \\ \dfrac{d}{dt}I(t) & = & rS(t)\int_0^\tau I(t-s)h(s)ds - (a+b)I(t) \\ \dfrac{d}{dt}R(t) & = & aI(t) \\ \dfrac{d}{dt}D(t) & = & bI(t) \end{cases}$$

On supposera à nouveau que pour tout $t \in [-\tau, 0]$, $S(t) = 0{,}95$, $I(t) = 0{,}05$ et $R(t) = D(t) = 0$. Pour j entier compris entre 0 et N, on pose $t_j = j \times dt$. Pour un pas de temps dt donné, on peut calculer numériquement l'intégrale à l'instant t_i $(0 \leqslant i \leqslant N)$ à l'aide de la méthode des rectangles à gauche en utilisant l'approximation :

$$\int_0^\tau I(t_i - s)h(s)ds \approx dt \times \sum_{j=0}^{p-1} I(t_i - t_j)h(t_j).$$

❑ **Q 14.** On suppose que la fonction `h` a été écrite en `Python`. Expliquer comment modifier le programme de la question précédente pour résoudre ce système intégro-différentiel (on explicitera les lignes de code nécessaires).

Partie III. Modélisation dans des grilles

On s'intéresse ici à une seconde méthode de simulation numérique (dite par *automates cellulaires*).

Dans ce qui suit, on appelle *grille* de *taille* $n \times n$ une liste de n listes de longueur n, où n est un entier strictement positif.

Pour mieux prendre en compte la dépendance spatiale de la contagion, il est possible de simuler la propagation d'une épidémie à l'aide d'une grille. Chaque case de la grille peut être dans un des quatre état suivants : saine, infectée, rétablie, décédée. On choisit de représenter ces quatre état par les entiers :

0 (Sain), 1 (Infecté), 2 (Rétabli) et 3 (Décédé).

L'état des cases d'une grille évolue au cours du temps selon des règles simples. On considère un modèle où l'état d'une case à l'instant $t + 1$ ne dépend que de son état à l'instant t et de l'état de ses huit cases voisines à l'instant t (une case du bord n'a que cinq cases voisines et trois pour une case d'un coin). Les *règles de transition* sont les suivantes :

- une case décédée reste décédée ;
- une case infectée devient décédée avec une probabilité p_1 ou rétablie avec une probabilité $(1 - p_1)$;
- une case rétablie reste rétablie ;
- une case saine devient infectée avec une probabilité p_2 si elle a au moins une case voisine infectée et reste saine sinon.

On initialise toutes les cases dans l'état sain, sauf une case choisie au hasard dans l'état infecté.

❑ **Q 15.** On a écrit en `Python` la fonction `grille(n)` suivante

```
def grille(n):
    M=[ ]
    for i in range(n) :
        L=[ ]
        for j in range(n): L.append(0)
        M.append(L)
    return M
```

Décrire ce que retourne cette fonction.

On pourra dans la question suivante utiliser la fonction `randrange(p)` de la bibliothèque `random` qui, pour un entier positif p, renvoie un entier choisi aléatoirement entre 0 et $p - 1$ inclus.

❑ **Q 16.** Écrire en `Python` une fonction `init(n)` qui construit une grille G de taille $n \times n$ ne contenant que des cases saines, choisit aléatoirement une des cases et la transforme en case infectée et enfin renvoie G.

❑ **Q 17.** Écrire en `Python` une fonction `compte(G)` qui a pour argument une grille `G` et renvoie la liste `[n0, n1, n2, n3]` formée des nombres de cases dans chacun des quatre états.

D'après les règles de transition, pour savoir si une case saine peut devenir infectée à l'instant suivant, il faut déterminer si elle est exposée à la maladie, c'est-à-dire si elle possède au moins une case infectée dans son voisinage. Pour cela, on écrit en `Python` la fonction `est_exposee (G, i, j)` suivante.

```
1  def est_exposee(G, i, j):
2      n = len(G)
3      if i == 0 and j == 0:
4          return (G[0][1]-1)*(G[1][1]-1)*(G[1][0]-1) == 0
5      elif i == 0 and j == n-1:
6          return (G[0][n-2]-1)*(G[1][n-2]-1)*(G[1][n-1]-1) == 0
7      elif i == n-1 and j == 0:
8          return (G[n-1][1]-1)*(G[n-2][1]-1)*(G[n-2][0]-1) == 0
9      elif i == n-1 and j == n-1:
10         return (G[n-1][n-2]-1)*(G[n-2][n-2]-1)*(G[n-2][n-1]-1) == 0
11     elif i == 0:
12         # a completer
13     elif i == n-1:
14         return (G[n-1][j-1]-1)*(G[n-2][j-1]-1)*(G[n-2][j]-1)*(G[n-2][j+1]-1)*(G[n-1][j+1]-1) == 0
15     elif j == 0:
16         return (G[i-1][0]-1)*(G[i-1][1]-1)*(G[i][1]-1)*(G[i+1][1]-1)*(G[i+1][0]-1) == 0
17     elif j == n-1:
18         return (G[i-1][n-1]-1)*(G[i-1][n-2]-1)*(G[i][n-2]-1)*(G[i+1][n-2]-1)*(G[i+1][n-1]-1) == 0
19     else:
20         # a completer
```

❑ **Q 18.** Quel est le type du résultat renvoyé par la fonction `est_exposee` ?

❑ **Q 19.** Compléter les lignes 12 et 20 de la fonction `est_exposee`.

❑ **Q 20.** Écrire une fonction `suivant(G, p1, p2)` qui fait évoluer toutes les cases de la grille `G` à l'aide des règles de transition et renvoie une nouvelle grille correspondant à l'instant suivant. Les arguments `p1` et `p2` sont les probabilités qui interviennent dans les règles de transition pour les cases infectées et les cases saines. On pourra utiliser la fonction `bernoulli(p)` suivante qui simule une variable aléatoire de Bernoulli de paramètre p : `bernoulli(p)` vaut 1 avec la probabilité `p` et 0 avec la probabilité `(1-p)`.

```
def bernoulli(p):
    x = rd.random()
    if x <= p:
        return 1
    else:
        return 0
```

On reproduit ci-dessous le descriptif de la documentation `Python` concernant la fonction `random` de la bibliothèque `random` :

```
random.random()
    Return the next random floatting point number in the
range [0.0, 1.0).
```

Avec les règles de transition du modèle utilisé, l'état de la grille évolue entre les instants t et $t + 1$ tant qu'il existe au moins une case infectée.

❑ **Q 21.** Écrire en `Python` une fonction `simulation(n, p1, p2)` qui réalise une simulation complète avec une grille de taille $n \times n$ pour les probabilités `p1` et `p2`, et renvoie la liste `[x0, x1, x2, x3]` formée des proportions de cases dans chacun des quatre états à la fin de la simulation (une simulation s'arrête lorsque la grille n'évolue plus).

❑ **Q 22.** Quelle est la valeur de la proportion des cases infectées `x1` à la fin d'une simulation ? Quelle relation vérifient `x0`, `x1`, `x2` et `x3` ? Comment obtenir à l'aide des valeurs de `x0`, `x1`, `x2` et `x3` la valeur `x_atteinte` de la proportion des cases qui ont été atteintes par la maladie pendant une simulation ?

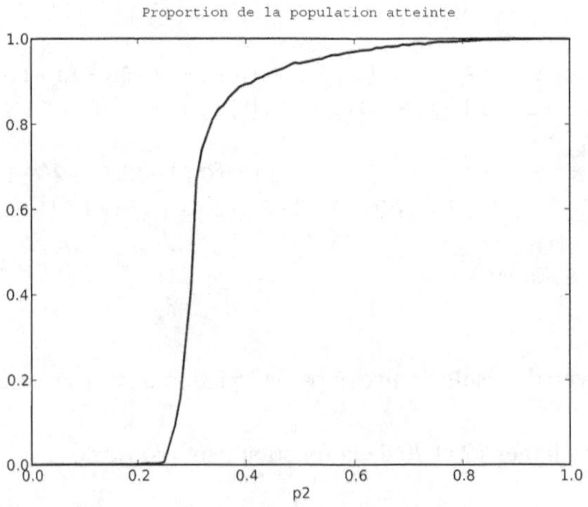

FIGURE 3 – Représentation de la proportion de la population qui a été atteinte par la maladie pendant la simulation en fonction de la probabilité p_2.

On fixe `p1` à 0,5 rt on calcule la moyenne des résultats de plusieurs simulations pour différentes valeurs de `p2`. On obtient la courbe de la figure 3.

❑ **Q 23.** On appelle *seuil critique de pandémie* la valeur de `p2` à partir de laquelle plus de la moitié de la population a été atteinte par la maladie à la fin de la simulation. on suppose que les valeurs de `p2` et `x_atteinte` utilisées pour tracer la courbe de la figure 3 ont été stockées dans deux listes de même longueur `Lp2` et `Lxa`. Écrire en `Python` une fonction `seuil(Lp2, Lxa)` qui détermine par dichotomie un encadrement `[p2cmin, p2cmax]` du seuil critique de pandémie avec la plus grande précision possible. On supposera que la liste `Lp2` croît de 0 à 1 et que la liste `Lxa` des valeurs correspondantes est croissante.

Pour étudier l'effet d'une campagne de vaccination, on immunise au hasard à l'instant initial une fraction `q` de la population. on a écrit la fonction `init_vac(n, q)`.

```
1  def init_vac(n, q):
2      G = init(n)
3      nvac = int(q * n**2)
4      k = 0
5      while k < nvac:
6          i = rd.randrange(n)
7          j = rd.randrange(n)
8          if G[i][j] == 0:
9              G[i][j] = 2
10             k += 1
11     return G
```

❑ **Q 24.** Peut-on supprimer le test en ligne 8 ?

❑ **Q 25.** Que renvoie l'appel `init_vac(5, 0.2)` ?

CORRIGÉ COMMENTÉ

Partie I. Tri et bases de données

❑ **Q 1.** La liste L passe successivement, à la fin de chaque itération de la boucle `for`, par les états suivants :

L	itération
[2, 5, 3, 1, 4]	$i = 1$
[2, 3, 5, 1, 4]	$i = 2$
[1, 2, 3, 5, 4]	$i = 3$
[1, 2, 3, 4, 5]	$i = 4$

Commentaire

On reconnaît le tri par insertion, un tri classique apparaissant au programme de seconde année.

❑ **Q 2.** Soit $P(i)$ l'assertion « la liste `L[0:i+1]` est triée par ordre croissant à l'issue de l'itération i » pour $i \in [\![0, n-1]\!]$. L'assertion $P(0)$ [est vraie] car à l'issue de l'itération 0, c'est-à-dire avant le début de la boucle, `L[0:1]` est réduit à un élément et est donc bien triée.

Supposons $P(i)$ avec $i < n-1$, alors `L[0:i+1]` est triée par ordre croissant avant l'itération d'indice $i' = i+1$. Au cours de celle-ci, j prend la valeur i', x la valeur $L[i']$. La boucle tant que s'arrête dès que $j = 0$ ou que $x \geqslant L[j-1]$. Si le second test arrête la boucle, j est le premier indice tel que $x \geqslant L[j-1]$ donc $L[0] \leqslant L[1] \leqslant \cdots \leqslant L[j-1] \leqslant x < L[j] \leqslant \cdots \leqslant L[i']$ or le corps de la boucle a recopié à chaque tour de boucle $L[j-1]$ dans $L[j]$ si bien qu'en fin de boucle $L'[0 : i'+1] = [L[0], \dots, L[j-1], L[j], L[j], \dots, L[i]]$, puis l'affectation $L[j] = x$ donne $L'[0 : i'+1] = [L[0], \dots, L[j-1], x, L[j], \dots, L[i]]$ qui est triée par ordre croissant (et correspond bien aux valeurs de $L[0 : i'+1]$ réordonnées) d'où $P(i')$.

Si le premier test arrête la boucle, c'est le cas dégénéré qui correspond aux explications ci-dessus : on a $x < L[k]$ pour tout $k \in [\![0; i]\!]$, en sortie de boucle on a $L'[0 : i'+1] = [L[0], L[0], \dots, L[i]]$ puis l'affectation $L[j] = x$ donne $L'[0 : i'+1] = [x, L[0] \dots, L[i]]$ qui est triée par ordre croissant (et correspond bien aux valeurs de $L[0 : i'+1]$ réordonnées) d'où $P(i')$.

Chaque itération de la boucle conserve l'assertion qui est vérifiée avant l'entrée de la boucle, c'est donc un invariant de boucle. En sortie de boucle `for`, c'est-à-dire après le tour de boucle d'indice $n-1$, l'invariant permet de conclure que L est triée et contient les mêmes valeurs que L avant le début de la boucle `for` : `tri(L)` trie la liste `L`.

Commentaire

Dans l'invariant de boucle, nous avons rajouté entre parenthèses une seconde assertion importante pour prouver que la fonction `tri(L)` trie bien la liste `L` : « $L[0 : i+1]$ contient après l'itération i les mêmes valeurs que $L[0 : i+1]$ avant le début de la boucle ».

Point Méthodologique

La correction d'une boucle se montre en prouvant qu'une assertion bien choisie est un invariant de boucle, le raisonnement pour montrer que cette assertion est effectivement un invariant de boucle s'apparente au raisonnement par récurrence. Dans ce raisonnement, il est fréquent de noter avec un prime les nouvelles valeurs prises par les variables au cours du tour de boucle considéré.

❑ **Q 3.** Pour l'étude de la complexité, comptons le nombre d'affectations et de comparaisons effectuées sur les valeurs du tableau.

Dans le cas d'une liste déjà triée par ordre croissant, à chaque itération de la boucle `for`, la boucle `while` ne fait aucune itération, ce qui correspond au meilleur cas (car c'est la seule partie variable du nombre d'opérations). Le nombre total d'opérations est alors :

$$C_{\text{meilleur cas}}(n) = \sum_{i=1}^{n-1} 3 = 3(n-1) = \Theta(n)$$

(on a compté l'affectation $x = L[i]$, le test $x < L[j-1]$ et l'affectation $L[j] = x$) donc linéaire dans le meilleur cas.

Dans le cas d'une liste initialement triée par ordre décroissant, à chaque itération i de la boucle `for`, la boucle `while` fait le maximum d'itérations : i, ce qui correspond au pire cas. Le nombre total d'opérations est alors : $C_{\text{pire cas}}(n) = \sum_{i=1}^{n-1}\left(2 + \sum_{j=n-1}^{1} 2\right) = 2(n-1)+2\frac{n(n-1)}{2} = \Theta(n^2)$ donc quadratique dans le pire cas.

Le tri fusion a une complexité quasi-linéaire : $\Theta(n \log n)$ dans tous les cas, son pire cas est donc meilleur que le pire cas du tri par insertion.

Commentaire

La complexité du tri rapide, également au programme de deuxième année, est dans le pire cas quadratique dans sa version usuelle pour laquelle le choix du pivot est soit aléatoire, soit arbitraire. Il est possible de le rendre également de complexité quasi-linéaire dans tous les cas en choisissant la médiane comme pivot mais ce choix doit se faire en temps au plus linéaire, le calcul de la médiane peut effectivement être fait en temps linéaire mais à l'aide d'un algorithme relativement compliqué.

Point Méthodologique

Lorsque l'on étudie la complexité de façon minutieuse, on peut compter uniquement des opérations que l'on choisit et dont le nombre est du même ordre de grandeur que le nombre total d'opérations effectuées. Le compte minutieux de la complexité pour un programme écrit dans un langage de haut niveau comme Python n'est pas forcément pertinent, seul l'ordre de grandeur importe généralement.
L'étude de la complexité peut souvent se faire directement en ordre de grandeur par des majorations le moins grossières possible mais qui permettent d'obtenir beaucoup plus rapidement une majoration de la complexité, on obtient alors la complexité sous la forme d'un $O(f(n))$.

❑ **Q 4.**

```
def tri_chaine(L):
    n = len(L)
    for i in range(1, n):
        j = i
        x = L[i]
        while 0 < j and x[1] < L[j-1][1]:
            L[j] = L[j-1]
            j = j-1
        L[j] = x
```

Commentaire

Le sujet ayant choisi le tri par insertion, on peut répondre à la question en réutilisant ce même tri (même si on vient de répondre à la question précédente en disant que la complexité dans le pire des cas n'était pas optimale). La seule différence est qu'il ne faut plus comparer la valeur des éléments dans la liste, mais la valeur des éléments à l'indice 1 des sous-listes. Par contre, c'est bien la sous-liste entière que l'on déplace et non juste une valeur. Autrement dit on trie la liste comme une liste de valeurs dont l'ordre $\prec$ est défini par $x \prec y \Leftrightarrow x[1] < y[1]$. De façon plus générale, tout algorithme de tri par comparaison peut être adapté à un autre ordre *total* en changeant *uniquement* les comparaisons entre les valeurs à trier.
On peut remarquer que, comme dans la fonction proposée par le sujet, il n'y a pas de **`return`** dans cette fonction. En effet la fonction s'applique à une liste déjà définie et produit des modifications sur celle-ci. Dans le vocabulaire de Python, les listes sont dites *mutables*, ce qui permet de changer leur contenu après leur création, c'est cette propriété qui permet aux fonctions d'altérer le contenu des listes et ces modifications sont persistantes en sortie de fonction. Une telle fonction qui ne renvoie pas explicitement une valeur peut être appelée « procédure ».

❑ **Q 5.** Aucun attribut seul n'est une clé primaire dans cette table. Le couple (*iso*,*annee*) est une clé primaire. Le couple (*nom*,*annee*) peut également être une clé primaire en supposant que tous les noms de pays sont bien différents.

❑ **Q 6.**

```
SELECT * FROM palu WHERE deces >= 1000 AND annee = 2010
```

❑ **Q 7.**

```
SELECT nom, ROUND(cas/pop*100000)
FROM palu JOIN demographie ON pays=iso AND annee=periode
WHERE annee = 2011
```

Commentaire

Il est nécessaire de faire la projection également sur nom sinon les taux d'incidence ne seront pas associés aux pays.

❑ **Q 8.**

```
SELECT nom
FROM palu
WHERE annee = 2010 AND cas =
    (SELECT MAX(cas)
    FROM palu
    WHERE annee = 2010 AND cas <
        (SELECT MAX(cas) FROM palu WHERE annee = 2010))
```

❑ **Q 9.**

```
tri_chaines(deces2010)
```

Commentaire

Il ne faut surtout pas écrire `deces2010 = tri_chaines(deces2010)` car `tri_chaine` étant une procédure, elle renvoie la valeur spéciale `None` et non un résultat.

Partie II. Modèle à compartiments

❑ **Q 10.** Il faut considérer $X = (S, I, R, D)$. La fonction f est définie sur $[0,1]^4$ par :

$$f\,:\,(S,I,R,D) \mapsto (-rSI, rSI - (a+b)I, aI, bI).$$

❑ **Q 11.**

```
def f(X):
    """ Fonction definissant l'equation differentielle """
    global r, a, b
    return np.array([-r*X[0]*X[1],r*X[0]*X[1]-(a+b)*X[1],a*
        X[1],b*X[1]])
```

Commentaire

La fonction `np.array` est nécessaire pour pouvoir réaliser le calcul de la multiplication par un scalaire dans la méthode d'Euler.

❑ **Q 12.** Sur le graphique, on peut remarquer que les résultats de la simulation avec $N = 7$ sont aberrants car I prend des valeurs négatives. Cette simulation utilise un pas temporel trop grand par rapport aux variations des quantités.

La complexité de la méthode d'Euler ainsi programmée est linéaire en N. La simulation avec $N = 250$ a pris un temps de calcul plus long puisqu'on a exécuté 250 fois la boucle **`for`** au lieu de 7 dans la première simulation et c'est la seule influence de N sur le nombre d'opérations effectuées.

❑ **Q 13.** On complète la ligne 7 :

```
1  def f(X, Itau):
2      """
3      Fonction definissant l'equation differentielle
4      Itau est la valeur de I(t - p * dt)
5      """
6      global r, a, b
7      return np.array([-r*X[0]*Itau, r*X[0]*Itau-(a+b)*X[1],
           a*X[1], b*X[1]])
```

Et maintenant la ligne 28 :

```
26 for i in range(N):
27     t = t + dt
28     if i < p:
29         X = X + dt * f(X,X0[1])
30     else :
31         X = X + dt * f(X,XX[i-p][1])
32     tt.append(t)
33     XX.append(X)
```

❑ **Q 14.** Avec cette nouvelle modélisation, on a juste changé la valeur de `Itau`, on peut donc conserver les modifications de la fonction `f` précédente puis remplacer les modifications de la ligne 28 par :

```
26 for i in range(N):
27     t = t + dt
28     integrale=0
29     for j in range(p):
30         if j < i:
31             integrale = integrale + h(j*dt) * X0[1]
32         else:
33             integrale = integrale + h(j*dt) * XX[i-j][1]
34     X = X + dt * f(X, integrale)
35     tt.append(t)
36     XX.append(X)
```

Partie III : Modélisation dans des grilles

❑ **Q 15.** Cette fonction retourne la liste de n listes, chacune de longueur n, dont tous les termes sont initialisés à 0. Ce qui représente une grille de $n \times n$ cases saines.

❑ **Q 16.**

```
def init(n):
    G = grille(n)
    G[rd.randrange(n)][rd.randrange(n)] = 1
    return G
```

❑ **Q 17.**

```
def compte(G):
    N = [0, 0, 0, 0]
    for ligne in G:
        for etat in ligne:
            N[etat] += 1
    return N
```

Commentaire

Il s'agit ici d'un algorithme de comptage, c'est un classique pour lequel une programmation élégante évitant une disjonction sur les différentes valeurs possibles est à privilégier. Elle est ici présentée en utilisant un parcours par valeur des listes et sous-listes, mais un parcours par indice est aussi possible.

❑ **Q 18.** La fonction `est_exposee` renvoie un booléen, résultat de la comparaison à 0 d'un calcul sur les valeurs de la grille.

❑ **Q 19.** On complète la ligne 12 :

```
12        return (G[0][j-1]-1)*(G[1][j-1]-1)*(G[1][j]-1)*(G[1][j
              +1]-1)*(G[0][j+1]-1) == 0
```

Et la ligne 20 :

```
20        return (G[i-1][j-1]-1) * (G[i-1][j]-1) * (G[i-1][j
              +1]-1) * (G[i][j+1]-1) * (G[i+1][j+1]-1) * (G[i+1][
              j]-1) * (G[i+1][j+1]-1) * (G[i][j-1]-1)== 0
```

Commentaire

Les 8 premiers cas correspondent à des cases sur des bords, avec 3 ou 5 voisins. Le cas `else` correspond à toute autre case au centre de la grille.
Une solution plus élégante pour la fonction `est_exposee` :

```
20 def est_exposee(G, i, j):
21     n = len(G)
22     for u in range(i-1, i+2):
23         for v in range(j-1, j+2):
24             if 0<=u<n and 0<=v<n and G[u][v]==1:
25                 return True
26     return False
```

On utilise ici l'évaluation paresseuse des expressions booléennes qui permet d'assurer que `G[u][v]` ne sera consultée que si `u` et `v` sont des indices licites.

❑ **Q 20.**

```
def suivant(G, p1, p2):
    Gs = grille(len(G))
    for i in range(len(G)):
        for j in range(len(G[i])):
            if G[i][j] == 1: # Si infecté
                if bernoulli(p1):
                    Gs[i][j] = 3 # décède avec la
                        probabilité p1
                else:
                    Gs[i][j] = 2 # se rétablit sinon
            elif G[i][j] == 0: # Si sain
```

```
                if bernoulli(p2) and est_exposee(G, i, j):
                    Gs[i][j] = 1 # est infecté avec la
                        probabilité p2 si exposée
            else:  # Sinon (déjà décédé ou rétabli)
                Gs[i][j] = G[i][j] # pas de changement
    return Gs
```

Commentaire

On notera que l'énoncé demande de renvoyer une nouvelle grille, il ne convient pas de faire les modifications directement dans G et donc de produire des effets de bords. De toute façon, de telles modifications auraient pour conséquence de modifier des valeurs de `G` et donc d'être dans un état intermédiaire au moment du calcul de `est_expose` pour les cases suivantes, ce qui fausserait la simulation.
Dans le cas où `G[i][j] == 0`, on s'est dispensé du **`else:`** `Gs[i][j] = 0` car `Gs[i][j]` contient initialement 0.

❑ **Q 21.**

```
def simulation(n, p1, p2):
    G = init(n)
    c = [0, 1, 0, 0]
    while c[1]>0:
        G = suivant(G, p1, p2)
        c = compte(G)
    m = n*n
    return [c[0]/m,c[1]/m,c[2]/m,c[3]/m]
```

Commentaire

Il faut arrêter la simulation dès qu'il n'y a plus d'infectés donc dès que `compte(G)` renvoie une liste qui contient 0 à l'indice 1. Pour éviter les recalculs inutiles on a enregistré son résultat dans une variable `c` et on a initialisé `c` avec une liste arbitraire qui vérifie la condition du **`while`**.

❑ **Q 22.** La proportion de cases infectées x_1 à la fin d'une simulation doit être nulle. Les proportions vérifient la relation $x_0 + x_1 + x_2 + x_3 = 1$, ainsi la proportion de cases atteintes par la maladie pendant une simulation est donnée par $x_{atteinte} = x_2 + x_3 = 1 - x_0$.

❑ **Q 23.**

```
def seuil(Lp2, Lxa):
    debut = 0          # indice de la dernière valeur connue
        comme inférieure ou égale au seuil
    fin = len(Lxa)-1 # indice de la première valeur connue
        comme supérieure au seuil
    while fin - debut > 1:
        milieu = (debut + fin)//2
        if Lxa[milieu] > 0.5:
```

```
            fin = milieu
        else:
            debut = milieu
    return Lp2[debut],Lp2[fin]
```

Commentaire

Dans tout algorithme dichotomique sur un tableau, il est très facile de produire involontairement une boucle infinie. Il vaut mieux s'assurer que ce n'est pas le cas même lorsque ce n'est pas explicitement demandé.
La valeur de $fin - debut$ décroit strictement à chaque tour de boucle, en effet : comme $fin - debut > 1$ avant chaque tour de boucle, alors $fin > debut + 1$ donc $milieu = \left\lfloor \frac{debut+fin}{2} \right\rfloor \leqslant \left\lfloor \frac{fin-2+fin}{2} \right\rfloor = fin-1 < fin$. De même $milieu > debut$ or $fin'-debut' \leqslant \max(fin-milieu, milieu-debut) < fin-debut$ d'où la décroissance stricte, ce qui permet d'assurer qu'après un certain nombre d'itérations $fin - debut \leqslant 1$ et donc que la boucle s'arrête.

❑ **Q 24.** Si on supprime le test ligne 8, la fonction peut vacciner deux fois la même personne ou même vacciner le premier infecté. En effet si un même couple (i,j) est tiré plusieurs fois, on remet `G[i][j]` à la même valeur 2 à chaque fois, et on compte une nouvelle personne vaccinée alors qu'il l'était déjà.

❑ **Q 25.** $nvac = \lfloor 0{,}2 \times 5^2 \rfloor = 5$ On obtient une liste de cinq sous-listes de cinq entiers chacune, contenant en tout un 1 (infecté), cinq 2 (immunisés), et dix-neuf 0 (saines) répartis aléatoirement.

Commentaire

L'appel `init_vac(5, 0.2)` fait donc appel à la fonction `init_vac` avec les arguments d'entrée $n = 5$ et $q = 0{,}2$. L'appel à `init(n)` renvoie une grille de taille $n \times n$, c'est-à-dire une liste de listes, que l'on enregistre dans la variable `G`, contenant une infectée choisie aléatoirement parmi que des cases saines. Ensuite on entre dans une boucle tant que qui va permettre d'immuniser autant de cases que la valeur entière de $q \times n^2$ qui vaut ici $nvac = 0{,}2 \times 5^2 = 5$. En effet, dans le corps de la boucle tant que une case est choisie au hasard et si elle est saine, on la change d'état, de « saine » vers « rétablie » (elle est donc immunisée) et on incrémente k le nombre de personnes actuellement immunisées, on s'arrête dès que $k \geqslant 5$, c'est-à-dire précisément lorsque $k = 5$.

COPIE AUTHENTIQUE D'ÉLÈVE

Partie I - Tri et bases de données

Q1 - L = [5, 2, 3, 1, 4]

i = 1 : [2, 5, 3, 1, 4]
i = 2 : [2, 3, 5, 1, 4]
i = 3 : [1, 2, 3, 5, 4]
i = 4 : [1, 2, 3, 4, 5]

Q2 - Montrons par récurrence sur i que (H_i) : "La liste L[0 : i + 1] est triée par ordre croissant à l'issue de l'itération i" ($\forall i \in [\![1, n-1]\!]$)

<u>i = 1</u> : alors x = L[i] prend la valeur du deuxième élément.
et, soit L[0] > x et dans ce cas l'algorithme fait l'échange
soit L[0] ≤ x et la boucle while ne s'exécute pas

Dans tous les cas, les deux premiers éléments sont triés par ordre croissant à la fin de la première itération, donc on a bien (H_1).

* L[i] ⩾ tous les éléments déjà triés donc on ne rentre pas dans la boucle while et L[i] reste à sa place

* Il existe un élément de L[0 : i] plus grand que L[i] donc la boucle while s'exécute. Tous les éléments de L[0:i] plus grand que L[i] se décalent d'un cran vers la droite pour laisser la place libre à L[i] pour s'insérer.

Dans tous les cas, à la fin de l'étape i, on a (H_i)

donc (H_i) est bien un invariant de boucle

Q3 – Seule la boucle while est exécutée un nombre variable de fois.
donc dans le meilleur des cas, la boucle n'est jamais exécutée (la liste est déjà triée).
On a alors juste la complexité de la boucle for et

La complexité dans le meilleur des cas est linéaire $O(n)$

à détailler un peu.

Dans le pire des cas, la boucle while s'exécute à chaque itération et sa complexité est linéaire donc en prenant en compte la complexité de la boucle for, on a :

La complexité dans le pire des cas est quadratique $O(n^2)$.

Q4 :
```
def tri_chaine(L):
    n = len(L)
    for i in range(1, n):
        j = i
        x = L[i]
        while 0 < j and x[1] < L[j-1][1]:
            L[j] = L[j-1]
            j = j - 1
        L[j] = x
```
oubli

Q5 : Toutes les valeurs de la clé primaire doivent être uniques. Donc ? Est-ce qu'il y en a ?
On peut donc choisir comme clé primaire

(iso, annee)

Q6 : SELECT * FROM palu WHERE annee = 2010 AND deces >= 1000

Q7 -
```
SELECT nom, cas / pop * 100000
FROM palu
JOIN demographie ON iso = pays
                 AND annee = periode
WHERE annee = 2011
```

Q8 -
```
SELECT nom
FROM palu
WHERE annee = 2010 AND cas = (
      SELECT MAX (cas)
      FROM palu
      WHERE annee = 2010 AND cas != (
            SELECT MAX (cas)
            FROM palu
            WHERE annee = 2010))
```

Q9 - On utilise la fonction de la question 4 :

tri_chaine(deces2010)

Partie II - Modèle à compartiment

Q10 - $X = \begin{pmatrix} S \\ I \\ R \\ D \end{pmatrix}$

$$f : \begin{array}{ccc} \mathbb{R}^4 & \longrightarrow & \mathbb{R}^4 \\ \begin{pmatrix} S \\ I \\ R \\ D \end{pmatrix} & \longmapsto & \frac{d}{dt}\begin{pmatrix} S \\ I \\ R \\ D \end{pmatrix} = \begin{pmatrix} -rSI \\ rSI-(a+b)I \\ aI \\ bI \end{pmatrix} \end{array}$$

Q11 -
```
return np.array([-r * X[0] * X[1], r * X[0]* X[1]
    - (a+b) * X[1], a * X[1], b * X[1]])
```

Q12 - Plus N est faible et plus la précision est limitée. La meilleure approximation est celle qui a le plus grand nombre de points, mais en contrepartie, le temps de calcul est plus long.

Q13 -

ligne 7 :
```
return np.array([-r * X[0] * Itau, r * X[0] * Itau
    - (a+b) * X[1], a * X[1], b * X[1]])
```

ligne 28 :
```
if i < p :
    Itau = X0[1]
else :
    Itau = XX[i-p][1]
X = X + dt * f(X, Itau)
```

Q14 -
```
Itau = 0
for j in range (p) :                      choix de la valeur ?
    if i - j < a :
        Itau + = X0[1] * h(j)             à multiplier par dt
    else :
        Itau + = XX[i-j][1] * h(j)
    X = X + dt * f(X, Itau)
```

Partie III - Modélisation dans des grilles

Q15 - Cette fonction retourne une liste de n éléments étant eux mêmes des listes composées de n zéros. C'est une grille carrée de n x n zéros.

Q16 -
```
def init (n) :
    G = grille (n)
    i = random . randrange (n)
    j = random . randrange (n)
    G [i][j] = 1
    return G
```

Q17 -
```
def compte (G) :
    comptes = [0, 0, 0, 0]  # on initialise à 0
    for ligne in G :
        for case in ligne :                # on regarde
            comptes [case] + = 1           le chiffre dans
    return comptes                          la case en
                                            parcourant la
                                            grille et on ajoute
                                            1 au compteur
                                            pour le
                                            chiffre correspondant.
```

Q18 . Le résultat est un booléen car on retourne un test d'égalité

Q19 -

ligne 12 :
```
return (G[0][j-1]-1)*(G[1][j-1]-1)*(G[1][j]-1)
       *(G[1][j+1]-1)*(G[0][j+1]-1) == 0
       # pour la première ligne.
```

ligne 20 :

```
return (G[i][j-1]-1)*(G[i+1][j-1]-1)*(G[i+1][j]-1)
  *(G[i+1][j+1]-1)*(G[i][j+1]-1)
  *(G[i-1][j+1]-1)*(G[i-1][j]-1)
  *(G[i-1][j-1]-1) == 0   # quand pas sur
                          les bords
```

Q20 -

```
def suivant(G, p1, p2):
    n = len(G)
    for i in range(n):   # parcourt les lignes
        for j in range(n):   # parcourt les colonnes
            if G[i][j] == 0:   # si case saine
                if est_exposee(G,i,j) and bernoulli(p2)==1:
                    G[i][j] = 1   # on infecte la case
            elif G[i][j] == 1:   # si case infectée
                if bernoulli(p1) == 1:   # si tirage défavorable
                    G[i][j] = 3   # on tue la case
                else:              # si case guérie ou morte
                    G[i][j] = 2   # on la laisse
                                  c elle est
    return G
```

Q21 -
```
def simulation (n, p1, p2) :
    G = init (n)
    while compte(G)[1] != 0 :
        G = suivant (G, p1, p2)
    return [nb / (n*n) for nb in compte(G)]
```

Q22 - Il n'y a plus de cases infectées à la fin de la simulation, sinon elles pourraient encore se guérir ou mourir.

On a toujours x0 + x1 + x2 + x3 = 1 (univers de probabilité)

$$x_{atteinte} = x_2 + x_3 = 1 - x_0 - \underbrace{x_1}_{=0}$$
$$= 1 - x_0$$

Q23 -
```
def seuil (Lp2, Lxa) :
    imin = 0
    imax = len(Lxa) - 1
    while imax > imin + 1 :
        i = (imax + imin) // 2
        if Lxa[i] < 0,5 :
            imin = i
        else :
            imax = i
    return [Lp2[imin], Lp2[imax]]
```

Q24 - Non, sinon soit on écrase foyer d'infection, soit on vaccine une personne qui l'est déjà ce qui changerait les proportions.

Q25 - init _ vac (5 , 0.2) renvoie une matrice
carrée d'ordre 5 , avec :
1 case = 1 le reste a la valeur 0 .
5 cases = 2

Signification ?

Polytechnique-ENS – Informatique 2016

MP (hors option informatique), PC - Durée : 2 heures

SUJET

ÉCOLE POLYTECHNIQUE - ÉCOLES NORMALES SUPÉRIEURES
ÉCOLE SUPÉRIEURE DE PHYSIQUE ET DE CHIMIE INDUSTRIELLES

CONCOURS D'ADMISSION 2016

FILIÈRE MP HORS SPÉCIALITÉ INFO
FILIÈRE PC

COMPOSITION D'INFORMATIQUE - B - (XECLR)

(Durée : 2 heures)

L'utilisation des calculatrices **n'est pas autorisée** pour cette épreuve.
Le langage de programmation sera **obligatoirement** `Python`.

*
* *

Ce sujet est découpé en deux parties *totalement indépendantes* toutes deux portant sur l'étude de réseaux sociaux : la première porte sur de la programmation en `Python` ; la seconde porte sur l'interrogation de base de données à l'aide de requêtes en `SQL`.

A - Programmation en Python

Notations. On désignera par $[\![n]\!]$ l'ensemble des entiers de 0 à $n-1$: $[\![n]\!] = \{0, \ldots, n-1\}$.

Objectif. Le but de cette partie est de regrouper des personnes par affinité dans un réseau social. Pour cela, on cherche à répartir les personnes en deux groupes de sorte à minimiser le nombre de liens d'amitié entre les deux groupes. Une telle partition s'appelle une *coupe minimale* du réseau.

Complexité. La complexité, ou le temps d'exécution, d'un programme P (fonction ou procédure) est le nombre d'opérations élémentaires (addition, multiplication, affectation, test, etc...) nécessaires à l'exécution de P. Lorsque cette complexité dépend de plusieurs paramètres n et m, on dira que P a une complexité en $O(\phi(n, m))$, lorsqu'il existe trois constantes A, n_0 et m_0 telles que la complexité de P soit inférieure ou égale à $A \times \phi(n, m)$, pour tout $n \geqslant n_0$ et $m \geqslant m_0$.

Lorsqu'il est demandé de donner une certaine complexité, le candidat devra justifier cette dernière si elle ne se déduit pas directement de la lecture du code.

Implémentation. Dans ce sujet, nous adopterons la syntaxe du langage `Python`.

On rappel qu'en `Python`, on dispose des opérations suivantes, qui ont toutes une complexité constante (car en `Python`, les listes sont en fait des tableaux de taille dynamique) :

- `[]` crée une liste vide (c.-à-d. ne contenant aucun élément)
- `[x]*n` qui crée une liste (ou un tableau) à n éléments contenant tous la valeur contenue dans `x`. Par exemple, `[1]*3` renvoie le tableau (ou la liste) `[1,1,1]` à 3 cases contenant toutes la même valeur 1.
- `len(liste)` renvoie la longueur de la liste `liste`
- `liste[i]` désigne le $(\texttt{i} + 1) -$ ème élément de la liste `liste` s'il existe et produit une erreur sinon (noter que le premier élément de la liste est `liste[0]`).
- `liste.append(x)` ajoute le contenu de `x` à la fin de la liste `liste` qui s'allonge ainsi d'un élément. Par exemple, après l'exéctuion de la suite d'instructions "`liste = []; liste.append(2); liste.append([1,3]);`", la variable `liste` a pour valeur la liste `[2, [1, 3]]`. Si ensuite on fait l'instruction `liste[1].append([7,5]);`, la variable `liste` a pour valeur la liste `[2, [1, 3, [7, 5]]]`.
- `liste.pop()` renvoie la valeur du dernier élément de la liste `liste` et l'élimine de la liste. Ainsi, après l'exécution de la suite d'instruction "`listeA = [1,[2,3]]; listeB = listeA.pop(); c = listeB.pop();`", les trois variables `listeA`, `listeB` et `c` ont pour valeurs respectives `[1]`, `[2]` et `3`.
- `random.randint(a,b)` renvoie un entier tiré (pseudo)aléatoirement et uniformément dans l'ensemble {`a`, `a` +1, ...,b-1, `b`}.
- `True` et `False` sont les deux valeurs booléennes Vrai et Faux.

Important : L'usage de toute autre fonction sur les listes telle que `liste.insert(i, x)`, `liste.remove(x)`, `liste.index(x)`, ou encore `liste.sort(x)` est rigoureusement interdit (ces fonctions devront être reprogrammées explicitement si nécessaire).

Dans la suite, nous distinguerons *fonction* et *procédure* : les fonctions renvoient une valeur (un entier, un liste, ...) tandis que les procédure ne renvoient aucune valeur.

Nous attacherons la plus grande importance à la lisibilité du code produit par les candidats ; aussi, nous encourageons les candidats à introduire des procédures ou fonctions intermédiaires lorsque cela simplifie l'écriture.

Partie I. Réseaux sociaux

Structure de données.. Nous supposerons que les individus sont numérotés de 0 à $n - 1$ où n est le nombre total d'individus. Nous représenterons chaque lien d'amitié entre deux individus i et j par une liste contenant leurs deux numéros dans un ordre quelconque, c.-à-d. par la liste [i, j] ou par la liste [j, i] indifféremment.

Un réseau social R entre n individus sera représenté par une liste reseau à deux éléments où :

- reseau[0] = n contient le nombre d'individus appartenant au réseau
- reseau[1] = la liste *non-ordonnée (et potentiellement vide)* des liens d'amitiés déclarés entre les individus

La figure 1 donne l'exemple d'un réseau social et d'une représentation possible sous la forme de liste. Chaque lien d'amitié entre deux personnes est représenté par un trait entre elles.

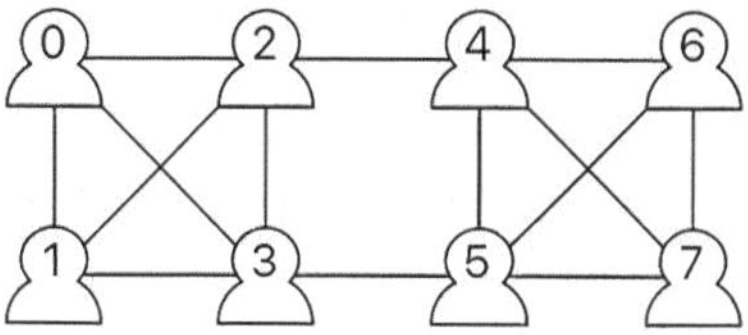


```
reseau = [ 8,
           [ [0,1], [1,3], [3,2], [2,0], [0,3], [2,1],
             [4,5], [5,7], [7,6], [6,4], [7,4], [6,5],
             [2,4], [5,3] ]
         ]
```

FIGURE 1 – Un réseau à 8 individus ayant 14 liens d'amitié déclarés et une de ses représentations possibles en mémoire sous forme d'une liste [Nombre d'individus, liste des liens d'amitié].

Question 1. Donner une représentation sous forme de listes pour chacun des deux réseaux sociaux ci-dessous :

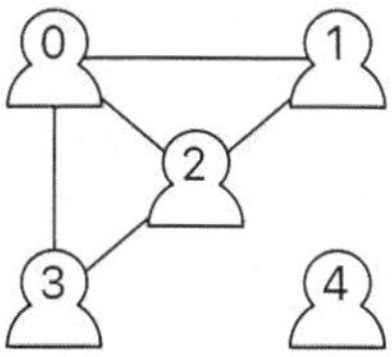

Réseau A

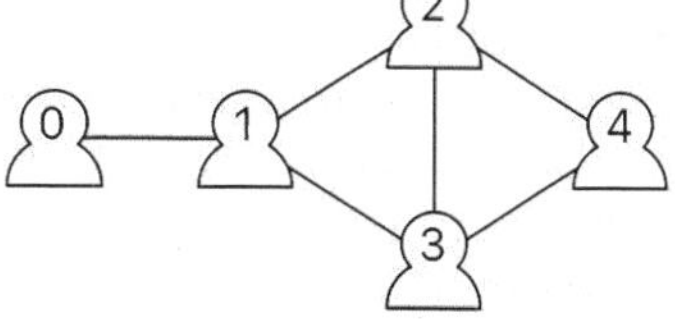

Réseau B

Question 2. Écrire une fonction creerReseauVide(n) qui crée, initialise et renvoie la représentation sous forme de liste du réseau à n individus n'ayant aucun lien d'amitié déclaré entre eux.

Question 3. Écrire une fonction estUnLienEntre(paire, i, j) où paire est une liste à deux éléments et i et j sont deux entiers, et qui renvoie True si les deux éléments contenus dans paire sont i et j dans un ordre quelconque ; et renvoie False sinon.

Question 4. Écrire une fonction `sontAmis(reseau,i,j)` qui renvoie `True` s'il existe un lien d'amitié entre les individus `i` et `j` dans le réseau `reseau` ; et renvoie `False` sinon.

Quelle est la complexité en temps de votre fonction dans la pire cas en fonction du nombre m de liens d'amitié déclarés dans le réseau ?

Question 5. Écrire une prodécure `declareAmis(reseau,i,j)` qui modifie le réseau `reseau` pour y ajouter le lien d'amitié entre les individus `i` et `j` *si ce lien n'y figure pas déjà.*

Quelle est la complexité en temps de votre procédure dans le pire cas en fonction du nombre m de liens d'amitié déclarés dans le réseau ?

Question 6. Écrire une fonction `listeDesAmisDe(reseau,i)` qui renvoie la liste des amis de `i` dans le réseau `reseau`.

Quelle est la complexité en temps de votre fonction dans le pire cas en fonction du nombre m de liens d'amitié déclarés dans le réseau ?

Partie II. Partitions

Une *partition* en k groupes d'un ensemble A à n éléments consiste en k sous-ensembles **disjoints non-vides** $A_1, \dots, A_k$ de A dont l'union est A, c.-à-d. tels que $A_1 \cup \dots \cup A_k = A$ et pour tout $i \neq j$, $A_i \cap A_j = \emptyset$. Par exemple $A_1 = \{1,3\}$, $A_2 = \{0,4,5\}$, $A_3 = \{2\}$ est une partition en trois groupes de $A = [\![6]\!]$. Dans cette partie, nous implémentons une structure de données très efficace pour coder des partitions de $[\![n]\!]$.

Le principe de cette structure de données est que les éléments de chaque groupe sont structurés par une relation filiale : chaque élément a un (unique) parent choisi dans le groupe et l'unique élément du groupe qui est sont propre parent est appelé le *représentant* du groupe. On s'assure par construction que chaque élément `i` du groupe a bien pour ancêtre le représentant du groupe, c.-à-d. que le représentant du groupe est bien le parent du parent etc. (autant de fois que nécessaire) du parent de l'élément `i`. La relation filiale est symbolisée par une flèche allant de l'enfant au parent dans la figure 2 qui présente un exemple de cette structure de données. Dans l'exemple de cette figure, 14 a pour parent 11 qui a pour parent 1 qui a pour parent 9 qui est son propre parent. Ainsi, 9 est le représentant du groupe auquel appartiennent 14, 11, 1 et 9. Notons que ce groupe contient également 8, 13 et 15.

À noter que la représentation n'est pas unique (si l'on choisit un autre représentant pour un groupe et une relation filiale, on aura une autre représentaiton du groupe).

Pour coder cette structure, on utilise un tableau `parent` à n éléments où la case `parent[i]` contient le numéro du parent de `i`. Par exemple, les valeurs du tableau `parent` encodant la représentation filiale donnée dans la figure 2 sont :

i :	0	1	2	3	4	5	6	7	8	9	10	11	12	13	14	15
`parent[`i`]` :	6	9	3	3	3	5	5	5	1	9	10	1	4	9	11	9

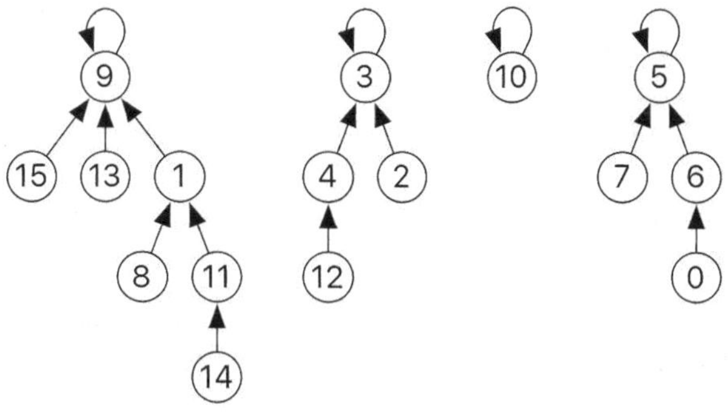

FIGURE 2 – Une représentation filiale de la partition suivante de $[\![16]\!]$ en quatre groupes : $\{1,8,9,11,13,14,15\}$, $\{2,3,4,12\}$, $\{10\}$ et $\{0,5,6,7\}$ dont les représentants respectifs sont 9, 3, 10 et 5.

Question 7. Donner les valeurs du tableau `parent` encodant les représentations filiales des deux partitions de $[\![10]\!]$ ci-dessous, et préciser les représentants de chaque groupe :

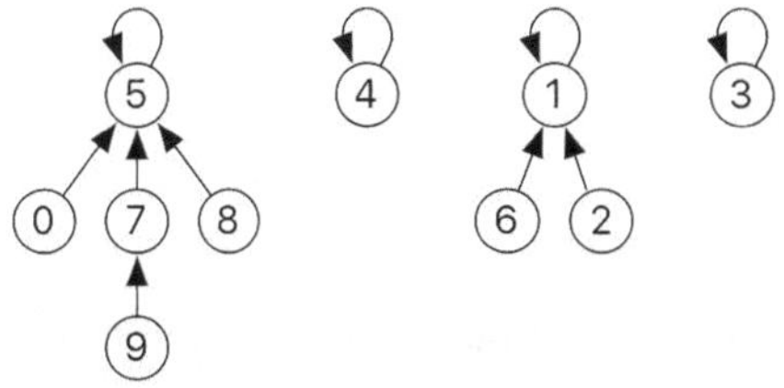

Représentation filiale A

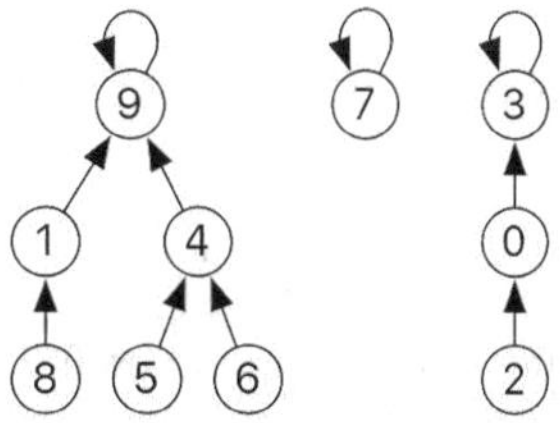

Représentation filiale B

Initialement, chaque élément de $[\![n]\!]$ est son propre représentant et la partition initiale consiste en n groupes contenant chacun un individu. Ainsi, initialement, `parent[`i`]` = i pour tout $i \in [\![n]\!]$.

Question 8. Écrire une fonction `creerPartitionEnSingletons(n)` qui crée et renvoie un tableau `parent` à `n` éléments dont les valeurs sont initialisées de sorte à encoder la partition de $[\![n]\!]$ en n groupes d'un seul élément.

Nous sommes intéressés par deux opérations sur les partitions :

- Déterminer si deux éléments appartiennent au même groupe dans la partition.
- Fusionner deux groupes pour n'en faire qu'un. Par exemple, la fusion des groupes $A_1 = \{1,3\}$ et $A_3 = \{2\}$ dans la partition de $[\![6]\!]$ donnée en exemple au tout début de cette partie donnera la partition en deux groupes $A_2 = \{0,4,5\}$ et $A_4 = A_1 \cup A_3 = \{1,2,3\}$.

Question 9. Écrire une fonction `representant(parent, i)` qui utilise le tableau `parent` pour trouver et renvoyer l'indice du représentant du groupe auquel appartient `i` dans la partition encodée par le tableau `parent`.

Quelle est la complexité dans le pire cas de votre fonction en fonction du nombre total n d'éléments ? Donnez un exemple de tableau `parent` à n éléments qui atteigne cette complexité dans le pire cas.

Pour réaliser la fusion de deux groupes désignés par l'un de leurs éléments `i` et`j` respectivement, on applique l'algorithme suivant :

1. Calculer les représentants `p` et `q` des deux groupes contenant `i` et`j` respectivement.
2. Faire `parent[p] = q`.

La figure 3 présente la structure filiale obtenue après la fusion des groupes contenant respectivement 6 et 14 de la figure 2.

Question 10. Écrire une procédure `fusion(parent,i,j)` qui modifie le tableau `parent` pour fusionner les deux groupes contenant `i` et `j` respectivement.

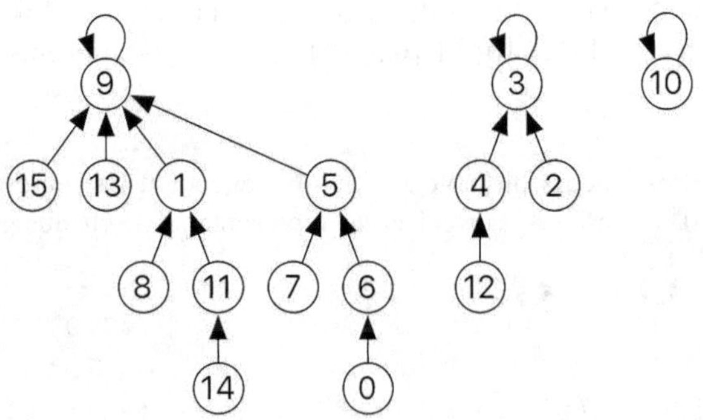

FIGURE 3 – Représentation filiale obtenue après la fusion des groupes contenant respectivement 6 et 14 de la figure 2.

Pour l'instant, la structure de données n'est pas très efficace comme le montre la question suivante.

Question 11. Proposer une sutie de $(n-1)$ fusions dont l'exécution à partir de la partition en n singletons de $[\![n]\!]$, nécessite de l'ordre de n^2 opérations élémentaires.

Pour remédier à cette mauvaise performance, une astuce consite à *compresser la relation filiale* après chaque appel à la fonction `representant(parent,i)`. L'opération de compression consiste à faire la chose suivante : si `p` est le résultat de l'appel à la fonction `representant (parent,i)`, modifier le tablau `parent` de façon à ce que chaque ancêtre (c.-à-d. parent de parent ...de parent) de `i`, `i` y compris, ait pour parent direct `p`. Noter bien que même si un appel à `representant(parent,i)` renvoie le représentant de `i` elle modifie également le tableau `parent`. Si l'on reprend l'exemple de la figure 2, le résultat de l'appel `representant (parent,14)` est `9`, que l'on a calculé en remontant les ancêtres successifs de `14` : `11`, `1` puis `9`. L'opération de compression consiste alors à donner la valeur `9` aux cases d'indices `14`, `11`, et `1` du tableau `parent`. La structure filiale obtenue après l'opération de compression menée depuis `14` est illustrée dans la figure 4.

Question 12. Modifier votre fonction `representant(parent,i)` pour qu'elle modifie le tableau `parent` pour faire pointer directement tous les ancêtres de `i` vers le représentant de une fois qu'il a été trouvé.

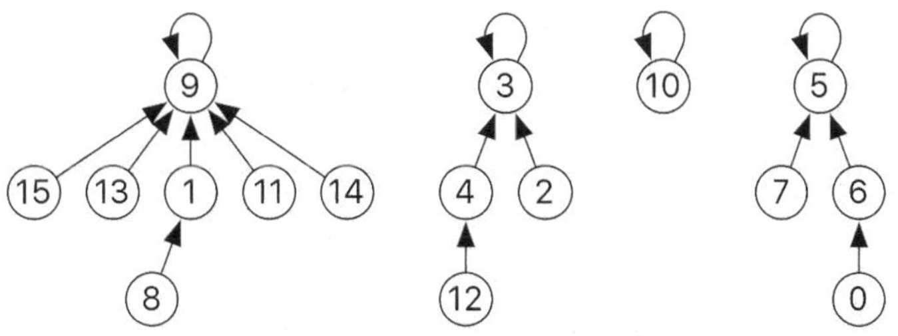

FIGURE 4 – Résultat de la compression depuis 14 dans la représentation filiale de la figure 2.

En quoi cette optimisation de la structure filiale peut-elle être considérée comme "gratuite" du point de vue de la complexité ?

Afin d'afficher de manière lisible la partition codée par un tableau `paren`, on souhaite calculer à partir du tableau `parent` la liste des éléments des différents groupes. Une sortie possible pour le tableau `parent` correspondant à la figure 2 serait :

```
[ [ 15, 8 ,1, 9, 11, 13, 14 ],
  [ 4, 3, 2, 12 ],
  [ 7, 5, 6, 0 ],
  [ 10 ] ]
```

Question 13. Écrire une fonction `listeDesGroupes(parent)` qui renvoie la liste des différents groupes codés par le tableau `parent` sous la forme d'une liste des listes des éléments des différents groupes.

Partie III. Algorithme randomisé pour la coupe minimum

Revenons à présetn à notre objectif principal : Trouver une partition des individus d'un réseau social en deux groupes qui minimise le nombre de liens d'amitié entre les deux groupes.

Pour résoudre ce problème nous allons utiliser l'algorithme randomisé suivant :

Entrée : un réseau social à n individus.

1. Créer une partition P en n singletons de $[\![n]\!]$
2. Initialement aucun lien d'amitié n'est marqué
3. Tant que la partition P contient au moins trois groupes et qu'il reste des liens d'amitié non-marqués dans le réseau faire :
   (a) Choisir un lien uniformément au hasard parmi les liens non-marqués du réseau, notons-le `[i, j]`.
   (b) Si `i` et `j` n'appartiennent pas au même groupe dans la partition P, fusionner les deux groupes correspondants.
   (c) Marquer le lien `[i, j]`.
4. Si P contient $k \geqslant 3$ groupes, faire $k-1$ fusions pour obtenir deux groupes.

5. Renvoyer la partition P.

La figure 5 présente une exécution possible de cet algorithme randomisé sur le réseau de la figure 1.

Question 14. Écrire une fonction `coupeMinimummRandomisee(reseau)` qui renvoie le tableau `parent` correspondant à la partition calculée par l'algorithme ci-dessus.

Indication. Au lieu de marquer explicitement les liens déjà vus, on pourra avantageusement les positionner à la fin de la liste *non-ordonnée* des liens du réseau et ainsi pouvoir tirer simplement les liens au hasard parmi ceux placés au début de la liste.

Quelle est la complexité de votre procédure en fonction de n, m et $\alpha(n)$, où m est le nombre de liens d'amitié déclarés dans le réseau et où $\alpha(n)$ désigne la complexité d'un appel à la fonction `representant` ?

Question 15. Écrire une fonction `tailleCoupe(reseau, parent)` qui calcule le nombre de liens entre les différents groupes de la partition représentée par `parent` dans le réseau `reseau`.

On peut démontrer que cet algorithme renvoie une coupe de taille minimum avec une probabilité supérieure à $1/n$, ce qui fait que la meilleure parmi n exécutions indépendantes de cet algorithme est effectivement minimum avec probabilité supérieure à $1/e \approx 0.36787...$.

La structure de données filiale avec compression pour les partitions est particulièrement efficace aussi bien en pratique qu'en théorie. En effet, la complexité de k opérations est de $O(k\alpha(k))$ opérations élémentaires où $\alpha(k)$ est l'inverse de la fonction d'Ackermann, une fonction qui croît *extrêmement* lentement vers l'infini (par exemple $\alpha(10^{80}) = 5$).

B - Programmation SQL

Une représentation simplifiée, réduite à deux tables, de la base de données d'un réseau social est donnée dans la figure 6

La table `INDIVIDUS` répertorie les individus et contient les colonnes

- `id` (clé primaire), un entier identifiant chaque individu ;
- `nom`, une chaîne de caractères donnant le nom de famille de l'individu ;
- `prenom`, une chaîne de caractères donnant le prénom de l'individu.

La table `LIENS` répertorie les liens d'amitiés entre individus et contient les colonnes

- `id1`, entier identifiant le premier individu du lien d'amitié ;
- `id2`, entier identifiant le second individu du lien d'amitié.

On supposera par ailleurs que pour tout couple `(x,y)` dans la table `LIENS`, le couple `(y,x)` est également présent dans la table (contrairement à la partie précédente de cet énoncé).

Question 16. Écrire une requête `SQL` qui renvoie les indifiants des amis de l'individu d'identifiant `x`.

Question 17. Écrire une requête `SQL` qui renvoie les (noms,prénoms) des amis de l'individu d'identifiant `x`

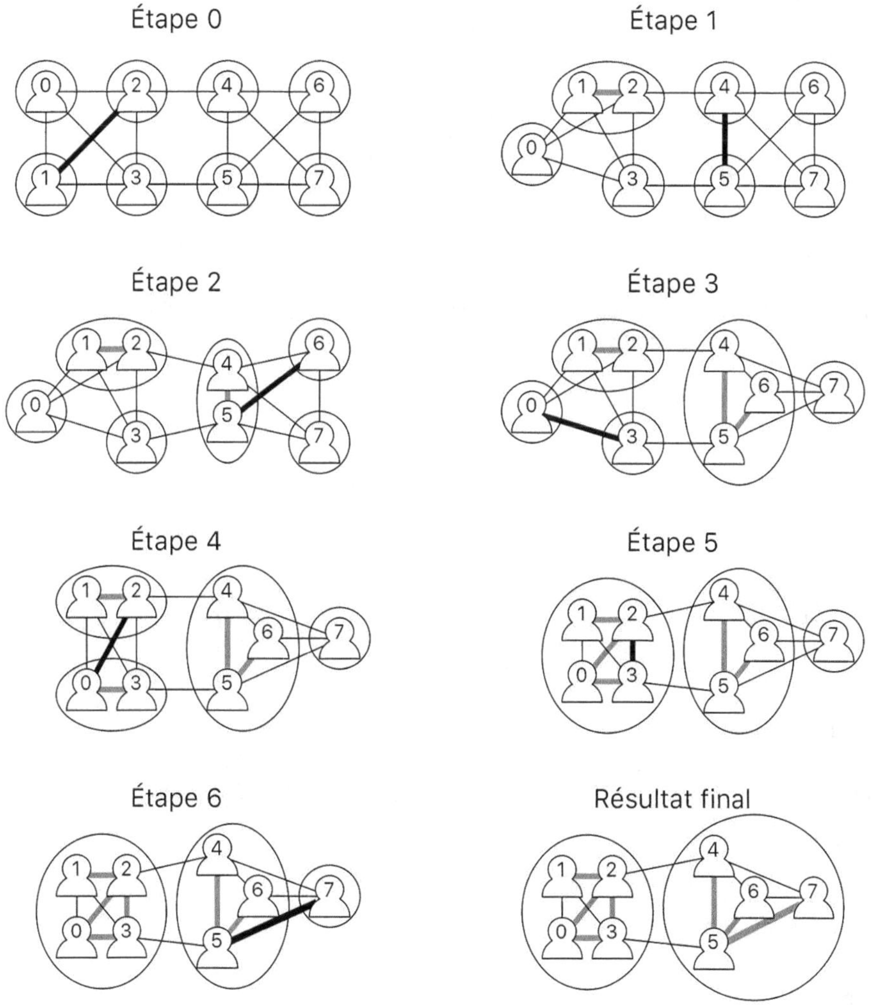

FIGURE 5 – Une exécution de l'algorithme randomisé sur le réseau de la figure 1 où les liens sélectionnés aléatoirement sont dans l'ordre : `[2,1]`, `[4,5]`, `[6,5]`, `[0,3]`, `[2,0]`, `[3,2]` et `[5,7]`. Les liens représentés en noir épais sont les liens sélectionnés au hasard à l'étape courante ; les liens épais et grisés sont les liens marqués par l'algorithme ; les ronds représentent la partition à l'étape courante.

INDIVIDUS

id	nom	prenom
1	Potter	Harry
2	Granger	Hermione
⋮	⋮	⋮

LIENS

id1	id2
1	2
2	1
⋮	⋮

FIGURE 6 – Schéma de la base de données du réseau social

Question 18. Écrire une requête `SQL` qui renvoie les indentifaints des individus qui sont amis avec au moins un ami de l'individu d'identifiant `x`

* *
*

CORRIGÉ COMMENTÉ

Question 1.
Réseau A : `[5, [[0, 1], [0, 2], [0, 3], [1, 2], [2, 3]]]`
Réseau B : `[5, [[0, 1], [1, 2], [1, 3], [2, 3], [2, 4], [3, 4]]]`

Question 2.

```python
def creerReseauVide(n):
    return [n, []]
```

Question 3.

```python
def estUnLienEntre(paire, i, j):
    return paire==[i, j] or paire==[j, i]
```

Question 4.

```python
def sontAmis(reseau, i, j):
    for paire in reseau[1]:
        if estUnLienEntre(paire, i, j):
            return True
    return False
```

Dans le pire cas, la boucle **for** parcourt les `m` liens d'amitié, et pour chaque lien appele `estUnLienEntre` qui est de complexité constante. La complexité de `sontAmis` est donc en $O(m)$.

Commentaire

L'erreur typique dans ce type de question serait de mettre un **`else: return`** `False` associé au **`if`** dans la boucle. Il faut absolument éviter cette erreur grossière : dans le cas contraire, quelque soit la première paire lue, la fonction s'arrête immédiatement en renvoyant `True` ou `False` sans consulter les autres paires.

Question 5.

```
def declareAmis(reseau, i, j):
    if not sontAmis(reseau, i, j):
        reseau[1].append([i, j])
```

Puisque la procédure `declareAmis` commence par appeler la fonction `sontAmis` de complexité dans le pire cas en $O(m)$, puis fait ensuite un nombre borné d'opérations élémentaires, la complexité de `declareAmis` dans le pire cas est en $O(m)$.

Commentaire

Dans un calcul de complexité, il faut penser à compter également la complexité des appels de fonction effectués.

Question 6.

```
def listeDesAmisDe(reseau, i):
    amis = []
    for u, v in reseau[1]:
        if u == i:
            amis.append(v)
        elif v == i:
            amis.append(u)
    return amis
```

Commentaire

Il est important de noter qu'on utilise **`elif`** et non **`else`** : toutes les paires ne sont pas nécessairement des liens d'amitié de `i`.

Question 7.
Encodage de la représentation filiale A :

i :	0	1	2	3	4	5	6	7	8	9
`parent[`i`]` :	5	1	1	3	4	5	1	5	5	7

Il y a quatre groupes : $\{0,5,7,8,9\}$ représenté par 5, $\{4\}$ représenté par 4, $\{1,2,6\}$ représenté par 1 et $\{3\}$ représenté par 3.

Encodage de la représentation filiale B :

i :	0	1	2	3	4	5	6	7	8	9
`parent`[i] :	3	9	0	3	9	4	5	7	1	9

Il y a trois groupes : $\{1,4,5,6,8,9\}$ représenté par 9, $\{7\}$ représenté par 7, $\{0,2,3\}$ représenté par 3.

Question 8.

```
def creerPartitionsEnSingletons(n):
    return [i for i in range(n)]
```

Question 9.

```
def representant(parent, i):
    while parent[i] != i:
        i = parent[i]
    return i
```

Dans le pire cas, la représentation filiale est constituée d'un seul groupe de n éléments qui constituent une chaîne et i est le dernier maillon de la chaîne, la complexité est alors linéaire en n.

Le pire cas correspond par exemple à un tableau `parent` tel que `parent[0]=0`, `parent [i+1]=parent[i]` pour tout `i` $\in [\![n-1]\!]$.

Commentaire

Une solution récursive est également possible :

```
def representant(parent, i):
    if parent[i]==i:
        return i
    else:
        return representant(parent, parent[i])
```

Question 10.

```
def fusion(parent, i, j):
    p = representant(parent, i)
    q = representant(parent, j)
    parent[p] = q
```

Question 11. A partir de la partition en n singletons de $[\![n]\!]$, L'exécution de `fusion(parent , i, i-1)` pour `i` allant de $n-1$ à 1 effectue de l'ordre de n^2 opérations car après chaque fusion, on se retrouve avec des singletons et la chaine $n \leftarrow n-1 \leftarrow \cdots \leftarrow i$. L'appel suivant à `representant(parent, i)` se fait alors en temps linéaire en $n-i$, d'où une somme triangulaire, et donc de l'ordre de n^2 opérations.

Question 12.

```
def representant(parent, i):
    j = i
    while parent[j]!=j: # recherche du représentant
```

```
        j = parent[j]
    while parent[i]!=j: # compression
        k = parent[i]
        parent[i] = j
        i = k
    return i
```

La complexité de cette fonction n'a pas changé en ordre de grandeur, elle est toujours proportionnelle au nombre de lien de parenté qui sépare l'élément de son représentant.

Commentaire

Une solution récursive et élégante est également possible ici :

```
def representant(parent, i):
    if parent[i] != i: # si i n'est pas le repré
        sentant
        parent[i] = representant(parent, parent[i])
    return parent[i]
```

On calcule récursivement le représentant de `parent[i]`, c'est aussi le représentant de `i`.

Question 13.

```
def listeDesGroupes(parent):
    groupes = []
    groupe = [None for i in range(len(parent))]
    for i in range(len(parent)):
        p = representant(parent,i)
        if groupe[p]!=None:
            groupes[groupe[p]].append(i)
        else:
            groupe[i] = len(groupes)
            groupes.append([i])
            groupe[p] = groupe[i]
    return groupes
```

Pour chaque élément i, on calcule son représentant puis, si le groupe du représentant existe, on y ajoute i, sinon on crée un nouveau groupe dans lequel on met i et on enregistre que le groupe de p est aussi ce groupe.

Question 14.

```
import random

def coupeMinimumRandomisee(reseau):
    parent = creerPartitionEnSingletons(reseau[0])
    nombreLiens = len(reseau[1])
    nombreGroupes = reseau[0]
    while nombreLiens>0 and nombreGroupes>=3:
        r = random.randint(0,nombreLiens-1)
```

```
        reseau[1][r],reseau[1][nombreLiens-1] = reseau[1][
            nombreLiens-1],reseau[1][r]
        i, j = reseau[1][nombreLiens-1]
        nombreLiens -= 1
        if representant(parent,i)!=representant(parent,j):
            nombreGroupes -= 1
            fusion(parent, i, j)
    groupes=listeDesGroupes(parent)
    for i in range(1, nombresGroupes):
        fusion(parent, groupes[0][0], groupes[i][0])
    return parent
```

A chaque étape de la boucle tant que, on élimine un lien et on appelle deux fois `representant` , puis si nécessaire, on appelle la fonction `fusion` qui appelle également deux fois `representant`. En dehors de la boucle, les $k-1 < n$ appels à fusions effectuent appellent également deux fois `representant`. La complexité de cette fonction est donc en $O((m+n)\alpha(n))$.

Question 15.

```
def tailleCoupe(reseau, parent):
    nombreGroupes = 0
    for i, j in reseau[1]:
        if representant(parent,i)!=representant(parent,j):
            nombreGroupes += 1
    return nombreGroupes
```

Question 16.

```
SELECT id1 FROM LIENS WHERE id2 = x
```

Question 17.

```
SELECT nom, prenom
FROM INDIVIDUS JOIN LIENS ON id = id1
WHERE id2 = x
```

Question 18.

```
SELECT DISTINCT a.id1
FROM LIENS a JOIN LIENS b ON a.id2 = b.id1
WHERE b.id2 = x
```

Commentaire

Lorsqu'on a besoin de joindre une table avec elle-même, il faut donner des alias aux différentes instances de la table dans la requête.

Polytechnique-ENS – Informatique 2016

PSI, PT - Durée : 2 heures

SUJET

ÉCOLE POLYTECHNIQUE - ÉCOLES NORMALES SUPÉRIEURES

CONCOURS D'ADMISSION 2016 FILIÈRES PSI et PT

COMPOSITION D'INFORMATIQUE (XCR)

(Durée : 2 heures)

L'utilisation des calculatrices **n'est pas autorisée** pour cette épreuve.
Le langage de programmation sera **obligatoirement** Python.

★ ★ ★

Détection de collisions entre particules

On considère un ensemble de n particules en mouvement dans un espace à deux dimensions, délimité par un rectangle de dimensions (non nulles) $largeur \times hauteur$. L'objectif est de faire évoluer le système jusqu'à ce que deux particules entrent en collisions.

Tout au long de ce sujet, il est possible d'utiliser les fonctions ou procédures demandées dans les questions précédentes du sujet, même si ces questions n'ont pas été traitées.

Complexité. La complexité, ou le temps d'exécution, d'un programme P (fonction ou procédure) est le nombre d'opérations élémentaires (addition, multiplication, affectation, test, etc...) nécessaires à l'exécution de P. Lorsque cette complexité dépend de plusieurs paramètres n et m, on dira que P a une complexité en $O(\phi(n,m))$ lorsqu'il existe trois constantes A, n_0 et m_0 telles que la complexité de P est inférieure ou égale à $A \cdot \phi(n,m)$, pour tout $n \geq n_0$ et $m \geq m_0$.

Lorsqu'il est demandé de donner une certaine complexité, le candidat devra justifier cette dernière si elle ne se déduit pas directement de la lecture du code.

Python - listes et tuples. Dans ce sujet, nous adopterons la syntaxe du langage `Python`.

On rappelle qu'en `Python`, les listes sont des tableaux dynamiques à une dimension. Sur les listes, on dispose des opérations suivantes, qui ont toutes une complexité constante :

- `[]` crée une liste vide (c.-à-d. ne contenant aucun élément)
- `len(liste)` renvoie la longueur de la liste `liste`.
- `liste[i]` renvoie l'élément d'indice `i` de la liste `liste` s'il existe ou produit une erreur sinon (noter que les éléments sont indicés à partir de 0).
- `liste[-i]` renvoie l'élément d'indice `len(liste)-i` de la liste `liste` s'il existe ou produit une erreur sinon. En particulier, `liste[-1]` renvoie le dernier élément de la liste.
- `liste.append(x)` ajoute le contenu de `x` à la fin de la liste `liste` qui s'allonge ainsi d'un élément. Par exemple, après l'exécution de la suite d'instructions " `liste = []; liste.append(2); liste.append([1,3]);` ", la variable `liste` a pour valeur la liste `[2, [1, 3]]`. Si ensuite on fait l'instruction `liste[1].append([7,5]);`, la variable `liste` a pour valeur la liste `[2, [1, 3, [7,5]]]`.
- `liste.pop()` renvoie la valeur du dernier élément de la liste `liste` et l'élimine de la liste. Ainsi, après l'exécution de la suite d'instructions " `listeA = [1,[2,3]]; listeB = listeA.pop(); c = listeB.pop();` ", les trois variables `listeA`, `listeB` et `c` ont pour valeurs respectives `[1]`, `[2]` et `3`.

Important : L'usage de toute autre fonction sur les listes telle que `liste.insert(i,x)`, `liste.remove(x)`, `liste.index(x)`, ou encore `liste.sort(x)` est rigoureusement interdit (ces fonctions devront être programmées explicitement si nécessaire).

Un tableau `m` à deux dimensions $l \times c$ est un tableau de tableaux, ou plus précisément un tableau de longueur l (nombre de lignes) contenant dans chaque case un tableau de longueur c (nombre de colonnes). La case `m[i][j]` correspond ainsi à l'élément qui se trouve sur la ligne d'indice `i`, dans la colonne d'indice `j`.

On rappelle également que l'on peut récupérer directement les valeurs contenues dans un `tuple` de la façon suivante : après l'instruction `a,b,c = (1,2,4)`, la variable `a` contient la valeur `1`, `b` contient la valeur 2 et `c` contient la valeur 4. Cette instruction génère une erreur si le nombre de variables à gauche est different de la taille du `tuple` à droite.

Dans la suite, nous distinguerons *fonctions* et *procédures* : les fonctions renvoient une valeur (un entier, une liste,...) tandis que les procédures ne renvoient aucune valeur.

Nous attacherons la plus grande importance à la lisibilité du code produit par les candidats; aussi, nous encourageons les candidats à introduire des procédures ou fonctions intermédiaires lorsque cela simplifie l'écriture.

Partie I. Simulation du mouvement des particules

Comme indiqué plus haut, on considère un ensemble de n particules en mouvement dans un espace à deux dimensions, délimité par un rectangle de dimensions (non nulles) $largeur \times hauteur$.

On considère que le temps est discret. La simulation commence au temps $t = 0$, et à chaque étape, on calcule la configuration au temps $t + 1$ en fonction de la configuration au temps t.

À tout instant t donné, chaque particule est définie par un quadruplet (x, y, vx, vy), où (x, y) sont ses coordonnées réelles représentées par des nombres flottants et où (vx, vy) est son vecteur vitesse, lui aussi constitué de deux nombres flottants.

Dans tout le sujet, on suppose que la norme de la vitesse de toute particule est majorée par une constante $v_{\max}$.

Pour calculer les paramètres au temps $t + 1$ d'une particule qui, au temps t, est en position (x, y) avec un vecteur vitesse (vx, vy), on procède successivement aux traitements suivants (un exemple d'exécution est donné en fin de partie I) :

(i) si $x + vx$ atteint ou dépasse une paroi verticale, vx est changé en $-vx$ pour simuler le rebond ;

(ii) si $y + vy$ atteint ou dépasse une paroi horizontale, vy est changé en $-vy$ pour simuler le rebond ;

(iii) (x, y) est changé en $(x + vx, y + vy)$.

Les points (i) et (ii) simulent de façon simplifiée les rebonds sur les parois : on considère que la particule rebondit à l'endroit où elle est au temps t, ce qui nous permet d'éviter de calculer le véritable point de collision avec la paroi. Il y a rebond lorsqu'une particule arrive exactement sur la paroi ou qu'elle la dépasse. Il est possible qu'une particule rebondisse sur une paroi verticale et une horizontale pendant une même mise à jour, ce qui correspond au rebond sur un coin.

Important : Au départ, aucune particule n'est sur la paroi. On suppose de plus que $v_{\max} < \frac{1}{2}\min(largeur, hauteur)$, ce qui garantit que les particules restent toujours strictement à l'intérieur des parois.

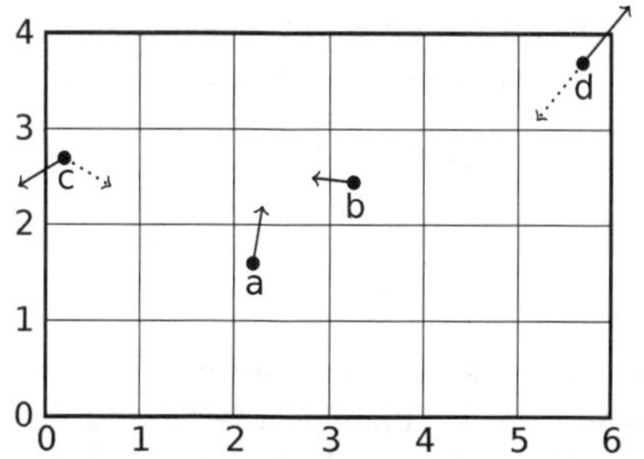

Dans l'exemple ci-dessus, le rectangle est de dimension $largeur \times hauteur = 6 \times 4$. Les particules a et b se déplacent sans rebondir au temps $t + 1$. La particule c est sujette au point (i), comme $x + vx \leq 0$, elle rebondit sur la paroi, ce que l'on simule en changeant vx en $-vx$ avant d'effectuer le déplacement (le nouveau vecteur vitesse est représenté en pointillés). La particule d est sujette aux deux points (i) et (ii), puisque $x + vx \geq largeur$ et $y + vy \geq hauteur$, on change donc vx en $-vx$ et vy en $-vy$ avant de déplacer cette particule.

Question 1.
Écrire une fonction `deplacerParticule(particule, largeur, hauteur)` qui prend en paramètre une particule à l'instant t ainsi que les dimensions du rectangle et renvoie la particule à l'instant $t + 1$, en tenant compte des rebonds.

On rappelle qu'en `Python` l'instruction `x,y,vx,vy = particule` permet de récupérer directement les différentes valeurs caractérisant la particule `particule`.

Exemples d'exécution de cette fonction :

```
>>> deplacerParticule((2.2, 1.6, 0.1, 0.6), 6, 4)
(2.3, 2.2, 0.1, 0.6)
>>> deplacerParticule((3.25, 2.45, 0.45, 0.05), 6, 4)
(3.7, 2.5, 0.45, 0.05)
>>> deplacerParticule((0.2, 2.7, -0.5, -0.3), 6, 4)
(0.7, 2.4, 0.5, -0.3)
>>> deplacerParticule((5.7, 3.7, 0.5, 0.6), 6, 4)
(5.2, 3.1, -0.5, -0.6)
```

Partie II. Représentation par une grille

Dans un premier temps, on décide de représenter un ensemble de particules par une grille. Une particule de coordonnées (x, y) se trouvera obligatoirement dans la case d'indices $\lfloor x \rfloor$, $\lfloor y \rfloor$; la notation $\lfloor x \rfloor$ correspond à la partie entière inférieure de x, c'est à dire au plus grand entier inférieur ou égal à x. En `Python`, on obtient la partie entière inférieure d'un flottant x positif ou nul en utilisant la fonction `int(x)`.

Comme nous avons vu qu'une particule se trouve toujours à l'intérieur du rectangle et jamais sur les parois, cette simplification n'entraîne aucun débordement de tableau.

Une case de la grille ne peut contenir qu'une seule particule : si deux particules ou plus devaient aboutir dans la même case, on considère qu'il y a une collision et la simulation se termine.

Pour indiquer qu'une case est vide (sans particule), on utilisera `None`.

Attention : cette simplification où l'on considère que deux particules sont en collision lorsqu'elles sont dans la même case est utilisée *uniquement* dans cette partie.

En `Python`, cette grille sera représentée par un tableau à deux dimensions (le nombre de lignes correspond à la largeur et le nombre de colonnes à la hauteur de la grille). Il s'agit donc d'un tableau de tableaux, ou plus précisément d'un tableau de longueur $largeur$ contenant dans chaque case une colonne, qui est elle-même un tableau de longueur *hauteur*. La case d'indices $[i][j]$ dans ce tableau correspondra ainsi à la case de cordonnées (i, j) dans la grille.

Voici le tableau à deux dimensions en `Python` correspondant à la grille donnée en exemple :

```
[ [None, None, (0.2, 2.7, -0.5, -0.3), None],
  [None, None, None, None],
  [None, (2.2, 1.6, 0.1, 0.6), None, None],
```

```
[None, None, (3.25, 2.45, 0.45, 0.05) , None],
[None, None, None, None],
[None, None, None, (5.7, 3.7, 0.5, 0.6)] ]
```

Question 2.
Écrire une fonction `nouvelleGrille(largeur, hauteur)` qui renvoie une nouvelle grille vide de dimensions `largeur` × `hauteur`.

Question 3.
Pour cette partie, on considère qu'une collision entre deux particules survient si elles arrivent dans la même case de la grille à un instant donné. Écrire une fonction nommée `majGrille-OuCollision(grille)` qui prend en paramètre une grille contenant des particules à l'instant t et renvoie une **nouvelle** grille contenant ces particules à l'instant $t + 1$ s'il n'y a pas eu de collision. Si une collision survient, la fonction renvoie `None`.

Remarque : Attention à ne pas confondre les particules à l'instant t avec celles à l'instant $t + 1$.

Question 4.
Écrire une fonction `attendreCollisionGrille(grille, tMax)` qui prend une grille de particules en paramètre et renvoie le temps où a eu lieu la première collision entre deux particules. S'il n'y a pas de collision avant le temps `tMax`, la fonction renvoie `None`.

Question 5.
Quelle est la complexité de la fonction `attendreCollisionGrille(grille, tMax)` en fonction des dimensions ($largeur$ et *hauteur*) de la grille et de `tMax` ? La réponse devra être justifiée.

Partie III. Représentation par liste de particules

La représentation de l'ensemble des particules sous forme de grille est un peu contraignante du fait que l'on ne peut pas avoir deux particules dans la même case, ce qui nous a obligés à simplifier la notion de collision. On propose dans cette partie une représentation alternative, où l'on stocke les particules sous forme d'une liste, ce qui nous permettra de gérer plus finement les collisions.

Un ensemble de particules est représenté par un triplet ($largeur$, *hauteur*, $listeParticules$) tel que $largeur$ × *hauteur* sont les dimensions du rectangle et $listeParticules$ est la liste des particules considérées.

Avec cette nouvelle représentation, on considère également que les particules ont un rayon fixe et identique pour toutes les particules. La valeur de ce rayon est stockée dans une variable globale `rayon` (une variable globale est accessible en lecture n'importe où dans le code, même à l'intérieur des fonctions). Une collision entre deux particules survient lorsqu'elles se touchent, en prenant en compte le rayon.

Exemple : Voici un ensemble de particules correspondant à l'exemple donné en introduction.

```
(6, 4, [(2.2, 1.6, 0.1, 0.6), (3.25, 2.45, 0.45, 0.05),
    (0.2, 2.7, -0.5, -0.3), (5.7, 3.7, 0.5, 0.6)])
```

Listes non triées

Dans un premier temps, il n'y a aucune contrainte sur l'ordre des particules dans la liste.

Question 6.
Écrire une fonction `detecterCollisionEntreParticules(p1, p2)` qui prend en paramètre deux particules et renvoie `True` si les particules sont en collision et `False` sinon.

Question 7.
Écrire une fonction `maj(particules)` qui prend en paramètre un ensemble de particules (un triplet comme indiqué plus haut) à l'instant t et renvoie un ensemble contenant les particules à l'instant $t + 1$, sans s'occuper des collisions éventuelles.

Question 8.
À l'aide de la fonction précédente, écrire une fonction `majOuCollision(particules)` qui prend en paramère un ensemble de particules (un triplet comme indiqué plus haut) à l'instant t et qui renvoie un ensemble contenant les particules à l'instant $t+1$, s'il n'y a pas eu de collision à l'instant $t + 1$. S'il y a eu une collision, la fonction renvoie `None`.

Question 9.
Écrire une fonction `attendreCollision(particules, tMax)` qui prend un ensemble de particules et un temps `tMax` en paramètres et renvoie le temps où a eu lieu la première collision entre deux particules. S'il n'y a pas de collision avant le temps `tMax`, la fonction renvoie `None`. Quelle est sa complexité, en fonction du nombre n de particules et de `tMax`? La réponse devra être justifiée.

Listes triées

Afin d'essayer d'améliorer l'efficacité de la détection des collisions, on propose de trier la liste des particules selon leurs abscisses. L'idée est qu'une particule p ne peut entrer en collision qu'avec des particules suffisamment proches d'elle, et il ne sera donc pas nécessaire de parcourir toute la liste pour trouver les particules susceptibles d'entrer en collision avec p.

On rappelle que les normes des vitesses de toutes les particules sont majorées par $v_{\max}$. On supposera que l'on dispose d'une variable globale `vMax` qui contient cette valeur.

Question 10.
Pour que deux particules **a** et **b** aient une chance d'entrer en collision à un instant $t + 1$ donné, à quelle distance, au maximum, devaient-elles se trouver à l'instant t? On exprimera le résultat en fonction du rayon `rayon` des particules et de leur vitesse maximale `vMax`.

Question 11.
Écrire la fonction `majOuCollisionX(particules)`. Elle prend en paramètre un ensemble de particules dont la liste des particules est triée par abscisses croissantes. Elle renvoie un ensemble contenant les particules à l'instant $t + 1$, sauf si une collision survient entre deux particules, auquel cas la fonction renvoie `None`. Cette fonction devra exploiter le fait que la liste des particules est triée pour limiter le nombre d'appels à la fonction `detecterCollision-EntreParticules`.

Remarque : On ne demande pas que la liste de particules du résultat, s'il y en a une, soit triée.

À ce stade, on pourrait calculer le temps de première collision à partir d'appels à `majOuCollisionX(particules)` et de tris des listes de particules à chaque étape, en utilisant un tri efficace classique. On peut cependant remarquer que si les vitesses sont petites, l'ordre des particules au temps $t+1$ a peu changé par rapport au temps t. On souhaite donc plutôt utiliser un algorithme de tri qui tient compte de cette particularité. C'est l'objet de la partie suivante.

Partie IV. Trier des listes partiellement triées

On souhaite maintenant proposer un algorithme de tri, qui est d'autant plus efficace que la liste donnée en entrée est déjà partiellement triée. On ne donnera pas de définition formelle de ce que ce terme signifie. Dans toute cette partie, pour simplifier, **on ne triera que des listes d'entiers** (`int`).

Le tri choisi est une version simplifiée du tri utilisé par `Python` (qui s'appelle `TimSort`). On nommera α-tri cette version simplifiée. Ce tri est basé sur un découpage de la liste à trier en séquences croissantes maximales d'éléments consécutifs (appelées *scm*). Ces séquences sont croissantes au sens large. Il consiste à effectuer une succession de fusions de *scm* consécutives jusqu'à n'avoir plus qu'une seule *scm*. Fusionner deux *scm* consécutives consiste à réordonner leurs éléments pour ne former qu'une seule *scm*, comme dans le tri fusion. On notera $|x|$ la longueur d'une *scm* x.

On rappelle qu'une *pile* est une liste `pile` qui, outre son initialisation, possède deux opérations : l'ajout en fin de liste d'un élément `x` en utilisant `pile.append(x)`, et la suppression du dernier élément en utilisant `pile.pop()`. Cette dernière opération modifie la pile et renvoie l'élément supprimé, ou produit une erreur si `pile` est la liste vide.

L'algorithme α-tri se déroule en deux temps. On commence par partitionner la liste en *scm* consécutives, en identifiant leurs indices de début et de fin dans la liste. Dans un second temps, on effectue les fusions.

Partitionnement en *scm*

Si `s` est une liste d'entiers de longueur $n \geq 1$, son partitionnement en *scm* est l'unique séquence de longueur $k \geq 1$ de couples d'entiers $(d_0, f_0), (d_1, f_1), ...(d_{k-1}, f_{k-1})$ telle que :

- $d_0 = 0$ et $f_{k-1} = n - 1$,
- $d_i \leq f_i$, pour tout $i \in \{0, ..., k-1\}$,
- $d_{i+1} = f_i + 1$, pour tout $i \in \{0, ..., k-2\}$,
- pour tout $i \in \{0, ..., k-1\}$, la suite $\texttt{s}[d_i]$, $\texttt{s}[d_i+1]$, . . . , $\texttt{s}[f_i]$ est croissante au sens large,
- $\texttt{s}[f_i] > \texttt{s}[d_{i+1}]$ pour tout $i \in \{0, ..., k-2\}$.

Exemple : si l'on considère la séquence `s = [3,4,8,11,1,5,2,7,9,0,10,0]`, on obtient $k = 4$ et la décomposition :

$$\underbrace{3 \leq 4 \leq 8 \leq 11}_{(d_0,f_0)=(0,3)} > \underbrace{1 \leq 5}_{(d_1,f_1)=(4,5)} > \underbrace{2 \leq 7 \leq 9}_{(d_2,f_2)=(6,8)} > \underbrace{0 \leq 10}_{(d_3,f_3)=(9,10)} > \underbrace{0}_{(d_4,f_4)=(11,11)}$$

Question 12.
Écrire une fonction `scm(s)` qui prend une liste `s` en paramètre et renvoie la liste ordonnée des couples d'indices correspondant au partitionnement en *scm* de `s`. Par exemple, avec comme paramètre la liste `s = [3, 4, 8, 11, 1, 5, 2, 7, 9, 0, 10, 0]`, l'appel à `scm(s)` renverra la liste `[(0, 3), (4, 5), (6, 8), (9, 10), (11, 11)]`.

Fusions de deux *scm* consécutives

Les fusions effectuées par α-tri concernent toujours deux *scm* consécutives. Nous aurons donc besoin d'une procédure pour réaliser une telle fusion.

Question 13.
Écrire une procédure `fusionner(s, r1, r2)` qui prend une liste `s` en paramètre ainsi que deux *scm* consécutives encodées par leurs indices de début et de fin, et les fusionne en une seule *scm* : si `r1` = (d_1, f_1) et `r2` = (d_2, f_2), alors après l'appel à la procédure, la partie de `s` située entre les indices d_1 et f_2 dans `s` doit être triée. Cette procédure ne crée pas une nouvelle liste, elle modifie la liste `s`.

Remarque : Il n'est pas demandé de vérifier que les *scm* sont consécutives. Si nécessaire, on supposera que l'on dispose d'une fonction `copier(s, debut, fin)` qui renvoie une copie de la liste donnée en paramètre entre les indices `debut` et `fin`, que l'on pourra utiliser pour recopier les sous-séquences de `s` qui correspondent aux *scm* décrites par `r1` et `r2`.

Algorithme α-tri

Les fusions des *scm* sont effectuées en deux temps. Tout d'abord, on utilise une pile initialement vide, dans laquelle les *scm* sont ajoutées une par une, dans l'ordre. À chaque fois qu'une *scm* est ajoutée, on compare les longueurs (leurs nombres d'éléments) de la dernière *scm* z de la pile et de l'avant-dernière y (si elle existe). Si $|y| < 2|z|$, on retire y et z de la pile, on les fusionne et on ajoute la *scm* fusionnée dans la pile. On continue à effectuer des fusions tant que la condition sur les longueurs des deux dernières *scm* est vérifiée. Quand on arrive à une pile avec un seul élément, ou telle que $|y| \geq 2|z|$, on ajoute la *scm* suivante dans la pile et on recommence les fusions éventuelles.

Dans un deuxième temps, lorsque toutes les *scm* initiales ont été ajoutées à la pile, on effectue une dernière passe en fusionnant itérativement les deux dernières *scm* de la pile, jusqu'à n'avoir plus qu'une seule *scm*. Cette *scm* est bien la liste initiale triée.

Exemple d'exécution de la phase de fusion pour `[3, 4, 8, 11, 1, 5, 2, 7, 9, 0, 10, 0]` :

```
** Découpage en scm **
Liste à trier: [3, 4, 8, 11, 1, 5, 2, 7, 9, 0, 10, 0]
Liste des scm: [(0, 3), (4, 5), (6, 8), (9, 10), (11, 11)]
** Première phase **
Etat de la pile: [(0, 3)]
Etat de la pile: [(0, 3), (4, 5)]
Etat de la pile: [(0, 3), (4, 5), (6, 8)]
Fusion des scm: (4, 5) et (6, 8). Etat de la liste: [3, 4, 8, 11,
    1, 2, 5, 7, 9, 0, 10, 0]
```

```
Etat de la pile: [(0, 3), (4, 8)]
Fusion des scm: (0, 3) et (4, 8). Etat de la liste: [1, 2, 3, 4,
    5, 7, 8, 9, 11, 0, 10, 0]
Etat de la pile: [(0, 8)]
Etat de la pile: [(0, 8), (9, 10)]
Etat de la pile: [(0, 8), (9, 10), (11, 11)]
** Deuxième phase **
Fusion des scm: (9, 10) et (11, 11). Etat de la liste: [1, 2, 3,
    4, 5, 7, 8, 9, 11, 0, 0, 10]
Etat de la pile: [(0, 8), (9, 11)]
Fusion des scm: (0, 8) et (9, 11). Etat de la liste: [0, 0, 1, 2,
    3, 4, 5, 7, 8, 9, 10, 11]
Etat de la pile: [(0, 11)]
La liste triée: [0, 0, 1, 2, 3, 4, 5, 7, 8, 9, 10, 11]
```

Question 14.
À l'aide de la procédure `fusionner` demandée à la question 13, écrire une procédure `depileFusionneRemplace(s, pile)` qui prend en paramètre une liste `s` ainsi qu'une pile de *scm* (sous la forme de couples d'indices de début et de fin). Cette procédure devra retirer les deux *scm* au sommet de la pile, les fusionner dans la liste `s` et replacer les indices de la *scm* fusionnée au sommet de la pile.

Remarque : La pile doit contenir au moins deux *scm* ; on suppose que c'est le cas, et il n'est donc pas demandé de le vérifier.

On rappelle que si `s` est une liste, `s[-1]` et `s[-2]` sont respectivement le dernier et l'avant-dernier élément de la liste, quand ils existent.

Question 15.
En utilisant les questions précédentes, écrire une procédure `alphaTri(s)` qui prend en paramètre une liste `s` et trie cette liste en utilisant l'algorithme α-tri décrit ci-dessus (voir l'exemple). Attention, cette procédure ne crée pas une nouvelle liste, elle modifie la liste passée en paramètre.

L'algorithme `TimSort` *a d'abord été conçu pour le langage* `Python`*. Quelques années après, il a été adopté par d'autres langages de programmation. Il est notamment l'un des tris de la bibliothèque standard du langage Java depuis la version 7.*

CORRIGÉ COMMENTÉ

Question 1.

```python
def deplacerParticule(particule, largeur, hauteur):
    x, y, vx, vy = particule
    if not 0<x+vx<largeur:
        vx = -vx
    if not 0<y+vy<hauteur:
```

```
        vy = -vy
    return [x+vx, y+vy, vx, vy]
```

> **Commentaire**
>
> La négation de la condition est parfois plus simple à exprimer que la condition elle-même, on peut alors utiliser l'opérateur unaire **not** pour nier la négation.

Question 2.

```
def nouvelleGrille(largeur, hauteur):
    return [[None for j in range(hauteur)] for i in range(
        largeur)]
```

> **Commentaire**
>
> Les créations de liste en compréhension sont claires et concises, et totalement dans l'esprit du langage Python, elles ne doivent pas être négligées. En outre, elles permettent de créer facilement des listes de listes.

Question 3.

```
def majGrilleOuCollision(grille):
    largeur = len(grille)
    hauteur = len(grille[0])
    nouvGrille = nouvelleGrille(largeur,hauteur)
    for i in range(hauteur):
        for j in range(largeur):
            if grille[i][j] != None:
                nouvPart = deplacerParticule(grille[i][j],
                    largeur, hauteur)
                u, v = int(nouvPart[0]), int(nouvPart[1])
                if nouvGrille[u][v] == None:
                    nouvGrille[u][v] = nouvPart
                else: # sortie anticipée si collision
                    return None
    return nouvGrille
```

> **Commentaire**
>
> Il faut parcourir toutes les cases de la grille, calculer la nouvelle position de la particule s'il y en a une dans la case, puis placer la nouvelle particule dans la nouvelle grille. Au moment où on place cette particule, on vérifie que la case est bien vide, sinon il y a collision. Lorsqu'on écrit **return** sans valeur de retour, `None` est également renvoyé mais on a ici explicité cette valeur de retour pour davantage de clarté.

Question 4.

```python
def attendreCollisionGrille(grille, tMax):
    for t in range(tMax):
        grille = majGrilleOuCollision(grille)
        if grille == None: # sortie anticipée si collision
            return t+1
    return None
```

Question 5. La complexité de la fonction `nouvelleGrille` est `largeur` × `hauteur` en raison des deux boucles imbriquées.

Dans la double boucle de la fonction `majGrilleOuCollision`, on effectue un nombre borné d'opérations, sa complexité est donc en $O($`largeur` × `hauteur`$)$, en ajoutant l'appel à `nouvelleGrille` en début de fonction, on garde la même complexité.

Dans la fonction `attendreCollisionGrille`, on effectue au pire `tMax` tours de boucle, chacun de complexité en $O($`largeur` × `hauteur`$)$, la complexité de cette fonction est donc en $O($`tMax` × `largeur` × `hauteur`$)$

Question 6. Il y a collision si la distance entre les centres des deux particules est inférieure à la somme des rayons donc à 2 × `rayon`.

```python
def detecterCollisionEntreParticules(p1, p2):
    return ((p2[0]-p1[0])**2+(p2[1]-p1[1])**2)**0.5<=2*rayon
```

> **Commentaire**
>
> On renvoie directement le résultat de la comparaison de la distance à 2 × `rayon` qui est bien `True` s'il y a collision et `False` sinon.

Question 7.

```python
def maj(particules):
    largeur, hauteur, parts = particules
    nouvellesParts = [deplacerParticule(p, largeur, hauteur) for p in parts]
    return (largeur, hauteur, nouvellesParts)
```

> **Commentaire**
>
> La maîtrise des listes en compréhension et du parcours par valeur à l'aide de la boucle **for** permettent à nouveau d'écrire une solution claire et concise.

Question 8.

```python
def majOuCollision(particules):
    nouvellesParticules = maj(particules)
    parts = nouvellesParticules[2]
    for i in range(len(parts)):
        for j in range(i):
```

```
            if detecterCollisionEntreParticules(parts[i], parts[j]):
                return None
    return nouvellesParticules
```

> **Commentaire**
>
> L'erreur à éviter ici serait de faire le test de collision entre une particule et elle-même, il faut donc considérer tous les couples possibles (à l'ordre près) de particules, on effectue ici un parcours triangulaire pour cela.

Question 9.

```
def attendreCollision(particules, tMax):
    for t in range(tMax):
        particules = majOuCollision(particules)
        if particules==None: # sortie anticipée si collision
            return t+1
    return None
```

La complexité de `maj` est linéaire en n.

La complexité de la double boucle de `majOuCollision` est quadratique en n car on effectue $\frac{n(n-1)}{2}$ tours de boucle de complexité constante. La complexité de `majOuCollision` est donc en $O(n^2)$

La fonction `attendreCollision` répète au pire `tMax` fois la fonction `majOuCollision`, la complexité est donc en $O(n^2 \times$ `tMax`$)$.

> **Commentaire**
>
> La fonction `attendreCollision` est identique, dans sa forme, à celle écrite précédemment.

Question 10. La distance va réduire d'au plus $2 \times$ `vMax` donc la distance doit être au maximum égale à $2 \times$ `rayon` $+ 2 \times$ `vMax` pour qu'il y ait collision à l'instant suivant.

Question 11. Si l'écart d'abscisse est supérieur à la distance limite $2 \times ($`rayon` $+$ `vMax`$)$, la distance entre les particules est nécessairement supérieure à cette distance limite. Comme les particules sont ordonnées par abscisse croissante, on peut alors arrêter la recherche des collisions pour la particule considérée.

```
def majOuCollisionX(particules):
    nouvellesParticules = maj(particules)
    p = nouvellesParticules[2]
    for i in range(len(p)):
        j = i + 1
        while j<len(p) and p[j][0]-p[i][0]<=2*(rayon+vMax):
            if detecterCollisionEntreParticules(p[i], p[j]):
                return None
```

```
            j += 1
    return nouvellesParticules
```

Commentaire

Dans la question précédente, on a montré que la distance limite était de $2 \times$ (`rayon` + `vMax`), il convient ici de justifier qu'on utilise cette condition sur les abscisses (et non sur les distances), en lien avec le fait que les particules sont maintenant ordonnées par abscisse croissante.

Question 12. On change de partition lorsqu'une valeur de la liste est inférieure à la précédente.

```
def scm(s):
    debut = 0
    partitions = []
    for i in range(1, len(s)):
        if s[i] < s[i-1]:
            partitions.append((debut, i-1))
            debut = i
    partitions.append((debut, len(s)-1))
    return partitions
```

Commentaire

Lorsqu'on ajoute des couples dans une liste (ou une pile), il faut faire attention de bien mettre les deux paires de parenthèses : celles liées à la fonction append, et celles liées au couple ajouté.

Il faut faire attention à plusieurs points pour cette fonction, en particulier le fait de ne pas déborder dans les indices de `s` et de ne pas oublier la dernière partition à ajouter en dehors de la boucle.

Question 13.

```
def fusionner(s, r1, r2): # avec r1 en tête de r2
    d1, f1 = r1
    d2, f2 = r2
    p1 = s[d1:f1+1]
    p2 = s[d2:f2+1]
    i1 = 0
    i2 = 0
    while i1 < len(p1) or i2 < len(p2):
        if i2==len(p2) or i1<len(p1) and p1[i1]<p2[i2]:
            s[d1+i1+i2] = p1[i1]
            i1+=1
        else:
            s[d1+i1+i2] = p2[i2]
            i2+=1
```

> **Commentaire**
>
> La fusion de deux listes ordonnées est traitée en cours dans le cadre du tri fusion. Une bonne connaissance de cet algorithme permet de ne pas perdre de temps dans cette question. De façon, plus générale, une bonne connaissance des algorithmes au programme est évidemment recommandée.

Question 14.

```
def depileFusionneRemplace(s, pile):
    r2 = pile.pop()
    r1 = pile.pop()
    fusionner(s, r1, r2)
    pile.append((r1[0],r2[1]))
```

> **Commentaire**
>
> Il faut ici faire attention à l'ordre des partitions qu'on dépile pour se conformer au fait que `r1` et `r2` soient consécutives, et dans cet ordre, dans `s`.

Question 15.

```
def alphaTri(s):
    partitions = scm(s)
    pile = []
    # 1ère phase
    for couple in partitions:
        pile.append(couple)
        while len(pile)>1:
            (i,j)=pile[-1]
            (u,v)=pile[-2]
            if (v-u)<2*(j-i):
                depileFusionneRemplace(s, pile)
    # 2ème phase
    while len(pile)>1:
        depileFusionneRemplace(s, pile)
```

Banque PT – Informatique et Modélisation 2017

PT

SUJET

Epreuve d'Informatique et Modélisation de Systèmes Physiques

Durée 4 h

Si, au cours de l'épreuve, un candidat repère ce qui lui semble être une erreur d'énoncé, d'une part il le signale au chef de salle, d'autre part il le signale sur sa copie et poursuit sa composition en indiquant les raisons des initiatives qu'il est amené à prendre.

L'usage de calculatrices est interdit.

AVERTISSEMENT

Remarques préliminaires importantes : il est rappelé aux candidat(s) que :

- les explications des phénomènes étudiés interviennent dans la notation au même titre que les développements analytiques et les applications numériques ;
- tout résultat fourni dans l'énoncé peut être admis et utilisé par la suite, même s'il n'a pas été démontré par les candidat(s) ;
- les deux parties sont indépendantes.

La **présentation**, la lisibilité, l'orthographe, la qualité de la **rédaction, la clarté et la précision** des raisonnements entreront pour une **part importante** dans **l'appréciation des copies**. En particulier, les résultats non justifiés ne seront pas pris en compte. Les candidats sont invités à encadrer les résultats de leurs calculs.

PREMIERE PARTIE - MODELISATION
MOTEURS A ALLUMAGE COMMANDE

La première partie n'est pas reprise ici. Elle ne concerne pas le programme d'informatique.

DEUXIEME PARTIE - INFORMATIQUE
MODELISATION ET SIMULATION DE LA COMMANDE D'INJECTION D'UN MOTEUR A ALLUMAGE COMMANDE

Les algorithmes demandés seront réalisés dans le langage python. Vous porterez une attention particulière au respect de la syntaxe : indentation, définition des fonctions etc... On supposera que tout module nécessaire à l'utilisation des fonctions usuelles a été importé.

A / PRESENTATION DE LA PROBLEMATIQUE

Depuis l'intégration des calculateurs dans l'automobile, les principaux paramètres de commande du moteur à allumage commandé tels que l'ouverture du papillon, la durée d'injection, l'avance à l'allumage, etc... sont contrôlés numériquement par des cartographies et/ou par des boucles d'asservissement.

L'écriture du programme de gestion du moteur fait de plus en plus appel à des langages de programmation évolués qui permettent un développement rapide et fiable. Son agencement est fait par couches :

- la couche la plus basse gère les fonctions directement liées à la configuration du "hardware",
- la couche moyenne gère les signaux d'entrée et de sortie ,
- la couche supérieure supporte la stratégie de contrôle du moteur.

Le premier niveau des fonctionnalités à gérer par le calculateur comprend :

- le respect de la consigne du conducteur,
- le respect des normes d'émission à l'échappement,
- le respect des normes d'émission de vapeur,
- la minimisation de la consommation,
- la protection du moteur contre le cliquetis.

Le conducteur d'un véhicule envoie une consigne par l'intermédiaire de la pédale d'accélérateur. Cette consigne équivaut pour le calculateur à une consigne de couple moteur. Le couple moteur est directement lié à la quantité de mélange air-essence aspirée par le moteur. La quantité d'air aspirée dépend de la pression à l'admission et donc de l'ouverture du papillon des gaz. Le calculateur va réguler l'ouverture du papillon des gaz en fonction de la consigne fournie à la pédale d'accélérateur. Le calculateur doit ensuite déterminer l'avance à l'allumage et la quantité de carburant à injecter dans chacun des cylindres.

Nous allons nous intéresser dans la suite de ce sujet à la génération de la consigne d'injection de carburant à partir de la lecture des cartographies en boucle ouverte dans un premier temps. Nous envisagerons ensuite une stratégie en boucle fermée permettant d'améliorer les performances du moteur.

B / REPERAGE ANGULAIRE DU MOTEUR

Pour les commandes des allumages et des injections notamment, il est nécessaire de connaître précisément la position angulaire du moteur et sa vitesse de rotation.

Une cible solidaire de l'arbre moteur dispose de soixante dents. Les dents sont numérotées de 1 à 60. L'épaisseur d'une dent est égale à l'espace entre deux dents. Un capteur fixe par rapport au carter moteur permet de détecter la présence ou l'absence de dent sur la cible.

L'information issue du capteur est traitée pour être ensuite représentée par la variable booléenne *cible_mot*. Cette variable prend la valeur vraie lorsque le capteur se trouve face à une dent et la valeur fausse sinon. La figure 1 représente l'évolution de la variable *cible_mot* au cours du temps pour une vitesse de rotation constante.

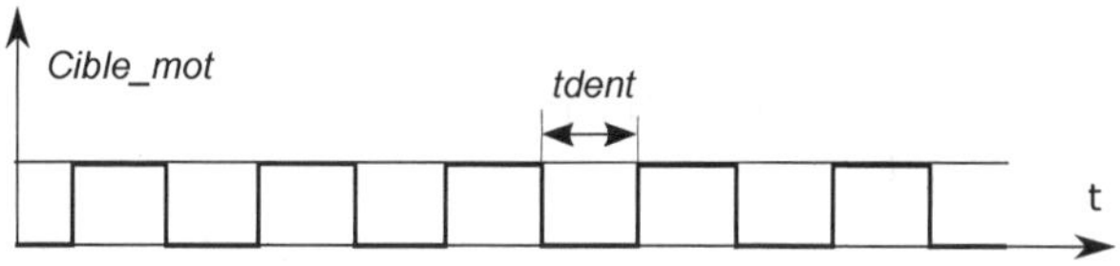

FIGURE 1 – évolution de la variable *cible_mot*.

La lecture de l'état des variables associées aux principaux capteurs est réalisée par le logiciel de gestion du moteur avec une période d'échantillonnage de 2 ms au mieux. L'arbre moteur tourne jusqu'à 7000 tours/min.

Q 1. Quelle est la valeur minimale du temps écoulé entre deux changements d'état de la variable *cible_mot* ? La période d'échantillonnage est-elle suffisante pour détecter le changement d'état entre deux fronts de la variable *cible_mot* ?

La mesure de la rotation moteur fait donc l'objet d'un traitement numérique différencié avec une fréquence d'échantillonnage de 400 kHz. Une position angulaire quelconque est repérée par le numéro de la dent qui la précède et par la mesure de la durée écoulée entre les deux dents précédentes (durée écoulée entre deux fronts montants successifs de la variable *cible_mot*, voir figure 1). Cette durée sera stockée dans la variable *tdent* en secondes.

Q 2. Ecrire une fonction *vitesse_moteur(tdent)* qui calcule et retourne la vitesse de rotation du moteur en tours par minute en fonction de la varible *tdent*.

C / CONTROLE DU DOSAGE AIR-ESSENCE

C.1 Principe du dosage air-essence

Lorsque le mélange air-essence est stœchiométrique et parfaitement homogène, le moteur à allumage commandé ne rejette que de l'eau et du dioxyde de carbone.

Le durcissement des normes antipollution a conduit les constructeurs d'automobiles à agir à différents niveaux en amont et en aval de la combustion. La première action consiste à contrôler de façon très fine le dosage du mélange en imposant lorsque les conditions d'utilisation le permettent un mélange stœchiométrique.

La quantité de carburant injecté est directement corrélée à la durée d'ouverture des injecteurs que nous noterons dans la suite du sujet **durée d'injection**.

C.2 Contrôle du dosage air-essence par cartographies en boucle ouverte

Dans les conditions de fonctionnement stabilisé, le dosage de base est le résultat d'une interpolation cartographique calculée à partir de la vitesse et de la charge du moteur.

Toutes les cartographies et programmes du moteur sont stockés sous forme de fichiers dans la mémoire morte du calculateur (ROM) qui dispose de 32 ko d'espace. Au démarrage du véhicule, le programme de gestion du moteur et certaines données seront chargés dans la mémoire vive (RAM) qui dispose de 3 ko d'espace.

Q 3. Expliquer les différences entre les mémoires de type ROM ou RAM. Pourquoi stocker le programme de gestion dans la RAM ?

Q 4. Exprimer en bits l'espace mémoire disponible pour la mémoire RAM et la mémoire ROM sous la forme : $(nbits)_{10} = a \cdot b^i$. Préciser les valeurs numériques de a, b et i sans réaliser l'application numérique de $(nbits)_{10}$.

Pour accéder à la mémoire, le processeur dispose d'un bus d'adresse de 24 bits. Cela signifie que pour communiquer en lecture ou en écriture avec un emplacement mémoire particulier, le processeur envoie un mot binaire codé sur 24 bits via le bus d'adresse. On appelle espace adressable le nombre d'adresses différentes accessibles par le bus d'adresse.

Q 5. Quel est alors l'espace adressable en décimal ? Donner l'adresse maximale en binaire (base 2).

Pour représenter les adresses, le programme de gestion du moteur utilise le code hexadécimal (base 16). On donne ci-dessous la table de conversion entre les bases 10 et 16.

base 10 : d_i=	0	1	2	3	4	5	6	7	8	9	10	11	12	13	14	15
base 16 : h_i=	0	1	2	3	4	5	6	7	8	9	A	B	C	D	E	F

On a alors pour un nombre n écrit en base 16 $(n)_{16} = h_k...h_1 h_0$ la conversion en base 10 :

$$(n)_{10} = \sum_{i=0}^{k} d_i \cdot 16^i$$

Q 6. Ecrire en binaire puis en hexadécimal l'adresse suivante : $(320)_{10}$.

Q 7. Quel est l'intérêt d'utiliser le code hexadécimal pour la programmation ?

C.3 Cartographie des durées d'injection

Nous allons nous intéresser au traitement de la cartographie qui permet de déterminer la durée d'injection. La figure 2 représente l'affichage d'une cartographie des durées d'injection pour un moteur 4 temps.

		Pression au collecteur **P** en bars						
		0,295	0,39	0,48	0,565	0,645	0,72	0,79
	600	2,42	3,454	4,408	5,44	6,484	7,522	8,548
	900	2,702	3,776	4,852	5,9	6,962	8,004	9,036
	1300	3,064	4,162	5,248	6,33	7,418	8,432	9,434
ligne i	1700	3,27	4,412	5,552	6,644	7,734	8,774	9,766
	2200	3,432	4,63	5,804	6,952	8,062	9,126	10,154
Rotation	2700	3,498	4,71	5,916	7,09	8,23	9,334	10,39
moteur **Nm**	3200	3,56	4,778	6,022	7,214	3,388	9,552	10,614
en tour/min	3800	3,658	4,878	6,168	7,358	8,558	9,742	10,844
	4400	3,74	5,008	6,324	7,51	8,738	9,962	11,066
	5000	3,816	5,134	6,48	7,708	8,962	10,204	11,32
	5600	3,908	5,29	6,622	7,89	9,174	10,408	11,582
	6300	3,99	5,39	6,754	8,076	9,372	10,612	11,79
	7000	4,03	5,436	6,808	8,152	9,452	10,7	11,898

colonne j

FIGURE 2 – cartographie des durées d'injection en ms.

La cartographie est alors chargée en mémoire sous la forme suivante (voir figure 3) :

- La première ligne qui contient des valeurs de pression à l'admission en bar est stockée dans une liste de valeurs : $P = [P_j]_{0\leq j\leq M-1}$.
- La première colonne qui contient des valeurs de la vitesse de rotation moteur en tour/min est stockée dans une liste de valeurs : $Nm = [Nm_i]_{0\leq i\leq N-1}$.
- Les durées d'injection sont stockées sous forme d'un tableau T à deux dimensions de taille $N \times M$. On peut lire pour chaque couple de valeurs de pression et de rotation moteur la valeur de la durée d'injection correspondante $T[i, j]$ en ms.

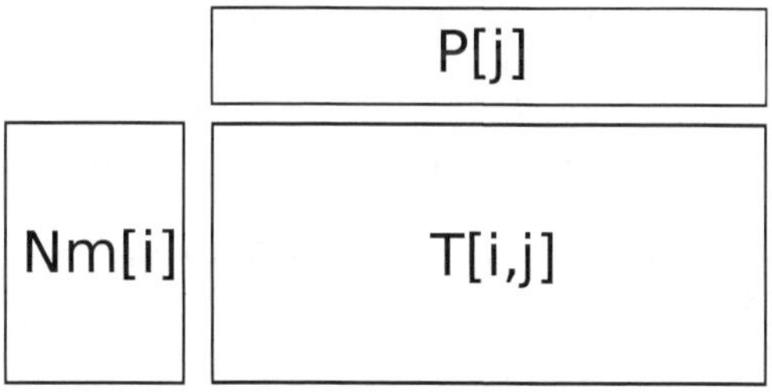

FIGURE 3 – structure des données de cartographie en mémoire.

Le capteur de pression au collecteur d'admission mesure une valeur de pression notée $Pcol$. La vitesse de rotation du moteur mesurée est notée $Nmot$. Pour un couple de valeurs pression-vitesse de rotation $(Pcol, Nmot)$ quelconque le calculateur doit alors déterminer les valeurs de durée d'injection en réalisant une interpolation à partir des valeurs du tableau T.

Etape 1 :

Le calculateur doit déterminer les indices i et j tels que $P[j] \leq Pcol < P[j+1]$ et $Nm[i] \leq Nmot < Nm[i+1]$.

Q 8. Ecrire une fonction *indice(A,val)* qui prend pour argument une liste notée A et un réel noté A. La liste A est triée par ordre croissant. Votre fonction doit retourner un entier id tel que : $A[id] \leq val < A[id+1]$. On supposera que id existe toujours.

Le calculateur doit ensuite lire les durées d'injection dans le tableau T correspondant aux indices i et j précédemment déterminés.

Pour la suite du sujet, un tableau pourra être représenté :

- **soit par un tableau de type numpy.array ;**
- **soit par une liste de listes.**

Q 9. Ecrire une fonction $extraire(T, P, Nm, i, j)$ qui prend pour argument le tableau de dimension $N \times M$ noté T, les listes P et Nm, et deux entiers i et j. Votre fonction doit retourner un tableau ST de dimension 2×4 :

$$ST = \begin{bmatrix} T[i,j] & T[i,j+1] & P[j] & Nm[i] \\ T[i+1,j] & T[i+1,j+1] & P[j+1] & Nm[i+1] \end{bmatrix}$$

Pour la suite, les deux premières colonnes du tableau ST correspondent aux durées d'injection de la table. La troisième colonne correspond aux valeurs de pression encadrant $Pcol$. La quatrième colonne correspond aux valeurs de rotation moteur encadrant $Nmot$.

Q 10. Ecrire la suite d'instructions qui à partir des variables $Nmot$, $Pcol$, des listes P et Nm et du tableau T permet de déterminer le sous tableau ST tel que défini à la question Q9. Le résultat pourra être affecté à une variable nommée ST.

Etape 2 :

Une fois les quatre valeurs de durée d'injection déterminées, il est nécessaire de calculer une durée d'injection t à partir d'une interpolation bilinéaire.

L'interpolation bilinéaire de la fonction de deux variables $t(x, y)$ s'écrit comme suit :

$$t(x,y) = b_0 + b_1 \cdot x + b_2 \cdot y + b_3 \cdot x \cdot y;\ x \in [0,1] \text{ et } y \in [0,1]$$

où b_0, b_1, b_2 et b_3 sont les inconnues du problème.

La détermination des coefficients $b_{i,i \in [0,3]}$ est un problème linéaire qui doit être résolu à chaque pas de temps et pour chaque cartographie sous la forme :

$$A \cdot b = c \text{ et } b = A^{-1} \cdot c$$

On envisage dans un premier temps l'utilisation de l'algorithme du pivot de Gauss pour résoudre le système linéaire.

Q 11. Ecrire en pseudo-code dans le cas d'une matrice carrée de dimension $n \times n$ l'algorithme du pivot de Gauss permettant de résoudre le système $A \cdot b = c$. On admettra que les termes diagonaux sont tous non nuls.

Q 12. Quelle est la complexité du pivot de Gauss en fonction de la dimension de la matrice ? Justifier votre réponse.

On posera pour la suite :

$$x = \frac{Pcol - P[j]}{P[j+1] - P[j]};\ \text{et } y = \frac{Nmot - Nm[i]}{Nm[i+1] - Nm[i]}$$

On connaît les valeurs de $t(x, y)$ pour quatre couples de valeurs (x, y) par lecture de la cartographie :

$$\begin{pmatrix} t(x=0, y=0) = ST[0,0] & t(x=1, y=0) = ST[0,1] \\ t(x=0, y=1) = ST[1,0] & t(x=1, y=1) = ST[1,1] \end{pmatrix}$$

Le problème à résoudre devient alors :

$$\begin{bmatrix} 1 & 0 & 0 & 0 \\ 1 & 1 & 0 & 0 \\ 1 & 0 & 1 & 0 \\ 1 & 1 & 1 & 1 \end{bmatrix} \cdot \begin{bmatrix} b_0 \\ b_1 \\ b_2 \\ b_3 \end{bmatrix} = \begin{bmatrix} ST[0,0] \\ ST[0,1] \\ ST[1,0] \\ ST[1,1] \end{bmatrix}$$

On peut donc résoudre le système de façon systématique par substitution de la manière suivante :

$$b_0 = ST[0,0]$$
$$b_1 = ST[0,1] - ST[0,0]$$
$$b_2 = ST[1,0] - ST[0,0]$$
$$b_3 = ST[1,1] - ST[0,1] - ST[1,0] - ST[0,0]$$

Q 13. Comparer la complexité de cet algorithme à celui présenté à la question Q11. Conclure.

Q 14. Ecrire une fonction $interpol(ST, Pcol, Nmot)$ qui retourne une valeur de durée d'injection obtenue par interpolation bilinéaire des éléments de la table.

D / AMELIORATION DES PERFORMANCES D'INJECTION : BOUCLE FERMEE

La durée d'injection calculée à partir de l'interpolation étudiée dans la partie précédente sera corrigée par un ou plusieurs coefficients issus d'autres cartographies prenant en compte la température du moteur, la consigne du conducteur etc... Mais la principale correction consiste en un fonctionnement en boucle fermée tel que représenté sur la figure 4 (source Bosh).

Objectif : nous allons modéliser le comportement de cette boucle fermée afin de simuler son comportement.

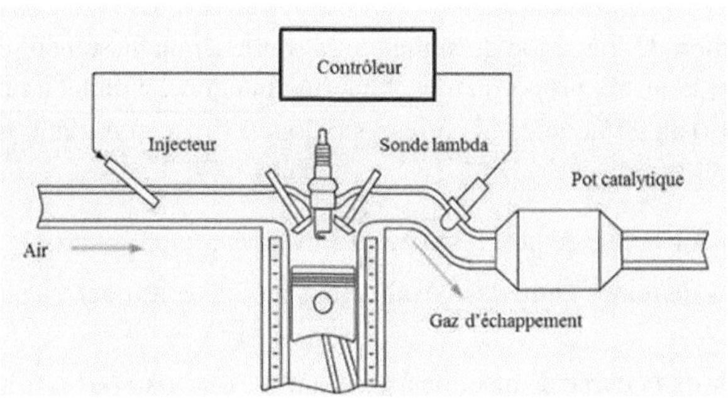

FIGURE 4 – principe du contrôle en boucle fermée.

La sonde Lambda est placée au niveau du pot catalytique, elle mesure le taux résiduel d'oxygène qui dépend directement de la richesse du mélange. Pour définir le mélange air-essence on calcule le rapport $\frac{A}{F} = \frac{massed'air}{massed'essence}$. Dans les conditions d'un mélange stœchiométrique on a $\frac{A}{F} = 14{,}6$. On définit alors le rapport lambda par : $lambda = \frac{(A/F)_{réel}}{14{,}6}$.

La tension délivrée par la sonde ne conduit qu'à deux états stables en fonction du taux d'oxygène dans les gaz brûlés.

On aura alors :

- $lambda \geq 1$: mélange pauvre, $Usonde = 0{,}1$ V ;
- $lambda < 1$: mélange riche, $Usonde = 0{,}9$ V ;
- **la richesse** du mélange est définie par $r(t) = \frac{1}{lambda(t)}$.

Q 15. Ecrire une fonction $sonde(r)$ qui retourne la valeur de la tension de la sonde en fonction de la valeur de la richesse r en accord avec le fonctionnement décrit ci-dessus.

Le principe du contrôle en boucle fermée consiste à comparer la tension délivrée par la sonde à la valeur moyenne de 500 mV. Le contrôleur utilisé est du type proportionnel et intégral.

La consigne de durée d'injection déterminée à partir des différentes cartographies est notée $tinjc0$.

On aura alors la loi de commande suivante :

- $tinj(t) = \underbrace{tinjc0.Kpp}_{\text{terme proportionnel}} \underbrace{+Ki \cdot \int_0^t tinjc0.dt}_{\text{terme intégral}}$ pour $Usonde \leq 0{,}5$ V, phase croissante ;
- $tinj(t) = \underbrace{tinjc0.Kpn}_{\text{terme proportionnel}} \underbrace{-Ki \cdot \int_0^t tinjc0.dt}_{\text{terme intégral}}$ pour $Usonde > 0{,}5$ V, phase décroissante.

Avec : $Kpp > 1$, $Kpn < 1$ et $Ki > 0$.

Le terme intégral de gain $\pm Ki$ croît ou décroît linéairement en fonction du temps suivant que la sonde indique un mélange pauvre ou riche.

A chaque détection de transition du signal de la sonde (franchissement de la valeur seuil de 0,5 V), on applique le terme proportionnel. Le terme intégral est quant à lui réinitialisé à 0. La borne inférieure $t = 0$ du terme intégral correspond donc à l'instant initial d'une phase croissante ou décroissante.

On introduit les consignes de programmation suivantes :

- On note le pas de temps entre deux évaluations aux instant t_i et t_{i+1} : $dt = t_{i+1} - t_i$.
- On note :
  - la valeur de la durée d'injection à l'instant t_i : $tinj(ti) = tinji$;
  - la valeur du terme intégral à l'instant t_i : $integ(ti) = integi$;
- Le terme intégral sera évalué par la méthode des rectangles ($tinjc0$ est constant).

Remarque : La détection de transition du signal de la sonde peut être réalisée en fonction du signe de $integi$ et de la valeur de $Usonde$.

Q 16. Ecrire une fonction $duree\_injection(Usonde, Kpp, Kpn, Ki, tinjc0, integi, dt)$ qui retourne la commande d'injection $tinj(t_{i+1})$ et la valeur de $integ(t_{i+1})$ à l'instant t_{i+1} conformément à la description ci-dessus.

On donne ci-dessous la forme canonique d'une équation différentielle du premier ordre :

$$\tau \frac{ds(t)}{dt} + s(t) = K \cdot e(t)$$

Q 17. Ecrire la relation de récurrence qui permet de calculer $s(t_{i+1})$ à partie des valeurs τ, K, $dt = t_{i+1} - t_i$, $s(t_i)$ et $e(t_i)$ par la méthode d'Euler explicite.

On note à l'instant t_i : $s(t_i) = si$, $e(t_i) = ei$. τ sera noté tau dans vos programmes.

Q 18. Ecrire une fonction $Euler(tau, K, dt, si, ei)$ qui détermine et retourne la valeur de $s(t_{i+1})$ par la méthode d'Euler explicite.

La réponse en richesse mesurée par la sonde peut être en première approximation assimilée à deux retards successifs dus à la dynamique du moteur d'une part et à la capacité d'absorption d'oxygène du pot catalytique d'autre part. L'évolution de la richesse notée $r(t)$ en fonction de la consigne de durée d'injection est donc régie par l'équation :

$$tau1 \cdot tau2 \frac{d^2r(t)}{dt^2} + (tau1 + tau2)\frac{dr(t)}{dt} + r(t) = K \cdot tinj(t)$$

Cette équation différentielle du second ordre peut s'écrire sous la forme du système de deux équations différentielles suivantes :

$$tau1 \frac{dw(t)}{dt} + w(t) = K \cdot tinj(t)$$

$$tau2 \frac{dr(t)}{dt} + r(t) = w(t)$$

On note à l'instant t_i : $r(t_i) = ri$, $tinj(t_i) = tinji$, $w(t_i) = wi$.

Q 19. Ecrire une fonction $richesse(tau1, tau2, K, dt, ri, wi, tinji)$ qui détermine et retourne la valeur de r_{i+1} et w_{i+1} en utilisant la fonction Euler définie à la question Q18.

On souhaite réaliser une simulation pour un moteur tournant à 4000 tours/min et présentant 2 cycles moteur par tour.

Q 20. Quelle est la durée d'un cycle moteur noté $Tcycle$?

L'ensemble des variables définies ci-dessous seront considérées comme préalablement déclarées dans le programme. On suppose les conditions initiales suivantes :

- $tau1 = 10.Tcycle$
- $tau2 = 20.Tcycle$
- $Kpp = 1{,}03$
- $Kpn = 0{,}95$

- $Ki = 0{,}8$
- $tinjc0 = 12{,}3ms$
- $t0 = 0s$
- $tn = 100.Tcycle$
- $dt = 2.10^{-6}s$
- $w0 = 0{,}9$
- $K = 1/tinjc0$
- $integ = 0$

La durée de simulation sera de 100 cycles moteur.

Q 21. Ecrire la suite d'instructions qui permet de créer la liste `temps` $=[t_0, ..., t_n = 100.T_{cycle}]$ avec un pas de temps régulier `dt`.

On initialise les trois listes suivantes :

- *liste_richesse=[0.9]; qui contiendra la valeur de la richesse calculée à chaque pas de temps.*
- *liste_tinj=[tinjc0]; qui contiendra la valeur de durée d'injection calculée à chaque pas de temps.*
- *liste_U=[sonde(liste_richesse[0])]; qui contiendra la valeur de la tension Usonde de la sonde Lambda calculée à chaque pas de temps.*

Principe de la simulation :

Nous allons calculer à chaque pas de temps les valeurs de richesse et de tension $Usonde$ afin de déterminer la commande de durée d'injection.

Consigne de programmation : Afin de représenter le comportement réel, la valeur de la tension $Usonde$ est lue par le calculateur avec une période égale à $Tcycle$ et reste donc constante sur cette période au moins avant d'être lue à nouveau.

Q 22. Ecrire la suite d'instructions qui détermine l'évolution de la richesse en boucle fermée à partir de la liste *temps* et des fonctions *richesse*(), *duree_injection*() et *sonde*(). Votre programme devra compléter trois listes de valeurs : *liste_tinj*, *liste_U* et *liste_richesse*. Vous veillerez à respecter la consigne de programmation.

On obtient après simulation les courbes suivantes :

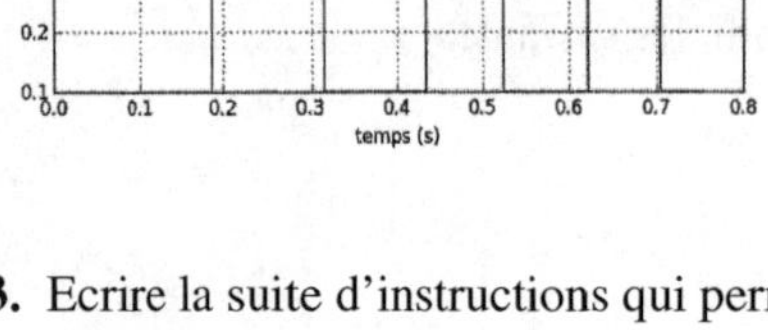

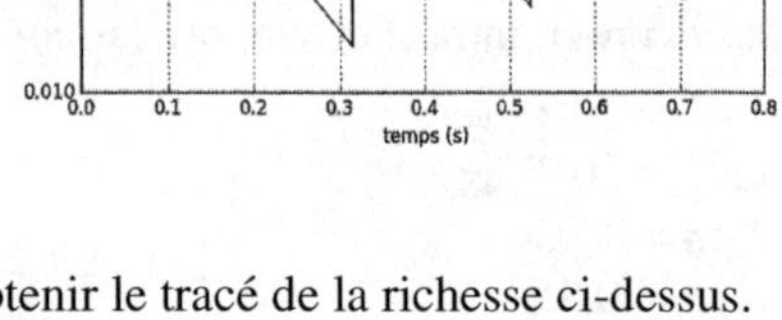

Q 23. Ecrire la suite d'instructions qui permet d'obtenir le tracé de la richesse ci-dessus.

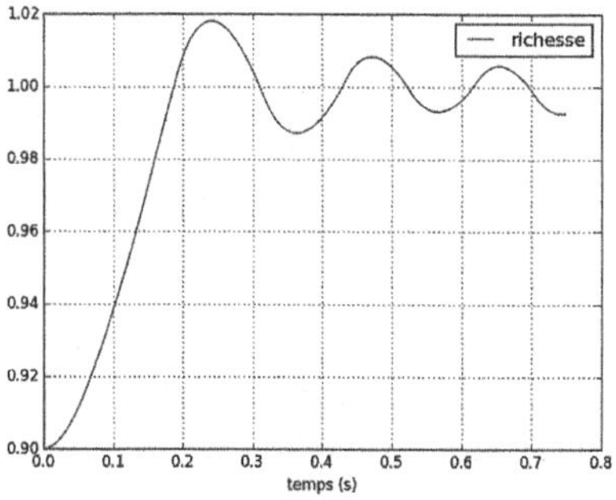

E / AMELIORATION DES PERFORMANCES D'INJECTION : AUTO-APPRENTISSAGE

La détermination des cartographies est réalisée sur le banc d'essai pour différentes situations de charges du moteur. La cartographie ainsi réalisée ne permettra pas en général d'obtenir un mélange stœchiométrique dans toutes les situations rencontrées. Grâce à la sonde Lambda, le calculateur parvient à connaître l'écart de richesse par rapport à un objectif de mélange stœchiométrique, il pourra alors modifier et mémoriser les coefficients des cartographies ainsi corrigés au cours des cycles de fonctionnement du moteur. Cet auto-apprentissage est le plus souvent réalisé sur circuit en faisant varier les conditions d'utilisation du moteur. Le calculateur est alors relié à un ordinateur externe.

Afin de pouvoir revenir à une configuration de cartographie antérieure aux dernières modifications réalisées par l'auto-apprentissage, les différentes cartographies sont stockées dans une base de données sur la mémoire vive de l'ordinateur externe. Cette mémorisation permet également de fusionner certaines cartographies en ne gardant que les parties les plus performantes. Une description partielle de la table table_injection est donnée pour la gestion des injecteurs :

- Id : numéro d'identifiant constituant la clé primaire,
- année : année d'enregistrement du paramètre de cartographie,
- mois : mois d'enregistrement du paramètre de cartographie,
- jour : date d'enregistrement du paramètre de cartographie,
- heure : heure d'enregistrement du paramètre de cartographie,
- minute : minute d'enregistrement du paramètre de cartographie,
- Pression : pression au collecteur d'admission,
- Rotation : vitesse de rotation du moteur,
- Température : température du liquide de refroidissement,
- Commande : commande transmise à la pédale d'accélérateur en %,
- ...
- Durée_ injection : durée d'ouverture des injecteurs (en ms),
- Commande_ouverture : instant d'ouverture des injecteurs (en ° moteur),
- Qualité : qualité de la cartographie en % par rapport à l'objectif de richesse.

On souhaite dans un premier temps ne conserver en mémoire que les enregistrements présentant une qualité supérieure à 95 %.

Q 24. Ecrire une requête SQL permettant d'extraire la cartographie des durées d'injection présentant une qualité supérieure à 95 %. Tous les champs seront extraits et enregistrés dans une nouvelle table nommée table_injection_95.

Afin de reconstruire une cartographie optimale, il faut sélectionner les meilleurs enregistrements, nous allons ébaucher cette étape.

Q 25. Ecrire une requête SQL permettant d'extraire de la table créée question Q24 les champs Pression, Rotation et Durée_injection présentant la qualité maximale pour les pressions comprises entre 0,3 et 0,4 bar et les vitesses de rotation comprises entre 1300 et 1700 tours par minute.

CORRIGÉ COMMENTÉ

Q 1. La vitesse de rotation de l'arbre moteur est de 7000 tours/min au maximum. A cette vitesse, le capteur peut détecter 60 dents et 60 creux par tour, soit 120 changements de valeurs. Donc en 1 seconde, le capteur détecte au maximum : $\dfrac{7000 \times 120}{60} = 14000$ changements de valeurs. Ainsi $tdent_{min} = \dfrac{1}{14000} \approx 7.10^{-5}$ s.

Or $7.10^{-5} < 2.10^{-3}$. La période d'échantillonnage de 2 ms n'est donc pas suffisante pour mesurer un changement d'état entre deux fronts de la variable `cible_mot`.

Q 2.

```
def vitesse_moteur(tdent):
    NbreSec1tour = 120*tdent
    return 60/NbreSec1tour   # Vit. de Rotation en tr/min
```

Q 3. La mémoire de type ROM (« Read-Only Memory ») désigne une mémoire informatique sur laquelle on ne peut effectuer que des opérations de lecture. De plus, son contenu, qui est donc immuable, ne s'efface pas lorsque le calculateur n'est plus alimenté.

La mémoire de type RAM (« Random Access Memory ») désigne une mémoire où l'on peut accéder au contenu en un temps indépendant de la position sur le support. La RAM du calculateur étant une mémoire vive, elle s'efface automatiquement lorsque le calculateur n'est plus alimenté.

Les mémoires vives permettent un accès généralement beaucoup plus rapide que les mémoires mortes. Stocker le programme dans la RAM permet donc un accès plus rapide à ce dernier par le calculateur.

Commentaire

Il ne serait pas pertinent de justifier l'utilisation de la RAM pour son caractère vif, qui aurait été nécessaire pour pouvoir modifier les valeurs des variables du programme, car le contexte d'exécution est stocké sur la pile d'exécution, donc dans la RAM et non dans le programme.

Q 4. On sait que 1 o = 8 bits. La mémoire RAM dispose de 3 ko de mémoire, ce qui revient à 24.10^3 bits.

Commentaire

Une autre réponse est possible : l'unité ko a longtemps été utilisée et est encore souvent utilisée de façon non rigoureuse pour désigner 2^{10} o. On peut donc également répondre 24.2^{10} bits.

Q 5. L'espace adressable en décimal est $2^{24} \approx 1{,}7.10^7$, puisque chacun des 24 bits peut prendre deux valeurs différentes.

L'adresse maximale correspond au nombre $2^{24} - 1 = 16777215$, c'est-à-dire une succession de 24 « 1 » en binaire.

Q 6.

$$(320)_{10} = (256 + 64)_{10} = \left(2^8 + 2^6\right)_{10} = (101000000)_2$$

On a $(320)_{10} = (16^2 + 4 \times 16^1)_{10} = (140)_{16}$. On peut retrouver ce résultat en passant de l'écriture binaire à l'écriture hexadécimale. Il suffit de regrouper les bits par 4, en partant de la droite : $(0000)_2 = 0_{16}$, $(0100)_2 = 4_{16}$ et $1_2 = 1_{16}$. Ainsi

$$(320)_{10} = (1\ 0100\ 0000)_2 = (140)_{16}$$

Commentaire

La méthode systématique pour convertir un nombre de la base 10 vers une autre base est de procéder à des divisions successives. Pour convertir en base 16, on aurait ainsi pu procéder de la façon suivante :

$$\begin{aligned} 320 &= 20 \times 16 + \mathbf{0} \\ 20 &= 1 \times 16 + \mathbf{4} \\ 4 &= 0 \times 16 + \mathbf{1} \end{aligned}$$

Et obtenir $(320)_{10} = (\mathbf{140})_{16}$.
Cependant, si l'on identifie directement la décomposition du nombre en fonction des puissances de la base, on gagne du temps.

Q 7. Le code hexadécimal est intéressant car il permet de regrouper les bits par 4 pour l'écriture d'une valeur, ce qui rend l'écriture plus compacte pour le programmeur tout en facilitant la correspondance avec la base 2 comparée à la base 10. De plus, la lecture par le programmeur est moins sujette à erreur car on utilise 16 chiffres au lieu de 2, donc les suites de chiffres identiques sont moins fréquentes.

Q 8.

```
def indice(A,val):
    i = 0
    while A[i] <= val:
        i += 1
    return i-1
```

Commentaire

Dans cette solution, nous utilisons le fait que *id* existe toujours. Si ce n'était pas le cas, il faudrait remplacer la ligne 3 par `while i < len(A) and A[i] <= val`, permettant de s'assurer que les valeurs testées existent.
La solution proposée parcourt la liste de façon linéaire. Il est possible de réaliser cette recherche de façon dichotomique. Si l'énoncé indiquait que `A` est une liste contenant un grand nombre de valeurs ou toute information indiquant que la complexité de cette fonction doit être minimale, cette solution serait à privilégier :

```
def indice(A,val):
    debut = 0        # premier indice possible
    fin = len(A)-1   # dernier indice possible
    while debut!=fin:
        milieu = (deb+fin)//2
        if A[milieu] > val:
            fin = milieu
        else:
            debut = milieu + 1 #+1 indispensable pour assurer la terminaison
    return fin
```

Commentaire

Le sujet laisse le choix au candidat de travailler avec des listes de listes ou des tableaux de type `numpy.array`. Dans ce corrigé, nous faisons le choix de travailler avec des listes.

Q 9.

```
def extraire(T, P, Nm, i, j):
    return [[T[i][j], T[i][j+1], P[j], Nm[i]],
            [T[i+1][j], T[i+1][j+1], P[j+1], Nm[i+1]]]
```

Commentaire

En utilisant `numpy`, il est possible d'écrire :

```
import numpy as np

def extraire(T, P, Nm, i, j):
    ST = np.empty((2,4))
    ST[:,0:2] = T[i:i+2, j:j+2]
    ST[:,2] = P[j:j+2]
    ST[:,2] = Nm[i:i+2]
    return ST
```

Q 10. On suppose que les variables `Nmot`, `Pcol`, `P`, `Nm` et `T` ont été définies. Il suffit alors d'écrire :

```
j = indice(P, Pcol)
i = indice(Nm, Nmot)
ST = extraire(T, P, Nm, i, j)
```

Q 11. On découpe l'algorithme du Pivot de Gauss en deux parties : la mise sous forme triangulaire et la remontée. Pour la mise sous-forme triangulaire, il faut choisir un pivot pour chaque colonne. Ce pivot doit être non nul et pour des raisons de stabilité numérique, on utilisera le coefficient de plus grand module parmi les lignes restantes. En notant $(L_i)_{i=0..n-1}$ les lignes de la matrice augmentée, l'algorithme du pivot de Gauss s'écrit alors, en pseudo-code :

Algorithme 1 : Mise sous forme triangulaire

pour $i = 0$ **à** $n-2$ **faire**
  Déterminer j entre i et $n-1$ tel que $|a_{j,i}|$ soit maximal
  Echanger L_j et L_i
  pour $k = i+1$ **à** $n-1$ **faire**
    $L_k \leftarrow L_k - \frac{a_{k,i}}{a_{i,i}} L_i$
  fin
fin

Algorithme 2 : Remontée

pour $k = n-1$ **à** 0 **faire**
  $L_k \leftarrow \frac{L_k}{a_{k,k}}$
  pour $j = 0$ **à** $k-1$ **faire**
    $L_j \leftarrow L_j - a_{j,k} L_k$
  fin
fin

Q 12. La complexité du pivot de Gauss est en $O(n^3)$ car dans les deux parties de l'algorithme, on effectue deux boucles imbriquées (pour un total de l'ordre de $\frac{n^2}{2}$ tours de boucle interne car on fait un parcours triangulaire) dans laquelle on effectue une opération de transvection qui se fait en temps linéaire. Chacune des deux parties étant en $O(n^3)$, par somme, l'algorithme du pivot de Gauss est donc de complexité $O(n^3)$.

Q 13. La matrice étant maintenant de taille fixe, la complexité de cet algorithme est bornée, tout comme celle du pivot de Gauss. Cependant, le nombre précis d'opérations effectuées par l'algorithme proposé est largement inférieur, avec seulement 5 opérations arithmétiques (soustractions), à celui de l'algorithme du pivot de Gauss...

On note une erreur dans l'énoncé dans le calcul de b_3 par substitution. b_3 est obtenu en faisant $L_3 - L_1 - (L_2 - L_0)$ ce qui donne $b_3 = ST[1,1] - ST[0,1] - ST[1,0] + ST[0,0]$.

Q 14. En ayant pris soin de rectifier le calcul de b_3, on obtient donc :

```
def interpol(ST,Pcol,Nmot):
    x = (Pcol - ST[0][2])/(ST[1][2] - ST[0][2])
    y = (Nmot - ST[0][3])/(ST[1][3] - ST[0][3])
    b0 = ST[0][0]
    b1 = ST[0][1] - ST[0][0]
```

```
    b2 = ST[1][0] - ST[0][0]
    b3 = ST[1][1] - ST[0][1] - ST[1][0] + ST[0][0]
    return b0 + b1*x + b2*y + b3*x*y
```

Q 15.

```
def sonde(r):
    la = 1/r
    if la >= 1:
        return 0.1
    else :
        return 0.9
```

> **Commentaire**
>
> Dans cette correction, nous n'utilisons pas, volontairement, **lambda** comme nom de variable, car c'est un mot réservé du langage python.

Q 16. Étant donné qu'il est précisé que le terme intégral est de gain $\pm Ki$, nous comprenons que le terme intégral n'inclut pas ce gain contrairement à ce que l'accolade laisse penser par ailleurs.

```
def duree_injection(Usonde,Kpp,Kpn,Ki,tinjc0,integi,dt):
    integip1 = integi + tinjc0 * dt
    if Usonde <= 0.5:
        gain = Ki
    else:
        gain = -Ki
    tinjip1 = tinjc0 * Kpp + gain * integip1
    return tinjip1, integip1
```

Q 17. En utilisant la méthode d'Euler explicite, on peut écrire : $\dfrac{\mathrm{d}s(t)}{\mathrm{d}t} \approx \dfrac{s(t_{i+1}) - s(t_i)}{dt}$. En reprenant l'équation, on peut écrire :

$$s(t_{i+1}) \approx s(t_i) + \frac{dt}{\tau}\left(K \cdot e(t_i) - s(t_i)\right) \tag{1}$$

Q 18.

```
def Euler(tau,K,dt,si,ei):
    return si + dt*(K*ei - si)/tau
```

Q 19.

```
def richesse(tau1,tau2,K,dt,ri,wi,tinji):
    wip1 = Euler(tau1,K,dt,wi,tinji)
    rip1 = Euler(tau2,1,dt,ri,wi)
    return rip1, wip1
```

> **Commentaire**
>
> Il s'agit de faire appel à la fonction `Euler` avec les bons arguments. Pour cela, il suffit de faire une identification avec l'équation du premier ordre initiale.

Q 20. En une minute, il y a 4000×2 cycles moteur. Donc chaque cycle moteur vaut $Tcycle = \dfrac{60}{8000} = 0{,}0075$ s.

Q 21.

```python
temps = [t0]
while temps[-1]<tn:
    temps.append(temps[-1]+dt)
```

Q 22.

```python
rich = liste_richesse[0]
tinj = tinjc0
U = liste_U[0]
w = w0

dernierelecture = t0
for i in range(1, len(temps)):
    if temps[i] >= derniereLecture + Tcycle:
        derniereLecture = temps[i]
        U = sonde(rich)
        if U != liste_U[-1]:
            integ = 0

    t_injec, integ = duree_injection(U,Kpp,Kpn,Ki,tinjc0,integ,dt)
    rich, w = richesse(tau1,tau2,K,dt,rich,w,t_injec)

    liste_richesse.append(rich)
    liste_U.append(U)
    liste_tinjec.append(t_injec)
```

Q 23.

```python
from matplotlib.pyplot import plot, show, xlabel, legend

plot(temps,liste_richesse, label = 'richesse')
legend()
xlabel('temps (s)')
show()  # pour afficher la courbe
```

Q 24.

```sql
SELECT * FROM table_injection
WHERE Qualité > 95
```

Commentaire

La création de table n'étant pas au programme, nous avons interprété la seconde phrase de la question comme une information pour la question suivante.

Q 25.

```
SELECT Pression, Rotation, Durée_injection
FROM table_injection_95
WHERE Qualité =
     (SELECT MAX(Qualité)
      FROM table_injection_95
      WHERE 0.3 < bar AND bar < 0.4 AND 1300 < Rotation AND
          Rotation < 1700)
AND  0.3 < bar AND bar < 0.4 AND 1300 < Rotation AND
    Rotation < 1700
```

Commentaire

Pour cette question, il faut procéder en deux étapes : d'abord sélectionner le maximum de la qualité répondant aux critères, puis obtenir l'entrée demandée.

CCP – Modélisation de systèmes physiques ou chimiques 2017

PC - Durée : 4 heures

SUJET

EPREUVE SPECIFIQUE - FILIERE PC

MODÉLISATION DE SYSTÈMES PHYSIQUES OU CHIMIQUES

Jeudi 4 mai : 8 h - 12 h

N.B. : le candidat attachera la plus grande importance à la clarté, à la précision et à la concision de la rédaction. Si un candidat est amené à repérer ce qui peut lui sembler être une erreur d'énoncé, il le signalera sur sa copie et devra poursuivre sa composition en expliquant les raisons des initiatives qu'il a été amené à prendre.

Les calculatrices sont interdites

Le sujet est composé de deux parties, largement indépendantes.

Autour de l'équation de Poisson

Ce problème s'intéresse à la résolution numérique de quelques problèmes d'électrostatique. Il se compose deux parties.

I. *Étude de l'équation de Poisson et de différentes méthodes de résolution numérique.*
II. *Deux études de cas : fil infini chargé et mouvement d'un électron entre les plaques d'un condensateur.*

Les différentes parties sont largement indépendantes.
Un aide-mémoire `numpy/matplotlib/pyplot` *est présent à la fin du sujet.*

Partie I - Équation de Poisson

I.1 - Établissement de l'équation

Q 1. Rappeler l'équation de Maxwell-Gauss ainsi que la relation entre le champ $\vec{E}$ et le potentiel électrostatique V. En déduire l'équation de Poisson :

$$\Delta V + \frac{\rho}{\varepsilon_0} = 0.$$

Préciser les noms et les unités usuelles de ρ et ε_0.

Q 2. Citer plusieurs situations physiques en dehors de l'électrostatique pour lesquelles il existe une équation analogue.

I.2 - Équation adimensionnée pour un problème plan

On veut résoudre l'équation de Poisson dans une portion de plan $\mathcal{P}$ carrée de côté L. On pose :

$$X = x/L, Y = y/L.$$

Q 3. Montrer qu'on peut écrire l'équation sous la forme suivante :

$$\frac{\partial^2 V(X,Y)}{\partial X^2} + \frac{\partial^2 V(X,Y)}{\partial Y^2} + \rho'(X,Y) = 0$$

où $\rho'(X,Y)$ sera exprimé en fonction de ρ, L et ε_0.

I.3 - Discrétisation

Afin de résoudre numériquement l'équation de Poisson, on va utiliser un maillage de $\mathcal{P}$, de pas $h = 1/N$, et on va transformer les dérivées partielles par des différences entre les valeurs de V aux différents points du maillage (on parle aussi des *nœuds* du maillage). La figure 1 représente le maillage de $\mathcal{P}$ pour $N = 5$.

Q 4. En faisant un développement limité à l'ordre 2 autour du point de coordonnées (X_i, Y_j), montrer qu'on peut exprimer la valeur de $\dfrac{\partial^2 V}{\partial X^2} + \dfrac{\partial^2 V}{\partial Y^2}$ en ce point sous la forme suivante :

$$\frac{\partial^2 V}{\partial X^2} + \frac{\partial^2 V}{\partial Y^2} = \frac{V(X_i+h,Y_j) + V(X_i-h,Y_j) + V(X_i,Y_j+h) + V(X_i,Y_j-h) - 4V(X_i,Y_j)}{h^2} + O(h)$$

Q 5. Comme $X_i = ih$ et $Y_j = jh$, on note désormais $V(i,j)$ le potentiel $V(X_i, Y_j)$ en un point (X_i, Y_j) du maillage. Montrer alors qu'on peut écrire l'équation de Poisson sous la forme suivante :

$$V(i+1,j) + V(i-1,j) + V(i,j+1) + V(i,j-1) - 4V(i,j) + \rho''(i,j) = 0 \qquad (1)$$

$\rho''(i,j)$ étant une fonction à définir en fonction de ρ, L, ε_0 et h.

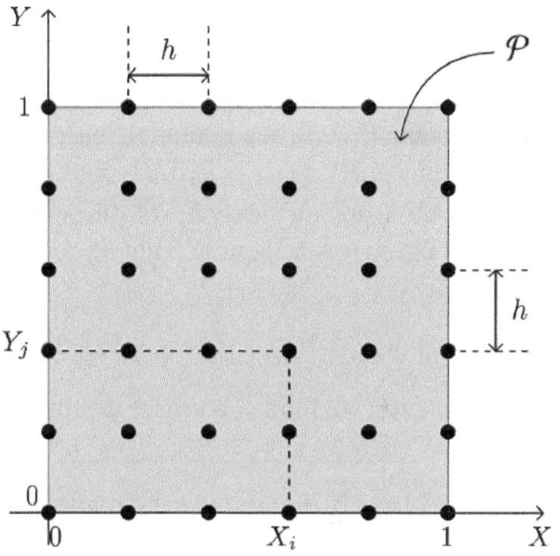

FIGURE 1 – Maillage de $\mathcal{P}$ pour $N = 5$

I.4 - Résolution

La fonction $\rho''(i, j)$ étant connue, on montre en mathématiques que la solution de l'équation de Poisson est unique si on fixe les conditions aux limites sur la frontière $\mathcal{F}$ du domaine $\mathcal{P}$. Ces conditions sont essentiellement de deux types :

- on impose le potentiel en tout point de $\mathcal{F}$ (conditions de Dirichlet),
- on impose une condition sur les dérivées partielles de V en tout point de $\mathcal{F}$ (conditions de Neumann).

Dans ce problème, on ne va considérer que des conditions de Dirichlet.

La frontière $\mathcal{F}$ contient naturellement les points du bord de $\mathcal{P}$ (donc appartenant aux quatre côtés du carré), mais elle peut aussi contenir certains points à l'intérieur de $\mathcal{P}$ où le potentiel est fixé en raison de la présence d'électrodes.

L'ensemble des points de coordonnées (i, j) est donc composé de deux sous-ensembles :

- ceux dont le potentiel est connu, appartenant à la frontière $\mathcal{F}$,
- ceux dont le potentiel est inconnu, appartenant à $\mathcal{P}$ mais pas à $\mathcal{F}$ (donc dans $\mathcal{P} \setminus \mathcal{F}$).

Méthode de Jacobi

À partir de l'équation (1), on peut exprimer :

$$V(i, j) = \frac{1}{4}(V(i+1, j) + V(i-1, j) + V(i, j+1) + V(i, j-1) + \rho''(i, j)). \tag{2}$$

La résolution s'effectue alors en deux étapes.

- Initialisation
  a) On fixe le potentiel des points de $\mathcal{F}$ à la valeur imposée physiquement (bords et électrodes).

b) On donne aux points de potentiel inconnu, donc appartenant à $\mathcal{P} \setminus \mathcal{F}$, une valeur arbitraire $V_0(i, j)$, en général nulle.

– Itérations

On calcule une nouvelle valeur $V_1(i, j)$ des potentiels en appliquant l'équation (2) pour tous les points de $\mathcal{P} \setminus \mathcal{F}$, tandis que $V_1(i, j) = V_0(i, j)$, pour les points de $\mathcal{F}$.

Le processus est répété jusqu'à obtenir des valeurs du potentiel quasiment stables. En notant k le nombre d'itérations, on a donc pour le point de coordonnées (i, j) n'appartenant pas à la frontière :

$$V_{k+1}(i,j) = \frac{1}{4}(V_k(i+1,j) + V_k(i-1,j) + V_k(i,j+1) + V_k(i,j-1) + \rho''(i,j)). \quad (3)$$

La convergence de la méthode est vérifiée à l'aide du critère de convergence e_k, défini par :

$$e_k = \sqrt{\frac{1}{N}\sum_{i,j}(V_{k+1}(i,j) - V_k(i,j))^2}. \quad (4)$$

Le calcul sera stoppé au bout de k itérations, quand e_k deviendra inférieur à un seuil de convergence ε fixé arbitrairement.

Implémentation informatique

On va utiliser la bibliothèque `numpy` permettant une utilisation simple des tableaux de flottants à deux dimensions ; un aide-mémoire est disponible en fin de sujet.

Le chargement des bibliothèques classiques est assuré par les lignes suivantes :

```
# importation des bibliothèques
import numpy as np
import matplotlib.pyplot as plt
import math
```

On supposera que les tableaux `numpy` suivants, utilisés comme arguments dans les fonctions à définir dans les questions qui suivent, ont pour signification :

- `V[i, j]`, $(i, j) \in [\![0...N]\!]^2$: tableau courant du potentiel en un point de $\mathcal{P}$,
- `rhos[i, j]`, $(i, j) \in [\![0...N]\!]^2$: tableau contenant la densité de charge ρ'' en un point de $\mathcal{P}$,
- `frontiere[i, j]`, $(i, j) \in [\![0...N]\!]^2$: tableau de booléens indiquant si le point de coordonnées (i, j) appartient ou non à $\mathcal{F}$. En particulier, tous les points du bord du domaine seront tels que `frontiere[i, j]==True`.

Q 6. Écrire la fonction `nouveau_potentiel(V, rhos, frontiere, i, j)` retournant la nouvelle valeur du potentiel au point $(i, j) \in [\![0...N]\!]^2$ selon l'équation (3).

Q 7. Montrer que pour modifier toutes les valeurs contenues dans `V[i, j]` pendant une itération, il est nécessaire de disposer d'une copie du tableau.

On rappelle que l'attribut `shape` *permet de récupérer les dimensions d'un tableau* `numpy`.

Q 8. Écrire la fonction `itere_J(V, rhos, frontiere)` modifiant la totalité du tableau `V[i, j]` lors d'une seule itération et retournant l'erreur calculée conformément à l'équation (4).

Q 9. Écrire la fonction `poisson(f_iter, V, rhos, frontiere, eps)` ayant pour premier argument une fonction du même type que celle définie à la question précédente, pour dernier argument `eps` le seuil arbitraire de convergence ε et dont le rôle est de modifier le tableau des potentiels `V[i, j]` jusqu'à convergence.

1.5 - Améliorations

Méthode de Gauss-Seidel

C'est une modification de la méthode de Jacobi, pour laquelle on montre que la convergence est légèrement plus rapide. Supposons que l'on balaye le tableau des potentiels selon les indices i et j croissants : dans ces conditions, les points situés à gauche et en dessous du point courant ont déjà été calculés. On va utiliser ces nouvelles valeurs, probablement plus proches de la solution, dans la formule permettant le calcul de $V_{k+1}(i, j)$. Ceci donne l'algorithme de Gauss-Seidel :

$$V_{k+1}(i,j) = \frac{1}{4}(V_k(i+1,j) + V_{k+1}(i-1,j) + V_k(i,j+1) + V_{k+1}(i,j-1) + \rho''(i,j)). \quad (5)$$

Q 10. Montrer qu'il n'est plus nécessaire de copier le tableau `V[i, j]` pour la mise à jour lors d'une itération en utilisant l'équation (5). Faut-il modifier la fonction `nouveau_potentiel` pour passer de la méthode de Jacobi à celle de Gauss-Seidel ?

Q 11. Écrire la fonction `itere_GS(V, rhos, frontiere)` modifiant la totalité du tableau `V[i, j]` lors d'une seule itération et retournant l'erreur calculée conformément à l'équation (4).

Méthode de Gauss-Seidel adaptative

Les méthodes de Jacobi et de Gauss-Seidel n'utilisent pas la valeur de $V_k(i, j)$ pour calculer $V_{k+1}(i, j)$. La méthode de sur-relaxation (***S**uccessive **O**ver **R**elaxation method*) consiste à calculer la nouvelle valeur d'un nœud comme une combinaison linéaire de la valeur courante et de celle donnée par le schéma de Gauss-Seidel. En introduisant le paramètre de relaxation ω, on a alors :

$$V_{k+1}(i,j) = (1-\omega)V_k(i,j)+\frac{\omega}{4}(V_k(i+1,j)+V_{k+1}(i-1,j)+V_k(i,j+1)+V_{k+1}(i,j-1)+\rho''(i,j)). \quad (6)$$

L'étude mathématique de cette relation permet de montrer les résultats suivants :

- la méthode converge uniquement si $0 < \omega < 2$ et elle converge plus rapidement que la méthode de Gauss-Seidel si $1 < \omega < 2$,
- il existe une valeur optimale de ω qui permet la convergence avec un nombre d'itérations en $O(N)$ pour un valeur de ε fixée.

Pour la résolution de l'équation de Poisson envisagée dans ce problème (conditions de Dirichlet sur un maillage carré), on montre que la valeur optimale ω_{opt} est :

$$\omega_{\text{opt}} = \frac{2}{1 + \pi/N} \quad (7)$$

Q 12. Écrire la fonction `nouveau_potentiel_SOR(V, rhos, frontiere, i, j, omega)` retournant la nouvelle valeur du potentiel au point (i, j) selon l'équation (6).

Q 13. Écrire la fonction `itere_SOR(V, rhos, frontiere)` optimale modifiant la totalité du tableau `V[i,j]` lors d'une seule itération et retournant l'erreur calculée conformément à l'équation (4).

La résolution du problème peut alors se faire par l'appel de la forme

```
poisson(itere_SOR, V, rhos, frontiere, eps),
```

les tableaux carrés `V`, `rhos`, `frontiere` étant de dimensions convenables pour représenter un maillage comportant $(N+1)^2$ nœuds.

Q 14. Quelle est la complexité temporelle de l'appel précédent quand $\omega = \omega_{\text{opt}}$?
La figure 2 représente, pour $\varepsilon = 10^{-4}$, la durée d'exécution T (en secondes) en fonction de N. Cette courbe est-elle en accord avec la complexité temporelle attendue ?
Quelle serait la durée d'exécution pour $N = 1000$? Commenter.

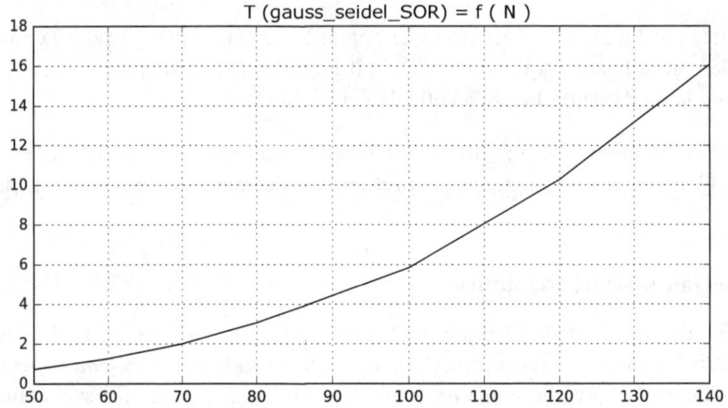

FIGURE 2 – Durée d'exécution (en secondes) de `poisson(itere_SOR, V, rhos, frontiere, eps)` en fonction de N

1.6 - Détermination du champ électrique

Connaissant le potentiel `V[i,j]`, il est souvent nécessaire de calculer numériquement les composantes E_x et E_y du champ électrique au niveau des nœuds du maillage, qui sont alors conservées dans deux tableaux `Ex` et `Ey` dimensionnés correctement (ce sont donc des tableaux carrés de $(N+1)^2$ éléments).

Q 15. Expliquer rapidement comment il serait possible de définir la fonction `calc_ExEy(Ex, Ey, V, h)`, permettant, à partir du tableau `V` et du pas du maillage `h`, le remplissage des deux tableaux `Ex` et `Ey` passés en arguments.

Remarque : on ne demande pas d'écrire le code de la fonction, juste de décrire précisément les étapes de calcul, ainsi que les différents cas à considérer.

Partie II - Deux études de cas

II.1 - Fil cylindrique chargé uniformément

Étude théorique

On considère dans le vide un fil cylindrique infini d'axe z et de rayon R, portant une charge volumique constante ρ.

Q 16. En se plaçant en coordonnées cylindriques d'axe z, montrer par des considérations de symétrie et d'invariance que le champ $\vec{E} = E(r)\vec{u_r}$. En déduire la forme des surfaces équipotentielles.

Q 17. En appliquant le théorème de Gauss, calculer le champ $\vec{E}$ dans tout l'espace. Tracer rapidement l'allure de $E(r)$ en fonction de r.

Q 18. On donne : $\varepsilon_0 = 8{,}85 \times 10^{-12}$ F.m^{-1}, $\rho = 1{,}00 \times 10^{-5}$ C.m^{-3}, $R = 5{,}00$ cm. Calculer la valeur maximale de la norme du champ électrique, ainsi que la valeur pour $r = 2R$.

Étude numérique

Pour pouvoir utiliser la méthode de Gauss-Seidel adaptative, on place le fil infini au centre d'une enceinte de longueur infinie et de section carrée ($L \times L$), portée au potentiel nul (figure 3).

Dans la suite, on prendra $L = 4R = 20.0$ cm.

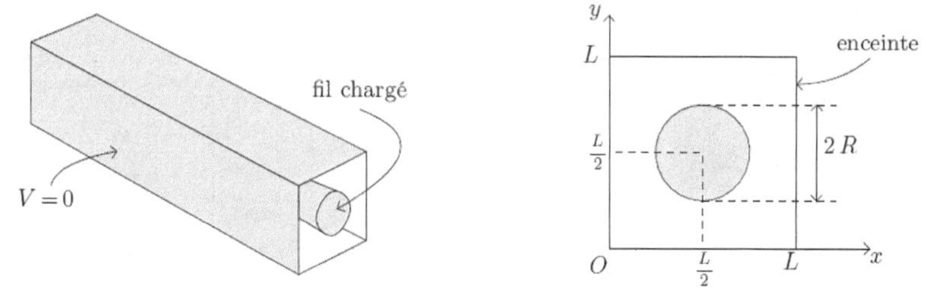

FIGURE 3 – Fil infini dans une enceinte de section carrée, portée au potentiel nul

Le programme permettant la résolution de ce problème commence ainsi :

```
# initialisations
eps0 = 8.85e-12          # epsilon_0
L = 20.0e-2              # 20 cm
N = 100 ; h = L/N        # définition du maillage
rho = 1.00e-5            # densité vol. de charge rho

# les tableaux globaux numpy pour le cylindre chargé
rhos_cyl = np.zeros((N+1,N+1))  # tableau des valeurs de
        rho''
V_cyl = np.zeros((N+1,N+1))     # le potentiel
Ex_cyl = np.zeros((N+1,N+1))    # la composante Ex
```

```
Ey_cyl = np.zeros((N+1,N+1))      # la composante Ey

# le tableau définissant la frontière est initialement
# rempli entièrement par la valeur False
frontiere_cyl = np.zeros((N+1,N+1), bool)
```

Q 19. Écrire la fonction `dans_cylindre(x,y,xc,yc,R)` retournant un résultat booléen indiquant si le point de coordonnées (x, y) est à l'intérieur ou sur le bord du cercle de centre (x_c, y_c) et de rayon R.

Q 20. Écrire la fonction `initialise_rhos_cylindre(tab_rhos)`, initialisant le tableau `rhos_cyl` contenant les valeurs $\rho''(i, j)$ pour les nœuds du maillage.

Q 21. Écrire la fonction `initialise_frontiere_cylindre(tab_f)`, mettant à `True` les points appartenant à la frontière, donc de potentiel fixé.

La résolution numérique avec la méthode de Gauss-Seidel adaptative, utilisant les valeurs numériques précédentes et un seuil de convergence $\varepsilon = 10^{-5}$, mène à la figure 4, où on a tracé un réseau de courbes équipotentielles, le potentiel V et la composante E_x du champ le long de l'axe de symétrie défini par $y = L/2$. En outre, la valeur calculée de `Ex_cyl[50, 50]` est égale à `-0.0023321214257521206`.

Q 22. Commenter le plus complètement possible ces résultats ; on veillera, en particulier, à les comparer au modèle théorique (allure des courbes, valeurs numériques ...).

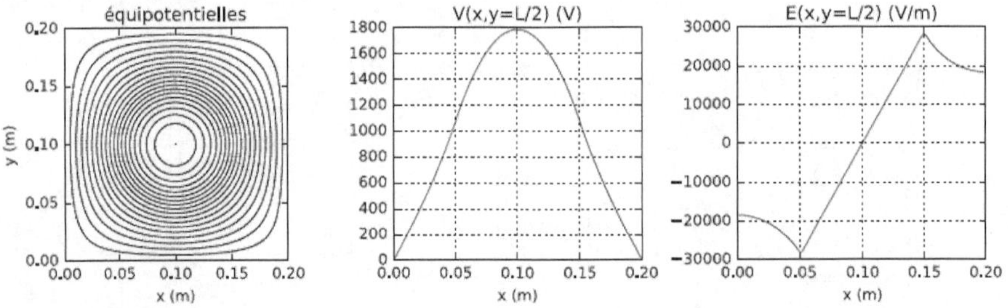

FIGURE 4 – Équipotentielles, $V(x, y)$ et $\vec{E}(x, y) \cdot \vec{u}_x$ en fonction de x pour $y = L/2$

Une autre résolution est effectuée, avec une répartition de charges dans le cylindre différente de la précédente, utilisant la même valeur de la densité volumique $\rho = 10^{-5}$ C.m^{-3}. Elle mène aux courbes de la figure 5.

Q 23. Déduire de ces courbes la répartition de charges dans le cylindre dans cette deuxième situation. Calculer le champ électrique en tout point pour cette répartition de charges dans le cas d'un cylindre infini seul dans l'espace. On vérifiera que la valeur maximale du champ électrique calculée à l'aide de cette modélisation est compatible avec celle déduite de la figure 5.

II.2 - Mouvement d'un électron dans un tube d'oscilloscope

La figure 6 montre un tube d'oscilloscope de petite dimension, dans lequel des électrons émis par la cathode sont accélérés et déviés vers un écran luminescent. La déviation est assurée par

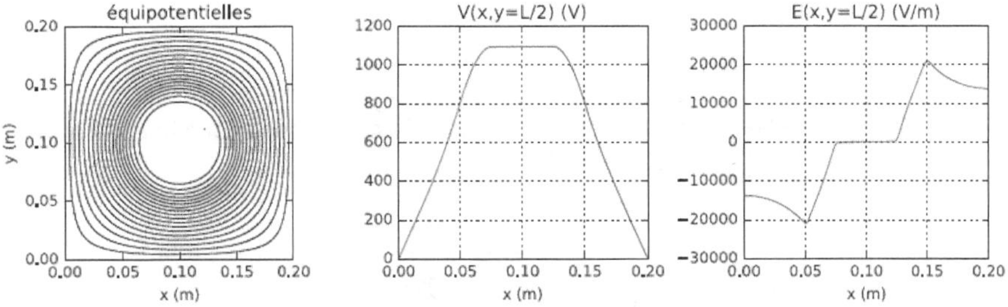

FIGURE 5 – Équipotentielles, $V(x, y)$ et $\vec{E}(x, y) \cdot \vec{u}_x$ en fonction de x pour la nouvelle répartition de charge

le passage des électrons entre les plaques de deux condensateurs plans : un pour la déviation horizontale, l'autre pour la déviation verticale. L'étude qui suit ne concernera que le condensateur responsable de la déviation verticale.

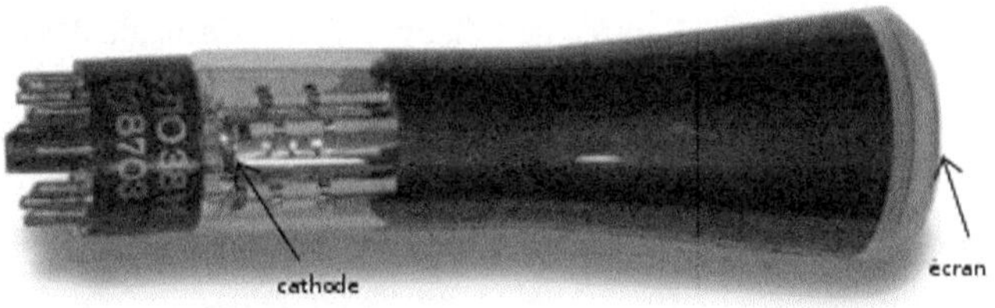

FIGURE 6 – Petit tube d'oscilloscope, de longueur d'environ 20 cm

On modélise la trajectoire d'un électron de la façon suivante (figure 7, où la zone de déviation est grisée) :

- on négligera l'effet de la pesanteur,
- émis à vitesse nulle par effet thermo-électronique au niveau de la cathode portée au potentiel nul, l'électron est accéléré à l'aide d'une tension $V_0 > 0$ afin d'acquérir à l'entrée de la zone de déviation une vitesse $\vec{v}_0$,
- pendant son trajet dans la zone de déviation, il est soumis à un champ électrique $\vec{E}$ lié aux potentiels $\pm V_p$ des plaques du condensateur, de longueur l et séparées par une distance d,
- poursuivant son mouvement, il arrive sur la surface de l'écran à une distance y_s de l'axe x, l'écran étant situé à la distance D du centre du condensateur.

Valeurs numériques :

masse d'un électron $m = 9{,}11 \times 10^{-31}$ kg ; charge élémentaire $e = 1{,}60 \times 10^{-19}$ C

$V_0 = 950$ V ; $V_p = 180$ V ; $D = 7{,}00$ cm ; $d = 2{,}00$ cm ; $l = 4{,}00$ cm .

Étude physique

Q 24. En appliquant la conservation de l'énergie, calculer la vitesse v_0 de l'électron à l'entrée de la zone de déviation. Faire l'application numérique. Commenter.

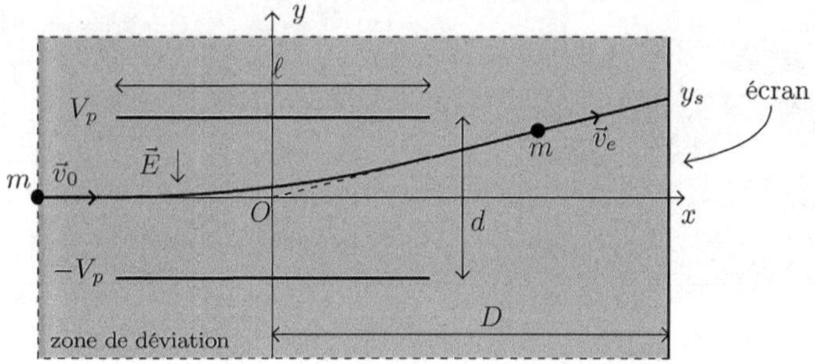

FIGURE 7 – Schéma de la zone de déviation

Q 25. On modélise les plaques de déviation comme un condensateur sans effets de bord : le champ électrique est donc considéré comme nul si $|x| > l/2$ et uniforme si $|x| \leqslant l/2$, ses lignes de champ étant parallèles à l'axe Oy. Exprimer le champ $\vec{E}$ entre les plaques en fonction de V_p et d.

Q 26. On suppose que la vitesse d'entrée de l'électron dans la zone de déviation est $\vec{v}_0 = v_0\vec{u}_x$. En appliquant les lois de la mécanique, établir l'équation de la trajectoire de l'électron entre les plaques (pour $|x| < l/2$).

Q 27. Montrer que l'équation de la trajectoire pour $|x| > l/2$ est donnée par : $y = \dfrac{2eV_p l}{mdv_0^2}x$. En déduire que l'ordonnée du spot sur l'écran est : $y_s = \dfrac{V_p}{V_0} \times \dfrac{l\,D}{d}$. Faire l'application numérique pour y_s.

Étude numérique

Pour savoir si la modélisation précédente est pertinente, on va envisager une détermination numérique de la trajectoire de l'électron. Pour cela, on place le condensateur de déviation dans une enceinte carrée au potentiel nul de côté $L = 10{,}0$ cm, le centre du condensateur étant à 3,0 cm du bord gauche de l'enceinte (figure 8). Les autres caractéristiques électriques et géométriques sont les mêmes que précédemment.

La résolution numérique se déroule alors en deux étapes :

- calcul du potentiel et du champ électrique par la méthode de Gauss-Seidel adaptative dans l'enceinte,
- calcul de la trajectoire de l'électron à l'aide de la méthode d'Euler.

Le programme permettant cette résolution numérique commence ainsi :

```
L = 0.100 ; N = 100 ; h = L/N
V0 = 950 ; Vp = 180
m = 9.11e-31 ; e = 1.60e-19
rhos_osc = np.zeros((N+1,N+1))
V_osc = np.zeros((N+1,N+1))
Ex_osc = np.zeros((N+1,N+1))
```

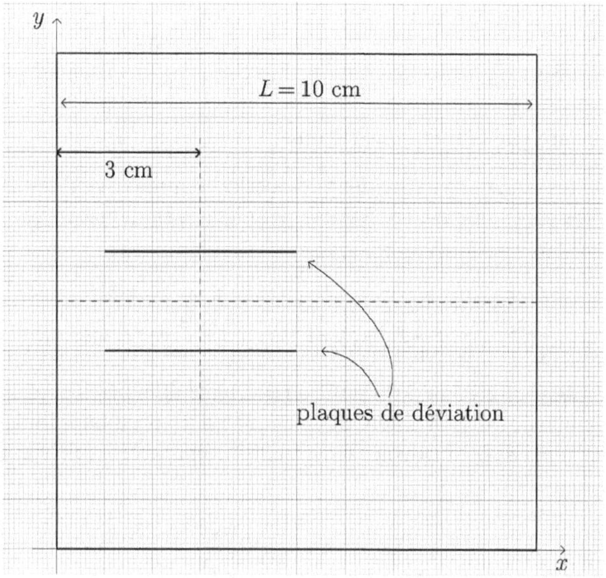

FIGURE 8 – Modélisation des plaques de déviation dans l'enceinte

```
Ey_osc = np.zeros((N+1,N+1))
frontiere_osc = np.zeros((N+1,N+1), dtype=bool)
```

Calcul du potentiel et du champ électrique dans l'enceinte

Q 28. Quelles sont les valeurs qui doivent être contenues dans le tableau `rhos` pour le problème considéré ?

Q 29. Écrire la fonction `initialise_frontiere_condensateur(tab_V, tab_f)`, permettant l'initialisation des tableaux `V_osc` et `frontiere_osc` à l'aide de la ligne de code suivante :

```
initialise_frontiere_condensateur(V_osc, frontiere_osc)
```

Pour pouvoir utiliser la méthode d'Euler, il est nécessaire de pouvoir calculer les composantes $E_x(x, y)$ et $E_y(x, y)$ du champ $\vec{E}$ pour $x \in [0, L[$ et $y \in [0, L[$. Cependant, la méthode de résolution (associée à la fonction `calc_ExEy` définie dans la question **15**) ne permet de calculer les composantes `Ex_osc[i,j]` et `Ey_osc[i,j]` qu'aux nœuds du maillage.

Soit un point P de coordonnées $(x, y) \in [0, L[\times[0, L[$. Ce point est dans la cellule (i, j), où $i = \lfloor x/h \rfloor$ et $j = \lfloor y/h \rfloor$. Posons $r_x = x - ih$ et $r_y = y - jh$.

Q 30. Montrer alors que :

$E_x(x, y) \approx$ `Ex[i,j] + ((Ex[i+1,j] - Ex[i,j])* rx + (Ex[i,j+1] - Ex[i,j])* ry)/ h.`

Écrire de même la formule permettant de calculer $E_y(x, y)$. En déduire qu'il est possible de calculer les composantes du champ en tout point de $\mathcal{P}$.

On supposera dans la suite que les fonctions `val_Ex(Ex, Ey,x,y,h)` et `val_Ey(Ex,Ey,x,y,h)` sont définies et retournent les valeurs des composantes du champ électrique pour le point M de coordonnées (x, y) calculées à l'aide des formules précédentes.

Calcul de la trajectoire par la méthode d'Euler

Q 31. Montrer que les équations permettant de décrire le mouvement de l'électron par la méthode d'Euler sont les suivantes, avec δt comme petit incrément temporel et δx, δv_x, δy, δv_y les variations pendant δt des grandeurs x, v_x, y, v_y :

$$\begin{cases} \delta x = v_x \delta t & \delta y = v_y \delta t \\ \delta v_x = -\dfrac{e}{m} E_x(x, y)\delta t & \delta v_y = -\dfrac{e}{m} E_y(x, y)\delta t \end{cases}.$$

Q 32. Compte tenu du changement de la position d'origine du repère (imposée par la résolution numérique de l'équation de Poisson, figure 8), quelles sont les conditions initiales du mouvement de l'électron ? Déterminer δt pour calculer environ 200 points successifs le long de la trajectoire. Faire l'application numérique.

Q 33. En tenant compte des réponses aux questions précédentes, compléter le code d'initialisation des variables de la simulation (****** dans le code suivant) :

```
Npts = 200 # nombre de points pour le tracé de la
   trajectoire
v0 = ****** # vitesse initiale de l'électron
dt = ****** # incrément temporel

# tableaux des coordonnées x et y de l'électron
lx = np.zeros(Npts) ; ly = np.zeros(Npts)
# tableaux des vitesses en x et en y
lvx = np.zeros(Npts) ; lvy = np.zeros(Npts)
#conditions initiales
lx[0] = ****** ; ly[0] = ******
lvx[0] = ******* ; lvy[0] = *******
```

Q 34. Écrire les lignes de code implémentant la boucle de remplissage des tableaux `lx, ly, lvx, lvy` selon la méthode d'Euler.

Comparaison théorie/simulation

La figure 9 montre le résultat de la simulation précédente. On y voit le réseau de courbes équipotentielles, ainsi que deux trajectoires [1] et [2], l'une étant associée au calcul théorique, l'autre à la simulation numérique. Chaque trajectoire est constituée de 200 points de calcul séparés d'une durée δt.

Q 35. Reproduire sommairement sur la copie la figure 9, y ajouter le tracé de quelques lignes de champ orientées dans les différentes parties de la zone de déviation.

Identifier, en le justifiant, chaque trajectoire. Expliquer pourquoi la trajectoire [1] est plus courte que la trajectoire [2].

À votre avis, peut-on se contenter de l'étude théorique pour prévoir le point d'impact de l'électron sur l'écran ? (On attend une réponse chiffrée.)

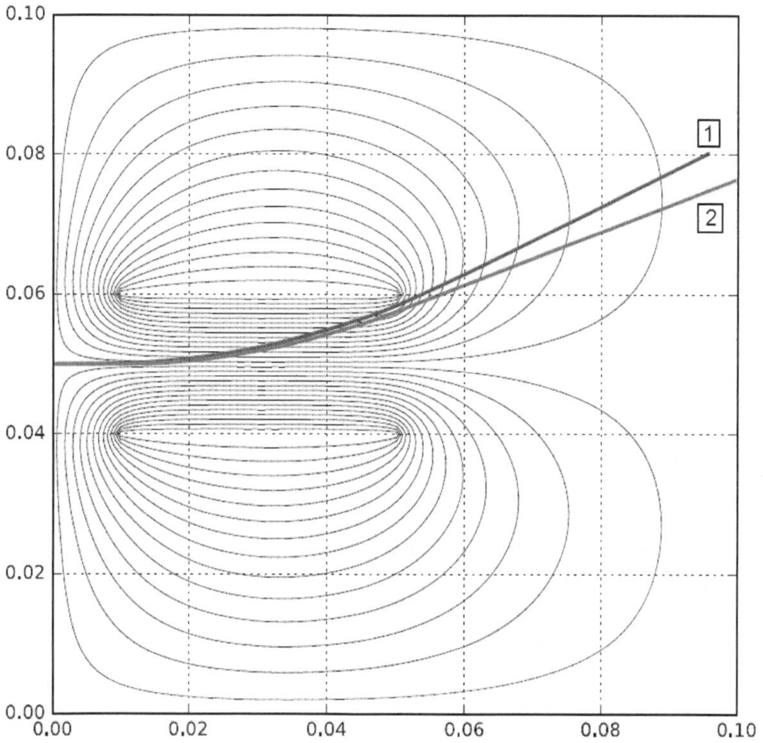

FIGURE 9 – Tracé dans la zone de déviation de quelques courbes équipotentielles, des trajectoires de l'électron (théorique et simulée numériquement)

Aide-mémoire numpy/matplotlib/pyplot

Importation des bibliothèques

Les bibliothèques sont importées de la façon suivante :

```
import math
import numpy as np
import matplotlib.pyplot as plt
```

Manipulation des tableaux numpy

La création d'un tableau `numpy` à deux dimensions dont toutes les valeurs sont initialisées à 0 est faite par l'instruction `np.zeros(format)`, `format` étant un doublet de la forme `( n_lignes , n_colonnes)` :

```
>> t0=np.zeros((2,3)); print(t0)
[[ 0. 0. 0.]
 [ 0. 0. 0.]]
```

Pour avoir un tableau rempli de 1, on utilise `np.ones(format)` :

```
>> t1=np.ones((2,2)); print(t1)
[[ 1. 1.]
 [ 1. 1.]]
```

On peut récupérer le format d'un tableau en demandant son attribut `shape`, ce qui retourne un doublet :

```
>> print(t0.shape); print(t1.shape)
(2, 3)
(2, 2)
```

Dans le cas d'un tableau carré, on peut donc récupérer le nombre de lignes, égal au nombre de colonnes, en accédant au premier élément du doublet :

```
>> t1.shape[0]
 2
```

On peut créer un tableau `numpy` de booléens en ajoutant le type `bool`. La valeur 0 est associée à `False`, la valeur 1 à `True` :

```
>> np.zeros((2,3), bool)
[[False False False]
 [False False False]]}
>> np.ones((2,3),bool)
[[ True True True]
 [ True True True]]
```

L'accès à un élément du tableau `a` (en lecture ou en modification) se fait par `a[i, j]`, les lignes et les colonnes étant numérotées à partir de 0 :

```
>> a=np.zeros((2,3)) ; a[0,0]=1 ; a[1,2]=2
>> a
[[ 1. 0. 0.]
 [ 0. 0. 2.]]
```

Une copie indépendante d'un tableau `a` se fait à l'aide de `np.copy(a)`

```
>> b = np.copy(a) ; b[0,0]=3 ; b[1,1]=5
>> a
[[ 1. 0. 0.]
 [ 0. 0. 2.]]
>> b
[[ 3. 0. 0.]
 [ 0. 5. 2.]]
```

FIN

CORRIGÉ COMMENTÉ

Q 1.

$$\vec{\nabla} \cdot \vec{E} = \frac{\rho}{\varepsilon_0} \; ; \quad \vec{E} = -\vec{\nabla} V$$

En remplaçant la valeur du champ dans l'équation de Maxwell-Gauss, on retrouve l'équation demandée :

$$\vec{\nabla} \cdot (-\vec{\nabla} V) = \frac{\rho}{\varepsilon_0} \quad \Longleftrightarrow \quad -\Delta V = \frac{\rho}{\varepsilon_0}$$

ρ est la densité volumique de charge électrique (en C/m^3) et ε_0 est la permittivité diélectrique du vide (en F/m).

Q 2. Il est possible de retrouver une équation analogue dans les domaine de la thermique, de la mécanique des fluides et du magnétisme par exemple. En thermique, en régime permanent : $\lambda \Delta T + q = 0$, avec λ la conductivité thermique constante et q un terme source.

Q 3. On a l'équation :

$$\frac{\partial^2 V(x,y)}{\partial x^2} + \frac{\partial^2 V(x,y)}{\partial y^2} + \frac{\rho}{\varepsilon_0} = 0$$

En utilisant le changement de variables du sujet, on a :

$$\frac{1}{L^2}\frac{\partial^2 V(X,Y)}{\partial X^2} + \frac{1}{L^2}\frac{\partial^2 V(X,Y)}{\partial Y^2} + \frac{\rho}{\varepsilon_0} = 0$$

$$\frac{\partial^2 V(X,Y)}{\partial X^2} + \frac{\partial^2 V(X,Y)}{\partial Y^2} + \frac{\rho L^2}{\varepsilon_0} = 0$$

On peut donc dire que $\rho'(X,Y) = \dfrac{\rho L^2}{\varepsilon_0}$.

Q 4. Par un développement limité à l'ordre 2, on obtient :

$$V(X_i + h, Y_j) = V(X_i, Y_j) + h\frac{\partial V(X_i, Y_j)}{\partial X} + \frac{h^2}{2}\frac{\partial^2 V(X_i, Y_j)}{\partial X^2} + O(h^3)$$

$$V(X_i - h, Y_j) = V(X_i, Y_j) - h\frac{\partial V(X_i, Y_j)}{\partial X} + \frac{h^2}{2}\frac{\partial^2 V(X_i, Y_j)}{\partial X^2} + O(h^3)$$

En sommant membre à membre, on obtient :

$$V(X_i + h, Y_j) + V(X_i - h, Y_j) = 2V(X_i, Y_j) + h^2\frac{\partial^2 V}{\partial X^2}(X_i, Y_j) + O(h^3)$$

En approchant de la même façon les dérivées partielles par rapport à Y, on obtient :

$$V(X_i, Y_j + h) + V(X_i, Y_j - h) = 2V(X_i, Y_j) + h^2\frac{\partial^2 V}{\partial Y^2}(X_i, Y_j) + O(h^3)$$

En sommant membre à membre à nouveau, on obtient :

$$V(X_i+h,Y_j)+V(X_i-h,Y_j)+V(X_i,Y_j+h)+V(X_i,Y_j-h)=4V(X_i,Y_j)+h^2\left(\frac{\partial^2 V}{\partial X^2}+\frac{\partial^2 V}{\partial Y^2}\right)+O(h^3)$$

D'où le résultat en isolant les dérivées partielles et en divisant par h^2 :

$$\frac{\partial^2 V}{\partial X^2}+\frac{\partial^2 V}{\partial Y^2}=\frac{V(X_i+h,Y_j)+V(X_i-h,Y_j)+V(X_i,Y_j+h)+V(X_i,Y_j-h)-4V(X_i,Y_j)}{h^2}+O(h)$$

Q 5. Le sujet donne $X_i = ih$, donc $X_i + h = (i+1)h$. Comme $V(X_i, Y_j)$ se note $V(i, j)$, par analogie, $V(X_i+h, Y_j)$ se note $V(i+1, j)$. En remplaçant l'expression précédente dans l'équation de Poisson, on trouve :

$$\frac{V(i+1,j)+V(i-1,j)+V(i,j+1)+V(i,j-1)-4V(i,j)}{h^2}+\rho'(i,j)=0$$

Pour obtenir la forme demandée, on en déduit que $\rho''(i,j) = h^2\rho'(X_i, Y_j) = \dfrac{\rho L^2 h^2}{\varepsilon_0}$.

Q 6.

```
def nouveau_potentiel(V, rhos, frontiere, i, j):
    if not frontiere[i,j]:
        return (V[i+1,j] + V[i-1,j] + V[i,j+1] + V[i,j-1] +
            rhos[i,j])/4
    else:
        return V[i,j]
```

Q 7. Lors d'une itération, une valeur se calcule à partir des valeurs des cases voisines à l'instant précédent : dans la formule de l'équation (3), V_{k+1} dépend seulement des V_k. Donc, il ne faut pas remplacer les valeurs au fur et à mesure. La solution est de posséder une copie du tableau initial qui restera inchangée.

Q 8.

```
def itere_J(V, rhos, frontiere):
    c = V.shape[0]
    N = c - 1
    copie = np.copy(V)
    e = 0
    for i in range(c):
        for j in range(c):
            V[i,j] = nouveau_potentiel(copie, rhos,
                frontiere, i, j)
            e = e + (V[i,j] - copie[i,j])**2
    e = (e/N**2)**(1/2)
    return e
```

Commentaire

Il faut bien faire attention de respecter l'énoncé, à savoir de modifier V par effet de bords. Il faut donc laisser la copie inchangée, et modifier V et non le contraire.

Q 9.

```
def poisson(f_iter, V, rhos, frontiere, eps):
    e = 2*eps # pour assurer le premier tour de boucle
    while e > eps:
        e = f_iter(V, rhos, frontiere)
    return V
```

> **Commentaire**
>
> Il est fréquent que la condition de la boucle **while** ne soit pas bien définie avant le premier tour de boucle. Deux possibilités se présentent alors :
>
> - faire les premiers calculs en dehors de la boucle, ce qui entraîne de la redondance dans le programme et qu'il vaut donc mieux éviter
> - donner une valeur initiale aux variables permettant d'assurer que le premier tour de boucle soit exécuté. Dans ce cas, il est préférable de commenter l'initialisation de ces variables.

Q 10. Il ne faut plus copier le tableau `V`, car il est nécessaire d'utiliser les nouvelles valeurs calculées. Dans la formule de l'équation (5), V_{k+1} dépend d'autres valeurs V_{k+1} déjà calculées. Puisqu'on fait un parcours par indice croissants. Les valeurs d'indice `[i-1,j]` et `[i,j-1]` sont bien les nouvelles valeurs, tandis que les valeurs d'indice `[i+1,j]` et `[i,j+1]` sont bien les valeurs précédentes.

La fonction `nouveau_potentiel` n'a pas besoin d'être modifiée, car le tableau `V` mis en argument sera déjà modifié par la fonction suivante.

Q 11.

```
def itere_GS(V, rhos, frontiere):
    c = V.shape[0]
    N = c - 1
    e = 0
    for i in range(c):
        for j in range(c):
            nv = nouveau_potentiel(V,rhos,frontiere,i,j)
            e = e + (nv - V[i,j])**2
            V[i,j] = nv
    return (e/N**2)**(1/2)
```

Q 12.

```
def nouveau_potentiel_SOR(V, rhos, frontiere, i, j, omega):
    if not frontiere[i,j]:
        return (1-omega)*V[i,j] + omega*(V[i+1,j] + V[i-1,j] + V[i,j+1] + V[i,j-1] + rhos[i,j])/4
    else:
        return V[i,j]
```

Q 13.

```
def itere_SOR(V, rhos, frontiere):
    c = V.shape[0]
    N = c - 1
    e = 0
    omega = 2 / (1 + np.pi/N)
    for i in range(c):
        for j in range(c):
            nv = nouveau_potentiel_SOR(V, rhos, frontiere,
                i, j, omega)
            e = e + (nv - V[i,j])**2
            V[i,j] = nv
    return (e/N**2)**(1/2)
```

Q 14. Quand $\omega = \omega_{\text{opt}}$, l'appel précédent fait N appels à la fonction `itere_SOR` (car la valeur de ε est fixée). Cette fonction réalise N^2 appels à la fonction `nouveau_potentiel_SOR`, qui est en $O(1)$, ainsi que des opérations élémentaires. La fonction `itere_SOR` réalise donc un nombre d'opérations proportionnel à N^2.

La complexité temporelle de l'appel précédent est au final en $O(N^3)$.

La courbe obtenue semble être polynomiale d'ordre supérieur ou égal à 2. Voyons si on est capable de trouver un coefficient constant α tel que $f(N) = \alpha N^3$.

N	50	70	100	120	140
$f(N)$ (durée)	0.8	2	6	10	16
$10^6\alpha = \dfrac{f(N)}{N^3} \times 10^6$	6.4	5.8	6	5.8	5.8

On peut dire que la courbe présentée est cubique, avec un coefficient α autour de 5.96×10^{-6} (moyenne des valeurs obtenues). Ainsi, pour $N = 1000$, on peut conjecturer une durée de $5.96 \times 1000^3 \times 10^{-6} \approx 6000$ secondes.

Pour une valeur de N de 1000, donc un maillage de plus de 1000000 points, il faut moins de 2 h.

Commentaire

On aurait pu directement calculer le degré à partir des valeurs de $f(N)$ et N en réalisant un ajustement affine du nuage de points de coordonnées $(\log N, \log f(N))$: le coefficient directeur donne la puissance.

Q 15. On sait que le champ électrique dérive du potentiel. Ainsi pour chacun des points du maillage, en utilisant les notations du départ, on peut utiliser un taux de variation entre le point avant et le point après :

$$E_x(i,j) = \frac{V(X_i + h, Y_j) - V(X_i - h, Y_j)}{2h}, \text{ et } E_y(i,j) = \frac{V(X_i, Y_j + h) - V(X_i, Y_j - h)}{2h}$$

Il faudrait calculer les valeurs de E_x et E_y, avec les formules précédentes et remplir les listes `Ex` et `Ey` passées en argument.

Les formules proposées ne peuvent être appliquées à la frontière car les indices seraient alors incorrects. On peut alors par exemple utiliser le taux de variation entre le point de la frontière et le point à l'intérieur pour estimer E_x et E_y sur la frontière.

Q 16. Soit $(O,\vec{u_r},\vec{u_\theta},\vec{z})$, un repère cylindrique centré en un point de l'axe du cylindre. Soit M, un point quelconque. Les plans $(M,\vec{u_r},\vec{u_\theta})$ et $(M,\vec{u_r},\vec{z})$ sont des plans de symétrie contenant le point M. Donc le champ électrique en M appartient à l'intersection de ces deux plans. Donc $\vec{E}(M) = E(r,\theta,z)\vec{u_r}$.

Le cylindre étant infini (invariance de la distribution de charges en translation selon $\vec{z}$) et symétrique en rotation (invariance de la distribution de charges par rotation selon θ), sa norme ne dépend que de la distance au centre.

Au final : $\vec{E} = E(r)\vec{u_r}$.

Les surfaces équipotentielles forment des cylindres infinis centrés sur le fil cylindrique.

Q 17. Appliquons le théorème de Gauss à un cylindre fermé de rayon r, d'axe $(O,\vec{z})$ et de hauteur h.

$$\oiint_{Surface} \vec{E}\cdot\vec{dS} = \int_{volume} \frac{\rho}{\varepsilon_0} dv$$

La surface fermée correspond à 3 surfaces (cylindre extérieur et deux cercles). Sur les cercles, $\vec{dS} = \pm r.d\theta.dz.\vec{z}$; sur la surface latérale du cylindre, $\vec{dS} = r.d\theta.dz.\vec{e_r}$. Ainsi : $\vec{E}\cdot\vec{dS} = E(r).r.d\theta.dz$. Donc si $r > R$:

$$E(r).r.2\pi.h = \frac{\rho}{\varepsilon_0}.\pi.R^2.h \Longrightarrow \vec{E} = \frac{R^2.\rho}{2.\varepsilon_0.r}\vec{u_r}$$

Si $r < R$:

$$E(r).r.2\pi.h = \frac{\rho}{\varepsilon_0}.\pi.r^2.h \Longrightarrow \vec{E} = \frac{r.\rho}{2.\varepsilon_0}\vec{u_r}$$

Voici l'allure de $E(r)$ en fonction de r. On a considéré que le fil entier était chargé (et pas seulement sa surface).

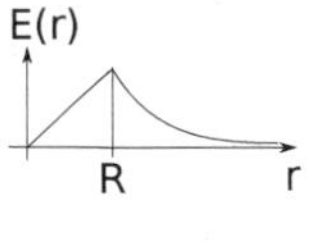

Q 18. La valeur maximale est obtenue pour $r = R$. Alors $E(R) \approx 28.10^3$ V.m^{-1} et $E(2R) \approx 14.10^3$ V.m^{-1}.

Q 19.

```
def dans_cylindre(x,y,xc,yc,R):
    return ((xc-x)**2 + (yc-y)**2) <= R**2
```

Q 20. Le sujet ne précise pas ce que contient l'argument `tab_rhos`. Je considère que c'est un tableau de `numpy` possédant la bonne dimension mais rempli de zéros.

```
def initialise_rhos_cylindre(tab_rhos):
    rhos = rho * L**2 * h**2 / eps0
    for i in range(N+1):
```

```
        for j in range(N+1):
            if dans_cylindre(i*h, j*h, L/2, L/2, L/4):
                tab_rhos[x,y] = rhos
```

Commentaire

Avec notre compréhension du sujet, les instructions complètes pour définir `rhos_cyl` sont alors :

```
rhos_cyl = np.zeros((N+1,N+1)) # proposé par le sujet
initialise_rhos_cylindre(rhos_cyl)
```

Le tableau `rhos_cyl` sera modifié par effet de bord.
Le sujet demande de produire des effets sur le tableau et non de renvoyer le tableau modifié. Il est donc inutile, voire malvenu, de renvoyer le tableau car les effets sont produits sur l'argument. Il convient de bien prêter attention au vocabulaire employé dans la question lorsque l'un des arguments est un tableau : une fonction peut soit renvoyer une copie modifiée, soit produire des effets sur le tableau en argument, soit dans de rares cas produire des effets sur un argument et renvoyer une valeur demandée.
L'instruction **`return`** n'est donc pas nécessaire pour les Q20, Q21 et Q29.

Q 21.

```
def initialise_frontiere_cylindre(tab_f):
    tab_f[0,:] = True
    tab_f[:,0] = True
    tab_f[-1,:] = True
    tab_f[:,-1] = True
```

Q 22. Le centre du réseau de courbes équipotentielles est identique à celui prédit à la Q16. Mais en s'approchant de l'enceinte, les équipotentielles perdent l'aspect circulaire pour se rapprocher de la forme carrée.

Observons maintenant la composante $E_{x,y=L/2}$. Au centre du cylindre, le champ est nul, et pour $x \in [0.1, 0.2]$, on retrouve la forme donnée en Q17. La valeur maximale est bien obtenue sur le bord du cylindre, et sa valeur est environ 28.10^3 V.m^{-1}, comme précédemment.

On vérifie que le potentiel est nul sur l'enceinte. Il est maximal au centre du cylindre. En calculant le potentiel ($-\int_O^M \vec{E} \cdot \vec{dl}$), on pourrait montrer que le profil de potentiel est parabolique à l'intérieur du cylindre, et logarithmique à l'extérieur.

Q 23. Dans cette résolution, il est clair d'après la courbe du champ que ce dernier est nul dans le centre du cylindre. Les charges sont réparties sur la moitié extérieure du cylindre.

Lors de l'application du théorème de Gauss, il faut modifier le volume où la charge est présente. Ici $\int_{volume} \frac{\rho}{\varepsilon_0} dv = \frac{\rho}{\varepsilon_0}.h.\pi.\left(R^2 - \frac{R^2}{4}\right) = \frac{\rho}{\varepsilon_0}.h.\pi.\frac{3.R^2}{4}$. Alors $E(r) = \frac{3.R^2.\rho}{8.\varepsilon_0.r}$ et $E(R) = \frac{3.R.\rho}{8.\varepsilon_0} \approx 21.10^3$ V.m^{-1}. On retrouve environ la même valeur que celle obtenue avec la modélisation.

Q 24. En appliquant la conservation de l'énergie à l'électron : $E_{cinetiqueinitiale} + E_{potentielleinitiale} = E_{cinetiquefinale} + E_{potentiellefinale} = constante$. A l'instant initial, l'électron est lâché sans vitesse initiale et au potentiel nul. A l'instant final (entrée de la zone), il possède une vitesse v_0, sous l'action d'une tension V_0 (sans effet de pesanteur).

On peut donc écrire : $0 = \frac{1}{2}m.v_0^2 + qV_0$. On note par habitude q la charge avec $q = -e$ pour un électron. Donc $v_0 = \sqrt{\frac{2eV_0}{m}} \approx 18.10^6$ m/s. Cette vitesse est très importante.

Q 25. Le champ dérive du potentiel. $\vec{E} = -\vec{\nabla}V$. Entre les plaques, le champ est uniforme, ainsi en intégrant sur une ligne de champ, on trouve : $\vec{E} = -\frac{2.V_p}{d}\vec{y}$.

Q 26. Pour $x \in]-l/2, l/2[$, l'électron n'est soumis qu'à la force électrostatique. Alors : $m\frac{d\vec{v}}{dt} = q\vec{E}$. On projette cette équation sur les axes $\vec{x}$ et $\vec{y}$ en considérant un mouvement plan de l'électron (déviation horizontale non étudiée). Les conditions initiales sont les suivantes : $v_{x0} = v_0$, $v_{y0} = 0$, $x_0 = -l/2$ et $y_0 = 0$.

$$\begin{cases} a_x(t) = 0 \\ a_y(t) = \dfrac{2eV_p}{dm} \end{cases} \rightarrow \begin{cases} v_x(t) = v_0 \\ v_y(t) = \dfrac{2eV_p}{dm}t \end{cases} \rightarrow \begin{cases} x(t) = v_0.t - l/2 \\ y(t) = \dfrac{2eV_p}{dm}\dfrac{t^2}{2} \end{cases}$$

Équation de la trajectoire :

$$y = \frac{eV_p}{dm}\frac{(x + l/2)^2}{v_0^2}$$

On obtient bien l'équation d'une parabole, comme le montre le début du tracé de la trajectoire.

Q 27. On se place maintenant à $x > l/2$. L'électron ne subit plus de forces, sa vitesse est constante. Cherchons le temps de sortie du condensateur. Soit t_1 ce temps. On utilise la position sur $\vec{x}$: $t_1 = \frac{l}{v_0}$. La vitesse de l'électron en sortie est alors $v_e = \frac{2eV_pl}{dmv_0}$. On choisit de ne pas modifier l'axe des temps qui correspond à l'entrée de l'électron dans la zone de déviation.

$$\begin{cases} v_x(t) = v_0 \\ v_y(t) = \dfrac{2eV_pl}{dmv_0} \end{cases} \rightarrow \begin{cases} x(t) = v_0.(t - t_1) + l/2 \\ y(t) = \dfrac{2eV_pl}{dmv_0}(t - t_1) + \dfrac{eV_pl^2}{dmv_0^2} \end{cases}$$

On peut alors calculer la trajectoire en remplaçant l'expression du temps dans les formules de position. On trouve alors $y = \frac{2eV_plx}{dmv_0^2}$.

Ayant trouvé cette expression, il est maintenant facile d'en déduire l'ordonnée du spot sur l'écran : $y_s = y(x = D)$. Ainsi : $y_s = \frac{2eV_plD}{mdv_0^2}$. On remplace alors l'expression de v_0^2 trouvée Q24, et on obtient $y_s = \frac{V_plD}{dV_0}$.

L'application numérique donne : $y_s = \frac{180 \times 4 \times 7}{950 \times 2} \approx 2.6$ cm.

Commentaire

Pour la partie linéaire de la trajectoire ($x > l/2$), créer une deuxième origine des temps aurait simplifié les calculs de trajectoire.

Q 28. Les valeurs qui doivent être contenues dans `rhos` sont liées à l'équation différentielle que l'on souhaite résoudre, elles correspondent aux densités volumiques de charges présentes (divisées par différents coefficients). Dans ce problème, il n'y a pas de charge. Les conditions aux limites sont données par le potentiel (voir Q29). Ainsi, le tableau `rhos` ne doit contenir que des `0`.

Q 29. Je considère que l'enceinte est toujours portée au potentiel nul.

```
def initialise_frontiere_condensateur(tab_V, tab_f):
    initialise_frontiere_cylindre(tab_f)
    tab_V[10:50,40] = -Vp
    tab_f[10:50,40] = True
    tab_V[10:50,60] = Vp
    tab_f[10:50,60] = True
    tab_V[0,:] = 0
    tab_V[:,0] = 0
    tab_V[-1,:] = 0
    tab_V[:,-1] = 0
```

Q 30. Le point P se trouve dans un carré défini par quatre points de coordonnées : (ih,jh), $((i+1)h,jh)$, $(ih,(j+1)h)$ et $((i+1)h,(j+1)h)$. Alors $(x,y) = (ih+rx, jh+ry)$, par interpolation linéaire, on a donc $E(x,y) \approx E(ih,jh) + rx\dfrac{\partial E}{\partial x} + ry\dfrac{\partial E}{\partial y} + a\dfrac{\partial E}{\partial x}\dfrac{\partial E}{\partial y}$. On néglige ici le dernier terme en $\frac{1}{h^2}$.

On peut, de la même façon, écrire :

$E_y(x,y) \approx$ `Ey[i,j] +`
`((Ey[i+1,j] - Ey[i,j])* rx + (Ey[i,j+1] - Ey[i,j])* ry)/ h.`

Ainsi à l'aide des valeurs des composantes de E en tout point de la discrétisation, il est possible de calculer les composantes du champ en tout point.

Q 31. En appliquant le principe fondamental de la dynamique à l'électron soumis au champ électrique, on peut écrire (en posant $\vec{p}$, le vecteur position) : $m\dfrac{d^2\vec{p}}{dt^2} = q\vec{E}$. Pour utiliser la méthode d'Euler, il est plus facile de décomposer cette équation différentielle d'ordre 2, en deux équations différentielles d'ordre 1.

Ainsi, on a : $\dfrac{d\vec{p}}{dt} = \vec{v}$ et $m\dfrac{d\vec{v}}{dt} = q\vec{E}$.

En projetant ces équations sur $\vec{x}$ et $\vec{y}$, en remplaçant q par $-e$ (charge de l'électron), et en utilisant le fait que $\dfrac{dx}{dt} = \lim_{\delta t \to 0} \dfrac{\delta x}{\delta t}$, on peut obtenir les quatre équations demandées.

Q 32. Les conditions initiales que l'on peut donner sont : une vitesse initiale nulle selon l'axe $\vec{y}$, soit $v_y = 0$; une vitesse initiale non nulle selon l'axe $\vec{x}$, soit $v_x = v_0$; une position nulle selon l'axe $\vec{x}$, soit $x = 0$ et une position non nulle selon l'axe $\vec{y}$, soit $y = 0.05$.

On souhaite obtenir 200 points le long de la trajectoire (d'une longueur d'environ 0.1 m). Il faut dont $\delta t = \dfrac{longueur\_trajectoire}{v_0 \times Nbre\_pts} = \dfrac{0.1}{v_0 \times 200} \approx 2{,}7.10^{-11}$ s.

Q 33.

```
v0 = (2*e*V0/m)**0.5        # vitesse initiale de l'électron
dt = L/(Npts*v0)            # incrément temporel

#conditions initiales
lx[0] = 0 ; ly[0] = 0.05
lvx[0] = v0 ; lvy[0] = 0
```

Q 34.

```
coef = e*dt/m
for i in range(1, Npts):
    x,y = lx[i-1], ly[i-1]
    lx[i] = lx[i-1] + dt*vx[i-1]
    ly[i] = ly[i-1] + dt*vy[i-1]
    lvx[i] = lvx[i-1] - coef*val_Ex(Ex_osc,Ey_osc,lx[i-1],
        ly[i-1],h)
    lvy[i] = lvy[i-1] - coef*val_Ey(Ex_osc,Ey_osc,lx[i-1],
        ly[i-1],h)
```

Q 35. Les lignes de champ sont des lignes de courant, dirigées dans le sens des potentiels décroissants et toujours normales aux courbes équipotentielles.

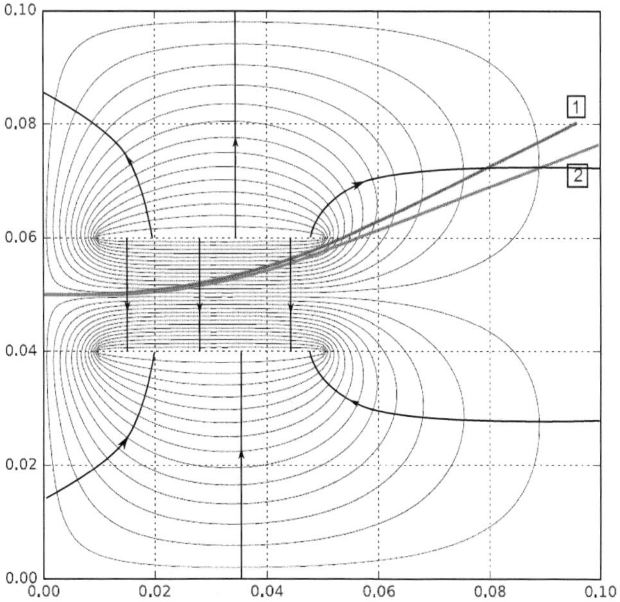

On peut supposer que la trajectoire $\boxed{1}$ correspond au calcul numérique et la trajectoire $\boxed{2}$ au calcul théorique. En effet, pour le calcul théorique, on a considéré que le champ était nul en dehors des plaques. Or, sur la figure précédente, on voit clairement que c'est faux. La trajectoire

2 est une ligne droite, alors que la trajectoire 1 est courbée, signe de l'influence du champ après le passage des plaques.

Il ne semble pas pertinent de se limiter à l'étude théorique pour prévoir le point d'impact de l'électron. En effet, en continuant la trajectoire 1, le point d'impact se trouve à une distance de 0.6 cm du point d'impact de la trajectoire 2. L'étude théorique fournit une idée de la zone d'impact, mais seule l'étude numérique fournit une estimation précise du point d'impact.

CCP – Informatique 2017

PSI - Durée : 3 heures

SUJET

EPREUVE SPECIFIQUE - FILIERE PSI

INFORMATIQUE

Vendredi 5 mai : 8 h - 11 h

N.B. : le candidat attachera la plus grande importance à la clarté, à la précision et à la concision de la rédaction. Si un candidat est amené à repérer ce qui peut lui sembler être une erreur d'énoncé, il le signalera sur sa copie et devra poursuivre sa composition en expliquant les raisons des initiatives qu'il a été amené à prendre.

Les calculatrices sont interdites

Le sujet comporte 14 pages dont :

- 12 pages de texte de présentation et énoncé du sujet ;
- 2 pages d'annexe.

Toute documentation autre que celle fournie est interdite.

REMARQUES PRELIMINAIRES

L'épreuve peut être traitée en langage **Python**. Les syntaxes sont rappelées en **annexe 2**.

Les différents algorithmes doivent être rendus dans leur forme définitive sur la copie à rendre (les brouillons ne sont pas acceptés).

Il est demandé au candidat de bien vouloir rédiger ses réponses **en précisant bien le numéro de la question traitée et, si possible, dans l'ordre des questions**. La réponse ne doit pas se cantonner à la rédaction de l'algorithme sans explication ; les programmes doivent être expliqués et commentés.

ÉTUDE DE LA CAPACITÉ ET DE LA CONGESTION DE L'AUTOROUTE A7

I Objectifs et démarche d'étude

Il existe plusieurs formes de congestions routières, selon leur cause : la congestion récurrente, la congestion « prévisible » (travaux, manifestations, météo) et la congestion due aux incidents et accidents, par définition imprévisibles. On s'intéresse ici au niveau de congestion récurrente qui peut être défini comme le surplus de demande qui amène la congestion.
Cette étude se focalise sur la congestion routière de l'autoroute A7 en France. La section étudiée ne comporte ni entrée ni sortie. La longueur de l'axe est de 8,5 km et comporte 3 voies sauf au niveau de la dernière station (non étudiée ici). Un seul sens de circulation est étudié.
La cartographie présentée sur la figure 1 donne l'implantation des différentes stations de mesure, de la station *M8A* à *M8P*, et des contrôles de sanction automatique (CSA). Ces stations de mesure font partie du système de recueil automatique des données (RAD) présent sur les autoroutes.

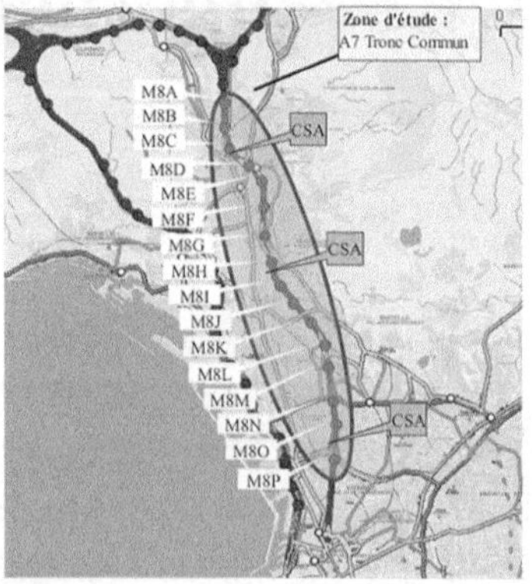

FIGURE 1 – Cartographie de la zone d'étude

Pour réaliser les mesures, la chaussée est équipée de boucles électromagnétiques connectées aux stations qui remontent l'information vers un système central. Ces boucles permettent de compter le nombre de véhicules qui passent sur les routes et, dans le cadre de cette étude, il s'agit de boucles doubles qui permettent aussi d'estimer les vitesses.

La connaissance et le suivi du niveau de congestion récurrente permettent ensuite d'envisager des actions de régulation et d'aménagement de voirie. La simulation numérique est alors employée pour étudier différentes solutions d'aménagement ou proposer des solutions de régulation dynamique du trafic.

Objectifs

Le premier objectif est d'établir le diagramme fondamental (tracé du débit en fonction de la concentration) caractéristique du tronçon étudié à partir de l'historique de données de comptage.
Le deuxième objectif est de mettre en place une simulation numérique adaptée au tronçon étudié à partir de deux modèles afin de tester deux approches numériques différentes.

II Traitement des données expérimentales

La méthodologie choisie ici pour estimer la capacité d'une route est celle utilisée notamment par les centres d'études techniques de l'équipement. Elle consiste à représenter un diagramme fondamental, c'est-à-dire le débit q, nombre de véhicules par unité de temps, en fonction de la concentration c, nombre de véhicules par unité de longueur. Ce diagramme permet alors de déterminer les paramètres caractéristiques de la route.

II.1 Exploitation des données de mesure

II.1.1 Sélection des mesures

L'ensemble des données produites par le réseau est archivé dans une base de données. Les variables d'intérêt moyennées par tranche de temps de 6 min pour chaque point de mesure sont le débit q_exp, représentatif du nombre de véhicules par unité de temps et la vitesse moyenne v_exp des véhicules en ce point. On peut également accéder à la concentration, c_exp, par calcul étant donné que $c\_exp = q\_exp/v\_exp$.

Une version simplifiée de cette base de données est réduite à deux tables.
La table **STATIONS** répertorie les stations de mesures ; elle contient les attributs :

- *id_station* (clé primaire), entier identifiant chaque station ;
- *nom*, chaîne de caractères désignant le nom de la station ;
- *nombre_voies*, entier donnant le nombre de voies de la section d'autoroute.

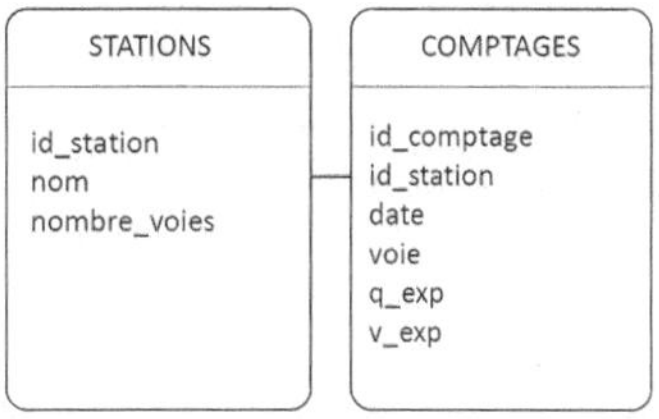

La table **COMPTAGES** répertorie les différents enregistrements de données réalisés au cours du temps par les stations de comptage. Elle contient les attributs :

- *id_comptage*, entier identifiant chaque comptage ;
- *id_station*, entier identifiant la station concernée ;
- *date*, entier datant la mesure ;
- *voie*, entier numérotant la voie sur laquelle a été effectuée la mesure ;
- *q_exp*, flottant donnant le débit mesuré pendant 6 minutes ;
- *v_exp*, flottant donnant la vitesse moyenne mesurée pendant 6 minutes.

Q 1. L'étude se focalise uniquement sur les mesures de l'une des stations, la *M8B*. Écrire une requête SQL qui renvoie les données de comptage (*id_comptage*, *date*, *voie*, *q_exp*, *v_exp*) mesurées à la station de comptage de nom *M8B*.

Le résultat de la requête précédente est stocké dans une nouvelle table **COMPTAGES_M8B** à cinq colonnes (*id_comptage*, *date*, *voie*, *q_exp*, *v_exp*).

On fait l'hypothèse que les mesures sur les différentes voies d'une même station sont enregistrées de façon synchronisée. Lors d'un enregistrement pour une station à trois voies, on écrit donc trois lignes dans la table **COMPTAGES** avec trois dates identiques. Pour chacun des enregistrements de la station *M8B*, trois lignes avec trois dates identiques sont donc présentes dans la nouvelle table **COMPTAGES_M8B**. Pour la suite de l'étude, les résultats expérimentaux de chacune des trois voies doivent être agrégés pour se ramener à une voie unique.

Q 2. Écrire une requête SQL qui renvoie, pour chaque date des données de **COMPTAGES_M8B**, le débit correspondant à la somme des débits de chaque voie.

De la même façon, une requête SQL permet d'obtenir la moyenne des vitesses sur l'ensemble des trois voies pour chaque date des données de **COMPTAGES_M8B**. Il n'est pas demandé d'écrire cette requête. Ainsi, dans la suite de l'étude, la portion d'autoroute sera simplifiée en ne considérant qu'une seule voie.

II.1.2 Diagramme fondamental

On veut tracer le diagramme fondamental du tronçon d'autoroute étudié (figure 2). Suite au traitement de la base de données, on dispose à présent du tableau à une dimension (aussi appelé vecteur) des débits *q_exp* (en véhicules par heure) et du vecteur des vitesses *v_exp* (en kilomètres par heure). Ces deux vecteurs possèdent $nb_{mesures}$ composantes avec $nb_{mesures}$ le nombre de points de mesure à tracer. Pour chaque composante i, la relation $c\_exp[i] = q\_exp[i]/v\_exp[i]$ permet d'obtenir la concentration. L'utilisation des tableaux à une dimension (ou vecteurs) est rappelée en **annexe 2**.

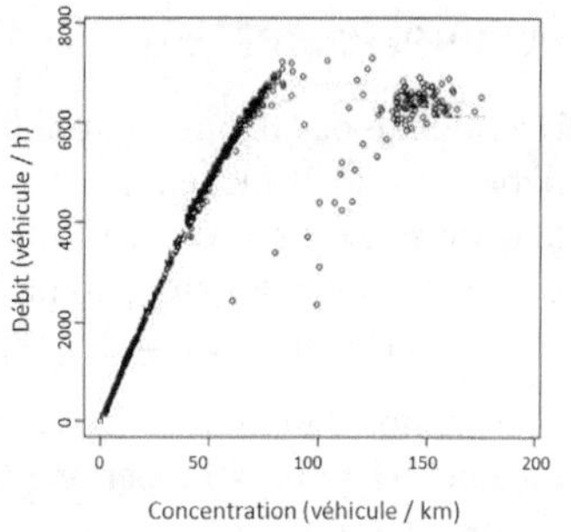

FIGURE 2 – Points de mesure M8B : diagramme fondamental (c_exp, q_exp)

Q 3. Écrire une fonction *trace(q_exp , v_exp)* qui prend en arguments *q_exp* et *v_exp* et qui permet d'afficher le nuage de points du diagramme fondamental. On considèrera que les bibliothèques sont importées et on pourra utiliser la fonction « plot » donnée en **annexe 2**.

II.2 Estimation de l'état de congestion

Au niveau d'une station de mesure, la situation est dite congestionnée lorsque les vitesses prises par les véhicules restent inférieures à 40 km/h et la situation est dite fluide lorsque les vitesses restent supérieures à 80 km/h.

Q 4. La fonction *congestion(v_exp)*, qui prend en argument *v_exp* et renvoie la valeur médiane du tableau de valeurs *v_exp* est définie ci-dessous. La recherche de la médiane est basée sur un algorithme de tri. Choisir une des 4 propositions données pour compléter les 2 lignes manquantes (indiquées par « **ligne à compléter** »). Donner le nom, puis la complexité de l'algorithme de tri employé, dans le meilleur et le pire des cas. Analyser la pertinence de ce choix.

```
def congestion(v_exp):
    nbmesures=len(v_exp)
    for i in range(nbmesures):
        v=v_exp[i]
        j = i
        while 0 < j and v < v_exp[j-1]:
            ligne à compléter
            ligne à compléter
        v_exp[j] = v
    return v_exp[nbmesures//2]
```

Propositions pour les lignes manquantes :

```
1. v_exp[j-1] = v_exp[j]
   j = j-1
2. v_exp[j] = v_exp[j-1]
   j = j-1
3. v_exp[j+1] = v_exp[j]
   j = j+1
4. v_exp[j] = v_exp[j+1]
   j = j+1
```

Q 5. À partir de la base de données de la station *M8B*, on obtient le vecteur *v_exp*. On exécute la fonction *congestion(v_exp)*, la valeur retournée par la fonction étant 30, quelle conclusion peut-on tirer de ce résultat ?

III Élaboration d'une première simulation du trafic routier par la mécanique des fluides

Il est rappelé ici que dans toute la suite de l'étude, l'autoroute est assimilée à une seule voie. Le modèle continu revient à négliger le caractère discret de la matière. Pour le modèle routier, cela revient donc à regarder l'évolution du trafic sur des distances grandes devant la taille des véhicules, notée $L0$. On appelle $c(t,x)$, en véhicules par mètre, la concentration de véhicules par unité de longueur de route à l'instant t et à la position x. Sur une longeur $L0$, il y a, au plus, un seul véhicule, soit $c \leq c\_max = \frac{1}{L0}$. On appelle $q(t,x)$, en véhicules par seconde, le débit de véhicules, c'est-à-dire le nombre de véhicules par unité de temps traversant la section de la route située à la position x. La vitesse $v(t,x)$, en mètres par seconde, ne représente pas la vitesse de chacun des véhicules mais la vitesse moyenne du trafic à la position x. On considère que les véhicules se déplacent selon l'axe x dans le sens des x croissants.

On rappelle la relation $q(t,x) = c(t,x) \times v(t,x)$. Désormais, q, v et c représentent les grandeurs simulées et non plus des données expérimentales. On travaille dans la suite avec les unités du système international.

En considérant une portion d'autoroute dx pendant une durée dt et en supposant qu'il n'y a ni perte, ni création de véhicule, il est possible de montrer que $q(t,x)$ et $c(t,x)$ verifient l'équation aux dérivées partielles suivante :

$$\frac{\partial q(t,x)}{\partial x} + \frac{\partial c(t,x)}{\partial t} = 0 \qquad (1)$$

Pour comprendre comment évoluent la concentration, la vitesse moyenne ou le débit de véhicules au cours du temps le long de l'autoroute, il convient donc de résoudre cette équation aux dérivées partielles à partir de la situation initiale.

III.1 Discrétisation

Afin de résoudre numériquement cette équation aux dérivées partielles, nous avons besoin de la discrétiser. On choisit les paramètres suivants :

- longueur de l'autoroute : La
- durée de simulation : $Temps$
- pas d'espace (en mètres) : dx
- pas de temps (en secondes) : dt

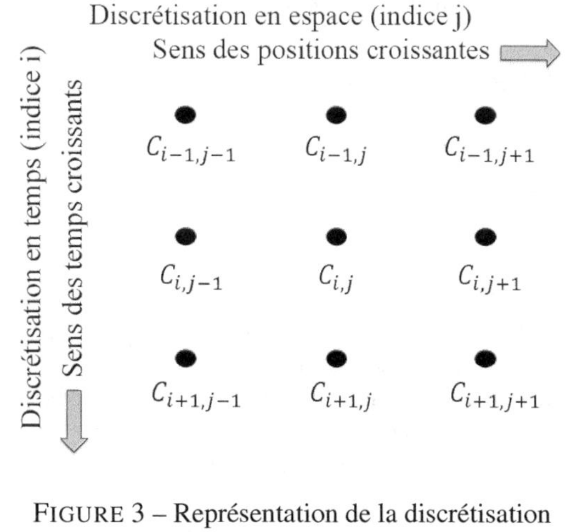

FIGURE 3 – Représentation de la discrétisation

Q 6. Soit C le tableau de valeurs contenant les concentrations en tous les points x et à tous les instants t discrétisés, comme représenté sur la figure 3. L'approximation numérique de la concentration au temps t_i et à la position x_j sera notée $C_{i,j}$ avec i désignant l'indice de temps et j désignant l'indice d'espace. Quelles sont les dimensions de C ?

III.2 Un modèle de diagramme fondamental

L'équation (1) possède deux inconnues. Il faut donc ajouter une deuxième équation pour pouvoir la résoudre. On propose tout d'abord de relier la vitesse et la concentration par le modèle de Greenshield établi à partir des analyses suivantes :

- lorsque la concentration en véhicules tend vers 0, les conducteurs peuvent rouler à la vitesse maximale autorisée, v_max en mètres par seconde ;
- lorsque les véhicules sont pare-choc contre pare-choc, la concentration est égale à c_max en véhicules par mètre : ils n'avancent plus.

Une relation linéaire entre vitesse et concentration est choisie dans le modèle de Greenshield, qui est ainsi défini par la relation suivante :

$$v(t,x) = v\_max(1 - c(t,x)/c\_max). \qquad (2)$$

On souhaite concevoir une fonction *diagramme* permettant de réaliser le tracé du diagramme fondamental pour un instant donné t_i (soit pour une ligne de C). Cette fonction fait appel à une fonction *debit* permettant de calculer les valeurs de débit à un instant t_i en utilisant la relation de Greenshield (2). Ces valeurs sont stockées dans un vecteur Q. Le tracé du diagramme fondamental est réalisé et le tableau Q est retourné.

Q 7. Écrire une fonction $debit(v\_max, c\_max, C\_ligne)$ qui prend en arguments la vitesse maximale (v_max), la concentration maximale (c_max) et un tableau contenant les concentrations à un instant donné (soit les éléments d'une ligne du tableau C) nommé ici C_ligne et qui renvoie un tableau de valeurs contenant les débits (en véhicules par seconde) aux différentes positions à ce même instant.

Q 8. Spécifier les arguments d'entrée (et leur type) de la fonction diagramme. L'écriture du code de la fonction n'est pas demandée. Préciser les unités des différents termes. Tracer l'allure du diagramme fondamental obtenu. L'allure du diagramme dépend-elle du temps t_i auquel on se place (soit du choix de la ligne de C) ?

III.3 Résolution de l'équation

III.3.1 Situation initiale

On considère une situation de départ ($t = 0$), comme indiqué sur la figure 4. On se place dans une configuration où l'on a un profil de concentration dont on veut étudier l'évolution. La concentration $c1$ la plus faible passe à $c2$, plus forte, à la distance $d1$ et revient à $c1$ en $d2$.
Chacune des distances sera discrétisée. L'approximation numérique d'une distance correspondra à la division entière de la distance par le pas.

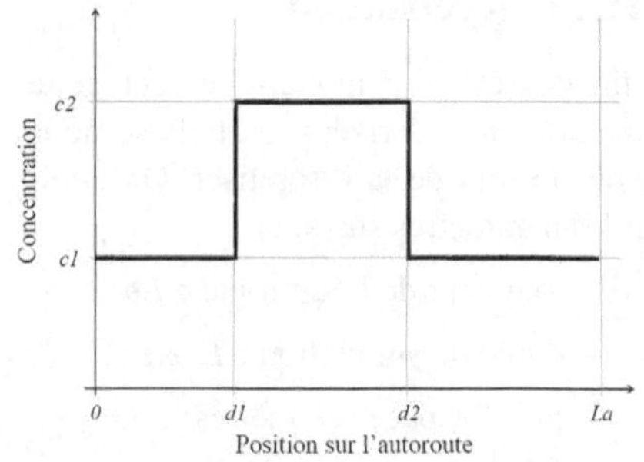

FIGURE 4 – Configuration initiale

Q 9. Concevoir une fonction C_depart qui permet d'initialiser la première ligne du tableau C (correspondant à $t = 0$). L'écriture du code correspondant n'est pas demandée ; en revanche, on précisera toutes les valeurs de j pour lesquelles $C_{0,j}$ sera égale à $c1$ et toutes les valeurs pour lesquelles $C_{0,j}$ sera égale à $c2$. L'en-tête ou spécification de la fonction devra être précisé(e) (et comporter les arguments d'entrée et leur type), ainsi que le résultat renvoyé par la fonction.

III.3.2 Résolution

Le tableau C contient des zéros, exceptée la première ligne qui a été remplie de valeurs grâce à la mise en œuvre de la fonction C_depart. On souhaite à présent écrire la fonction *resolution(C, dt, dx, c_max, v_max)* permettant de résoudre l'équation et de remplir complètement le tableau C.

Connaissant pour tout indice j les valeurs de $C_{i,j}$, on cherche à déterminer $C_{i+1,j}$.

Dans le schéma d'Euler « avant », la dérivée d'une fonction f par rapport à la variable x, au point x_j, $\frac{df}{dx}(x_j)$, est approximée (en utilisant ce point et le point situé « devant » lui) par $\frac{f_{j+1} - f_j}{dx}$.

Q est un vecteur contenant les valeurs de débits Q_j aux différentes positions x_j et à l'instant t_i (l'approximation du débit au temps t_i et à la position x_j sera donc notée Q_j.). À chaque instant t_i, Q devra être recalculé.

Q 10. À partir de l'équation (1) et en utilisant des schémas d"Euler « avant » pour l'écriture des dérivées, montrer que la relation de récurrence donnant $C_{i+1,j}$ en fonction de $C_{i,j}$, Q_{j+1}, Q_j, dx et dt est donnée par l'une des propositions ci-dessous. Le numéro de la réponse correcte sera clairement indiqué sur la copie.

1. $C_{i+1,j} = C_{i,j} - \frac{Q_j - Q_{j+1}}{dx}.dt$
2. $C_{i+1,j} = C_{i,j} - \frac{Q_{j+1} - Q_j}{dx}.dt$
3. $C_{i+1,j} = C_{i,j} - \frac{Q_{j+1} - Q_j}{dt}.dx$
4. $C_{i+1,j} = C_{i,j} - \frac{Q_j - Q_{j-1}}{dx}.dt$

Pour que le nombre de voitures soit constant sur la longueur de la route, il faut se fixer des conditions aux limites périodiques. Ainsi, quand un véhicule arrive en bout d'autoroute, il est replacé au début de celle-ci. On considère donc que le véhicule situé en $x = La$, se déplaçant vers la droite, a pour voisin de droite le véhicule situé en $x = 0$.

Q 11. L'initialisation a été effectuée avec la fonction $C\_depart(dx, d1, d2, c1, c2, C)$. Écrire une fonction $resolution(C, dt, dx, c\_max, v\_max)$ qui prend en arguments le tableau C, les pas dt et dx, la concentration maximale c_max et la valeur de la vitesse maximale v_max et qui renvoie le tableau C rempli au cours de la résolution. On pourra faire appel à la fonction $debit(v\_max, c\_max, C\_ligne)$ définie à la question Q7.

III.4 Étude des solutions trouvées et modification du schéma

On étudie deux situations de départ basées sur le même profil que celui proposé à la situation initiale (figure 4). Dans le cas 1, on choisit $c1$ et $c2$, respectivement notées $c1b$ et $c2b$, correspondant à des concentrations faibles. On peut montrer que, pour ces concentrations, le créneau se déplace vers la droite (dans le sens des x croissants) au cours du temps. Cette démonstration n'est pas demandée. Dans le cas 2, on choisit $c1$ et $c2$, respectivement notées $c1h$ et $c2h$, correspondant à des concentrations fortes. On peut montrer que, pour ces concentrations, le créneau se déplace vers la gauche (dans le sens des x décroissants) au cours du temps. Cette démonstration n'est pas demandée.

On applique la fonction *resolution* à ces deux situations de départ et on représente la concentration en fonction de la position à différents instants (figure 5). La situation initiale est en traits interrompus (- -), les situations intermédiaires en traits continus (-) et la situation finale en pointillés (:).

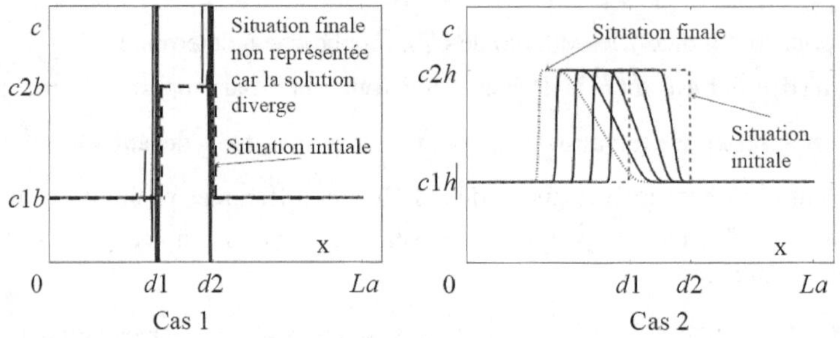

FIGURE 5 – Résultats pour le cas 1 et pour le cas 2 avec Euler « avant » pour l'espace et « avant » pour le temps

On remarque qu'avec la situation de départ du cas 1, la solution diverge. Avec la situation de départ du cas 2, le créneau initial semble se déplacer vers la gauche.

Une modification est alors apportée à la fonction *resolution*. Dans la discrétisation en espace (c'est-à-dire lors de l'écriture des dérivées par rapport à la variable d'espace), le schéma d'Euler « avant » en espace est remplacé par un schéma d'Euler « arrière » en espace. Dans ce schéma, la dérivée d'une fonction f par rapport à la variable x au point x_j, $\dfrac{df}{dx}(x_j)$ est approximée (en utilisant ce point et le point situé « derrière » lui) par $\dfrac{f_j - f_{j-1}}{dx}$. On obtient alors les résultats présentés figure 6.

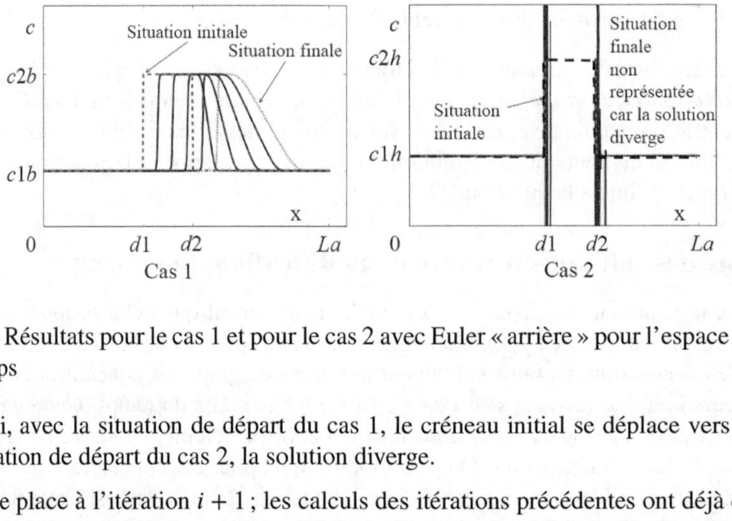

FIGURE 6 – Résultats pour le cas 1 et pour le cas 2 avec Euler « arrière » pour l'espace et « avant » pour le temps

Cette fois-ci, avec la situation de départ du cas 1, le créneau initial se déplace vers la droite et avec la situation de départ du cas 2, la solution diverge.

Q 12. On se place à l'itération $i + 1$; les calculs des itérations précédentes ont déjà été réalisés. Le calcul des termes de Q (vecteur des débits à l'instant t_i) est fait par la fonction *debit*, Q_j

étant déterminé à partir de la valeur de $C_{i,j}$. Sur la grille de discrétisation donnée figure 3 (qui sera reproduite sur la copie), tracer des flèches partant des points déjà calculés aux itérations précédentes et allant vers le point à calculer $C_{i+1,j}$ (au pas d'espace j et à l'itération $i+1$) dans le cas du schéma d'Euler « avant » pour la discrétisation en espace. Procéder de même dans le cas du schéma d'Euler « arrière » pour la discrétisation en espace.

Q 13. En déduire un argument permettant de choisir le schéma d'Euler adapté à la situation de départ.

On cherche maintenant un schéma fonctionnel pour les deux situations. On propose celui de Lax-Friedriechs qui :

- utilise un schéma centré pour l'approximation des dérivées par rapport à la variable d'espace. Dans ce schéma, la dérivée d'une fonction f par rapport à la variable x au point x_j, $\frac{df}{dx}(x_j)$ est approximée (à partir du point précédent et du point suivant) par $\frac{f_{j+1} - f_{j-1}}{2dx}$;
- approxime les dérivées par rapport à la variable de temps en remplaçant la valeur $C_{i,j}$ par la moyenne de la valeur prise au point précédent $C_{i,j-1}$ et de la valeur prise au point suivant $C_{i,j+1}$.

Q 14. Proposer les modifications de la fonction *resolution* (définie à la question Q11) nécessaires pour utiliser le schéma de Lax-Friedriechs.

La mise en œuvre de la fonction *resolution* permet, ensuite, d'effectuer le tracé des solutions obtenues dont le résultat est donné figure 7. Les instructions permettant de réaliser le tracé ne sont pas demandées.

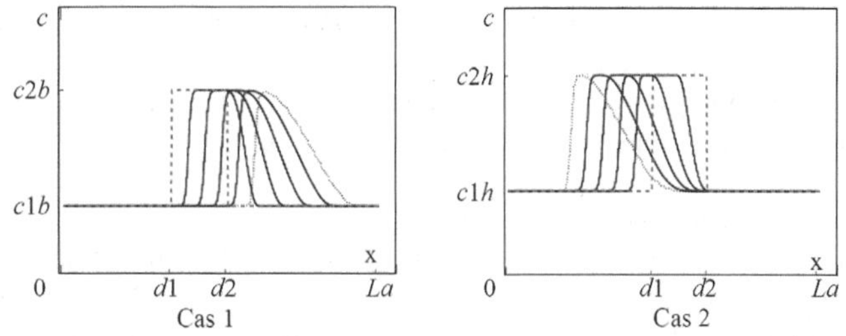

FIGURE 7 – Les deux situations de départ résolues avec le schéma de Lax-Friedriechs

III.5 Amélioration du programme : retour sur le choix du diagramme fondamental

Afin de s'assurer de la stabilité de la solution trouvée, il convient, une fois le schéma d'approximation déterminé, de définir les valeurs des paramètres tels que les pas de temps et d'espace. On suppose ici que ce travail a été réalisé. Cependant, cela ne signifie pas que l'on peut simuler fidèlement des phénomènes réels. En effet, le diagramme fondamental utilisé et tracé à la question Q8 est assez différent du nuage de points expérimentaux représenté figure 2.

La nouvelle approximation choisie pour obtenir les paramètres caractéristiques du diagramme fondamental q en fonction de c est une régression d'ordre 3 : $q = a_3 * c^3 + a_2 * c^2 + a_1 * c + a_0$, a_i étant les constantes d'ajustement de la courbe sur le nuage de n points. La fonction *regression(q_exp, c_exp)*, qui prend en arguments les vecteurs *q_exp* et *c_exp* obtenus expérimentalement (ayant servi à tracer le nuage de points de la figure 2) et qui renvoie les coefficients a_0,a_1,a_2,a_3, a été réalisée (on ne demande pas d'écrire cette fonction).

Q 15. Expliquer en quelques phrases ce qu'il faut modifier dans la fonction *resolution* définie à la question Q11 pour résoudre l'équation (1) en prenant en compte ce nouveau diagramme fondamental basé sur l'expérimentation.

La simulation que nous avons mise en place permet ainsi de déterminer les caractéristiques d'évolution d'un embouteillage. On peut notamment en déduire la vitesse de propagation de l'embouteillage, ou sa vitesse de résorption. Cependant, on aimerait à présent mettre en place une simulation permettant de modéliser les comportements individuels des conducteurs.

IV Deuxième simulation du trafic routier : simulation de Nagel et Schreckenberg (NaSch)

L'objectif est de simuler la formation d'embouteillages dits « embouteillages fantômes ». Ils sont le résultat d'une perturbation qui apparaît localement sur la voie et s'amplifie peu à peu jusqu'à former un embouteillage.

IV.1 Initialisation

Afin de modéliser le comportement de chacun des véhicules, l'espace, le temps ainsi que la vitesse des véhicules sont discrétisés. La dynamique de chaque élément est modélisée de façon très simple, l'objectif étant d'obtenir un bon comportement à l'échelle macroscopique. On étudie, comme dans les parties précédentes, une autoroute de longueur $La = 8500$ (en mètres) pour laquelle on ne considère qu'un seul sens et qu'une seule voie. La vitesse est limitée à 130 km/h et on considère une durée totale d'étude $Temps$.

Soit X_n la position du véhicule n, $v_n \in [\![0,1,...,v\_max]\!]$ sa vitesse entière et d_n la distance inter-véhiculaire (par rapport au véhicule précédent). On choisit de découper la route en $nb\_cellules$ cellules de tailles identiques valant $pas\_x = 7{,}5$ (en mètres). La durée d'étude est découpée en nb_temps pas de temps valant $pas\_t = 1{,}2$ (en secondes) qui peut s'interpréter comme le temps de réaction du conducteur. Une probabilité donnée par le flottant p est utilisée dans l'algorithme.

Q 16. Justifier le choix de la valeur du pas d'espace. En déduire ce que vaut la vitesse v_max imposée de 130 km/h en cellules par pas de temps. On arrondira au nombre entier supérieur.

Comme précédemment, la portion d'autoroute considérée est sans entrée ni sortie. Les conditions limites seront périodiques, c'est-à-dire qu'un véhicule sortant de l'autoroute se retrouve instantanément à l'entrée de celle-ci (avec la même vitesse).

On considère que les données du problème pas_x, pas_t, $Temps$, La, v_max, p sont, à présent, renseignées dans le programme. On cherche, pour une densité donnée, à déterminer les vitesses à chaque position au cours du temps, ainsi que l'occupation ou non de chacune des cellules. On met en place une structure de stockage constituée :

- d'un tableau *Route* de dimension $nb\_temps \times nb\_cellules$ qui contient des nombres binaires. Si, au pas de temps 10, la cellule 23 est occupée par un véhicule, alors *Route*[10,23] = 1, sinon *Route*[10,23] = 0 ;
- d'un tableau $Vitesses$ de dimension $nb\_temps \times nb\_cellules$ qui contient des entiers. Si, au pas de temps 10, la cellule 23 est occupée par un véhicule et que sa vitesse est de 3

cellules par pas de temps, alors $Vitesses[10,23] = 3$. Si la cellule n'est pas occupée, alors $Vitesses[10,23] = 0$;

- d'un tableau $Vitesses\_suivantes$ de dimension $1 \times nb\_cellules$ qui contient des entiers. Il permettra de stocker les vitesses au temps $i + 1$ avant de déplacer les véhicules.

On peut désormais définir la situation initiale. On considère une route où les écarts entre tous les véhicules sont identiques. On crée ainsi une route avec une répartition homogène des véhicules. La route a été initialisée en plaçant des 1 dans les cellules possédant un véhicule dans la première ligne de *Route* pour une concentration fixée $c0$ en véhicules par kilomètre. Toutes les autres cellules de *Route* sont initialisées avec la valeur 0. Les cellules de $Vitesses$ sont également initialisées avec des zéros. Cette étape d'initialisation est considérée comme déjà réalisée dans la suite.

IV.2 Mise en œuvre de l'algorithme

Le modèle NaSch, dont le pseudo-code est donné en annexe 1, est le pionnier des modèles cellulaires permettant de simuler un trafic routier. L'algorithme est constitué de quatre étapes qui sont toutes réalisées l'une après l'autre à chaque pas de temps.

Les étapes 1, 2 et 3 correspondent au calcul des futures vitesses. L'étape 4 permet d'inscrire chaque vitesse au lieu où se trouve le véhicule au pas suivant. Le comportement correspondant est illustré figure 8. Dans cet algorithme, on effectue la mise à jour des positions de tous les véhicules de façon simultanée.

Au niveau des étapes 2 et 4, des comparaisons et calculs sont effectués entre d_n et v_n ou entre X_n et v_n. En effet, les vitesses sont exprimées en cellules par pas de temps. Sur un pas de temps, v_n correspond donc à une distance parcourue en nombre de cellules.

On cherche à écrire la fonction *maj* qui permet d'appliquer les étapes 1, 2 et 3 de l'algorithme de NaSch pour toutes les valeurs de $Vitesses[i, :]$. On utilisera la fonction $distance(Route, i, j)$ qui prend en arguments le tableau *Route*, l'indice de temps i et l'indice de position j du véhicule n et qui renvoie la distance d_n entre les véhicules $n + 1$ et n, à l'instant i. Seules les cellules comprenant un véhicule doivent être traitées ; les autres auront une vitesse nulle.

Q 17. En utilisant l'annexe 1, écrire une fonction $maj(Route, Vitesses, p, vmax, i)$ qui prend en arguments les tableaux *Route* et $Vitesses$, le paramètre aléatoire p, la vitesse maximale v_max (en cellules par pas de temps) et l'indice de temps i et qui renvoie le tableau $Vitesses\_suivantes$.

Q 18. Écrire une fonction $deplacement(Vitesses, Route, Vitesses\_suivantes, i)$ qui permet de déterminer les valeurs de $Vitesses[i+1, :]$ et de $Route[i+1, :]$. La fonction *deplacement* renvoie les tableaux *Route* et $Vitesses$ mis à jour avec la ligne $i + 1$ complétée. Les vitesses calculées doivent être placées dans les cellules où se trouvent les voitures correspondantes une fois déplacées. Penser à intégrer la prise en compte des conditions aux limites.

IV.3 Simulation et analyse des résultats

Après *nb_temps* itérations sur le temps, on obtient l'évolution de l'état de *Route* au cours du temps représentée figure 9. Les points noirs correspondent aux valeurs 1 du tableau (le reste étant à 0).

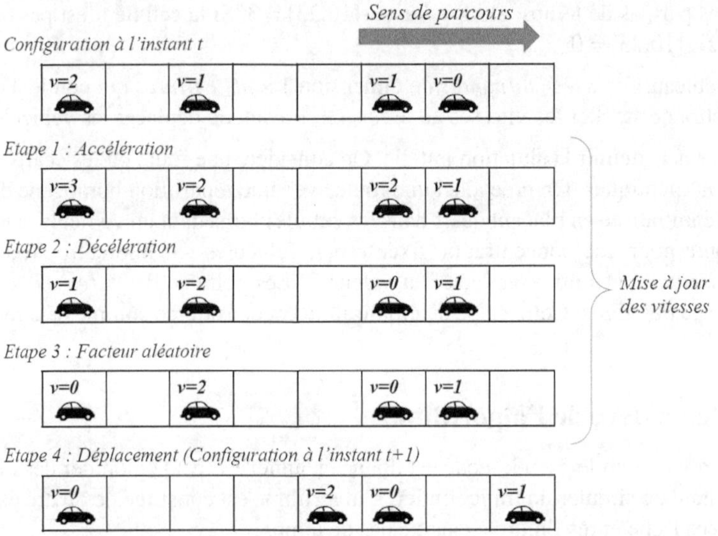

FIGURE 8 – Illustration du schéma sur un exemple

Un zoom est réalisé figure 10 sur les premières valeurs en temps et en espace pour mieux visualiser la formation d'embouteillages.

Q 19. Expliquer en quelques phrases en quoi les figures présentées montrent que la formation d'un embouteillage a été simulée. Sur quels paramètres peut-on agir pour que le résultat de la simulation se rapproche des résultats expérimentaux ?

Annexe

Annexe 1 - Algorithme de NaSch

Les opérations suivantes sont réalisées à chaque pas de temps.

– **Étape 1 - Accélération**
Le véhicule n accélère d'une unité s'il n'a pas encore atteint la vitesse maximum.

$$v_n(t+1) \rightarrow min(v_n(t)+1, v\_max)$$

– **Étape 2 - Décélération**
Le véhicule n décélère si la distance $d_n = X_{n+1} - X_n$ par rapport au véhicule précédent ne permet pas de maintenir la vitesse v_n.

$$v_n(t+1) \rightarrow min(v_n(t+1), d_n - 1)$$

– **Étape 3 - Facteur aléatoire**
Pour caractériser le comportement aléatoire de chacun des conducteurs, le véhicule n décélère avec une probabilité p, mais la vitesse n'est pas modifiée si $v_n(t+1) = 0$ (pas de

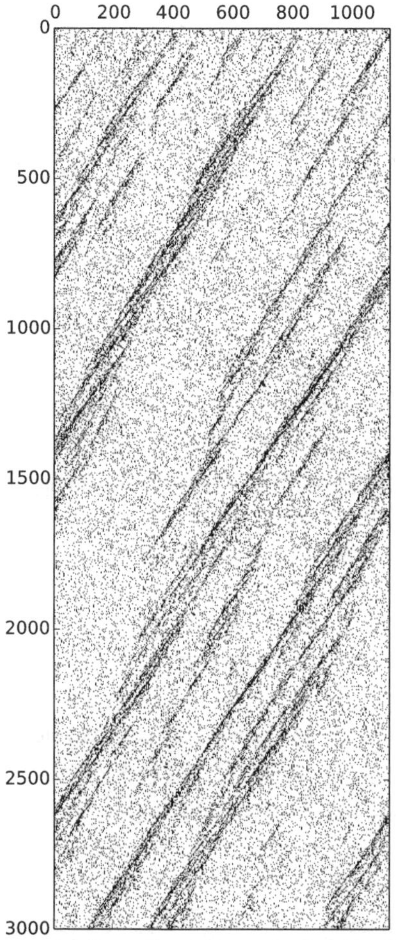

FIGURE 9 – Affichage de *Route* (indice i de temps en ordonnée, indice j des positions en abscisse)

marche arrière). On utilise pour cela la fonction $rand()$ qui renvoit une valeur aléatoire $\in [0..1]$.

$$\text{Si } rand() < p \text{ alors } v_n(t+1) \to max(v_n(t+1) - 1{,}0)$$

- **Étape 4 - Déplacement**
  Une fois les vitesses déterminées, les positions des véhicules au pas de temps suivant sont déterminées de façon simultanée.

$$X_n(t+1) \to X_n(t) + v_n(t+1)$$

Annexe 2 - Rappels des syntaxes en Python

Remarque : sous Python, l'import du module numpy permet de réaliser des opérations pratiques sur les tableaux : from numpy import *. Les indices de ces tableaux commencent à 0.

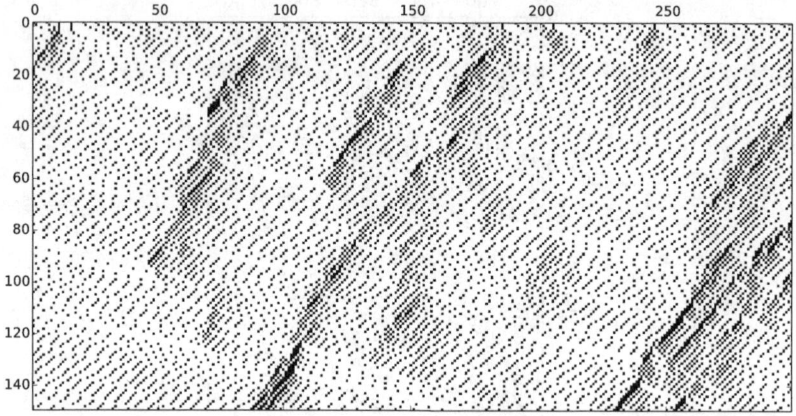

FIGURE 10 – Zoom sur l'affichage de *Route* (indice i des temps en ordonnée, indice j des positions en abscisse)

	Python
tableau à une dimension	`L=[1,2,3]` (liste) `v=array([1,2,3])` (vecteur)
accéder à un élément	`v[0]` renvoie 1
ajouter un élément	`L.append(5)` uniquement sur les listes
tableau à deux dimensions (matrice)	`M=array(([1,2,3],[3,4,5]))`
accéder à un élément	`M[1,2]` ou `M[1][2]` donne 5
extraire une portion de tableau (2 premières colonnes)	`M[:,0:2]`
tableau de 0 (2 lignes, 3 colonnes)	`zeros((2,3))`
dimension d'un tableau T de taille (i,j)	`T.shape donne [i,j]`
séquence équirépartie quelconque de 0 à 10.1 (exclus) par pas de 0.1	`arange(0,10.1,0.1)`
définir une chaîne de caractères	`mot="Python"`
taille d'une chaîne	`len(mot)`
extraire des caractères	`mot[2:7]`
boucle `For`	`for i in range(10):` `    print ( i )`

condition `If`	`if (i>3):`
	`    print (i)`
	`else:`
	`    print("hello")`

définir une fonction qui possède un argument
et renvoie 2 résultats
	`def fonction(param):`
	`    res1=param`
	`    res2=param*param`
	`return res1,res2`

tracé de points (o) de coordonnées (x,y)	`plot(x,y,"o")`

CORRIGÉ COMMENTÉ

Q 1.

```
SELECT id_comptage, date, voie, q_exp, v_exp
FROM STATIONS JOIN COMPTAGES ON STATION.id_station =
    COMPTAGE.id_station
WHERE nom = 'M8B'
```

Q 2.

```
SELECT date, SUM(q_exp)
FROM COMPTAGES_M8B
GROUP BY date
```

> **Commentaire**
>
> Notons que le mot `date` ne devrait pas être en gras, mais c'est aussi un mot clé du langage.

Q 3.

```
def trace(q_exp,v_exp):
    c_exp = [q_exp[i]/v_exp[i] for i in range(len(q_exp))]
    plot(c_exp, q_exp, "o")
```

> **Commentaire**
>
> Pour obtenir une courbe telle que celle de la figure 2, il faudrait ajouter des axes :
>
> ```
> def trace(q_exp,v_exp):
>     c_exp = [q_exp[i]/v_exp[i] for i in range(len(
>         q_exp))]
>     plot(c_exp, q_exp, "o")
>     xlabel("Concentration (véhicule / km)")
>     ylabel("Débit (véhicule / h)")
> ```

Q 4. La proposition 2. est celle qui convient. Il s'agit de l'algorithme de tri par insertion. C'est un algorithme de complexité $O(n^2)$ dans le pire cas et $O(n)$ dans le meilleur cas. Si `v_exp` est presque trié, c'est un bon choix d'algorithme de tri. Sinon, un meilleur choix d'algorithme aurait été le tri fusion de complexité $O(n \log n)$ dans tous les cas, ou un tri rapide incomplet dans lequel on ne fait un appel récursif que sur la partie du tableau contenant la médiane.

Q 5. La médiane étant inférieure à 40 km/h, on peut dire que la situation est congestionnée à la station $M8B$.

Q 6. En supposant que $Temps$ est un multiple entier de dt et La de dx, alors C est de dimension $\left(\frac{Temps}{dt}+1\right) \times \left(\frac{La}{dx}+1\right)$.

Q 7.

```
def debit(v_max, c_max, C_ligne):
    Q = []
    for j in range(len(C_ligne)):
        Q.append(v_max*(1-C_ligne[j]/c_max)*C_ligne[j])
    return Q
```

Q 8. Un diagramme fondamental représente le débit en fonction de la concentration. Le débit peut être obtenu grâce à l'appel de la fonction précédente et la concentration est connue grâce au tableau C. La fonction `diagramme` doit prendre en arguments d'entrée : C_ligne (tableau contenant les concentrations à l'instant t_i) et Q, tableau de valeurs contenant les débits aux différentes positions à l'instant t_i, obtenu grâce à un appel à la fonction `debit`.

On a $q = c \times v = c \times v_{max}\left(1 - \frac{c}{c_{max}}\right)$ qui est un polynôme de degré 2 en c s'annulant en $c = 0$ et $c = c_{max}$. La représentation graphique est ainsi une parabole coupant l'axe des abscisses en $c = 0$ et $c = c_{max}$ et donc de sommet $\left(\frac{c_{max}}{2}, \frac{c_{max}v_{max}}{4}\right)$. En outre, l'allure du diagramme est donc indépendante du temps.

Q 9. L'entête de la fonction `C_depart` peut être :

```
def C_depart(La:float, dx:float, d2:float, d1:float, c1:
    float, c2:float, C:list) -> None
```

Pour j compris entre $\left\lfloor \frac{d1}{dx} \right\rfloor$ inclus et $\left\lfloor \frac{d2}{dx} \right\rfloor$ exclus, on a $C_{0,j} = c2$. Pour les autres valeurs de j, on a $C_{0,j} = c1$.

Cette fonction ne renvoie rien, mais modifie l'argument `C` de type **`list`**.

Q 10. En utilisant des schémas d'Euler « avant », l'équation (1) devient :

$$\frac{Q_{j+1} - Q_j}{dx} + \frac{C_{i+1,j} - C_{i,j}}{dt} = 0$$

D'où on déduit la relation de récurrence donnée par la proposition 2.

Q 11.

```
def resolution(C, dt, dx, c_max, v_max):
    jmax = len(C[0])
    for i in range(1,int(Temps//dt)+1):
        Csuiv =[]
        Q = debit(v_max, c_max, C[i])
        for j in range(jmax):
            Csuiv.append(C[i][j]-(Q[(j+1)%jmax]-Q[j])/dx*dt)
        C.append(Csuiv)
    return C
```

Commentaire

Cette fonction prend `C` en argument et le modifie lors de l'appel à la fonction. On choisit ici de le renvoyer également pour répondre à l'énoncé.
L'utilisation de l'opérateur modulo `%` est fondamentale en informatique, en particulier dans tout modèle circulaire : il permet d'écrire des formules générales sans se préoccuper spécifiquement des extrémités à l'aide d'une disjonction.

Q 12. L'ordre des calculs est décrit par les schémas suivants :

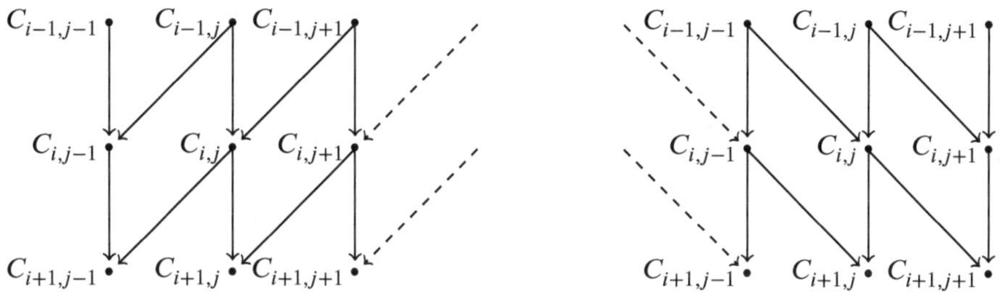

(a) Schéma d'Euler avant (b) Schéma d'Euler arrière

Q 13. Le schéma d'Euler « avant » semble adapté lorsque le bouchon se déplace vers l'arrière de l'autoroute alors que le schéma « arrière » semble adapté lorsqu'il se déplace vers l'avant.

Q 14. En utilisant le schéma de Friedrichs, l'équation (1) devient :

$$\frac{Q_{j+1} - Q_{j-1}}{2dx} + \frac{2C_{i+1,j} - C_{i,j-1} - C_{i,j+1}}{2dt} = 0$$

D'où :

$$C_{i+1,j} = \frac{1}{2}\left(C_{i,j-1} + C_{i,j+1} - \frac{Q_{j+1} - Q_{j-1}}{dx}dt\right)$$

```
def resolution(C, dt, dx, c_max, v_max):
    jmax = len(C[0])
    for i in range(1,int(Temps//dt)+1):
        Csuiv =[]
        Q = debit(v_max, c_max, C[i])
        for j in range(len(C)):
            Csuiv.append((C[i][(j-1)%jmax]+C[i][(j+1)%jmax]-(Q[(j+1)%len(Q)]-Q[(j-1)%len(Q)])/dx*dt)/2)
        C.append(Csuiv)
```

Q 15. Il faut commencer par modifier les arguments de la fonction pour prendre en argument les vecteurs `q_exp` et `c_exp`. Il faut ensuite faire appel à la fonction `regression` pour en déduire les constantes d'ajustement de la courbe. Enfin, il faut remplacer le calcul de `Q` qui se faisait avec la fonction `debit` par le polynôme de degré 3 en fonction de `C`.

Q 16. La valeur du pas d'espace représente une longueur raisonnablement proche de la taille d'un véhicule. Un seul véhicule peut a priori se trouver dans une cellule, et un véhicule se trouve a priori dans une cellule à chaque instant. De plus, puisqu'on a discrétisé le temps, la vitesse minimale pour que le véhicule change de case en un pas de temps (1,2s) est donc $\frac{7,5}{1,2}$m/s = 22,5km/h ce qui représente une vitesse réduite permettant l'étude de l'embouteillage.

Au maximum, le véhicule avancera donc de $\left\lceil \frac{130}{22,5} \right\rceil = 6$ cases par pas de temps.

Q 17.

```
def maj(Route, Vitesses, p, vmax, i):
    m = Route.shape[1] # Taille de la route
    Vitesses_suivantes = array(Vitesses[i,:])

    for n in range(m):
        if Route[i,n]==1:
            # Etape 1
            Vitesses_suivantes[n] = min(Vitesses_suivantes[n], v_max)
            # Etape 2
            Vitesses_suivantes[n] = min(Vitesses_suivantes[n], distance(Route, i, n) -1)
            # Etape 3
            if rand()<p:
                Vitesses_suivantes[n] = max(
                    Vitesses_suivantes[n]-1, 0)
    return Vitesses_suivantes
```

Q 18.

```
def deplacement(Vitesses, Route, Vitesses_suivantes, i):
    m = Route.shape[1] # Taille de la route
    for j in range(m):
        if Route[i,j]==1:
            # s'il y a un véhicule, calcul de sa nouvelle position et mise à jour des variables pour l'instant suivant
            position = (j+Vitesses_suivantes[j]) % m
            Route[i+1,position] = 1
            Vitesses[i+1,position] = Vitesses_suivantes[j]
```

Q 19. On remarque sur la figure des zones où les véhicules se concentrent. Par exemple, très rapidement après l'instant initial autour de l'abscisse 800 se forme un embouteillage. On remarque d'autres formations d'embouteillage vers l'instant 100, abscisse 100. Certains embouteillages perdurent jusqu'à la fin de la simulation, c'est le cas notamment de l'embouteillage initial autour de l'abscisse 800 et de celui commencé vers l'instant 550, autour de l'abscisse 100 par exemple. Les bouchons se déplacent en remontant l'axe des abscisses (à l'inverse du sens de circulation).

Pour se rapprocher des résultats expérimentaux, on peut agir sur le nombre de voitures présentes sur la route, et sur leur distribution initiale. On peut également faire évoluer le modèle en ajoutant d'autres voies, ou des limitations locales de vitesse, des vitesses maximales différenciées suivant les véhicules etc.

Centrale Supélec – Informatique 2017

MP, PC, PSI, TSI - Durée : 3 heures

SUJET

Informatique

MP, PC, PSI, TSI

3 heures Calculatrices autorisées

Mars Exploration Rovers
Mission d'exploration martienne

Mars Exploration Rovers (MER) est une mission de la NASA qui cherche à étudier le rôle joué par l'eau dans l'histoire de la planète Mars. Deux robots géologues, Spirit et Opportunity (figure 1), se sont posés sur cette planète, sur deux sites opposés, en janvier 2004. Leur mission est de rechercher et d'analyser différents types de roches et de sols qui peuvent contenir des indices sur la présence d'eau. Ils sont équipés de six roues et d'une suspension spécialement conçue pour leur permettre de se déplacer quelle que soit la nature du terrain rencontré. Leur cahier des charges prévoyait une durée de vie de 90 jours martiens (le jour martien est environ 40 minutes plus long que le jour terrestre). Spirit a cessé d'émettre le 22 mars 2010, soit 2210 jours martiens après son arrivée sur la planète. Début 2017, Opportunity est toujours en activité et il a parcouru plus de 44km sur Mars.
Chaque robot est équipé de plusieurs instruments d'analyse (caméra, microscope, spectromètres) et d'un bras qui permet d'amener les instruments au plus près des roches et sols dignes d'intérêt. À partir de photographies de la surface de la planète, prises à plusieurs longueurs d'ondes par différents satellites et par le robot lui-même, les scientifiques de la NASA définissent une liste d'emplacements (*points d'intérêt* ou PI) où effectuer des analyses. Cette liste est transmise au robot qui doit se rendre à chaque emplacement indiqué et y effectuer les analyses prévues. Chaque robot est capable d'effectuer un certain nombre de types d'analyses géologiques correspondant aux différents instruments dont il dispose. Une fois tous les points d'intérêts visités et les résultats des analyses transmis à la Terre, le robot reçoit une nouvelle liste de points d'intérêts et démarre

FIGURE 1 – Vue d'artiste d'un robot géologue de la mission *Mars Exploration Rovers* (NASA / JPL – Caltech/Cornell)

une nouvelle *exploration*. Compte-tenu des contraintes de transmission entre la Terre et les robots (latence, périodes d'ombre, faible débit, etc.) il est prévu que les robots travaillent en autonomie pour planifier le parcours de chaque exploration. Ainsi, une fois la liste des points d'intérêt reçue, le robot analyse le terrain afin de détecter d'éventuels obstacles et détermine le meilleur chemin lui permettant de visiter l'ensemble de ces points en dépensant le moins d'énergie possible.

Après s'être intéressé à l'enregistrement des explorations, des points d'intérêts correspondants et des analyses à y mener, ce sujet aborde trois algorithmes qui peuvent être utilisés par le robot pour déterminer le meilleur parcours lui permettant de visiter chaque point d'intérêt une et une seule fois. Pour cela nous faisons quelques hypothèses simplificatrices.

- La zone d'exploration est dépourvue d'obstacle : le robot peut rejoindre directement en ligne droite n'importe quel point d'intérêt.
- Le sol est horizontal et de nature constante : l'énergie utilisé pour se déplacer entre deux points ne dépend que de leur distance, autrement dit le meilleur chemin est le plus court.
- La courbure de la planète est négligée compte tenu de la dimension réduite de la zone d'exploration : nous travaillerons en géométrie euclidienne et les points d'intérêts seront repérés par leurs coordonnées cartésiennes à l'intérieur de la zone d'exploration.

Les seuls langages de programmation autorisés dans cette épreuve sont Python et SQL. Toutes les questions sont indépendantes. Néanmoins, il est possible de faire appel à des fonctions ou procédures créées dans d'autres questions. Dans tout le sujet on suppose que les bibliothèques `math`, `numpy` et `random` ont été importées grâce aux instructions

```
import math
import numpy as np
import random
```

Si les candidats font appel à des fonctions d'autres bibliothèques ils doivent préciser les instructions d'importation correspondantes.

Ce sujet utilise la syntaxe des annotations pour préciser le types des arguments et du résultat des fonctions à écrire. Ainsi

```
def maFonction(n:int, x:float, d:str) -> np.ndarray:
```

signifie que la fonction `maFonction` prend trois arguments, le premier est un entier, le deuxième un nombre à virgule flottante et le troisième une chaine de caractères et qu'elle renvoie un tableau numpy.

Une liste de fonctions utiles est donnée à la fin du sujet.

I Création d'une exploration et gestion des points d'intérêt

Une exploration est un ensemble de points d'intérêts à l'intérieur d'une zone géographique limitée, une série d'analyses étant associée à chaque point d'intérêt. Chaque type d'analyse que le robot peut effectuer est codifié et référencé par un nombre entier. Un point d'intérêt est repéré par deux entiers, positifs ou nuls, correspondant à ses coordonnées cartésiennes en millimètres à l'intérieur de la zone d'exploration. L'ensemble des points d'intérêts d'une exploration qui en contient n est représenté par un objet de type `numpy.ndarray`, à éléments entiers, à 2 colonnes et n lignes, l'élément d'indice `i,0` correspondant à l'abscisse du point d'intérêt i et l'élément d'indice `i,1` à son ordonnée.

	x	y
0	345	635
1	1076	415
2	38	859
3	121	582

FIGURE 2 – Exemple d'exploration avec quatre points d'intérêt

I.A – Génération d'une exploration d'essai

I.A.1) Choix de points au hasard

a) Afin de disposer de données pour tester les différents algorithmes de calcul de chemin qui seront développés plus tard, écrire une fonction qui construit une exploration au hasard. Cette fonction d'entête

```
def générer_PI(n:int, cmax:int) -> np.ndarray:
```

prend en paramètres le nombre de points d'intérêts à générer et la largeur de la zone d'exploration (supposée carrée) et renvoie un objet de type `numpy.ndarray` contenant les coordonnées de n points **deux à deux distincts** choisis au hasard dans la zone d'exploration (figure 2).
b) Quelles contraintes doivent vérifier les arguments de la fonction **`générer_PI`** ?

I.A.2) Calcul des distances

On dispose de la fonction d'entête

```
def position_robot() -> tuple:
```

qui renvoie un couple donnant les coordonnées actuelles du robot dans le système de coordonnées de l'exploration à planifier. Ainsi l'instruction `x, y = position_robot()` permet de récupérer les coordonnées courantes du robot.

Afin de faciliter l'application des différents algorithmes de recherche de chemin, on souhaite construire un tableau des distances entre les différents points d'intérêt d'une exploration et entre ceux-ci et la position courante du robot au moment du calcul. Écrire une fonction d'entête

```
def calculer_distances(PI:np.ndarray) -> np.ndarray:
```

qui prend en paramètre un tableau de n points d'intérêt tel que décrit précédemment et renvoie un tableau de nombres flottants, de dimension $(n + 1) \times (n + 1)$, tel que l'élément d'indice `i, j` fournit la distance entre les points d'intérêt i et j, l'indice `n` désignant le point de départ du robot.

I.B – Traitement d'image

On dispose de photographies d'une zone d'exploration effectuées à différentes longueur d'onde. Chaque photographie a été mises à l'échelle de la zone d'exploration puis stockée dans un tableau numpy (`np.ndarray`) à deux dimensions. Les dimensions correspondent aux coordonnées géographiques du point photographié, chaque élément est un entier, compris entre 0 et 255, donnant l'intensité du point considéré sur l'image. Ainsi l'élément d'indice `x, y` contient un entier, compris entre 0 et 255, correspondant à l'intensité sur la photographie considérée du point de coordonnées (x, y). À partir de ces photographies, les géologues déterminent les endroits à analyser en filtrant ceux qui ont un profil d'émission caractéristique de certaines roches intéressantes.

I.B.1) Analyse d'une image

La fonction `F1` ci-dessous prend en paramètre une photographie représentée comme décrit plus haut. Expliquer ce que fait cette fonction et décrire son résultat.

```
def F1(photo:np.ndarray) -> np.ndarray:
    n = photo.min()
    b = photo.max()
    h = np.zeros(b - n + 1, np.int64)
    for p in photo.flat:
        h[p - n] += 1
    return h
```

I.B.2) Sélection de points d'intérêts

Écrire une fonction d'entête

```
def sélectionner_PI(photo:np.ndarray, imin:int, imax:int)
    -> np.ndarray:
```

où `photo` est un tableau représentant une photographie. Le résultat de la fonction `sélectionner_PI` est un tableau à deux dimensions, de structure similaire à celui décrit figure 2, contenant les coordonnées des points dont l'intensité sur la photographie est comprise entre `imin` et `imax`.

I.C – Base de données

Afin d'assurer son autonomie opérationnelle, le robot dispose localement des informations nécessaires à son fonctionnement quotidien. Ainsi, il enregistre la durée d'utilisation de ses différents instruments embarqués. Il connait également les différents types d'analyses qu'il peut effectuer et, pour chacun de ces types, les instruments à utiliser. Il enregistre la prochaine exploration, c'est-à-dire les différents points d'intérêts qu'il doit visiter et pour chacun la ou les analyses qu'il doit effectuer. D'autre part, il conserve les résultats d'analyses effectuées lors de ses explorations passées. Ces résultats ne sont effacés qu'après confirmation de leur bonne transmission sur Terre.

Ces différentes informations sont stockées dans une base de données relationnelle dont le modèle physique est schématisé figure 3.

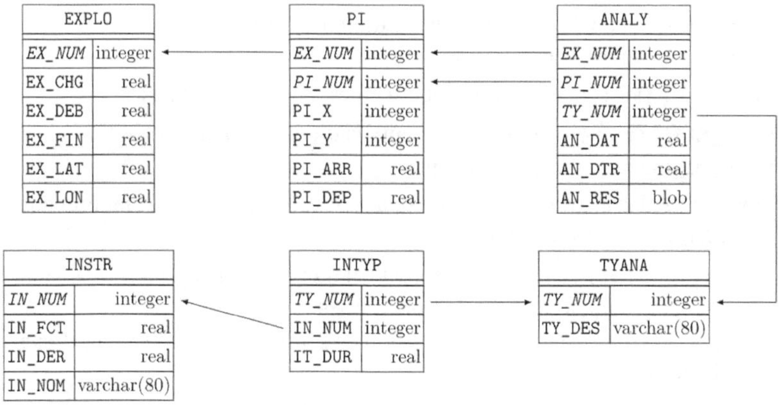

FIGURE 3 – Structure physique de la base de données d'un robot

Cette base comporte les six tables suivantes :

- la table `EXPLO` des explorations, avec les colonnes
  - `EX_NUM` numéro (entier) de l'exploration (clef primaire)
  - `EX_CHG` date de transmission des points d'intérêts de cette exploration
  - `EX_DEB` date de début de l'exploration (`NULL` si l'exploration n'est pas encore commencée)

  - EX_FIN date de fin de l'exploration (NULL si l'exploration n'est pas encore terminée)
  - EX_LAT latitude (en degrés décimaux) du point de coordonnées (0, 0) de la zone d'exploration
  - EX_LON longitude (en degrés décimaux) du point de coordonnées (0, 0) de la zone d'exploration
- la table PI des points d'intérêts, de clef primaire (EX_NUM, PI_NUM), avec les colonnes
  - EX_NUM numéro de l'exploration à laquelle appartient le point d'intérêt
  - PI_NUM numéro du point d'intérêt dans l'exploration (au sein d'une exploration les PI sont numérotés en séquence en commençant à 0, ce numéro n'a pas de rapport avec l'ordre dans lequel les PI sont explorés par le robot)
  - PI_X l'abscisse du point d'intérêt dans la zone d'exploration (entier positif en millimètres)
  - PI_Y l'ordonnée du point d'intérêt dans la zone d'exploration (entier positif en millimètres) PI_ARR date d'arrivée du robot au point d'intérêt (NULL si ce point n'a pas encore été visité)
  - PI_DEP date à laquelle le robot a quitté le point d'intérêt (NULL si ce point n'a pas encore été exploré ou si la visite est en cours)
- la table INSTR des instruments embarqués, avec les colonnes
  - IN_NUM le numéro (entier) de l'instrument (clef primaire)
  - IN_FCT la durée pendant lequel l'instrument a déjà été utilisé depuis l'arrivée sur la planète (nombre décimal : fraction de jour martien)
  - IN_DER la date de la dernière utilisation de l'instrument
  - IN_NOM nom de l'instrument
- la table TYANA des types d'analyses à effectuer, avec les colonnes
  - TY_NUM le numéro de référence (entier) du type d'analyse (clef primaire)
  - TY_DES le nom du type d'analyse
- la table INTYP des instruments utilisés pour un type d'analyse, de clef primaire (TY_NUM , IN_NUM), avec les colonnes
  - TY_NUM le numéro de référence (entier) du type d'analyse
  - IN_NUM le numéro (entier) de l'instrument
  - IT_DUR la durée standard d'utilisation de l'instrument dans ce type d'analyse (nombre décimal : fraction de jour martien)
- la table ANALY indiquant pour chaque point d'intérêt les types d'analyses à effectuer ou effectuées, de clef primaire (EX_NUM, PI_NUM, TY_NUM) et avec les colonnes
  - EX_NUM numéro de l'exploration à laquelle appartient le point d'intérêt
  - PI_NUM numéro du point d'intérêt dans l'exploration
  - TY_NUM type de l'analyse
  - AN_DAT date de l'analyse (NULL si l'analyse n'a pas été effectuée)
  - AN_DTR date de transmission sur Terre des résultats de l'analyse (NULL si l'analyse n'a pas été transmise)
  - AN_RES résultat de l'analyse (donnée opaque dont la signification dépend du type d'analyse)

Toutes les dates sont stockées sous forme d'un nombre décimal correspondant au nombre de jours martiens depuis l'arrivée du robot sur la planète.

I.C.1) Écrire une requête SQL qui donne le numéro de l'exploration en cours, s'il y en a une.

I.C.2) Écrire une requête SQL qui donne, pour une exploration dont on connait le numéro, la liste des points d'intérêts de cette exploration avec leurs coordonnées.

I.C.3) Écrire une requête SQL qui donne la surface, en mètres carrés, de chaque zone déjà explorée par le robot. La zone d'exploration est définie comme le plus petit rectangle qui englobe l'ensemble des points d'intérêts de l'exploration et dont les bords sont parallèles aux axes de référence (axes des abscisse et des ordonnées).

I.C.4) Quelle est la surface maximale d'une zone d'exploration que peut stocker cette base de données ?

I.C.5) Écrire une requête SQL qui donne, pour l'exploration en cours, le nombre de fois où chaque instrument doit être utilisé et sa durée d'utilisation théorique (en jours martiens) pour la totalité de l'exploration.

II Planification d'une exploration : première approche

Avant de démarrer une nouvelle exploration, le robot doit déterminer un chemin qui lui permet de passer par tous les points d'intérêts une et une seule fois. L'enjeu de l'opération est de trouver le chemin le plus court possible afin de limiter la dépense d'énergie et de limiter l'usure du robot.

Chaque point d'intérêt sera repéré par un entier positif ou nul correspondant à son indice dans le tableau des points d'intérêt. Un chemin d'exploration sera représenté par un objet de type `list` donnant les indices des points d'intérêt dans l'ordre de leur parcours.

II.A – Quelques fonctions utilitaires

II.A.1) Longueur d'un chemin

Écrire une fonction d'entête

```
def longueur_chemin(chemin:list, d:np.ndarray) -> float:
```

qui prend en paramètre un chemin à parcourir et la matrice des distances entre points d'intérêt (telle que renvoyée par la fonction `calculer_distances`) et renvoie la distance que doit effectuer le robot pour suivre ce chemin en partant de sa position courante (correspondant à la dernière ligne/colonne du tableau `d`) et en visitant tous les points d'intérêt dans l'ordre indiqué.

II.A.2) Normalisation d'un chemin

Écrire une fonction d'entête

```
def normaliser_chemin(chemin:list, n:int) -> list:
```

qui prend en paramètre une liste d'entiers et renvoie une liste correspondant à un chemin valide, c'est-à-dire contenant une seule fois tous les entiers entre 0 et `n` (exclu). Pour cela cette fonction commence par supprimer les éventuels doublons (en ne conservant que la première occurrence) et les valeurs supérieures ou égales à `n`, sans modifier l'ordre relatif des éléments conservés, puis ajoute à la fin les éventuels éléments manquants en ordre croissant de numéros.

II.B – Force brute

Pour rechercher le plus court chemin, on peut imaginer de considérer tous les chemins possibles et de calculer leur longueur. On obtiendra ainsi à coup sûr le chemin le plus court.

II.B.1) Déterminer en fonction de n, nombre de points à visiter, le nombre de chemins possibles passant exactement une fois par chacun des points.

II.B.2) Cet algorithme est-il utilisable pour une zone d'exploration contenant 20 points d'intérêts ? Justifier.

II.C – Algorithme du plus proche voisin

Une idée simple pour obtenir un algorithme utilisable est de construire un chemin en choisissant systématiquement le point, non encore visité, le plus proche de la position courante.

II.C.1) Écrire une fonction d'entête

```
def plus_proche_voisin(d:np.ndarray) -> list:
```

qui prend en paramètre le tableau des distances résultat de la fonction `calculer_distances` (question I.A.2) et fournit un chemin d'exploration en appliquant l'algorithme du plus proche voisin.

II.C.2) Quelle est la complexité temporelle de l'algorithme du plus proche voisin en considérant que cet algorithme est constitué des deux fonctions `calculer_distances` et `plus_proche_voisin` ?

II.C.3) En considérant les trois points de coordonnées (0, 0), (0, 3000), (0, 7000) et en choisissant un point de départ adéquat pour le robot, montrer que l'algorithme du plus proche voisin ne fournit pas nécessairement le plus court chemin.
Dans la pratique, on constate que, dès que le nombre de points d'intérêt devient important, l'algorithme du plus proche voisin fournit un chemin qui peut être 50% plus long que le plus court chemin.

III Deuxième approche : algorithme génétique

Les algorithmes génétiques s'inspirent de la théorie de l'évolution en simulant l'évolution d'une population. Ils font intervenir cinq traitements.

1. Initialisation
   Il s'agit de créer une population d'origine composée de m individus (ici des chemins pour l'exploration à planifier). Généralement la population de départ est produite aléatoirement.

2. Évaluation
   Cette étape consiste à attribuer à chaque individu de la population courante une note correspondant à sa capacité à répondre au problème posé. Ici la note sera simplement la longueur du chemin.
3. Sélection
   Une fois tous les individus évalués, l'algorithme ne conserve que les « meilleurs » individus. Plusieurs méthodes de sélection sont possibles : choix aléatoire, ceux qui ont obtenu la meilleure note, élimination par tournoi, etc.
4. Croisement
   Les individus sélectionnés sont croisés deux à deux pour produire de nouveaux individus et donc une nouvelle population. La fonction de croisement (ou reproduction) dépend de la nature des individus.
5. Mutation
   Une proportion d'individus est choisie (généralement aléatoirement) pour subir une mutation, c'est-à-dire une transformation aléatoire. Cette étape permet d'éviter à l'algorithme de rester bloqué sur un optimum local.

En répétant les étapes de sélection, croisement et mutation, l'algorithme fait ainsi évoluer la population, jusqu'à trouver un individu qui réponde au problème initial. Cependant dans les cas pratiques d'utilisation des algorithmes génétiques, il n'est pas possible de savoir simplement si le problème est résolu (le plus court chemin figure-t-il dans ma population ?). On utilise donc des conditions d'arrêt heuristiques basées sur un critère arbitraire.
Le but de cette partie est de construire un algorithme génétique pour rechercher un meilleur chemin d'exploration que celui obtenu par l'algorithme du plus proche voisin.

III.A – Initialisation et évaluation

Une population est représentée par une liste d'individus, chaque individu étant représenté par un couple *(longueur, chemin)* dans lequel

- *chemin* désigne un chemin représenté comme précédemment par une liste d'entiers correspondant aux indices des points d'intérêt dans le tableau des distances produit par la fonction `calculer_distances` ;
- *longueur* est un entier correspondant à la longueur du chemin, en tenant compte de la position de départ du robot.

Écrire une fonction d'entête

```
def créer_population(m:int, d:np.ndarray) -> list:
```

qui crée une population de m individus aléatoires. Cette fonction prend en paramètre le nombre d'individus à engendrer et le tableau des distances entre points d'intérêt (et la position courante du robot) tel que produit par la fonction `calculer_distances`. Elle renvoie une liste d'individus, c'est-à-dire de couples *(longueur, chemin)*.

III.B – Sélection

Écrire une fonction d'entête

```
def réduire(p:list) -> None:
```

qui réduit une population de moitié en ne conservant que les individus correspondant aux chemins les plus courts. On rappelle que `p` est une liste de couples *(longueur, chemin)*. La fonction `réduire` ne renvoie pas de résultat mais modifie la liste passée en paramètre.

III.C – Mutation

III.C.1) Écrire une fonction d'entête

```
def muter_chemin(c:list) -> None:
```

qui prend en paramètre un chemin et le transforme en inversant aléatoirement deux de ses éléments.

III.C.2) Écrire une fonction d'entête

```
def muter_population(p:list, proba:float, d:np.ndarray) ->
    None:
```

qui prend en paramètre une population dont elle fait muter un certain nombre d'individus. Le paramètre `proba` (compris entre 0 et 1) désigne la probabilité de mutation d'un individu. Le paramètre `d` est la matrice des distances entre points d'intérêt.

III.D – Croisement

III.D.1) Écrire une fonction d'entête

```
def croiser(c1:list, c2:list) -> list:
```

qui crée un nouveau chemin à partir de deux chemins passés en paramètre. Ce nouveau chemin sera produit en prenant la première moitié du premier chemin suivi de la deuxième moitié du deuxième puis en « normalisant » le chemin ainsi obtenu.

III.D.2) Écrire une fonction d'entête

```
def nouvelle_génération(p:list, d:np.ndarray) -> None:
```

qui fait grossir une population en croisant ses membres pour en doubler l'effectif. Pour cela, la fonction fait se reproduire tous les couples d'individus qui se suivent dans la population (`p[i], p[i+1]`) et (`p[m-1], p[0]`) de façon à produire *m* nouveaux individus qui s'ajoutent aux *m* individus de la population de départ.

III.E – Algorithme complet

III.E.1) Écrire une fonction d'entête

```
def algo_génétique(PI:np.ndarray, m:int, proba:float, g:int
    ) -> float, list:
```

qui prend en paramètre un tableau de points d'intérêts (figure 2), la taille `m` de la population, la probabilité de mutation `proba` et le nombre de générations `g`. Cette fonction implante un algorithme génétique à l'aide des différentes fonctions écrites jusqu'à présent et renvoie la longueur du plus court chemin d'exploration et le chemin lui-même obtenus au bout de `g` générations.

III.E.2) Est-il possible avec l'implantation réalisée, qu'une itération de l'algorithme dégrade le résultat : le meilleur chemin obtenu à la génération $n+1$ est plus long que celui de la génération n ?
Dans l'affirmative, comment modifier le programme pour que cette situation ne puisse plus arriver ?

III.E.3) Quelles autres conditions d'arrêt peut-on imaginer ? Établir un comparatif présentant les avantages et inconvénients de chaque condition d'arrêt envisagée.

Opérations et fonctions Python disponibles

Fonctions

- `range(n)` renvoie la séquence des `n` premiers entiers ($0 \to n-1$)
- `list(range(n))` renvoie une liste contenant les `n` premiers entiers dans l'ordre croissant : `list(range(5))` → `[0, 1, 2, 3, 4]`
- `random.randrange(a, b)` renvoie un entier aléatoire compris entre `a` et `b-1` inclus (`a` et `b` entiers)
- `random.random()` renvoie un nombre flottant tiré aléatoirement dans [0, 1[suivant une distribution uniforme
- `random.shuffle(u)` permute aléatoirement les éléments de la liste `u` (modifie `u`)
- `random.sample(u, n)` renvoie une liste de `n` éléments distincts de la liste `u` choisis aléatoirement, si `n > len(u)`, déclenche l'exception `ValueError`
- `math.sqrt(x)` calcule la racine carrée du nombre x
- `math.ceil(x)` renvoie le plus petit entier supérieur ou égal à `x`
- `math.floor(x)` renvoie le plus grand entier inférieur ou égal à `x`
- `sorted(u)` renvoie une nouvelle liste contenant les éléments de la liste `u` triés dans l'ordre « naturel » de ses éléments (si les éléments de `u` sont des listes ou des tuples, l'ordre utilisé est l'ordre lexicographique)

Opérations sur les listes

- `len(u)` donne le nombre d'éléments de la liste `u` :
  `len([1, 2, 3])` → 3; `len([[1,2], [3,4]])` → 2
- `u + v` construit une liste constituée de la concaténation des listes `u` et `v` :
  `[1, 2] + [3, 4, 5]` → `[1, 2, 3, 4, 5]`
- `n * u` construit une liste constitué de la liste `u` concaténée `n` fois avec elle-même :
  `3 * [1, 2]` → `[1, 2, 1, 2, 1, 2]`
- `e in u` et `e not in u` déterminent si l'objet `e` figure dans la liste `u`, cette opération a une complexité temporelle en $O($`len(u)`$)$
  `2 in [1, 2, 3]` → `True`; `2 not in [1, 2, 3]` → `False`
- `u.append(e)` ajoute l'élément `e` à la fin de la liste `u` (similaire à `u = u + [e]`)
- `del u[i]` supprime de la liste `u` son élément d'indice `i`

- `del u[i:j]` supprime de la liste `u` tous ses éléments dont les indices sont compris dans l'intervalle `[i, j[`
- `u.remove(e)` supprime de la liste `u` le premier élément qui a pour valeur `e`, déclenche l'exception `ValueError` si `e` ne figure pas dans `u`, cette opération a une complexité temporelle en O(`len(u)`)
- `u.insert(i, e)` insère l'élément `e` à la position d'indice `i` dans la liste `u` (en décalant les éléments suivants) ; si `i >= len(u)`, `e` est ajouté en fin de liste
- `u[i], u[j] = u[j], u[i]` permute les éléments d'indice `i` et `j` dans la liste `u`
- `u.sort()` trie la liste `u` en place, dans l'ordre « naturel » de ses éléments (si les éléments de `u` sont des listes ou des tuples, l'ordre utilisé est l'ordre lexicographique)

Opérations sur les tableaux (`np.ndarray`)

- `np.array(u)` crée un nouveau tableau contenant les éléments de la liste `u`. La taille et le type des éléments de ce tableau sont déduits du contenu de `u`
- `np.empty(n, dtype), np.empty((n, m), dtype)` crée respectivement un vecteur à `n` éléments ou une matrice à `n` lignes et `m` colonnes dont les éléments, de valeurs indéterminées, sont de type `dtype` qui peut être un type standard (`bool, int, float, ...`) ou un type spécifique numpy (`np.int16, np.float32, ...`). Si le paramètres `dtype` n'est pas précisé, il prend la valeur `float` par défaut
- `np.zeros(n, dtype), np.zeros((n, m), dtype)` fonctionne comme `np.empty` en initialisant chaque élément à la valeur zéro pour les types numériques ou `False` pour les types booléens
- `a.ndim` nombre de dimensions du tableau `a` (1 pour un vecteur, 2 pour une matrice, etc.)
- `a.shape` tuple donnant la taille du tableau `a` pour chacune de ses dimensions
- `len(a)` taille du tableau `a` dans sa première dimension (nombre d'éléments d'un vecteur, nombre de lignes d'une matrice, etc.) équivalent à `a.shape[0]`
- `a.size` nombre total d'éléments du tableau `a`
- `a.flat` itérateur sur tous les éléments du tableau `a`
- `)a.min(), a.max()` renvoie la valeur du plus petit (respectivement plus grand) élément du tableau `a` ; ces opérations ont une complexité temporelle en O(`a.size`)
- `b in a` détermine si `b` est un élément du tableau `a` ; si `b` est un scalaire, vérifie si `b` est un élément de `a` ; si `b` est un vecteur ou une liste et `a` une matrice, détermine si `b` est une ligne de `a`
- `np.concatenate((a1, a2))` construit un nouveau tableau en concaténant deux tableaux ; `a1` et `a2` doivent avoir le même nombre de dimensions et la même taille à l'exception de leur taille dans la première dimension (deux matrices doivent avoir le même nombre de colonnes pour pouvoir être concaténées)

CORRIGÉ COMMENTÉ

I.A.1.a) En interprétant la largeur de la zone comme le nombre de points, il faut tirer des coordonnées entre 0 et `c_max-1`.

```
def générer_PI(n:int, cmax:int) -> np.ndarray:
    tableau = np.empty((n,2), int)
    i=0
    while i<n:
        x = random.randrange(0,cmax)
        y = random.randrange(0,cmax)
        dejaChoisi = False
        for j in range(i):
            if tableau[j][0]==x and tableau[j][1]==y:
                dejaChoisi = True
        if not dejaChoisi:
            tableau[i] = [x, y]
            i += 1
    return tableau
```

Commentaire

Une autre interprétation de l'énoncé est possible : avec une largeur `cmax`, on peut discrétiser l'intervalle en prenant `cmax+1` points : de 0 à `cmax`. Du fait de l'ambiguïté de l'énoncé, il vaut mieux préciser le choix d'interprétation qu'on a fait.
La difficulté de cette question repose sur le fait que les points d'intérêt doivent être choisis distincts, ce qui nécessite de vérifier que chaque nouveau point tiré n'a pas déjà été choisi.

I.A.1.b) Pour que la fonction puisse terminer, il faut que la zone considérée contienne au moins n points, donc que $\mathtt{cmax}^2 \geqslant \mathtt{n}$.

I.A.2)

```
def calculer_distances(PI:np.ndarray) -> np.ndarray:
    n = PI.shape[0]
    points = np.concatenate((PI, np.array([position_robot()
        ])))
    distances = np.empty((n+1,n+1), float)
    for i in range(n+1):
        distances[i,i] = 0
        for j in range(i):
            distances[i,j] = math.sqrt((points[i,0]-points[
                j,0])**2 + (points[i,1]-points[j,1])**2)
            distances[j,i] = distances[i,j]
    return distances
```

Commentaire

On commence par ajouter le robot à la position *n* du tableau `PI` afin de pouvoir intégrer le calcul des distances par rapport à la position courante du robot au calcul des autres distances.
Dans cette correction, on a fait le choix d'éviter les recalculs inutiles puisque la matrice est symétrique. Ainsi, on effectue un parcours triangulaire de la matrice pour ne calculer qu'une fois chaque distance. Par ailleurs, les termes de la diagonale sont affectés de 0.

I.B.1) La fonction proposée renvoie le nombre de points de la photographie pour chaque niveau d'intensité entre l'intensité minimale et l'intensité maximale contenues dans la photo.

I.B.2)

```
def sélectionner_PI(photo:np.ndarray, imin:int, imax:int)
    -> np.ndarray:
    PI = []
    for i in range(photo.shape[0]):
        for j in range(photo.shape[1]):
            if imin <= photo[i,j] <= imax:
                PI.append([i,j])
    return np.array(PI)
```

Commentaire

Les tableaux de `numpy` sont de taille fixe, il convient donc de d'abord stocker le résultat dans une liste car la méthode `append` se fait en temps constant, plutôt que d'utiliser `concatenate` qui se ferait en temps linéaire. Ensuite, il ne faut pas oublier de convertir en tableau.

I.C.1)

```
SELECT EX_NUM FROM EXPLO
WHERE EX_DEB IS NOT NULL AND EX_FIN IS NULL
```

I.C.2) Soit `n` le numéro de l'exploration que l'on recherche :

```
SELECT PI_NUM, PI_X, PI_Y FROM PI WHERE EX_NUM = n
```

I.C.3)

```
SELECT PI.EX_NUM, (MAX(PI_X)-MIN(PI_X)) * (MAX(PI_Y)-MIN(
    PI_Y)) * 1e-6
FROM EXPLO JOIN PI ON EXPLO.EX_NUM = PI.EX_NUM
WHERE EX_FIN IS NOT NULL
GROUP BY PI.EX_NUM
```

I.C.4) L'énoncé n'indique pas l'encodage des entiers de la base de données en mémoire. En supposant que l'on a utilisé des entiers non signés représenté sur 32 bits, les dimensions maximales seraient alors $2^{32}\text{mm} \times 2^{32}\text{mm} \approx 1{,}8.10^{19}\text{mm}^2$ soit environ 18 millions de kilométres carrés.

I.C.5)

```
SELECT IN_NOM, COUNT(*), SUM(IT_DUR)
FROM ANALY JOIN INTYP ON ANALY.TY_NUM = INTYP.TY_NUM
          JOIN INSTR ON INTYP.IN_NUM = INSTR.IN_NUM
WHERE EX_NUM =
    (SELECT EX_NUM FROM EXPLO WHERE EX_DEB IS NOT NULL AND
       EX_FIN IS NULL) # requête du I.C.1
GROUP BY IN_NOM
```

II.A.1)

```
def longueur_chemin(chemin:list, d:np.ndarray) -> float:
    longueur = 0
    pos = d.shape[0]-1 # position du robot
    for i in chemin:
        longueur += d[pos, i]
        pos = i
    return longueur
```

Commentaire

Il faut penser dans cette question à la première longueur à parcourir, celle qui amène le robot au premier point du chemin.
Nous utilisons ici un parcours par valeur de la liste `chemin`. Se reporter au Point Méthodologique du Sujet Banque PT 2015 pour plus d'informations.

II.A.2)

```
def normaliser_chemin(chemin:list, n:int) -> list:
    dejaPris = [False]*n
    nouveau = []
    for i in chemin + list(range(n)):
        if i<n and not dejaPris[i]:
            nouveau.append(i)
            dejaPris[i]=True
    return nouveau
```

Commentaire

La solution utilisant le test d'appartenance **in** :

```
def normaliser_chemin(chemin:list, n:int) -> list:
    nouveau = []
    for i in chemin + list(range(n)):
        if i<n and i not in nouveau:
            nouveau.append(i)
    return nouveau
```

est également correcte mais de complexité plus élevée. En effet, le test d'appartenance est de complexité linéaire tandis que le tableau `dejaPris` permet de tester en temps constant si un indice a déjà été utilisé.
On a astucieusement concaténer `chemin` et la liste des entiers de 0 à n-1 afin d'écrire le programme en une seule boucle. On aurait également pu, à la place, parcourir `dejaPris` et ajouter tous les indices où on trouve la valeur `False` à la fin de la boucle sur `chemin`.

II.B.1) Un chemin est une permutation de $(0, \ldots, n-1)$, il y en a donc $n!$ (n choix pour la premier point, $n-1$ pour le suivant etc.).

II.B.2) Pour 20 points d'intérêt, on a 20! chemins avec 20! qui est de l'ordre de 10^{18}. Il y a donc de l'ordre de 10^{18} possibilités à tester, cette opération n'étant pas non plus unitaire. Il n'est donc pas raisonnable d'utiliser cet algorithme même avec un ordinateur qui exécuterait de l'ordre de 10^{10} opérations par secondes (10 Ghz).

II.C.1) On introduit une fonction qui recherche le plus proche voisin d'un point actuel parmi les points non-encore visités, le tableau de booléens `visites` indique pour chaque point s'il a déjà été visité :

```
def plus_proche(d:np.ndarray, actuel:int, visites:list) -> int:
    dMin = float('inf')
    n = d.shape[0] - 1
    for i in range(n):
        if not visites[i] and d[actuel][i] < dMin:
            iMin = i
            dMin = d[actuel][i]
    return iMin

def plus_proche_voisin(d:np.ndarray) -> list:
    n = d.shape[0] - 1
    pos = n
    visites = [False]*n
    chemin = []
    for i in range(n):
        iPlusProche = plus_proche(d, pos, visites)
        chemin.append(iPlusProche)
        visites[iPlusProche] = True
```

```
        return chemin
```

Commentaire

Lorsqu'on introduit une fonction auxiliaire non demandée, il convient d'expliquer le rôle de cette fonction.

II.C.2) La fonction `calculer_distances` est constituée d'une double boucle, le nombre total de tours de boucle interne est $1 + 2 + ... + (n-1) = \frac{n(n-1)}{2}$, chacun effectuant un nombre fini d'opérations élémentaires, on a donc une complexité quadratique par rapport à n.

La fonction `plus_proche` a une complexité linéaire en n.

La fonction `plus_proche_voisin` effectue n tours de boucle au cours desquels on effectue des opérations élémentaires, à l'exception de `plus_proche` de complexité linéaire, on a donc une complexité quadratique par rapport à n.

Par somme, l'algorithme a donc une complexité quadratique par rapport à n, c'est-à-dire en n^2.

II.C.3) En positionnant le robot en $(0, 4000)$, avec l'algorithme du plus proche voisin, le robot va faire le chemin [1, 0, 2] de longueur 1000 + 3000 + 7000 = 11000 alors que le chemin [2, 0, 1] est de longueur 3000 + 4000 + 3000 = 10000.

Commentaire

Pour obtenir un exemple, il suffit de placer le robot plus près du point intermédiaire que des points extérieurs.

III.A)

```
def créer_population(m:int, d:np.ndarray) -> list:
    population = []
    n = d.shape[0]-1
    for i in range(m):
        chemin = list(range(n))
        random.shuffle(chemin)
        population.append( (longueur_chemin(chemin, d),
            chemin) )
    return population
```

Commentaire

L'annexe propose plusieurs fonctions qui permettent de générer un chemin aléatoire. Nous avons ici choisi de mélanger la liste des entiers de 0 à $n-1$ pour obtenir un chemin aléatoire. Il suffit ensuite de calculer sa longueur pour constituer le couple qui représente un individu.

III.B D'après l'annexe, le tri de `p` à l'aide de `p.sort()` réordonne la liste `p` par ordre croissant au sens de l'ordre lexicographique, c'est donc l'ordre sur la première valeur des couples, donc la longueur, qui prime.

```python
def réduire(p:list) -> None:
    p.sort()
    del p[len(p)//2:]
```

> **Commentaire**
>
> On utilise ici les fonctions proposées dans l'annexe pour écrire une solution simple. Il est à noter qu'on a, en plus de l'effet demandé, produit l'effet de réordonner les individus ce qui a des conséquences sur les croisements ensuite. Vu les indications dans l'annexe concernant l'effet de la fonction `sort` au sujet des listes de tuples, on a considéré que c'était l'idée du sujet. Le sujet aurait cependant pu inviter à mélanger la population avant de commencer les croisements afin d'éviter tout ordre spécifique.
> Une solution plus efficace pour la sélection aurait consisté à partitionner la liste `p` par rapport à sa médiane sans trier entièrement `p` en s'inspirant du tri rapide.

III.C.1)

```python
def muter_chemin(c:list) -> None:
    i = random.randrange(0,n)
    j = (i + random.randrange(1,n))%n
    c[i], c[j] = c[j], c[i]
```

L'expression utilisée pour `j` permet de s'assurer qu'on ne tire pas `i` à nouveau, mais l'un des $n-1$ autres points d'intérêt.

> **Commentaire**
>
> De façon générale, il convient de commenter, sous forme de commentaires Python, ou simplement par des phrases courtes les points du programme dont le rôle n'est pas évident.

III.C.2)

```python
def muter_population(p:list, proba:float, d:np.ndarray) -> None:
    for i in range(len(p)):
        if random.random()<proba:
            c = p[i][1]
            muter_chemin(c)
            p[i]=(longueur_chemin(c), c)
```

> **Commentaire**
>
> Il faut penser à mettre à jour la longueur du chemin après avoir muter le chemin. Puisqu'on a utilisé des couples, on ne peut modifier `p[i][0]` par une affectation, il faut changer le couple `p[i]` directement.

III.D.1)

```
def croiser(c1:list, c2:list) -> list:
    n = len(list)
    return normaliser_chemin(c1[:n//2]+c2[n//2:], n)
```

III.D.2)

```
def nouvelle_génération(p:list, d:np.ndarray) -> None:
    m = len(p)
    for i in range(m):
        chemin=append(croiser(p[i-1][1],p[i][1]))
        p.append((longueur(chemin), chemin))
```

Au premier tour de boucle, l'indice `i-1` vaut -1 et permet donc de traiter le couple `(p[m-1], p[0])`.

> **Commentaire**
>
> A nouveau, il convient de commenter le cas `i=0` pour montrer que l'indice `-1` a été sciemment utilisé, ou de le traiter séparément. Notez les parenthèses indispensables autour du couple qu'on ajoute à `p`.

III.E.1)

```
def algo_génétique(PI:np.ndarray, m:int, proba:float, g:int) -> tuple:
    d = calculer_distances(PI)
    p = créer_population(m, d)
    for i in range(g):
        réduire(p)
        nouvelle_génération(p, d)
        muter_population(p, proba, d)
    p.sort()
    return p[0]
```

Le tri en sortie de boucle est inutilement coûteux car on ne veut que le minimum mais il ne change pas la complexité asymptotique, puisqu'on l'effectue déjà à chaque génération.

> **Commentaire**
>
> L'annexe ne donne pas la fonction **`min`** qui aurait permis d'éviter en sortie de boucle un ultime tri pour obtenir le candidat de meilleure évaluation.

III.E.2) Dans la suite, on appelera *élite* l'individu de meilleure évaluation.

La fonction `réduire` conserve forcément l'élite, de même que la fonction `nouvelle_génération` qui n'altére pas les individus déjà présents.

La fonction `muter_population` peut muter l'élite, et cette mutation peut dégrader le résultat.

Pour éviter le problème, on peut empêcher, la fonction `muter_population` de changer l'élite, par exemple, en commençant la boucle à l'indice 1 puisque l'élite de la génération précédente est à l'indice 0.

Commentaire

Pour des raisons de clarté de la correction, nous avons choisi ici d'introduire et d'utiliser le vocabulaire consacré pour l'individu de meilleure évaluation.

III.E.3)

1. On peut envisager de s'arrêter lorsque le meilleur chemin n'évolue plus au bout d'un certain nombre de générations consécutives.
2. On peut envisager de s'arrêter après un temps défini par avance, le temps dont on dispose pour essayer d'obtenir le meilleur chemin.

Dans le premier cas, il faut choisir arbitrairement le nombre de générations consécutives à partir duquel on arrête. Cette heuristique peut arrêter la recherche rapidement alors qu'on est encore loin de l'optimum, il faut donc bien choisir le paramètre de façon à réduire le risque.

Dans le second cas, on peut arrêter la recherche alors qu'on est en pleine phase d'amélioration. Cependant, d'un point de vue pratique, il semble pertinent d'allouer un temps défini à la recherche d'un court chemin.

Mines-Ponts – Informatique 2017

MP, PC, PSI - Durée : 1 heure 30 minutes

SUJET

ÉCOLE DES PONTS PARISTECH,
ISAE-SUPAERO, ENSTA PARISTECH,
TELECOM PARISTECH, MINES PARISTECH,
MINES SAINT-ÉTIENNE, MINES NANCY,
IMT Atlantique (ex Télécom Bretagne), ENSAE PARISTECH.

Concours Centrale-Supelec (Cycle International), Concours Mines-Télécom, Concours Commun TPE/EIVP.

CONCOURS 2017

ÉPREUVE D'INFORMATIQUE COMMUNE

Durée de l'épreuve : 1 heure 30 minutes
L'usage de la calculatrice et de tout dispositif électronique est interdit.

Cette épreuve est commune aux candidats des filières MP, PC et PSI

Les candidats sont priés de mentionner de façon apparente sur la première page de la copie :

INFORMATIQUE COMMUNE

L'énoncé de cette épreuve comporte 9 pages de texte.

Si, au cours de l'épreuve, un candidat repère ce qui lui semble être une erreur d'énoncé, il le signale sur sa copie et poursuit sa composition en expliquant les raisons des initiatives qu'il est amené à prendre.

ÉTUDE DE TRAFIC ROUTIER

Ce sujet concerne la conception d'un logiciel d'étude de trafic routier. On modélise le déplacement d'un ensemble de voitures sur des files à sens unique (voir Figure 1(a) et 1(b)). C'est un schéma simple qui peut permettre de comprendre l'apparition d'embouteillages et de concevoir des solutions pour fluidifier le trafic.

Le sujet comporte des questions de programmation. Le langage à utiliser est `Python`.

Notations

Soit L une liste,

- on note $len(L)$ sa longueur;
- pour i entier, $0 \leq i < len(L)$, l'élément de la liste d'indice i est noté $L[i]$;
- pour i et j entiers, $0 \leq i < j \leq len(L)$, $L[i : j]$ est la sous-liste composée des éléments $L[i], \ldots, L[j-1]$;
- $p * L$, avec p entier, est la liste obtenue en concaténant p copies de L. Par exemple, $3 * [0]$ est la liste $[0, 0, 0]$.

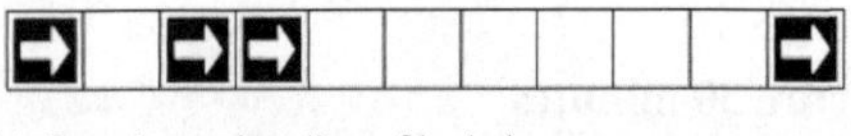

(a) Représentation d'une file de longueur onze comprenant quatre voitures, situées respectivement sur les cases d'indices 0, 2, 3 et 10.

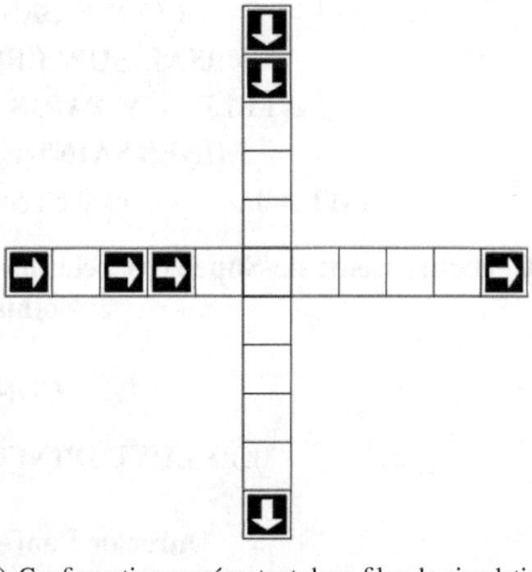

(b) Configuration représentant deux files de circulation à sens unique se croisant en une case. Les voitures sont représentées par un carré noir.

FIGURE 1 – Files de circulation

Partie I. Préliminaires

Dans un premier temps, on considère le cas d'une seule file, illustré par la Figure 1(a). Une file de longueur n est représentée par n cases. Une case peut contenir au plus une voiture. Les voitures présentes dans une file circulent toutes dans la même direction (sens des indices croissants, désigné par les flèches sur la Figure 1(a)) et sont indifférenciées.

❑ **Q 1.** Expliquer comment représenter une file de voitures à l'aide d'une liste de booléens.

❑ **Q 2.** Donner une ou plusieurs instructions `Python` permettant de définir une liste A représentant la file de voitures illustrée par la Figure 1(a).

❑ **Q 3.** Soit L une liste représentant une file de longueur n et i un entier tel que $0 \leq i < n$. Définir en `Python` la fonction `occupe(L, i)` qui renvoie `True` lorsque la case d'indice i de la file est occupée par une voiture et `False` sinon.

❑ **Q 4.** Combien existe-t-il de files différentes de longueur n ? Justifier votre réponse.

❑ **Q 5.** Écrire une fonction `egal(L1, L2)` retournant un booléen permettant de savoir si deux listes $L1$ et $L2$ sont égales.

❑ **Q 6.** Que peut-on dire de la complexité de cette fonction ?

❑ **Q 7.** Préciser le type de retour de cette fonction.

Partie II. Déplacement de voitures dans la file

On identifie désormais une file de voitures à une liste. On considère les schémas de la Figure 2 représentant des exemples de files. Une *étape de simulation pour une file* consiste à déplacer les voitures de la file, à tour de rôle, en commençant par la voiture la plus à droite, d'après les règles suivantes :

- une voiture se trouvant sur la case la plus à droite de la file sort de la file ;
- une voiture peut avancer d'une case vers la droite si elle arrive sur une case inoccupée ;
- une case libérée par une voiture devient inoccupée ;
- la case la plus à gauche peut devenir occupée ou non, selon le cas considéré.

On suppose avoir écrit en `Python` la fonction `avancer` prenant en paramètres une liste de départ, un booléen indiquant si la case la plus à gauche doit devenir occupée lors de l'étape de simulation, et renvoyant la liste obtenue par une étape de simulation.
Par exemple, l'application de cette fonction à la liste illustrée par la Figure 2(a) permet d'obtenir soit la liste illustrée par la Figure 2(b) lorsque l'on considère qu'aucune voiture nouvelle n'est introduite, soit la liste illustrée à la Figure 2(c) lorsque l'on considère qu'une voiture nouvelle est introduite.

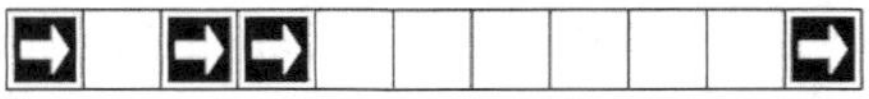

(a) Liste initiale `A`

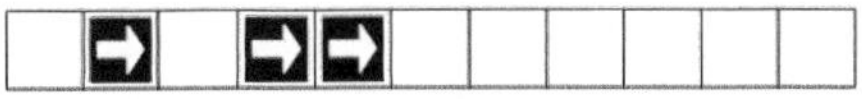

(b) `B = avancer(A, False)`

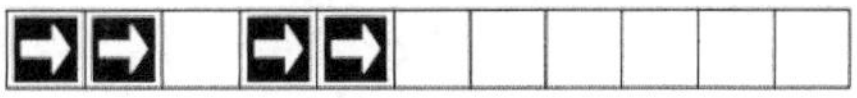

(c) `C = avancer(A, True)`

FIGURE 2 – Étape de simulation

❑ **Q 8.** Étant donnée A la liste définie à la question 2, que renvoie `avancer(avancer(A, False),True)` ?

❑ **Q 9.** On considère L une liste et m l'indice d'une case de cette liste ($0 \leq m < len(L)$). On s'intéresse à une *étape partielle* où seules les voitures situées sur la case d'indice m ou à droite de cette cas peuvent avancer normalement, les autres voitures ne se déplaçant par.
Par exemple, la file  devient .

m m

Définir en Python la fonction `avancer_fin(L,m)` qui réalise cette étape partielle de déplacement et renvoie le résultat dans une nouvelle liste sans modifier L.

❑ **Q 10.** Soient L une liste, b un booléen et m l'indice d'une case *inoccupée* de cette liste. On considère une étape partielle où seules les voitures situées à gauche de la case d'indice m se déplacent, les autres voitures ne se déplacent pas. Le booléen b indique si une nouvelle voiture est introduite sur la case la plus à gauche.
Par exemple, la file 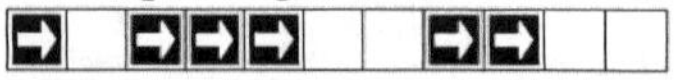 devient 

m m

lorsque aucune voiture n'est introduite.
Définir en Python la fonction `avancer_debut(L, b, m)` qui réalise cette étape partielle de déplacement et renvoie le résultat dans une nouvelle liste sans modifier L.

❑ **Q 11.** On considère une liste L dont la case d'indice $m > 0$ est temporairement inaccessible et bloque l'avancée des voitures. Une voiture située immédiatement à gauche de la case d'indice m ne peut pas avancer. Les voitures situées sur les cases plus à gauche peuvent avancer, à moins d'être bloquées par une case occupée, les autres voitures ne se déplacent pas. Un booléen b indique si une nouvelle voiture est introduite lorsque cela est possible.
Par exemple, la file 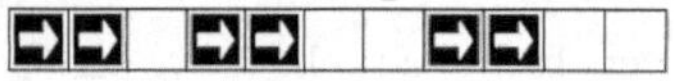 devient 

m m

lorsque aucune nouvelle voiture n'est introduite.
Définir en Python la fonction `avancer_debut_bloque(L, b, m)` qui réalise cette étape partielle de déplacement et renvoie le résultat dans une nouvelle liste.

On considère dorénavant deux files $L1$ et $L2$ de même longueur impaire se croisant en leur milieu ; on note m l'indice de la case du milieu. La file $L1$ est toujours prioritaire sur la file $L2$. Les voitures ne peuvent pas quitter leur file et la case de croisement ne peut être occupée que par une seule voiture. Les voitures de la file $L2$ ne peuvent accéder au croisement que si une voiture de la file $L1$ ne s'apprête pas à y accéder. Une *étape de simulation à deux files* se déroule en deux temps. Dans un premier temps, on déplace toutes les voitures situées sur le croisement ou après. Dans un second temps, les voitures situées avant le croisement sont déplacées en respectant la priorité. Par exemple, partant d'une configuration donnée par la Figure 3(a), les configurations successives sont données par la Figure 3(b), 3(c), 3(d), 3(e) et 3(f) en considérant qu'*aucune nouvelle voiture n'est introduite*.

Partie III. Une étape de simulation à deux files

L'objectif de cette partie est de définir en Python l'algorithme permettant d'effectuer une étape de simulation pour ce système à deux files.

❑ **Q 12.** En utilisant le langage Python, définir la fonction `avancer_files(L1, b1, L2, b2)` qui renvoie le résultat d'une étape de simulation sous la forme d'une liste de deux

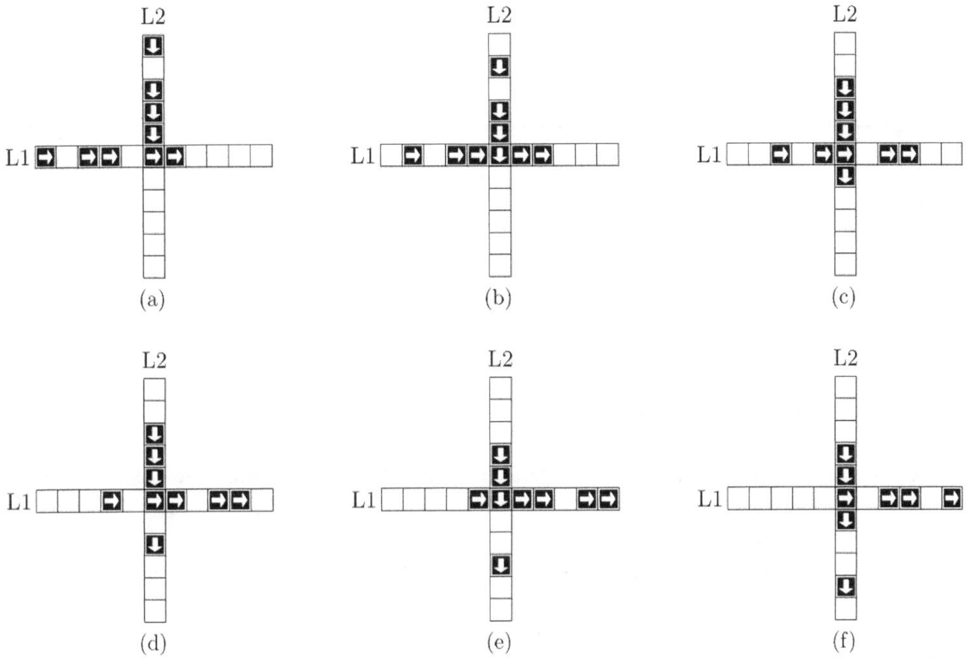

FIGURE 3 – Étapes de simulation à deux files

éléments notée $[R1, R2]$ sans changer les listes $L1$ et $L2$. Les booléens $b1$ et $b2$ indiquent respectivement si une nouvelle voiture est introduite dans les files $L1$ et $L2$. Les listes $R1$ et $R2$ correspondent aux listes après déplacement.

❑ **Q 13.** On considère les listes

```
D=[False,True,False,True,False],
E=[False,True,True,False,False]
```

Que renvoie l'appel `avancer_files(D, False, E, False)` ?

Partie IV. Transitions

❑ **Q 14.** En considérant que de nouvelles voitures peuvent être introduites sur les premières cases des files lors d'une étape de simulation, décrire une situation où une voiture de la file $L2$ serait indéfiniment bloquée.

❑ **Q 15.** Étant données les configurations illustrées par la Figure 4, combien d'étapes sont nécessaires (on demande le nombre minimum) pour passer de la configuration 4(a) à la configuration 4(b) ? Justifier votre réponse.

❑ **Q 16.** Peut-on passer de la configuration 4(a) à la configuration 4(c) ? Justifier votre réponse.

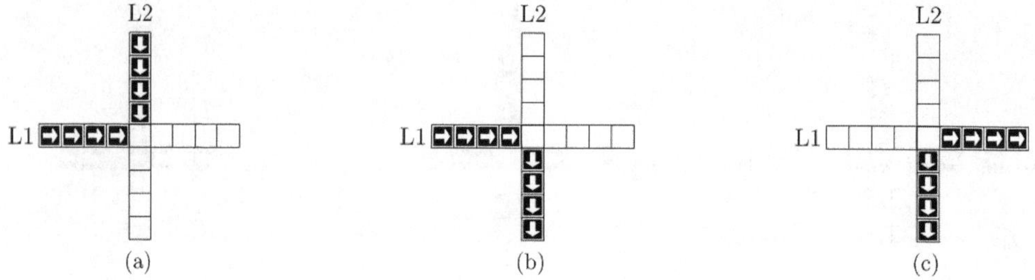

FIGURE 4 – Étude de configurations

Partie V. Atteignabilité

Certaines configurations peuvent être néfastes pour la fluidité du trafic. Une fois ces configurations identifiées, il est intéressant de savoir si elles peuvent apparaître. Lorsque c'est le cas, on dit qu'une telle configuration est *atteignable*.

Pour savoir si une configuration est atteignable à partir d'une configuration initiale, on a écrite le code *incomplet* donnée en annexe.

Le langage `Python` sait comparer deux listes de booléens à l'aide de l'opérateur usuel <, on peut ainsi utiliser la méthode `sort` pour trier une liste de listes de booléens.

❑ **Q 17.** Écrire en langage `Python` une fonction `elim_double(L)` non récursive, de complexité linéaire en la taille de L, qui élimine les éléments apparaissant plusieurs fois dans une liste triée L et renvoie la liste triée obtenue. Par exemple `elim_double([1, 1, 3, 3, 3, 7])` doit renvoyer la liste `[1, 3, 7]`.

On dispose de la fonction suivante :

```
def doublons(liste):
    if len(liste)>1:
        if liste[0] != liste[1]:
            return [liste[0]] + doublons(liste[1:])
        del liste[1]
        return doublons(liste)
    else:
        return liste
```

❑ **Q 18.** Que retourne l'appel suivant ?
`doublons([1, 1, 2, 2, 3, 3, 3, 5])`

❑ **Q 19.** Cette fonction est-elle utilisable pour éliminer les éléments apparaissant plusieurs fois dans une liste *non* triée ? Justifier.

❑ **Q 20.** La fonction `recherche` donnée en annexe permet d'établir si la configuration correspondant à `but` est atteignable en partant de l'état `init`. Préciser le type de retour de la fonction `recherche`, le type des variables `but` et `espace`, ainsi que le type de retour de la fonction `successeurs`.

❑ **Q 21.** Afin d'améliorer l'efficacité du test `if but in espace`, ligne 10 de l'annexe, on propose de le remplacer par `if in1(but, espace)` ou bien par `if in2(but, espace)`, avec `in1` et `in2` deux fonctions définies ci-dessous. On considère que le paramètre `liste` est une liste triée par ordre croissant.
Quel est le meilleur choix ? Justifier.

```
def in1(element, liste):
    a = 0
    b = len(liste)-1
    while a <= b and element >= liste[a]:
        if element == liste[a]:
            return True
        else:
            a = a + 1
    return False


def in2(element, liste):
    a = 0
    b = len(liste)-1
    while a < b:
        pivot = (a+b) // 2 # l'opérateur // est la division entière
        if liste[pivot] < element:
            a = pivot + 1
        else:
            b = pivot
    if element == liste[a]:
        return True
    else:
        return False
```

❑ **Q 22.** Afin de comparer plus efficacement les files représentées par des listes de booléens on remarque que ces listes représentent un codage binaire où `True` correspond à 1 et `False` à 0. Écrire la fonction `versEntier(L)` prenant une liste de booléens en paramètre et renvoyant l'entier correspondant. Par exemple, l'appel `versEntier([True, False, False])` renverra 4.

❑ **Q 23.** On veut écrire la fonction inverse de `versEntier`, transformant un entier en une liste de booléens. Que doit être au minimum la valeur de `taille` pour que le codage obtenu soit satisfaisant ? On suppose que la valeur de `taille` est suffisante. Quelle condition booléenne faut-il écrire en ligne 4 du code ci-dessous ?

```
1 def versFile(n, taille):
2     res = taille * [False]
3     i = taille - 1
4     while ...:
5         if (n % 2) != 0: # % est le reste de la division entière
```

```
            res[i] = True
        n = n // 2 # // est la division entière
        i = i - 1
    return res
```

❑ **Q 24.** Montrer qu'un appel à la fonction `recherche` de l'annexe se termine toujours.

❑ **Q 25.** Compléter la fonction `recherche` de l'annexe se termine toujours.

Partie VI. Base de données

On modélise ici un réseau routier par un ensemble de *croisements* et de *voies* reliant ces croisements. Les voies partent d'un croisement et arrivent à un autre croisement. Ainsi, pour modéliser une route à double sens, on utilise deux voies circulant en sens opposés.
La base de données du réseau routier est constitué des relations suivantes :

- Croisement(id, longitude, latitude)
- Voie(id, longueur, id_croisement_debut, id_croisement_fin)

Dans la suite on considère c l'identifiant (`id`) d'un croisement donné.

❑ **Q 26.** Écrire la requête SQL qui renvoie les identifiants des croisements atteignables en utilisant une seule voie à partir du croisement ayant l'identifiant c.

❑ **Q 27.** Écrire la requête SQL qui renvoie les longitudes et latitudes des croisements atteignables en utilisant une seule voie, à partir du croisement c.

❑ **Q 28.** Que renvoie la requête SQL suivante ?

```
SELECT V2.id_croisement_fin
FROM   Voie as V1
JOIN   Voie as V2
ON     V1.id_croisement_fin = V2.id_croisement_debut
WHERE  V1.id_croisement_debut = c
```

Annexe

```
def recherche(but, init):
    espace = [init]
    stop = False
    while not stop:
        ancien = espace
        espace = espace + successeurs(espace)
        espace.sort() # permet de trier espace par ordre
            croissant
        espace = elim_double(espace)
        stop = egal(ancien, espace) # fonction définie à la
            question 5
```

```
        if but in espace:
            return True
    return False


def successeurs(L):
    res = []
    for x in L:
        L1 = x[0]
        L2 = x[1]
        res.append( avancer_files(L1, False, L2, False) )
        res.append( avancer_files(L1, False, L2, True) )
        res.append( avancer_files(L1, True, L2, False) )
        res.append( avancer_files(L1, True, L2, True) )
    return res

# dans une liste triée, elim_double enlève les éléments apparaissant plus d'une fois
# exemple : elim_double([1, 1, 2, 3, 3]) renvoie [1, 2, 3]
def elim_double(L):
    # code à compléter

# exemple d'utilisation
# debut et fin sont des listes composées de deux files de même longueur impaire,
# la première étant prioritaire par rapport à la seconde
debut = [5*[False], 5*[False]]
fin  = [3*[False]+2*[True], 3*[False]+2*[True]]
print(recherche(fin,debut))
```

Corrigé commenté

❑ **Q 1.** On peut représenter une file de voitures par une liste de booléens dans laquelle on a `True` à l'indice *i* si et seulement s'il y a une voiture dans la case d'indice *i* de la file.

❑ **Q 2.** `A = [True, False] + 2*[True] + 6*[False] + [True]`

❑ **Q 3.**

```
def occupe(L,i):
    return L[i]
```

Commentaire

D'après la représentation que nous avons choisi, le booléen `L[i]` représente l'état d'occupation de la case d'indice `i`.

❑ **Q 4.** Pour chaque case, il y a 2 états possibles, le nombre de files différentes est donc 2^n.

❑ **Q 5.**

```
def egal(L1, L2):
    if len(L1)!=len(L2): return False
    for i in range(len(L1)):
        if L1[i]!=L2[i]:
            return False
    return True
```

Commentaire

La comparaison des longueurs permet d'éliminer en temps constant le cas où les listes n'auraient pas la même longueur.
On prend bien garde à ne surtout pas mettre le `return True` dans la boucle `for` même avec un `else` sinon la boucle n'effectue qu'une seule itération.

Certains candidats pourraient être tentés d'écrire seulement :

```
def egal(L1, L2):
    return L1 == L2
```

Ceci est correct, mais ne permet pas de répondre facilement à la question suivante.

❑ **Q 6.** En choisissant la comparaison comme opérations élémentaires, il y a alors une comparaison par tour de boucle. La complexité de cette fonction est dans le pire cas linéaire en la taille commune des deux listes. Le pire cas correspond à deux listes de même longueur et égales.

Commentaire

Dans le cas de la comparaison directe des deux listes, la complexité n'est pas aussi évidente, en particulier le test d'égalité entre les deux listes n'est pas unitaire. Le programme officiel d'informatique souligne à ce propos : « *On met en évidence le fait que certaines opérations d'apparence simple cachent un important travail pour le processeur.* » .

❑ **Q 7.** Cette fonction renvoie un booléen.

❑ **Q 8.** Elle renvoie la liste suivante correspondant à `avancer(B, True)` :
`[True, False, True, False, True, True, False, False, False, False, False]`

❑ **Q 9.**

```
def avancer_fin(L,m):
    return L[:m] + avancer(L[m:], False)
```

Commentaire

On réutilise astucieusement la fonction `avancer` de l'énoncé sur la seconde partie de la liste, tout en gardant la première inchangée.

❑ **Q 10.**

```python
def avancer_debut(L, b, m):
    return avancer(L[:m+1], b) + L[m+1:]
```

❑ **Q 11.**

```python
def avancer_debut_bloque(L, b, m):
    R = L[:]
    for i in range(m-2, -1, -1):
        if R[i] and not R[i+1]:
            R[i+1] = True
            R[i] = False
    if b and not R[0]: # si la première case est libre
        R[0] = b
    return R
```

Commentaire

Dans ce programme, il est important de faire la boucle en partant de la case d'indice $m-2$ puis en remontant jusqu'à la case d'indice 0. Cet algorithme ressemble à la phase d'insertion du tri par insertion.
A la fin de la boucle, si la première case est libre, une nouvelle voiture peut arriver sur la voie.
Pour rappel, les instructions conditionnelles doivent être suivies d'une expression booléenne. L'expression s'évalue soit en vrai soit en faux, ce qui est le cas de `R[i]`. Il est donc inutile d'écrire `R[i]==True` par exemple.

❑ **Q 12.**

```python
def avancer_files(L1, b1, L2, b2):
    m = len(L1)//2
    I1 = avancer_fin(L1, m)
    I2 = avancer_fin(L2, m)
    R1 = avancer_debut(I1, b1, m)
    if R1[m]:
        R2 = avancer_debut_bloque(I2, b2, m)
    else:
        R2 = avancer_debut(L2, b2, m)
    return R1, R2
```

Commentaire

Il convient de bien suivre l'énoncé qui indique clairement l'algorithme.

❑ **Q 13.** Elle renvoie le couple de listes suivantes :

```
[False, False, True, False, True],
[False, True, False, True, False]
```

❑ **Q 14.** Si on introduit systématiquement une voiture dans la liste `L1`, comme celle-ci a toujours la priorité, une voiture située avant l'intersection dans `L2` sera indéfiniment bloquée.

❑ **Q 15.** La file `L1` a la priorité, donc pour obtenir cette situation, il faut d'abord que 4 voitures de `L1` aient franchi l'intersection ce qui nécessite 4 étapes, après il faut 5 étapes pour que les voitures de `L2` franchissent l'intersection. Pendant ces 5 étapes, les 4 voitures déjà présentes dans `L1` vont sortir de la file, et il faudra introduire 4 nouvelles voitures dans les 4 dernières étapes.

Au final, on a donc besoin d'au minimum 9 étapes.

❑ **Q 16.** La configuration 4(c) ne peut pas être obtenue car les voitures de la `L1` étant en files ininterrompues, elles sont passées avant celles de `L2` puis lorsque celles de `L2` ont pu passer, celles de `L1` ont continué à avancer.

❑ **Q 17.**

```
def elim_double(L):
    R = [L[0]]
    for i in range(1, len(L)):
        if L[i] != L[i-1]:
            R.append(L[i])
    return R
```

❑ **Q 18.** On a :

```
doublons([1,1,2,2,3,3,3,5])  =  doublons([1,2,2,3,3,3,5])
                             =  [1] + doublons([2,2,3,3,3,5])
                             =  [1] + doublons([2,3,3,3,5])
                             =  [1] + [2] + doublons([3,3,3,5])
                             =  [1,2] + doublons([3,3,5])
                             =  [1,2] + doublons([3,5])
                             =  [1,2] + [3] + doublons([5])
                             =  [1,2,3] + [5]
                             =  [1,2,3,5]
```

L'appel renvoie donc : `[1, 2, 3, 5]`.

❑ **Q 19.** Si la liste n'est pas triée, le test `liste[0] != liste[1]` ne suffit pas pour savoir si un élément apparaît une unique fois. L'appel : `doublons([0,1,0])` renvoie `[0,1,0]`.

> **Commentaire**
>
> Un contre-exemple vaut souvent mieux que de longues explications argumentées. Il ne suffit cependant pas à expliquer pourquoi le programme ne serait pas utilisable.

❑ **Q 20.** La fonction recherche renvoie un booléen. `espace` est une liste de couple de listes de booléens (files de voitures), donc de configurations pour le problème à deux files. `but` est une configuration du problème à deux files, soit un couple de listes de booléens. La fonction `successeurs` renvoie une liste de configurations pour le problème à deux files, donc une liste de couples de listes de booléens.

❑ **Q 21.** La fonction `in2` est une recherche dichotomique avec un nombre d'étapes qui est donc logarithmique en la taille de `espace`. La fonction `in1` est linéaire dans le pire cas. Il vaut mieux utiliser la fonction `in2`.

❑ **Q 22.**

```python
def versEntier(L):
    entier = 0
    for i in range(len(L)):
        if L[i]:
            entier += 2**(len(L)-1-i)
    return entier
```

Commentaire

L'exponentiation `**` étant une opération non unitaire, on peut abaisser la complexité en évitant cette exponentiation à chaque tour de boucle. On peut, par exemple, utiliser la méthode de Horner pour l'évaluation des polynômes : en notant n la longueur de la liste et en posant pour $i \in [\![0; n-1]\!]$, $l_i = 1$ si `L[n-1-i]` est vrai, et 0 sinon, on doit calculer :

$$\sum_{i=0}^{n-1} l_i 2^i = 2(2(2(...) + l_2) + l_1) + l_0$$

On en déduit le programme suivant :

```python
def versEntier(L):
    entier = 0
    for i in range(len(L)):
        entier *= 2
        if L[i]:
            entier += 1
    return entier
```

❑ **Q 23.** Un codage est convenable s'il fait apparaître tous les bits significatifs de l'entier n.

Si l'entier n est non nul, il existe un entier k tel que $2^k \leqslant n < 2^{k+1}$ et il faut alors exactement $k+1$ bits pour écrire n. or $k = \lfloor log_2(n) \rfloor$, `taille` doit donc valoir au moins $\lfloor log_2(n) \rfloor + 1$ pour que le codage soit convenable.

Pour $n = 0$, `taille = 0` convient.

De plus, si l'on considère une configuration à deux files, il faut choisir le plus petit entier impair supérieur ou égal à la valeur donnée.

La condition `n>0` convient car si l'on continue après avoir atteint `n=0`, la condition de l'instruction conditionnelle ne sera jamais vérifiée, et donc le tableau n'évolue plus.

❑ **Q 24.** Il existe un nombre fini de configurations égal à $2^n \times 2^n$. Si aucune des configurations atteintes n'a permis d'atteindre une nouvelle configuration, la boucle s'arrête grâce à la variable `stop`. Supposons que cette condition ne soit pas celle qui arrête la boucle tant que, alors le nombre de configurations différentes atteintes est strictement croissant à chaque tour de boucle.

Ainsi à partir d'un nombre fini d'itérations, le nombre de configurations atteintes devient supérieur ou égal à $2^n \times 2^n$ et donc `but` appartient nécessairement à `espace`, ce qui arrête la boucle tant que.

Ainsi, si `but` est une configuration, la fonction `recherche` termine.

❑ **Q 25.** Il suffit de compter le nombre de tours de boucle. En effet, l'algorithme consiste à ajouter à chaque tour de boucles toutes les configurations atteignables en une étape à partir des configurations déjà atteintes. On convient de renvoyer -1 si la configuration n'est pas atteignable.

```python
def recherche(but, init):
    espace = [init]
    stop = False
    k = 0
    if init == but:
        return 0
    while not stop:
        ancien = espace
        espace = espace + successeurs(espace)
        k += 1
        espace.sort()
        espace = elim_double(espace)
        stop = egal(ancien, espace)
        if but in espace:
            return k
    return -1
```

Commentaire

L'énoncé indique que la fonction `recherche` complétée doit *indiquer* le nombre minimum d'étapes à faire, ce qui autorise l'utilisation de **`print`** à la place du changement de type de la valeur de retour de la fonction.

❑ **Q 26.**

```sql
SELECT id_croisement_fin
FROM Voie
WHERE id_croisement_debut = c
```

❑ **Q 27.**

```sql
SELECT longitude, latitude
FROM Voie JOIN Croisement
    ON id_croisement_fin = Croisement.id
WHERE id_croisement_debut = c
```

❑ **Q 28.** La requête proposée permet d'obtenir les identifiants des croisements atteignables en utilisant exactement deux voies, en effet la voie issue de `V1` part de `c` et arrive en un croisement qui est le croisement de début de la voie issue de `V2`, et on renvoie le croisement de fin de cette seconde voie.

Polytechnique-ENS – Informatique 2017

MP, PC, PSI - Durée : 2 heures

SUJET

ÉCOLE POLYTECHNIQUE - ÉCOLES NORMALES SUPÉRIEURES
ÉCOLE SUPÉRIEURE DE PHYSIQUE ET DE CHIMIE INDUSTRIELLES

CONCOURS D'ADMISSION 2017

FILIÈRES MP HORS SPÉCIALITÉ INFO, PC ET PSI

COMPOSITION D'INFORMATIQUE - B - (XELCR)

(Durée : 2 heures)

L'utilisation des calculatrices **n'est pas autorisée** pour cette épreuve.
Le langage de programmation sera **obligatoirement** PYTHON.

*

* *

Intersection de deux ensembles de points

Soit n un entier naturel. On note D_n l'ensemble des entiers naturels compris entre 0 et $2^n - 1$. On appelle « point de $D_n \times D_n$ » tout couple d'entiers $(x,y) \in D_n \times D_n$. Soient P et Q deux parties de $D_n \times D_n$. On cherche à calculer efficacement l'intersection des ensembles de points P et Q. La résolution de ce problème a des applications en simulation numérique, en robotique ou encore dans l'implémentation d'interfaces utilisateurs.

Ce sujet est découpé en cinq parties. La partie I porte sur une solution naïve en PYTHON, la partie II sur une solution naïve en SQL. Les parties III, IV et V conduisent à la réalisation d'une solution efficace en PYTHON. La partie I et la partie II sont totalement indépendantes l'une de l'autre et du reste du sujet. Les parties suivantes ne sont pas indépendantes.

Remarques préliminaires

Complexité. La complexité, ou le temps d'exécution, d'un programme P (fonction ou procédure) est le nombre d'opérations élémentaires (addition, multiplication, affectation, test, etc.) nécessaires à l'exécution de P. Lorsque cette complexité dépend de plusieurs paramètres n et m, on dira que P a une complexité en $O(\phi(n, m))$, lorsqu'il existe trois constantes A, n_0 et m_0 telles que la complexité de P soit inférieure ou égale à $A \times \phi(n, m)$, pour tout $n > n_0$ et $m > m_0$. Lorsqu'il est demandé de garantir une certaine complexité, le candidat devra justifier cette dernière en raisonnant sur la structure du code.

Rappels de PYTHON. Si `a` est une liste alors `a[i]` désigne le `i`–ième élément de cette liste où l'entier `i` est supérieur ou égal à 0 et strictement plus petit que la longueur `len(a)` de la liste. La commande `a[i] = e` affecte la valeur de l'expression `e` au `i`–ième élément de la liste `a`. L'expression `[]` construit une liste vide. L'expression `n*[k]` construit une liste de longueur `n` contenant `n` occurrences de `k`. La commande `a = list(b)` construit une copie de la liste `b` et l'affecte à la variable `a`. La commande `a.append(x)` modifie la liste `a` en lui rajoutant un nouvel élément final contenant la valeur de `x`. **Important :** Seules les opérations sur les listes apparaissant dans ce paragraphe sont autorisées dans les réponses. Si une fonction PYTHON standard est nécessaire, elle devra être réécrite.

Nous attacherons la plus grande importance à la lisibilité du code produit par les candidats ; aussi, nous encourageons les candidats à utiliser des commentaires et à introduire des procédures ou des fonctions intermédiaires pour faciliter la compréhension du code.

Partie I. Une solution naïve en PYTHON

Pour commencer, un point de coordonnées $(x,y) \in D_n \times D_n$ est représenté en PYTHON par une liste de deux entiers naturels `[x, y]`. Un ensemble de points est représenté par une liste de points sans répétition, donc comme une liste de listes d'entiers naturels de longueur 2.

Question 1. Écrire une fonction `membre(p,q)` qui renvoie `True` si le point `p` est dans l'ensemble représenté par la liste `q` et qui renvoie `False` dans le cas contraire.

Question 2. Écrire une fonction `intersection(p,q)` qui renvoie une liste représentant l'intersection des ensembles représentés par `p` et `q`. On implémentera l'algorithme qui consiste à itérer sur tous les points de `p` et à insérer dans le résultat seulement ceux qui sont aussi dans `q`.

Question 3. Si la comparaison entre entiers naturels est prise comme opération élémentaire, quelle est la complexité de l'algorithme de la question précédente exprimée en fonction de la longueur de `p` et `q` ?

Partie II. Une solution naïve en SQL

On suppose maintenant que l'on représente les points du problème à l'aide d'une base de données. Cette base de données comporte deux tables. La table `POINTS` contient trois colonnes :

- `id` (clé primaire) qui est un entier naturel unique représentant le point ;
- `x` qui est un entier naturel représentant son abscisse ;
- `y` qui est un entier naturel représentant son ordonnée.

On suppose qu'il n'existe pas deux points d'identifiants distincts et de mêmes coordonnées.

La relation d'appartenance d'un point à un ensemble de points est représentée par la table `MEMBRE` à deux colonnes :

- `idpoint`, un entier naturel qui identifie un point ;
- `idensemble`, un entier naturel qui identifie un ensemble de points.

Question 4. Écrire une requête SQL qui renvoie les identifiants des ensembles auxquels appartient le point de coordonnées (a,b).

Question 5. Écrire une requête SQL qui renvoie les coordonnées des points qui appartiennent à l'intersection des ensembles d'identifiants i et j.

Question 6. Écrire une requête SQL qui renvoie les identifiants des points appartenant à au moins un des ensembles auxquels appartient le point de coordonnées (a,b).

Partie III. Codage de Lebesgue

On souhaite implémenter en PYTHON une solution efficace au problème du calcul de l'intersection entre deux ensembles de points. La solution proposée s'appuie sur une structure de données appelée AQL. Cette structure de données suppose que les coordonnées de points sont représentées par leur codage de Lebesgue.

Le codage de Lebesgue d'un point de coordonnées $(x,y) \in D_n \times D_n$ s'obtient par entrelacement des bits des représentations binaires de x et y en commençant par les bits de x. On suppose que les bits de poids forts sont situés à gauche dans les représentations binaires des entiers naturels.

Par exemple, si n vaut 3, si x vaut 6 (donc $\overline{\mathbf{110}}^2$ en binaire), et si y vaut 3 (donc $\overline{011}^2$ en binaire) alors le codage de Lebesgue du point de coordonnées (x,y) est $\overline{\mathbf{1}0\mathbf{1}1\mathbf{0}1}^2$, c'est-à-dire 45.

Le codage de Lebesgue d'un point peut être vu comme un nombre écrit dans la base formée des chiffres $\overline{00}^2$, $\overline{01}^2$, $\overline{10}^2$ et $\overline{11}^2$. Ainsi, si $n = 3$, le point $(6,3) = (\overline{\mathbf{110}}^2, \overline{011}^2)$ est codé par le nombre $\overline{\mathbf{1}0}^2\overline{\mathbf{1}1}^2\overline{\mathbf{0}1}^2$.

De plus, on utilisera la notation décimale 0, 1, 2 et 3 pour représenter les chiffres $\overline{00}^2$, $\overline{01}^2$, $\overline{10}^2$ et $\overline{11}^2$, et on notera $\overline{c_{n-1} \dots c_0}^{\ell}$ la représentation en base 4 du codage de Lebesgue d'un point de $D_n \times D_n$. Par exemple, pour $n = 3$, le codage de Lebesgue du point (6,3) sera écrit $\overline{231}^{\ell}$.

En PYTHON, la séquence des chiffres d'un codage de Lebesgue d'un point de $D_n \times D_n$ est stockée dans une liste de longueur n triée par poids décroissants : le chiffre de poids le plus fort se trouve en première position, le chiffre de poids le plus faible en dernière position. Ainsi, si $n = 3$, le codage de Lebesgue du point (6,3) est représenté en PYTHON par la liste `[2, 3, 1]`.

Question 7. Soit $n = 3$, quelle liste PYTHON représente le codage de Lebesgue de point (1,6) ?

Question 8. On suppose que l'on dispose d'une fonction `bits(x, k)`, qui prend en arguments deux entiers naturels `x` et `k`, et qui renvoie la valeur du bit de coefficient 2^k dans la représentation binaire de `x`.

Écrire une fonction `code(n,p)` qui prend en arguments un entier strictement positif `n` et un point `p` représenté par une liste de longueur 2 dont les deux coordonnées sont prises dans D_n. Cette fonction renvoie le codage de Lebesgue de `p` représenté sous la forme d'une liste PYTHON.

Partie IV. Représentation d'un ensemble de points

On utilise l'ordre lexicographique (autrement dit, l'ordre du dictionnaire) pour trier les codages. Soient $c = \overline{c_{n-1}...c_0}^{\ell}$ et $d = \overline{d_{n-1}...d_0}^{\ell}$ deux codages de Lebesgue de points de $D_n \times D_n$. On note $c < d$ pour « c est strictement plus petit que d » si

$$\exists i, 0 \leq i < n \text{ tel que } \begin{cases} \forall j, j > i \Rightarrow c_j = d_j \\ c_i <_{\mathbb{N}} d_i \end{cases}$$

où $<_{\mathbb{N}}$ est l'ordre usuel sur les entiers naturels.

Question 9. Trier les codages suivants par ordre croissant pour l'ordre lexicographique : $\left\{\overline{311}^{\ell}, \overline{000}^{\ell}, \overline{012}^{\ell}, \overline{101}^{\ell}, \overline{233}^{\ell}\right\}$.

Question 10. Écrire une fonction `compare_pcodes(n,c1,c2)`, qui prend en arguments deux codages de Lebesgue de $D_n \times D_n$ et renvoie 0 s'ils sont égaux, et qui renvoie 1 si `c2` est plus grand par l'ordre lexicographique que `c1` et renvoie -1 sinon.

Nous allons maintenant représenter un ensemble P de points de $D_n \times D_n$ sous la forme d'une liste triée pour l'ordre lexicographique des codages de Lebesgue des points de P. En guise d'exemple, nous allons coder les points $S_0 = \{(0,0), (1,0), (1,1), (2,2), (3,0), (0,1)\}$ de $D_2 \times D_2$. Ces points sont représentés en noir dans la figure 1 ci-dessous, dont l'origine est en bas à gauche, les abscisses croissent de gauche à droite et les ordonnées du bas vers le haut.

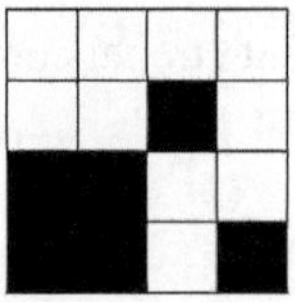

FIGURE 1 – L'ensemble de points S_0

On considère d'abord les représentations binaires des coordonnées des points de S_0 :

$$\overline{S_0}^2 = \left\{\left(\overline{00}^2, \overline{00}^2\right), \left(\overline{01}^2, \overline{00}^2\right), \left(\overline{01}^2, \overline{01}^2\right), \left(\overline{10}^2, \overline{10}^2\right), \left(\overline{11}^2, \overline{00}^2\right), \left(\overline{00}^2, \overline{01}^2\right)\right\}$$

à partir desquelles on calcule le codage de Lebesgue de chaque point

$$\overline{S_0}^{\ell} = \left\{\overline{00}^2\overline{00}^2, \overline{00}^2\overline{10}^2, \overline{00}^2\overline{11}^2, \overline{11}^2\overline{00}^2, \overline{10}^2\overline{10}^2, \overline{00}^2\overline{01}^2\right\} = \left\{\overline{00}^{\ell}, \overline{02}^{\ell}, \overline{03}^{\ell}, \overline{30}^{\ell}, \overline{22}^{\ell}, \overline{01}^{\ell}\right\}.$$

Cet ensemble, une fois trié pour l'ordre lexicographique, s'écrit

$$\left\{\overline{00}^{\ell}, \overline{01}^{\ell}, \overline{02}^{\ell}, \overline{03}^{\ell}, \overline{22}^{\ell}, \overline{30}^{\ell}\right\}$$

ce que l'on représente en PYTHON par la liste :

```
[[0, 0], [0, 1], [0, 2], [0, 3], [2, 2], [3, 0]] .
```

Remarquons que nous venons d'effectuer un changement de système de coordonnées. Le codage de Lebesgue du point (x,y) représente le chemin à emprunter pour atteindre (x,y) dans l'espace récursivement subdivisé en quadrants. En effet, en suivant la numérotation des quadrants donnée dans la figure 2 ci-dessous, on s'aperçoit par exemple que le point de coordonnées $(1,1)$ dans le système de coordonnées usuel est situé dans le quadrant 0 de $D_2 \times D_2$ et qu'à l'intérieur de ce quadrant 0 subdivisé à son tour, le point $(1,1)$ est dans le quadrant 3.

1	3
0	2

FIGURE 2 – Numérotation des quadrants

On peut vérifier que ces coordonnées [0,3] dans ce nouveau système correspondent bien au codage de Lebesgue du point de coordonnées $(1,1)$ du système usuel.

Formellement, pour $k < n$, le quadrant atteint dans $D_n \times D_n$ par le chemin $c = d_1 \cdot d_2 \cdots d_k$ (avec $d_i \in \{0,1,2,3\}$) est défini comme suit :

- Si k vaut 0 alors le chemin c est vide et le quadrant atteint dans $D_n \times D_n$ par c est l'ensemble des points de $D_n \times D_n$.
- Si $k > 0$ alors le chemin est de la forme $d_1 \cdot d_2 \cdots d_k$. Dans ce cas, le quadrant atteint par $d_1 \cdot d_2 \cdots d_k$ dans $D_n \times D_n$ est l'ensemble des points de $D_n \times D_n$ dont le codage de Lebesgue est de la forme $\overline{d_1 d_2 ... d_k c_{n-k-1} ... c_0}^{\ell}$ pour $c_{n-k-1}, ..., c_0 \in \{0,1,2,3\}$.

Question 11. On pose pour cette question $n = 2$. Donner la représentation sous forme de codage de Lebesgue compacté trié par ordre lexicographique de l'ensemble de points S_1 valant $\{(0,0),(3,3),(3,2),(1,1),(1,2),(2,2),(2,3)\}$.

Partie V. Calcul efficace de l'intersection d'ensembles de points

Compaction par codage des quadrants. Soit S un ensemble de points de $D_n \times D_n$ représenté par la liste L triée par ordre lexicographique des codages de Lebesgue de ses points (comme dans la partie précédente). En se dotant d'un symbole supplémentaire, notons-le 4, on compacte la liste L en représentant chaque sous-séquence (maximale) L' correspondant à un quadrant de chemin $d_1 \cdots d_k$ par l'unique mot $\overline{d_1 \cdots d_k \cdot 4 \cdots 4}^{\ell}$ (dans lequel on a rajouté $(n-k)$ fois le symbole 4).

Notons qu'un codage de Lebesgue compacté représente *un ensemble de points* et non un unique point comme c'est le cas avec les codages de Lebesgue non compactés. Notons aussi que la liste des codages reste triée pour l'ordre lexicographique.

Par exemple, l'ensemble de points S_0 est compactable en `[[0, 4], [2, 2], [3, 0]]`. Le codage `[0,4]` représente le quadrant 0 situé en bas à gauche de la figure 1. Enfin, pour illustrer un cas où $n > 2$, la figure 3 décrit le codage compacté d'un ensemble de points de $D_3 \times D_3$.

est compacté en

$$\left\{ \overline{000}^{\ell}, \overline{003}^{\ell}, \overline{030}^{\ell}, \overline{033}^{\ell}, \overline{114}^{\ell}, \overline{124}^{\ell}, \overline{244}^{\ell}, \overline{334}^{\ell} \right\}$$

FIGURE 3 – Un ensemble de points de $D_3 \times D_3$ et sa représentation compactée.

Structure de données d'AQL. On appelle « AQL de l'ensemble de points S » la liste triée et compactée des codages de Lebesgue des points de l'ensemble S.

Question 12. Donner l'AQL de l'ensemble S_1 de la question 11.

Question 13. Écrire une fonction `ksuffixe(n, k, q)` qui prend en arguments un entier `n` strictement positif, une liste `q` représentant le codage de Lebesgue compacté d'un quadrant de $D_n \times D_n$ et un entier naturel `k` inférieur strictement à `n`. Si les `k` derniers chiffres de la liste `q` ont pour valeur 4, cette fonction renvoie une nouvelle liste semblable à la liste `q` mais dont les `k+1` derniers chiffres valent 4. Sinon, cette fonction renvoie `q` inchangée.

Ainsi, `ksuffixe(4, 2, [0,1,4,4])` renvoie `[0,4,4,4]`, et `ksuffixe(4, 2, [0,1,2,4])` renvoie `[0,1,2,4]`.

Question 14. L'algorithme de compaction d'une liste triée de codages de Lebesgue consiste à parcourir n fois la liste représentant l'ensemble de points. L'itération k vise à remplacer quatre codages successifs formant un quadrant complet de côté 2^{k+1} par la représentation compactée de ce quadrant.

Écrire une fonction `compacte(n,s)` qui prend en arguments un entier strictement positif `n` et un ensemble de points P de $D_n \times D_n$ représenté par la liste triée `s` des codages de Lebesgue de ses points. Cette fonction renvoie l'AQL de l'ensemble de points P.

Question 15. On remarque que l'ordre lexicographique $<$ défini plus haut s'adapte sans changement aux codages de Lebesgue compactés. Cependant, on souhaite comparer deux codages de Lebesgue compactés en terme des relations d'inclusion et d'exclusion des ensembles de points qu'ils représentent.

Écrire une fonction `compare_ccodes(n,p,q)` qui prend en arguments un entier strictement positif `n`, une liste `p` contenant le codage de Lebesgue compacté d'un quadrant P de $D_n \times D_n$ et une liste `q` contenant le codage de Lebesgue compacté d'un quadrant Q de $D_n \times D_n$. Cinq valeurs de retour sont possibles :

- l'entier 0 si les quadrants sont égaux ;
- l'entier 1 si les quadrants P et Q sont disjoints et `p < q` ;
- l'entier -1 si les quadrants P et Q sont disjoints et `q < p` ;
- l'entier 2 si $P \subset Q$;
- l'entier -2 si $Q \subset P$.

Par exemple, `compare_ccodes(3, [1,4,4], [2,4,4])` renvoie 1 et `compare_ccodes(3, [1,2,4], [1,4,4])` renvoie 2.

Question 16. Pour calculer efficacement l'intersection de deux ensembles de points représentés par leur AQL respectif, on *fusionne* les deux listes triées qui leur correspondent.

En utilisant `compare_ccodes`, écrire une fonction `intersection2(n,p,q)` qui prend en arguments un entier strictement positif `n` ainsi que deux AQL `p` et `q` représentant respectivement deux ensembles P et Q de points de $D_n \times D_n$. Cette fonction renvoie un AQL représentant $P \cap Q$. Le nombre d'appels à la fonction `compare_ccode` effectués par `intersection2(n,p,q)` doit être $O($`len(p)+ len(q)`$)$.

* *
*

CORRIGÉ COMMENTÉ

Question 1.

```
def membre(p,q):
    for i in range(len(q)):
        if q[i][0] == p[0] and q[i][1] == p[1]:
            return True
    return False
```

> **Commentaire**
>
> Attention à bien respecter l'énoncé qui définit de façon exhaustive les opérations autorisées sur les listes. En particulier, l'énoncé ne semble pas permettre un parcours par valeur d'une liste, et ne permet par les comparaisons directes de deux listes.
> Attention à ne surtout pas mettre le **`return`** `False` dans la boucle, même avec un **`else`** auquel cas la boucle s'arrêtera après une seule itération dans tous les cas.

Question 2.

```
def intersection(p,q):
    communs = []
    for i in range(len(p)):
        if membre(p[i],q):
            communs.append(p[i])
    return communs
```

Commentaire

L'énoncé indique l'algorithme qui doit être suivi.

Question 3. Soit $n = |p|$ et $m = |q|$, les longueurs respectives des listes `p` et `q` alors la boucle de la fonction `intersection` effectue n itérations, et appelle donc n fois la fonction `membre` qui effectue au pire m itérations à chaque appel. Or dans chaque itération, on effectue précisément 2 comparaisons. La complexité de la fonction précédente est donc dans le pire cas $2nm$, la complexité de la fonction précédente est donc $O(nm)$.

Question 4.

```
SELECT idensemble
FROM POINTS JOIN MEMBRE ON idpoint = id
WHERE x = a AND y = b
```

Question 5.

```
SELECT x, y FROM POINTS JOIN MEMBRE ON id = idpoint WHERE
   idensemble = i
INTERSECT
SELECT x, y FROM POINTS JOIN MEMBRE ON id = idpoint WHERE
   idensemble = j
```

Commentaire

D'autres solutions sans **INTERSECT** sont également valables, notamment avec **JOIN** :

```
SELECT x, y
FROM POINTS JOIN MEMBRES AS m1 ON id = m1.idpoint
            JOIN MEMBRES AS m2 ON id = m2.idpoint
WHERE m1.idensemble = i AND m2.idensemble = j
```

Question 6.

```
SELECT m1.idpoint
FROM MEMBRE AS m1 JOIN MEMBRE AS m2 ON m1.idensemble = m2.
   idensemble
                  JOIN POINTS ON m2.idpoints = id
WHERE x = a AND y = b
```

Commentaire

La première étape consiste à réutiliser la première requête pour obtenir les identifiants des ensembles auxquels appartient le point de coordonnées (a,b), on effectue ensuite une jointure du résultat avec la table `MEMBRE` pour connaître les points membres de ces ensembles.
Lors d'une jointure d'une table avec elle-même, il est indispensable de donner un alias aux différentes instances de la table.

Question 7. $1 = \overline{001}^2$ et $6 = \overline{110}^2$ Donc le codage de Lebesgue du point $(1, 6)$ est $\overline{01}^2\overline{01}^2\overline{10}^2 = \overline{112}^\ell$, il est donc représenté en PYTHON par la liste `[1,1,2]`.

Question 8.

```
def code(n,p):
    codage = []
    x = p[0]
    y = p[1]
    for k in range(n-1,-1,-1):
        chiffre = bits(x,k)*2 + bits(y,k)
        codage.append(chiffre)
    return codage
```

Question 9. Dans l'ordre lexicographique croissant, on a :

$$\overline{000}^\ell < \overline{012}^\ell < \overline{101}^\ell < \overline{233}^\ell < \overline{311}^\ell$$

Question 10.

```
def compare_pcodes(n,c1,c2):
    for i in range(n):
        if c1[i]<c2[i]:
            return 1
        elif c2[i]<c1[i]:
            return -1
    return 0
```

> **Commentaire**
>
> Noter bien à nouveau qu'il ne faut surtout pas écrire le **return** 0 dans la boucle.

Question 11.

$$\overline{S_1}^2 = \{\overline{00}^2\overline{00}^2, \overline{11}^2\overline{11}^2, \overline{11}^2\overline{10}^2, \overline{00}^2\overline{11}^2, \overline{01}^2\overline{10}^2, \overline{11}^2\overline{00}^2, \overline{11}^2\overline{01}^2\}$$

$$\overline{S_1}^\ell = \{\overline{00}^\ell, \overline{33}^\ell, \overline{32}^\ell, \overline{03}^\ell, \overline{12}^\ell, \overline{30}^\ell, \overline{31}^\ell\}$$

Ce qui donne, une fois trié par ordre lexicographique :

$$\{\overline{00}^\ell, \overline{03}^\ell, \overline{12}^\ell, \overline{30}^\ell, \overline{31}^\ell, \overline{32}^\ell, \overline{33}^\ell\}$$

représenté en PYTHON par : `[[0,0],[0,3],[1,2],[3,0],[3,1],[3,2],[3,3]]`

Question 12. L'AQL de l'ensemble de points S_1 est : `[[0,0],[0,3],[1,2],[3,4]]`

Question 13.

```
def ksuffixe(n,k,q):
    if k==0 or q[n-k]==4:
        copie = list(q)
        copie[n-k-1] = 4
        return copie
    else:
        return q
```

> **Commentaire**
>
> Noter que la question est précise, il ne faut pas produire de modifications sur la liste reçue en argument mais en renvoyer une semblable avec la modification demandée.
> Vu que l'argument `q` est un codage de Lebesgue compacté, il est inutile de tester si les k derniers chiffres sont des 4, il suffit de tester si celui au rang $n-k$ est un 4. Cette condition lui est équivalente et permet de baisser la complexité dans certains cas.

Question 14.

```
def compacte(n,s):
    actuel = s
    for k in range(n):
        ksuf = []
        for i in range(len(actuel)):
            ksuf.append(ksuffixe(n,k,actuel[i]))
        compact = []
        j = 0
        while j < len(actuel):
            if j+3 < len(actuel) and
                compare_pcodes(n,ksuf[j],ksuf[j+1])==0 and
                compare_pcodes(n,ksuf[j],ksuf[j+2])==0 and
                compare_pcodes(n,ksuf[j],ksuf[j+3])==0:
                compact.append(ksuf[j])
                j += 4
            else:
                compact.append(actuel[j])
                j += 1
        actuel = compact
    return compact
```

Afin d'éviter les recalculs des `ksuffixe` à chaque itération de la boucle **`while`** on a pré-calculé tous les `ksuffixe` puis on regroupe ensuite 4 points consécutifs s'ils ont le même `ksuffixe`.

Commentaire

Cette question difficile demande de bien réfléchir à la clarté du programme plutôt que de tenter des optimisations peu significatives et qui pourraient compliquer nettement la réponse.
On utilise ici la fonction `compare_pcodes` pour déterminer si les quatre points consécutifs ont le même `ksuffixe`. On fait également attention à ne pas sortir de la plage d'indices valides sur le tableau `ksuff` étant donné l'indice `j+3` utilisé dans la comparaison.

Question 15.

```
def compare_ccodes(n,p,q):
    for i in range(n):
        if p[i]<q[i]:
            if q[i]==4: #p est contenu dans le quadrant q
                return 2
            else: #p et q sont disjoints
                return 1
        elif q[i]<p[i]:
            if p[i]==4: #q est contenu dans le quadrant p
                return -2
            else: #p et q sont disjoints
                return -1
        elif p[i]==4: #==q[i] alors inutile de continuer
            return 0
    return 0
```

Commentaire

Le dernier cas de la disjonction n'est vraiment pas indispensable. Il permet de réduire la complexité en cas d'égalité de deux codages contenant des 4 mais ajoute une comparaison à chaque itération de la boucle sur i.

Question 16.

```
def intersection2(n,p,q):
    inter = []
    i = 0
    j = 0
    while i < len(p) and j < len(q):
        c = compare_ccodes(n,p[i],q[j])
        if c==2 or c==0: inter.append(p[i])
        elif c==-2: inter.append(q[j])
        if c>=0: i += 1 #p[i] n'est plus utile
        if c<=0: j += 1 #q[j] n'est plus utile
    return inter
```

Commentaire

Cet algorithme s'apparente à la fusion du tri fusion, où on parcourt conjointement deux listes en avançant toujours dans l'une des deux mais il faut tenir compte des cinq cas possibles correspondant aux valeurs de retour de `compare_ccodes`.

Table des matières